NH농협

5개년 기출복원문제

NH농협
5개년 기출복원문제

초판 인쇄 2026년 02월 13일
초판 발행 2026년 02월 19일

편 저 자 | 취업적성연구소
발 행 처 | (주)서원각
등록번호 | 1999-1A-107호
주 소 | 경기도 고양시 일산서구 덕산로 88-45(가좌동)
대표번호 | 031-923-2051
팩 스 | 031-923-3815
교재문의 | 카카오톡 플러스 친구 [서원각]
홈페이지 | goseowon.com

PREFACE

농협 필기시험은 매년 일정한 틀을 유지하는 듯 보이지만, 출제 방식과 문제 접근법은 해마다 조금씩 변화하고 있습니다. 단순 암기나 유형 나열만으로는 안정적인 대비가 어려운 이유입니다.

본서는 범농협 필기시험 5개년(2021 ~ 2025년) 기출문제를 바탕으로, 실제 시험에서 출제된 문제를 최대한 충실하게 복원하고, 이를 통해 출제 경향과 문제 유형을 체계적으로 파악할 수 있도록 구성하였습니다. 특히 반복 출제되는 핵심 개념과 변형 출제되는 영역을 중심으로, 실전 감각을 기르는 데 초점을 맞추었습니다.

문제는 단순히 '많이 푸는 것'보다 왜 출제되었는지, 어떤 사고 과정을 요구하는지를 이해하는 것이 중요합니다. 따라서 문제 복원에 그치지 않고, 각 문항별로 핵심 포인트와 풀이 흐름을 명확히 제시하여 수험자가 스스로 사고 과정을 점검할 수 있도록 하였습니다.

또한 범농협 시험의 특성상 직무상식, 농협 관련 상식, 시사·경제·경영 전반에 대한 이해가 요구되는 만큼, 최근 출제 흐름을 반영하여 학습 우선순위를 정리하는 데에도 도움을 주고자 하였습니다.

본 교재를 통해 불필요한 학습 부담은 줄이고, 실제 시험에 필요한 내용에 집중할 수 있기를 바랍니다. 이 책이 범농협 필기시험을 준비하는 모든 수험자에게 실전 직전까지 반복해 볼 수 있는 확실한 기준서가 되기를 기대합니다.

STRUCTURE

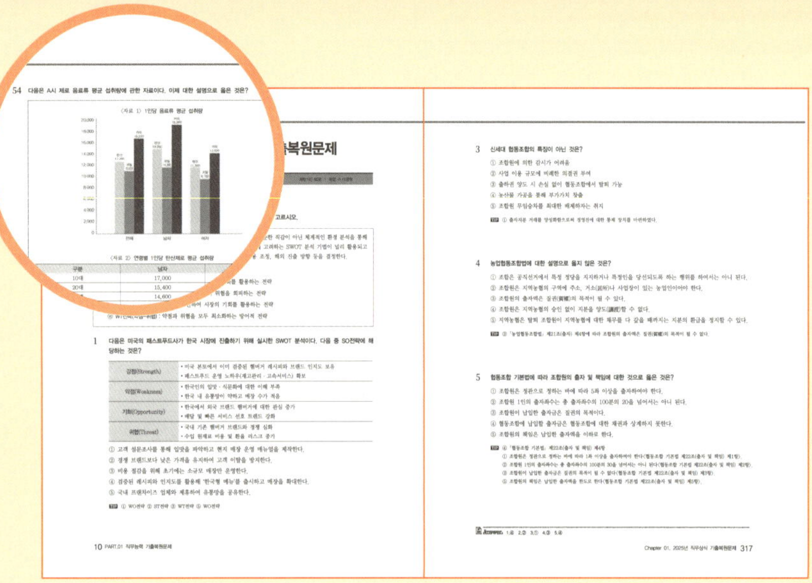

직무능력평가

범농협 필기시험에서 반복적으로 출제되는 직무능력평가 영역을 중심으로, 최근 5개년(2021～2025년) 기출문제를 최대한 충실하게 복원 및 재구성하였다. 의사소통능력, 문제해결능력, 수리능력, 정보능력, 자원관리능력 등 주요 영역별 출제 흐름을 반영하여 실제 시험과 유사한 난이도와 문제 구성을 유지하였으며, 자주 출제되는 핵심 유형과 변형 유형을 함께 학습할 수 있도록 구성하였다.

직무상식평가

범농협 필기시험의 특성을 반영한 직무상식평가 기출문제 2회분을 수록하였다. 농협 관련 상식은 물론, 직무 이해를 바탕으로 한 시사 · 경제 · 경영 전반의 출제 경향을 반영하여 단순 암기가 아닌 맥락 중심의 학습이 가능하도록 구성하였다. 실제 시험에서 요구하는 개념 이해 수준을 점검하고, 출제 범위와 유형을 체계적으로 파악할 수 있도록 하였다.

정답 및 해설

정답에 이르는 풀이 과정과 오답이 되는 이유를 함께 설명하여 문제를 어떻게 접근해야 하는지 자연스럽게 이해할 수 있도록 구성하였다. 복습 시에도 부담 없이 확인할 수 있도록 간결하면서도 실전에 도움이 되는 해설 위주로 정리하였다.

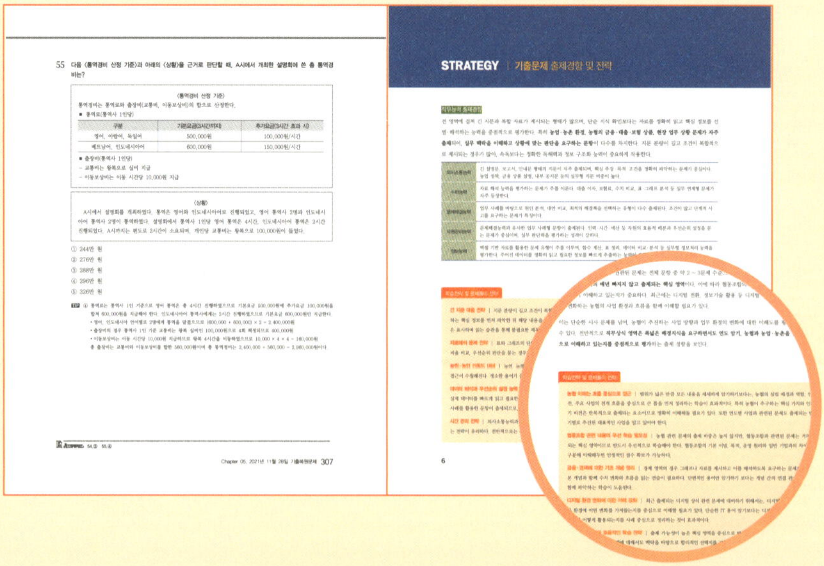

학습전략 및 출제경향 분석

최근 범농협 필기시험의 전반적인 출제경향을 분석하고 영역별 학습 방향과 효율적인 학습 전략을 제시하였다. 기출문제를 바탕으로 우선적으로 학습해야 할 영역과 반복 출제되는 핵심 포인트를 정리하여 한정된 학습 시간 안에서 실전 대비 효과를 극대화할 수 있도록 구성하였다.

CONTENTS

01 직무능력 기출복원문제

02 직무상식 기출복원문제

STRATEGY | 기출문제 출제경향 및 전략

직무능력 출제경향

전 영역에 걸쳐 긴 지문과 복합 자료가 제시되는 형태가 많으며, 단순 지식 확인보다는 자료를 정확히 읽고 핵심 정보를 선별·해석하는 능력을 중점적으로 평가한다. 특히 **농업·농촌 환경, 농협의 금융·대출·보험 상품, 현장 업무 상황 문제가 자주 출제**되어, **실무 맥락을 이해하고 상황에 맞는 판단을 요구하는 문항**이 다수를 차지한다. 지문 분량이 길고 조건이 복합적으로 제시되는 경우가 많아, 속독보다는 정확한 독해력과 정보 구조화 능력이 중요하게 작용한다.

의사소통능력	긴 설명문, 보고서, 안내문 형태의 지문이 자주 출제되며, 핵심 주장·목적·조건을 정확히 파악하는 문제가 중심이다. 농업 정책, 금융 상품 설명, 내부 공지문 등의 실무형 지문 비중이 높다.
수리능력	자료 해석 능력을 평가하는 문제가 주를 이룬다. 대출 이자, 보험료, 수치 비교, 표·그래프 분석 등 실무 연계형 문제가 자주 등장한다.
문제해결능력	업무 사례를 바탕으로 원인 분석, 대안 비교, 최적의 해결책을 선택하는 유형이 다수 출제된다. 조건이 많고 단계적 사고를 요구하는 문제가 특징이다.
자원관리능력	문제해결능력과 유사한 업무 사례형 문항이 출제된다. 인력·시간·예산 등 자원의 효율적 배분과 우선순위 설정을 묻는 문제가 중심이며, 실무 판단력을 평가하는 성격이 강하다.
정보능력	엑셀 기반 자료를 활용한 문제 유형이 주를 이루며, 함수 계산, 표 정리, 데이터 비교·분석 등 실무형 정보처리 능력을 평가한다. 주어진 데이터를 정확히 읽고 필요한 정보를 빠르게 추출하는 능력이 요구된다.

학습전략 및 문제풀이 전략

긴 지문 대응 전략 | 지문 분량이 길고 조건이 복합적으로 제시되는 문제가 많아, 처음부터 지문을 모두 읽기보다는 문제에서 요구하는 핵심 정보를 먼저 파악한 뒤 해당 내용을 중심으로 지문을 분석하는 전략이 효과적이다. 특히 수치, 조건, 기준이 되는 문장은 표시하며 읽는 습관을 통해 불필요한 재독을 줄이는 것이 중요하다.

자료해석 문제 전략 | 표와 그래프의 단위, 기준 시점, 비교 대상 등을 먼저 확인해야 한다. 실제로는 복잡한 계산보다 증감 여부, 비율 비교, 우선순위 판단을 묻는 경우가 많으므로 자료의 구조를 빠르게 파악하는 연습이 필요하다.

농협·농업 키워드 대비 | 농업, 농협 금융·보험 상품, 현장 업무와 관련된 소재에 익숙해질수록 지문 이해 속도가 빨라지고 문제 접근이 수월해진다. 생소한 용어가 등장하더라도 개별 단어에 집착하기보다는 전체 맥락 속에서 의미를 파악하는 연습이 중요하다.

데이터 해석과 우선순위 설정 능력 | 엑셀 기반 문제 출제가 많으므로, 함수 계산이나 표 분석에 대한 기본적인 이해를 바탕으로 실제 데이터를 빠르게 읽고 필요한 정보를 추출하는 능력을 기르는 것이 필요하다. 자원관리능력은 문제해결능력과 유사하게 업무 사례를 활용한 문항이 출제되므로, 주어진 상황에서 자원의 우선순위를 판단하고 합리적인 선택지를 고르는 연습이 도움이 된다.

시간 관리 전략 | 의사소통능력과 문제해결능력에 충분한 시간을 배분하고, 비교적 난도가 낮은 영역에서는 빠르게 점수를 확보하는 전략이 유리하다. 전반적으로는 속도보다 정확성을 우선하여 실수를 최소화하는 것이 고득점을 위한 핵심 전략이라 할 수 있다.

직무상식 영역은 **농협의 역사와 연도별 주요 사업 등 농협 전반에 대한 기본 상식을 중심으로 출제**되며, **농협의 역할과 사업 구조에 대한 이해를 요구하는 문제**와 더불어 **농업·농촌 전반에 대한 이해를 바탕으로 금융·경제, 디지털 상식 등 다양한 분야의 기초 상식을 두루 묻는 경향**을 보인다.

특히 농협과 직접적으로 연관된 문제는 전체 문항 중 약 2 ~ 3문제 수준으로 출제되지만, **협동조합의 개념과 운영 방식과 관련된 문제는 거의 매년 빠지지 않고 출제되는 핵심 영역**이다. 이에 따라 협동조합의 기본 이념과 기능, 일반 기업과의 차이점을 정확히 이해하고 있는지가 중요하다. 최근에는 디지털 전환, 정보기술 활용 등 디지털 상식과 관련된 문제도 출제되고 있어, 변화하는 농협의 사업 환경과 흐름을 함께 이해할 필요가 있다.

이는 단순한 시사 문제를 넘어, 농협이 추진하는 사업 방향과 업무 환경의 변화에 대한 이해도를 평가하려는 취지로 해석할 수 있다. 전반적으로 **직무상식 영역은 폭넓은 배경지식을 요구하면서도 연도 암기, 농협과 농업·농촌을 둘러싼 환경을 종합적으로 이해하고 있는지를 중점적으로 평가**하는 출제 경향을 보인다.

학습전략 및 문제풀이 전략

농협 이해는 흐름 중심으로 접근 | 범위가 넓은 만큼 모든 내용을 세세하게 암기하기보다는, 농협의 설립 배경과 역할, 인재상과 비전, 주요 사업의 전개 흐름을 중심으로 큰 틀을 먼저 정리하는 학습이 효과적이다. 특히 농협이 추구하는 핵심 가치와 인재상, 중장기 비전은 반복적으로 출제되는 요소이므로 명확히 이해해둘 필요가 있다. 또한 연도별 사업과 관련된 문제도 출제되는 만큼, 각 시기별로 추진된 대표적인 사업을 알고 있어야 한다.

협동조합 관련 내용의 우선 학습 필요성 | 농협 관련 문제의 출제 비중은 높지 않지만, 협동조합과 관련된 문제는 거의 매년 출제되는 핵심 영역이므로 반드시 우선적으로 학습해야 한다. 협동조합의 기본 이념, 목적, 운영 원리와 일반 기업과의 차이점을 명확히 구분해 이해해두면 안정적인 점수 확보가 가능하다.

금융·경제에 대한 기초 개념 정리 | 경제 영역의 경우 그래프나 자료를 제시하고 이를 해석하도록 요구하는 문제도 출제되므로 기본 개념과 함께 수치 변화와 흐름을 읽는 연습이 필요하다. 단편적인 용어만 암기하기 보다는 개념 간의 연결 관계와 자료의 의미를 함께 파악하는 학습이 도움된다.

디지털 환경 변화에 대한 이해 강화 | 최근 출제되는 디지털 상식 관련 문제에 대비하기 위해서는, 디지털 전환이 농협의 사업과 업무 환경에 어떤 변화를 가져왔는지를 중심으로 이해할 필요가 있다. 단순한 IT 용어 암기보다는 디지털 기술이 농업, 금융·경제 현장에서 어떻게 활용되는지를 사례 중심으로 정리하는 것이 효과적이다.

핵심 영역 중심의 효율적인 학습 전략 | 출제 가능성이 높은 핵심 영역을 중심으로 반복 학습하며 이해도를 높이는 전략이 효율적이다. 이를 통해 낯선 문제에 대해서도 맥락을 바탕으로 합리적인 선택지를 고를 수 있는 대응력을 기를 수 있다.

[출제비중]

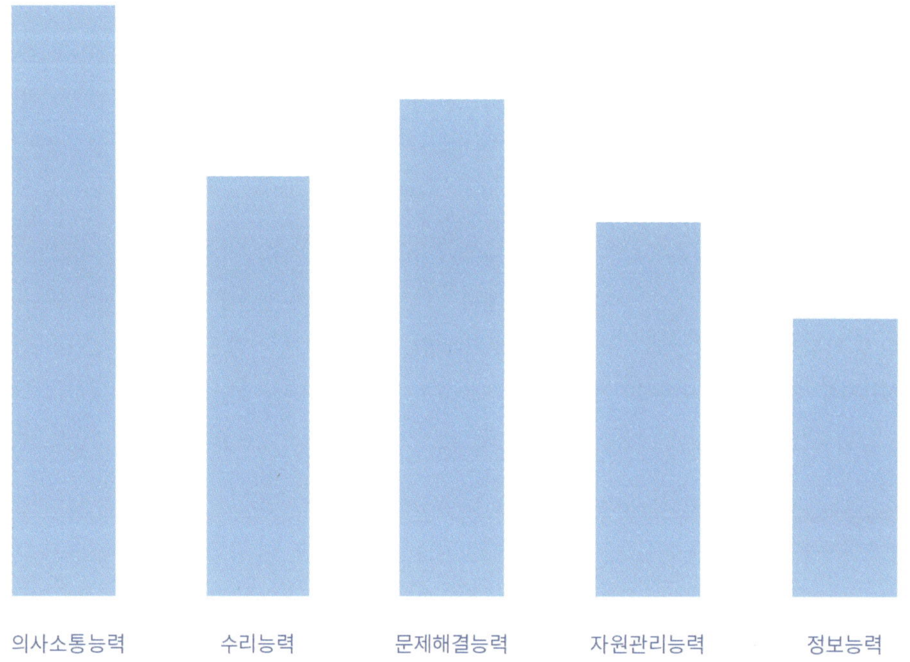

PART

01

직무능력
기출복원문제

01 2025년 11월 02일 기출복원문제

난이도 ●●●●○

제한시간 60분 | 문항 수 60문항

┃1 ~ 2┃ 다음 설명을 읽고 분석 결과에 대응하는 가장 적절한 전략을 고르시오.

기업들은 국내 · 해외 시장에 진출하거나 기존 사업을 확장할 때, 단순한 직감이 아닌 체계적인 환경 분석을 통해 전략을 수립하고 있다. 특히 기업의 내부 환경과 외부 환경을 동시에 고려하는 SWOT 분석 기법이 널리 활용되고 있으며, 각 기업은 이를 기반으로 마케팅 전략, 신제품 개발, 비용 조정, 해외 진출 방향 등을 결정한다.

※ SWOT분석에 의한 마케팅 전략

㉠ SO전략(강점–기회) : 강점을 활용하여 시장의 기회를 활용하는 전략

㉡ ST전략(강점–위협) : 강점을 사용해 시장의 위협을 회피하는 전략

㉢ WO전략(약점–기회) : 약점을 보완하여 시장의 기회를 활용하는 전략

㉣ WT전략(약점–위협) : 약점과 위협을 모두 최소화하는 방어적 전략

1 **다음은 미국의 패스트푸드사가 한국 시장에 진출하기 위해 실시한 SWOT 분석이다. 다음 중 SO전략에 해당하는 것은?**

강점(Strength)	• 미국 본토에서 이미 검증된 햄버거 레시피와 브랜드 인지도 보유 • 패스트푸드 운영 노하우(재고관리 · 고속서비스) 확보
약점(Weakness)	• 한국인의 입맛 · 식문화에 대한 이해 부족 • 한국 내 유통망이 약하고 매장 수가 적음
기회(Opportunity)	• 한국에서 외국 브랜드 햄버거에 대한 관심 증가 • 배달 및 빠른 서비스 선호 트렌드 강화
위협(Threat)	• 국내 기존 햄버거 브랜드와 경쟁 심화 • 수입 원재료 비용 및 환율 리스크 증가

① 고객 설문조사를 통해 입맛을 파악하고 현지 매장 운영 매뉴얼을 제작한다.

② 경쟁 브랜드보다 낮은 가격을 유지하여 고객 이탈을 방지한다.

③ 비용 절감을 위해 초기에는 소규모 매장만 운영한다.

④ 검증된 레시피와 인지도를 활용해 '한국형 메뉴'를 출시하고 매장을 확대한다.

⑤ 국내 프랜차이즈 업체와 제휴하여 유통망을 공유한다.

TIP ① WO전략 ② ST전략 ③ WT전략 ⑤ WO전략

2 미국 커피 브랜드 B사는 한국 매장을 운영하면서 다음과 같은 SWOT 분석을 하였다. 전략법 연결이 적절한 것은?

강점(Strength)	• 미국 본사의 글로벌 마케팅 네트워크 활용 가능 • 가맹점 관리 시스템 및 인력 매뉴얼 보유
약점(Weakness)	• 한국 시장 및 입지 선정 경험 부족 • 임대료 관리와 비용 구조 파악 어려움
기회(Opportunity)	• 정부의 외식업 투자 지원 • 프리미엄 버거에 대한 젊은 층의 관심 증가
위협(Threat)	• 최저임금 상승 압박 • 식품 위생 · 안전 규제 강화

① WT전략 : 글로벌 마케팅을 활용해 가격 프로모션을 대규모로 진행한다.

② WO전략 : 한국 매장 직원 대상의 현지화 교육 시스템을 구축한다.

③ SO전략 : 자동 주문 시스템을 도입하여 인건비를 줄인다.

④ WT전략 : 영업시간을 단축하고 인력을 최소화한다.

⑤ ST전략 : 경쟁 브랜드의 가격을 분석해 비슷한 수준으로 조정한다.

TIP ① SO전략 ③ ST전략 ④ WT전략 ⑤ ST전략

Answer. 1.④ 2.②

3 다음 사례에서 이 대리가 취해야 할 가장 적절한 행동은?

> A은행의 甲 지점은 최근 창구 고객 불만 처리 기준이 지나치게 경직되어 있다는 지적을 받고 있다. 통장 재발급, OTP 오류, 예금 이체 제한 해제와 같은 단순 민원도 직원은 즉시 처리하지 못하고 지점장 결재 또는 본부 승인을 기다려야 하는 구조로 운영되고 있다.
>
> 특히 이 대리는 "작은 민원이라도 보고 후 지시를 받아 처리하라"라고 강조하며 직원들이 현장에서 자체 판단하는 것을 거의 허용하지 않았다. 그 결과 창구에 대기 고객이 빠르게 쌓이고 민원 해결이 늦어져 '응답이 느린 은행'이라는 불만이 늘어나고 있다.
>
> 최근에는 한 고객이 "이체 한도만 풀어달라"는 요청을 했으나, 지시를 기다리는 동안 시간이 지나 결국 "다른 은행에서 하겠다"며 이탈한 사례까지 발생하였다.

① 이 대리가 직접 고객에게 찾아가 사과하고 처리한다.

② 민원 업무를 줄이기 위해 통장 재발급 · 이체 한도 해제는 예약제로만 처리한다.

③ 직원의 판단 실수가 우려되므로 모든 업무는 지점장 결재를 거치도록 교육한다.

④ 창구에서 처리 가능한 단순 민원은 직원이 현장에서 즉시 해결할 수 있도록 권한을 부여한다.

⑤ 같은 상황이 발생하지 않도록 민원 처리 담당자를 징계하고 재교육을 실시한다.

TIP ④ 이 사례의 핵심 문제는 모든 민원을 상부 지시에만 의존하는 업무 방식에 있다. 따라서 현장에서 처리 가능한 업무에 대해서는 직원에게 일정 수준의 권한을 위임하는 것이 가장 적절한 대응이다.

4 **김 대리는 온라인몰 고객서비스팀에 근무하고 있으며, 최근 택배 지연과 파손 민원이 증가하자 관련 회의를 진행하였다. 아래의 회의록을 보고 회의에서 알 수 있는 내용은 무엇인가?**

> 회의록
>
> ■ 회의일시 : 2025년 12월 21일
> ■ 회의장소 : 본부 2층 CS 회의실
> ■ 참석부서 : 물류팀, 고객서비스팀, IT개발팀
> ■ 참 석 자 : 물류팀 팀장 · 과장, 개발팀 팀장 · 과장, 서비스팀 팀장 · 과장
> ■ 회의 안건 : 배송 지연 및 택배 파손에 따른 민원 대응 및 개선방안
> ■ 회의 내용 : 최근 일주일간 주문량이 평소 대비 약 2.5배 증가하여 외부 택배업체 B사의 차량이 부족했고, 포장 인력이 일부 다른 업무로 전환되어 포장 과정이 부실했던 것으로 추정됨
> ■ 의결 사항
> [물류팀]
> 포장 전담 인력 재배치, 택배업체 추가 계약 검토
> [고객서비스팀]
> 파손 고객 대상 사과문 및 부분 환불 공지
> [IT개발팀]
> 배송상태 실시간 확인 시스템 개선

① IT개발팀에서 택배 파손 피해 고객에게 직접 연락하여 사과하기로 했다.
② 주문량 증가 기간은 2025년 12월 21일부터 일주일간이다.
③ 포장 인력이 분산되면서 포장과정이 적절하게 이행되지 못한 것은 원인으로 추정하고 있다.
④ 서비스팀은 모든 고객에게 100% 전액환불을 실시하기로 결정했다.
⑤ 물류팀이 배송상태 실시간 확인 시스템을 개선하기로 했다.

TIP ① IT개발팀은 시스템 개선 업무를 담당하므로 고객 사과는 서비스팀 역할이다.
② 회의록에서는 증가 기간이 '21일부터'라고 명시되어 있지 않다.
④ 서비스팀은 부분 환불만 언급하였으며 100% 환불은 회의에서 알 수 없다.
⑤ 실시간 시스템 개선은 IT개발팀의 업무이며 물류팀 역할이 아니다.

Answer. 3.④ 4.③

5 다음은 지역 간의 시차를 계산하는 방법에 대한 설명이다. 이를 참고하여 동경 135도에 위치한 부산에서 서경 75도에 위치한 뉴욕으로 출장해야 하는 최 과장이 현지 시각 9월 10일 오전 10시까지 도착하기 위해 탑승해야 할 항공편 중 가장 늦은 것은 어느 것인가? (단, 비행시간 이외의 시간은 고려하지 않는다.)

※ 시차 계산 요령

1. 같은 경도에 위치한 두 지역(동경과 동경 또는 서경과 서경)은 두 지점의 경도 차를 구해 15로 나누며 숫자가 더 큰 지역이 더 동쪽에 있으므로 시간이 더 빠르다.
2. 본초자오선과의 시차는 한국이 영국보다 9시간 빠르다는 점을 기준으로 할 수 있다.
3. 서로 다른 경도(동경과 서경)에 위치한 지역은 두 지점을 더해서 15로 나누며 동경이 서경보다 더 동쪽에 있으므로 시간이 더 빠르다.

항공편명	출발일	출발 시각	비행시간
KR107	9월 8일	오후 10시	13시간
AE034	9월 9일	오후 1시	
KR202	9월 10일	오전 11시	
AE037	9월 10일	오후 6시	
KR209	9월 11일	오전 10시	

① KR107
② AE034
③ KR202
④ AE037
⑤ KR209

TIP ③ 출발지인 부산(동경 135도)과 도착지인 뉴욕(서경 75도)은 서로 다른 경도에 위치하므로 시차 계산 요령의 3번 기준을 적용한다. 따라서 (135 + 75) ÷ 15 = 14시간이 되며, 부산이 뉴욕보다 14시간 빠른 것으로 계산된다. 최 과장이 도착지에 현지 시각 9월 10일 오전 10시까지 도착해야 하고 비행시간이 13시간이므로, 도착지 시간 기준 늦어도 9월 9일 오후 9시에는 출발해야 한다. 이를 부산 기준 시각으로 환산하면 14시간을 더해 9월 10일 오전 11시가 된다. 따라서 최 과장이 탑승할 수 있는 가장 늦은 항공편은 KR202이다.

【6 ~ 7】 아래는 K사의 과일 품목별 해외 상담 실적 자료이다. 이를 바탕으로 다음 물음에 답하시오.

구분	2022년	2023년	2024년
사과	390건	400건	486건
배	310건	330건	380건
포도	530건	560건	700건
감귤	280건	300건	360건
딸기	450건	480건	600건

6 K사 사과 상담 실적의 작년대비 2024년 증감률은?

① 19.5%
② 20.2%
③ 20.7%
④ 21.5%
⑤ 22.1%

TIP ④ 증감률 구하는 공식은 $\frac{\text{올해 매출} - \text{전년도 매출}}{\text{전년도 매출}} \times 100$이다.

따라서 $\frac{486-400}{400} \times 100 = 21.5(\%)$

7 2024년 포도의 상담 실적은 2023년 가장 높은 상담 실적 품목의 몇 배인가?

① 1.15배
② 1.2배
③ 1.25배
④ 1.3배
⑤ 1.35배

TIP ③ 2024년 포도의 상담 실적은 700건이고, 2023년 가장 높은 상담 실적 역시 포도로 560건이므로 $\frac{700}{560} = 1.25$(배)이다.

Answer. 5.③ 6.④ 7.③

8 다음 지문의 내용과 일치하지 않는 것은?

> 최근 소비자들의 구매 방식은 단순히 가격이나 성능 중심의 선택에서 벗어나, 제품이 환경에 미치는 영향까지 고려하는 방향으로 변화하고 있다. 소비자들은 물건을 구매할 때 생산 과정에서 발생한 탄소배출량, 폐기 시의 환경오염 가능성, 재활용 또는 재사용이 가능한지 여부 등을 중요한 판단 기준으로 삼고 있으며, 이러한 행위는 '친환경 소비' 또는 '지속가능한 소비'로 불리고 있다.
>
> 특히 최근에는 한 번 사용하고 버려지는 일회용 플라스틱의 사용을 줄이려는 움직임이 커지고 있으며, 천 · 종이 · 유리 등과 같이 비교적 오래 사용할 수 있고 재활용률이 높은 소재에 대한 선호가 증가하고 있다. 또한 일부 소비자는 제품을 구매할 때 과대포장 여부, 환경 인증 마크, 재활용 표시 등을 확인하며 구매 기준을 스스로 설정하는 모습을 보이고 있다. 예를 들어 카페에서 일회용 컵 대신 다회용 텀블러나 대여용 컵을 이용하는 방식, 화장품 용기를 리필할 수 있는 서비스 등을 선택하는 것은 대표적인 실천 사례 중 하나다. 이렇게 소비자의 행동은 단순 절약 차원을 넘어 사회적 책임과 환경적 영향까지 고려하는 선택으로 변하고 있다.
>
> 기업 또한 이러한 흐름을 민감하게 감지하고 있으며, 재생에너지 사용 확대, 친환경 포장재 개발, 저탄소 제조 공정 도입과 같은 전략을 채택하여 변화에 대응하고 있다. 일부 기업은 생산부터 유통, 폐기 단계에 이르기까지 발생한 탄소 총량을 수치화하여 표시하는 '탄소발자국 표시제'를 적극적으로 활용하고 있다. 이 제도를 통해 소비자는 제품이 환경에 미치는 영향을 수치 비교를 통해 직접 판단할 수 있고, 기업은 브랜드 이미지 향상과 책임 경영을 동시에 추구할 수 있다. 또한 해외에서는 ESG 경영(환경 · 사회 · 지배구조 기준)이 기업의 평가 지표로 사용되며, 친환경 소비를 고려한 제품군이 기업의 핵심 사업으로 분류되는 사례도 증가하고 있다. 결국 친환경 소비는 단순히 유행처럼 나타나는 소비 행태가 아니라 기업의 장기적인 전략과 시장의 재편 방향까지 결정하는 요소로 작용하고 있다.
>
> 소비자의 가치 변화가 실제로 기업의 생산 방식과 투자 방향을 바꾸며, 이를 따라 시장 전체가 점차 지속가능성과 책임성 중심으로 이동하고 있음을 보여 준다. 따라서 친환경 소비는 단순한 개인의 선택을 넘어서, 사회 전반의 변화를 이끌고 기업 행동까지 영향을 미치는 핵심 동력으로 자리 잡고 있다.

① 소비자들은 탄소배출량이나 폐기 시의 환경오염 가능성 등을 구매 기준으로 삼기도 한다.
② 일회용 플라스틱 사용을 줄이고 오래 사용할 수 있는 대체 소재의 선호도가 증가하고 있는 추세이다.
③ 기업은 친환경 포장재 개발, 재생에너지 활용, 저탄소 공정 등을 통해 변화에 감지하여 대응하고 있다.
④ 탄소발자국 표시제는 제품 생산 과정에서 발생한 탄소량을 기업 내부에서만 확인하기 위한 대응 전략이다.
⑤ 소비자의 가치 변화는 기업의 투자 방식과 시장의 재편 방향에도 영향을 미치는 요소로 작용한다.

TIP ④ 지문에서 탄소발자국 표시제를 통해 소비자가 직접 수치를 비교하여 환경 영향을 판단할 수 있도록 돕는 제도라고 설명하였다.
① 지문에서 탄소배출량, 환경오염 가능성, 재활용 여부 등을 판단 기준으로 삼는다고 명시되어 있다.
② 지문에서 천 · 종이 · 유리처럼 재활용률이 높은 소재에 대한 선호가 증가하고 있다고 설명한다.
③ 기업은 이러한 흐름을 감지하여 다양한 전략을 통해 변화에 대응하고 있다며 지문에 명시되어 있다.
⑤ 소비자의 가치 변화가 기업의 생산 · 투자 방식과 시장 재편에 영향을 준다고 지문 후반에서 서술하고 있다.

9 〈보기〉는 문제를 효과적으로 해결하기 위한 단계를 나열한 것이다. 올바른 문제처리 절차에 따라 (가) ~ (마)의 순서를 재배열한 것은 어느 것인가?

〈보기〉

(가) 핵심 원인을 해결하기 위한 개선안을 설계한다.
(나) 실제 현황을 조사하고 어떤 문제가 있는지 파악한다.
(다) 점검 결과를 반영하여 수정 및 보완 후 최종안을 확정한다.
(라) 개선안을 실제 업무에 적용하고 결과를 점검한다.
(마) 문제의 핵심 원인을 도출하고 원인을 분석한다.

① (가) → (나) → (다) → (라) → (마)
② (가) → (다) → (마) → (나) → (라)
③ (나) → (마) → (가) → (라) → (다)
④ (나) → (가) → (다) → (라) → (마)
⑤ (다) → (가) → (마) → (나) → (라)

TIP ③ 문제처리능력이란 현황을 분석하고, 문제의 원인을 도출한 뒤 해결책을 실행 · 평가하여 보완하는 일련의 문제 해결 절차를 말한다. 일반적인 문제 해결 과정은 문제 파악, 원인 분석, 해결안 수립, 실행 및 평가, 보완 · 확정 5단계를 기준으로 한다.

Answer. 8.④ 9.③

Ⅰ10 ~ 11Ⅰ 다음은 K사 영업본부팀의 익월 업무 일정표와 직원별 담당 업무이다. 다음을 참고로 이어지는 물음에 답하시오.

〈담당자별 업무〉

담당자	담당업무
甲	매출 자료 취합, 월간 실적 검토
乙	신규 거래처 조사, 판촉 기획 회의
丙	시장 분석 보고서, 협력사 정기 간담회 참석
丁	인사팀 미팅, 클레임 대응
戊	마케팅 결과 보고서 작성

〈익월 주요 업무 일정〉

일	월	화	수	목	금	토
				1 매출 자료 취합(2)	2	3
4	5 신규 거래처 조사(3)	6	7	8	9 판촉 기획 회의(1)	10
11	12	13 시장 분석 보고서(2)	14	15 인사팀 미팅(1)	16	17
18	19 신규 거래처 조사(1)	20 월간 실적 검토(2)	21	22 클레임 대응(2)	23	24
25	26	27 협력사 정기 간담회(2)	28	29 마케팅 결과 보고서 작성(2)	30	31

* ( ) 안의 숫자는 해당 업무 소요 일수

10 **한 달 동안 업무 소요 일수가 가장 적은 직원은 누구인가?**

① 甲
② 乙
③ 丙
④ 丁
⑤ 戊

TIP ⑤ 戊 : 29 ~ 30일(2) = 총 2일
① 甲 : 1 ~ 2일(2) + 20 ~ 21일(2) = 총 4일
② 乙 : 5 ~ 7일(3) + 9일(1) = 총 4일
③ 丙 : 13 ~ 14일(2) + 27 ~ 28일(2) = 총 4일
④ 丁 : 15일(1) + 22 ~ 23일(2) = 총 3일

11 **갑작스런 해외 거래처의 일정 변경으로 위에 제시된 5명의 직원 중 담당 업무에 지장이 없는 2명을 뽑아 일주일간 해외 출장을 보내야 할 경우 적절한 직원은 누구인가?**

① 甲, 丙
② 乙, 丁
③ 丁, 戊
④ 乙, 丙
⑤ 丙, 戊

TIP ⑤ 다음 달 넷째 주에 乙의 신규 거래처 조사, 甲의 월간 실적 검토, 丁의 클레임 대응 업무가 예정되어 있다. 따라서 출장자로 가장 적합한 두 명의 직원은 丙과 戊가 된다.

Answer. 10.⑤ 11.⑤

12 다음 자료를 참고할 때, 총 10,000km를 주행했을 경우 총 연료비가 가장 저렴한 제조사는 어디인가?

〈자동차 종류별 특성〉

제조사	연비(km/L)	연료 종류
H사	12	LPG
F사	10	휘발유
S사	16	경유
T사	15	LPG
U사	10	휘발유

〈종류별 연료가격/L〉

LPG	900원
휘발유	1,520원
경유	1,280원

※ 총 연료비 계산식 = 총연료비 = $\frac{\text{총주행거리}(km)}{\text{연비}(km/L)} \times$ 연료가격(원/L)

① H사
② F사
③ S사
④ T사
⑤ U사

TIP

④ T사 : $\frac{10,000}{15} \times 900 = 600,000$원

① H사 : $\frac{10,000}{12} \times 900 = 750,000$원

② F사 : $\frac{10,000}{10} \times 1,520 = 1,520,000$원

③ S사 : $\frac{10,000}{16} \times 1,280 = 800,000$원

⑤ U사 : $\frac{10,000}{10} \times 1,520 = 1,520,000$원

13 아래는 농협 직무 연계된 온라인 교육 프로그램의 과정별 수강 이수 현황을 나타낸 자료이다. 이를 바탕으로 〈보기〉의 설명 중 옳은 것을 모두 고르면?

〈과정별 이수율 및 만족도 통계〉

직무 과정	전체 수강자(명)	이수율(%)	우수평가 비율(%)
금융 기초	200명	70%	40%
마케팅 기본	300명	60%	35%
고객 응대	400명	55%	45%
리스크 관리	250명	50%	30%

※ 모든 수강자는 한 과정만 선택했고, 중복 수강은 없다고 가정한 것이며, 우수평가 비율은 이수한 수강자를 기준으로 계산한 것이다.

〈보기〉

(가) '고객 응대' 과정을 이수한 인원은 '마케팅 기본'을 이수한 인원보다 많다.
(나) '금융 기초'에서 우수평가를 받은 인원은 60명을 넘는다.
(다) 전체 직무과정에서 이수 인원이 가장 많은 직무 과정은 '고객 응대'이다.
(라) 이수율이 55% 미만인 과정은 존재하지 않는다.

① (가), (나)

② (가), (다)

③ (나), (다), (라)

④ (가), (나), (다)

⑤ (가), (나), (다), (라)

TIP (가) '고객 응대' 과정을 이수한 인원은 400명 중 55%이므로 400 × 0.55 = 220(명), '마케팅 기본'을 이수한 인원은 300명 중 60%이므로 300 × 0.60 = 180(명)이므로 '고객 응대' 과정을 이수한 인원이 더 많다.

(다) '금융 기초'의 이수 인원은 200명 중 70%이므로 200 × 0.7 = 140(명), '마케팅 기본'의 이수 인원은 300명 중 60%이므로 300 × 0.6 = 180(명), '고객 응대'의 이수 인원은 400명 중 55%이므로 400 × 0.55 = 220(명), '리스크 관리'의 이수 인원은 250명 중 50%이므로 250×0.5=125(명)이다. 따라서 직무 과정 중 가장 많은 이수 인원은 '고객 응대'이다.

(나) 우수평가 비율은 이수한 수강자를 기준으로 계산한다 하였으므로, 먼저 '금융 기초'에서 이수한 인원을 구하면 200명 중 70%이므로 200 × 0.7 = 140(명)이 된다. 이 중에서 우수평가 비율은 40%이므로 140 × 0.4 = 56(명)이다.

(라) '금융 기초'은 이수율이 50%로 55% 미만이다.

Answer. 12.④ 13.②

14 **인사팀 신입사원 甲 씨는 회사의 지시에 따라 「디지털 서비스 혁신 설명회」에 참석해야 한다. 甲 씨는 오늘 업무를 마친 뒤 13시부터 출발 할 수 있는 상황이다. 붙임 자료를 참고하여 甲씨가 설명회 장소에 바로 참석 할 수 있는 교통수단과 출발 시각으로 옳은 것은? (단, 다른 소요 시간은 고려하지 않는다.)**

-디지털 서비스 혁신 설명회-

디지털 혁신 역량 강화를 위해 「디지털 서비스 혁신 설명회」를 개최하고자 합니다. 본 설명회는 직무교육의 방향성과 NCS 기반 실무 적용 사례를 공유하여 현장에서 실제 채용 및 업무 역량에 활용될 수 있는 내용을 중심으로 진행될 예정이오니, 많은 관심과 참석을 부탁드립니다.

-붙임-

설명회 장소	일시	비고
디지털교육센터 (3층 세미나홀)	2025. 03. 12(수) 14:40 ~ 16:40	원활한 진행을 위해 입장 시간은 15:00 ~ 15:30으로 제한합니다.

※ 오시는 길
- 지하철 : 7호선 승강역(도보 5분)
- 버스 : 122, 260번 △△센터 정류장(도보 10분)

소요시간

- 회사 → 버스정류장 및 지하철역

대중교통	출발지	출발지	소요시간
버스정류장	회사	○○역	20분
지하철역		7호선 승강역	15분

- 대중교통별 이동시간

교통편	출발지	도착지	소요시간
지하철	회사	7호선 승강역	35분
버스	○○역	△△센터	45분
택시	회사	설명회장 (이동시간 포함)	30분

	출발시각	교통수단
①	13시 30분	지하철
②	14시 40분	지하철
③	14시 10분	버스
④	13시 40분	버스
⑤	15시 10분	택시

TIP ③ ○○역(20분), 버스(45분), 도보(10분)이므로 총 1시간 15분 걸린다. 14시 10분에 출발하게 되면 15분 25분에 도착하게 되므로 입장시간 내에 입장할 수 있다.

① 지하철 7호선 승강역(15분), 지하철(35분), 도보(5분)이므로 총 55분 걸린다. 따라서 13시 30분에 출발하게 되면 14시 25분에 도착하게 되므로 입장시간보다 일찍 도착한다.

② 지하철 7호선 승강역(15분), 지하철(35분), 도보(5분)이므로 총 55분 걸린다. 14시 40분에 출발하게 되면 15시 35분에 도착하게 되므로 입장시간보다 늦게 도착한다.

④ ○○역(20분), 버스(45분), 도보(10분)이므로 총 1시간 15분 걸린다. 13시 30분에 출발하게 되면 14시 45분에 도착하게 되므로 입장시간보다 일찍 도착한다.

⑤ 택시는 30분 걸리므로 15시 10분에 출발하게 되면 15시 40분에 도착하게 된다. 따라서 입장시간보다 늦게 도착한다.

15 **인사팀의 박 사원은 사내 시험을 진행하기 위해 회사 내 A ~ E 고사장 중 하나를 선택하려 한다. 다음에서 제시된 고사장 시설 현황과 팀장의 지시 사항을 고려하여 선정할 때, 박 사원이 선택할 고사장은?**

〈고사장 시설 현황〉

구분	최대 수용 인원(명)	대여 가능 요일	대여 비용(원)	최대 대여 가능 시간
A	220	월, 금	300,000	3시간
B	320	화, 수	480,000	3시간
C	250	수, 목	420,000	4시간
D	200	수, 토	380,000	3시간
E	240	목, 일	440,000	2시간

팀장 : 이번에 사내 시험을 진행할 고사장을 선정해보려고 해요. 인원은 210명 정도 될 것 같아서 그 정도 수용 가능해야 하고요. 사용 시간은 오후 1시부터 6시 사이로 예약과 준비 · 정리 시간을 포함하여 총 3시간 정도 사용할 수 있으면 좋겠어요. 아, 주말하고 월 · 금요일은 피해서 가능한 날짜를 찾아봐요. 그리고 예산은 450,000원을 넘기지 않는 선에서 가장 효율적인 고사장으로 검토해줘요.

① A
② B
③ C
④ D
⑤ E

TIP ③ 팀장이 지시사항을 보아 수용인원은 210명으로 A, B, C, E 고사장이 가능하다. 여기에서 총 3시간 사용한다 하였으므로 E 고사장은 조건에서 제외된다. 다음으로 주말하고 월 · 금요일을 제외한 화 · 수 · 목요일 중 대여가 가능한 고사장이어야 하므로 A 고사장 역시 제외된다. 마지막으로 예산이 450,000원의 예산에 넘지 않아야 하므로 B 고사장을 제외된다. 따라서 박 사원이 선택할 고사장은 C 고사장이 된다.

Answer. 14.③ 15.③

16 ○○공사 권 대리는 다음과 같은 일정으로 출장을 계획하고 있다. 지역별 출장비 지급 내역 및 이동수단에 따른 운임비 추가 지급기준에 따라 권 대리가 받을 출장비의 총액은 얼마인가?

〈지역별 출장비 지급 내역〉

출장 지역	숙박비	식비	일비
'甲'시	32,000원	23,000원	31,000원
'乙'시	37,000원	25,000원	38,000원
'丙'시	40,000원	27,000원	34,000원

※ 현장 점검 업무일 경우, 일비 1,000원 차감

〈이동수단에 따른 운임비 추가 지급기준〉

이동수단	운임비 지급
거래처 차량	운임비 지급 없음
대중교통	17,000원 추가 지급

〈출장 일정〉

출장 일자	출장 지역	업무 유형	이동수단
월요일	'甲'시	현장 점검	거래처 차량
화요일	'乙'시	업무 미팅	대중교통
수요일	'丙'시	현장 점검	대중교통
목요일	'甲'시	업무 미팅	거래처 차량

① 385,000원
② 395,000원
③ 405,000원
④ 415,000원
⑤ 425,000원

TIP ③ 일자별 출장비 지급액을 살펴보면 다음과 같다. 월요일과 목요일 일정에는 거래처 차량으로 이동하므로 운임비가 지급되지 않으며, 화요일과 수요일에는 대중교통을 이용하므로 17,000원의 운임비가 추가 지급된다. 또한 월요일과 수요일 일정에는 현장 점검 업무이므로 1,000원이 차감된다.

출장 일자	지역	업무 유형	이동계획	출장비
월요일	'甲'시	현장 점검	거래처 차량	32,000 + 23,000 + 31,000 − 1,000 = 85,000원
화요일	'乙'시	업무 미팅	대중교통	37,000 + 25,000 + 38,000 + 17,000 = 117,000원
수요일	'丙'시	현장 점검	대중교통	40,000 + 27,000 + 34,000 − 1,000 + 17,000 = 117,000원
목요일	'甲'시	업무 미팅	거래처 차량	32,000 + 23,000 + 31,000 = 86,000원

따라서 출장비 총액은 85,000+117,000+117,000+86,000=405,000원이 된다.

17 다음은 M창고에서 제품별 판매량을 엑셀로 정리한 자료이다. 'P01' 제품의 판매량 총합을 구하기 위해 [B9] 셀에 입력할 함수로 옳은 것은?

	A	B
1	제품명	판매량
2	P01	20
3	P02	15
4	P01	18
5	P03	10
6	P01	25
7	P02	12
8	P01	30
9	총 판매량	

① SUM(B2:B8)
② COUNTIF(A2:A8,"P01")
③ SUMIF(A2:A8,"P01",B2:B8)
④ SUMIFS(B2:B8,"P01")
⑤ COUNTA(A2:A8)

TIP ③ SUM 함수는 단순히 범위 전체의 값을 더해 주는 함수이기 때문에, 조건에 따라 합계를 구할 때는 적절하지 않다. COUNT나 COUNTA 함수는 각각 숫자나 값이 있는 셀의 개수를 세어 주지만, '조건에 맞는 값만 골라서 더하는 기능'은 수행할 수 없다. P01이라는 특정 품목에 해당하는 판매량만 계산하여 합계를 구해야 하므로, 단순 합계가 아닌 조건부 합계가 필요하다. 이러한 조건부 덧셈을 수행하는 함수가 SUMIF 함수이다. SUMIF 함수는 특정 조건을 만족하는 셀만 선택하여 합계를 구해 주는 함수로, SUMIF(조건범위, 조건, 합계범위)의 형식을 사용한다.

Answer. 16.③ 17.③

18 △△ 사이트 홍보 담당자 甲은 홍보용 안내문을 인쇄하기 위해 인쇄소를 찾고 있다. 다음 자료를 참고하여 甲이 안내문 100부를 인쇄할 때, 총 비용이 가장 적게 드는 인쇄소는 어디인가?

〈안내문 1부당 내부구성〉

구성	장수	인쇄 방식
표지	2장	컬러 인쇄
내지	8장	흑백 인쇄

〈인쇄소별 단가와 택배비〉

인쇄소	흑백 인쇄 단가(1장당)	컬백 인쇄 단가(1장당)	택배비
A 인쇄소	70원	250원	4,100원
B 인쇄소	80원	220원	3,800원
C 인쇄소	90원	200원	4,300원
D 인쇄소	60원	270원	4,600원
E 인쇄소	65원	260원	4,400원

※ 택배비는 인쇄 부수에 상관없이 위 금액으로 한 번만 부과한다.

① A 인쇄소
② B 인쇄소
③ C 인쇄소
④ D 인쇄소
⑤ E 인쇄소

TIP ④ D 인쇄소 : 안내문 1부당 인쇄 단가 비용은 (2 × 270) + (8 × 60) = 1,020원이므로, 100부의 총 인쇄 단가비용은 102,000원이다. 여기에 택배비 4,600원이 추가되므로 총 제작 비용은 106,600원이다.

① A 인쇄소 : 안내문 1부당 인쇄 단가 비용은 (2 × 250) + (8 × 70) = 1,060원이므로, 100부의 총 인쇄 단가비용은 106,000원이다. 여기에 택배비 4,100원이 추가되므로 총 제작 비용은 110,100원이다.

② B 인쇄소 : 안내문 1부당 인쇄 단가 비용은 (2 × 220) + (8 × 80) = 1,080원이므로, 100부의 총 인쇄 단가비용은 108,000원이다. 여기에 택배비 3,800원이 추가되므로 총 제작 비용은 111,800원이다.

③ C 인쇄소 : 안내문 1부당 인쇄 단가 비용은 (2 × 200) + (8 × 90) = 1,120원이므로, 100부의 총 인쇄 단가비용은 112,000원이다. 여기에 택배비 4,300원이 추가되므로 총 제작 비용은 116,300원이다.

⑤ E 인쇄소 : 안내문 1부당 인쇄 단가 비용은 (2 × 260) + (8 × 65) = 1,040원이므로, 100부의 총 인쇄 단가비용은 104,000원이다. 여기에 택배비 4,400원이 추가되므로 총 제작 비용은 108,400원이다.

▌19 ~ 20▐ 다음은 N 공단 민원센터의 상담원 다섯 명에 대한 정량 평가와 정성 평가의 결과를 표로 나타낸 것이다. 이를 근거로 최우수 상담원을 선정하여 상여금을 지급하려 할 때, 제시된 표를 바탕으로 물음에 답하시오.

〈상담원별 평가 결과표〉

구분	정량평가		정성평가		
	상담 처리 건수	민원 해결률	고객만족도	태도 평가	업무 이해도
상담원 A	75	80	83	92	88
상담원 B	92	94	82	82	76
상담원 C	80	82	85	94	96
상담원 D	84	90	95	90	91
상담원 E	93	88	78	86	94

〈최우수 상담원 선정 방법〉

- 각 항목별 득점에 다음 구간 기준을 적용하여 점수를 부여한다.

96점 이상	90 ~ 95점	85 ~ 89점	80 ~ 84점	79점 이하
5점	4점	3점	2점	1점

19 **다음 중 위의 기준에 의해 최우수 상담원으로 선정될 사람은 누구인가?**

① 상담원 A
② 상담원 B
③ 상담원 C
④ 상담원 D
⑤ 상담원 E

TIP ④ 기준에 따라 각 상담원의 점수를 계산해 보면 다음과 같다.

구분	정량평가		정성평가			합계
	상담 처리 건수	민원 해결률	고객만족도	태도 평가	업무 이해도	
상담원 A	1	2	2	4	3	12
상담원 B	4	4	2	2	1	13
상담원 C	2	2	3	4	5	16
상담원 D	2	4	4	4	4	18
상담원 E	4	3	1	3	4	15

따라서 최우수 상담원으로 선정될 사람은 상담원 D가 된다.

Answer. 18.④ 19.④

20 **다음 제시된 표를 바탕으로 평가 방식의 결과를 잘못 이해한 것은?**

① 정량 평가로만 점수를 매긴다면 상담원 A가 가장 높다.
② 정량 평가로만 점수를 매긴다면 상담원 D가 가장 낮다.
③ 정성 평가로만 점수를 매긴다면 상담원 E가 가장 높다.
④ 정성 평가로만 점수를 매긴다면 상담원 B가 가장 낮다.
⑤ 정성 평가로만 점수를 매긴다면 상담원 B와 상담원 C가 점수가 같다.

TIP ④ 기준에 따라 정량 평가와 정성평가로만 상담원의 점수를 계산해 보면 다음과 같다.

구분	정량평가			정성평가			
	상담 처리 건수	민원 해결률	합계	고객만족도	태도 평가	업무 이해도	합계
상담원 A	1	2	3	2	4	3	9
상담원 B	4	4	8	2	2	1	5
상담원 C	2	2	4	3	4	5	12
상담원 D	2	4	6	4	4	4	12
상담원 E	4	3	7	1	3	4	8

① 정량 평가로만 점수를 매긴다면 상담원 B가 가장 높다.
② 정량 평가로만 점수를 매긴다면 상담원 A가 가장 낮다.
③ 정성 평가로만 점수를 매긴다면 상담원 C와 상담원 D가 동점으로 가장 높다.
⑤ 정성 평가로만 점수를 매긴다면 상담원 C와 상담원 D가 점수가 같다.

21 H사의 戊 신입사원은 다음주 오후에 '정기 보고 교육 회의'를 진행하고자 회의실을 예약하라는 지시를 받았다. 회의는 팀원들 모두 참석하여 2시간 동안 진행된다고 할 때, 다음주 회의실 예약 현황과 팀원들의 일정을 참고하여 예약할 수 있는 회의실 예약일과 시간은?

〈다음주 회의실 예약 현황〉

구분	월요일	화요일	수요일	목요일	금요일
13:00 ~ 14:00	예약				예약
14:00 ~ 15:00		예약	예약	예약	
15:00 ~ 16:00	예약			예약	
16:00 ~ 17:00			예약		예약
17:00 ~ 18:00		예약	예약		

〈다음주 팀원들의 일정〉

甲팀장	월요일 16시 ~ 17시 신규 프로젝트 회의
乙대리	금요일 14시 ~ 15시 고객사 미팅
丙주임	목요일 17시 ~ 18시 거래처 방문
丁사원	수요일 13시 ~ 14시 신입사원 업무 교육

① 월요일 16 ~ 18시
② 화요일 15 ~ 17시
③ 수요일 14 ~ 16시
④ 목요일 16 ~ 18시
⑤ 금요일 14 ~ 16시

TIP ② 다음 주 회의실 예약 현황을 보아 회의실을 2시간 동안 예약할 수 있는 시간대는 월요일 16 ~ 18시, 화요일 15 ~ 17시, 목요일 16 ~ 18시, 금요일 14 ~ 16시인 것을 확인할 수 있다. 여기에서 다음주 팀원들 일정을 회의실 예약 현황에 대입시켜보면 다음 표와 같다.

구분	월요일	화요일	수요일	목요일	금요일
13:00 ~ 14:00	예약		丁사원		예약
14:00 ~ 15:00		예약	예약	예약	乙대리
15:00 ~ 16:00	예약			예약	
16:00 ~ 17:00	甲팀장		예약		예약
17:00 ~ 18:00		예약	예약	丙주임	

따라서 팀원들 모두가 참석 할 수 있는 회의실 예약일과 시간은 '화요일 15 ~ 17시'라는 것을 알 수 있다.

Answer. 20.④ 21.②

22 다음은 A사 제품의 배송코드를 엑셀로 정리한 것이다. 이 셀의 값을 이용하여 [C2] 셀에 배송 유형 코드를 일반 배송일 경우 '1' 특급 배송일 경우 '2'로 표시하고자 한다. 가장 오른쪽 글자가 1이면 일반 배송, 2이면 특급배송이라고 할 때, [C2] 셀에 입력해야 하는 수식은?

	A	B	C
1	제품명	배송코드	
2	A제품	FRD-3382-GH1	
3	B제품	KSD-2475-FF2	
4	C제품	MNP-3921-AB2	
5	D제품	PTR-2910-PQ1	
6	E제품	FRD-3984-GH2	

〈함수식〉

- =LEFT(text, num_chars) : 문자열 왼쪽부터 지정한 문자 수만큼 추출하는 함수이다.
- =RIGHT(text, num_chars) : 문자열 오른쪽부터 지정한 문자 수만큼 추출하는 함수이다.
- =MID(text, start_num, num_chars) : 지정한 위치부터 원하는 문자를 추출하는 함수이다.

① =MID(B2,5,2)

② =IF(MID(B2,5,1)="2","일반 배송","특급 배송")

③ =RIGHT(B2,2)

④ [C2]셀에 입력해야 하는 수식은 =IF(RIGHT(B2,1)="1","일반 배송","특급 배송")이다.

⑤ =LEFT(B2,1)

TIP ④ RIGHT(text, num_chars)는 문자열 오른쪽부터 지정한 문자 수만큼 추출하는 함수이다. 배송코드가 입력된 [B2] 셀에서 가장 오른쪽 글자가 1이면 일반 배송, 2이면 특급배송이라 하였으므로 [C2]셀에 입력해야 하는 수식은 =IF(RIGHT(B2,1)="1","일반 배송","특급 배송")이다.

23 **어떤 작업을 할 때 a가 혼자 일하면 4시간, b가 혼자 일하면 a의 4배, c가 혼자 일하면 b의 2배가 걸린다. 이때 c는 한 시간 후 작업에 합류한다고 할 때, a, b, c가 함께 일하여 작업을 완료하는 데 걸리는 시간은?**

① 2시간
② 3시간
③ 4시간
④ 5시간
⑤ 6시간

TIP ② 작업을 할 때 a가 혼자 일하면 4시간, b가 혼자 일하면 a의 4배가 걸리므로 16시간, c가 혼자 일하면 b의 2배가 걸리므로 32시간이 걸린다. a, b, c가 시간당 일하는 양을 계산해보면 다음과 같다.

㉠ a가 시간당 일하는 양 : $\frac{1}{4}$

㉡ b가 시간당 일하는 양 : $\frac{1}{16}$

㉢ c가 시간당 일하는 양 : $\frac{1}{32}$

여기에서 전체 일의 양을 1로 놓고 소요되는 시간을 x라 할 때, c는 한시간 뒤에 합류한다고 하였으므로 a, b가 한 시간 동안 작업한 시간과 a, b, c가 $(x-1)$시간 동안 작업한 시간을 더해야 한다. 이를 식으로 정리하면 다음과 같다.

$\frac{1}{4}+\frac{1}{16}+(\frac{1}{4}+\frac{1}{16}+\frac{1}{32})\times(x-1)=1$

$\frac{5}{16}+(\frac{11}{32})\times(x-1)=1$

$10+11\times(x-1)=32$

$\therefore\ x=3$시간

Answer. 22.④ 23.②

24 **다음은 어느 쇼핑몰의 이용약관 일부와 이를 바탕으로 고객관리부 甲 씨가 고객 문의에 답변한 내용이다. 약관 내용을 기준으로 보았을 때 甲 씨가 고객 문의에 답변한 내용으로 옳지 않은 것은? (단, 약관에서 '몰'은 쇼핑몰을 의미한다.)**

■ 제18조(회원등급 조정)

① "몰"은 최근 6개월 간의 구매금액, 후기 작성 여부, 이벤트 및 프로모션 참여 기록 등을 기준으로 정기 또는 수시로 회원등급을 조정할 수 있다.

② 등급 조정일 기준 6개월간 구매 이력이 전혀 없거나 후기 작성 이력이 없을 경우, "몰"은 사전 안내(문자 또는 이메일) 후 자동 하향 조정할 수 있다.

③ 회원은 등급 조정 결과에 대해 조정일로부터 7일 이내에 이의 신청을 할 수 있으며, 이의 신청 시 구매 증빙자료(영수증, 결제 내역 등) 또는 시스템 오류 근거를 제출해야 한다. 단, 시스템 오류로 인한 등급 하향은 "몰"이 확인 후 즉시 원상 복구해야 한다.

④ 회원등급 조정에 따른 혜택 및 할인율 변경은 조정일 다음날부터 적용된다.

■ 제19조(회원 해지)

① 회원은 언제든지 해지를 요청할 수 있으며, "몰"은 요청일로부터 3일 이내에 해지를 처리해야 한다.

② 진행 중인 배송 · 환불 · 교환 절차가 남아 있는 경우 해지가 제한될 수 있으며, 처리가 완료된 후에만 해지가 가능하다.

③ 회원 탈퇴 시, 보유 포인트와 쿠폰은 자동 소멸되며 복구되지 않는다.

④ 해지 완료 후에는 개인정보(주문내역 제외) 및 회원등급은 전부 삭제되며, 재가입 시 신규 회원으로 처리된다.

⑤ 해지 요청 후 처리 결과는 문자 또는 이메일로 안내되어야 한다.

■ 제20조(마케팅 정보 수신 동의)

① "몰"은 회원의 동의 없이 광고성 정보(SMS, 이메일, 푸시알림)를 발송할 수 없다.

② 수신 거부 요청 시 "몰"은 즉시(최대 24시간 이내) 반영해야 한다.

③ 회원은 탈퇴 여부와 관계없이 마케팅 정보 수신 여부를 변경할 수 있다. 단, 결제 관련 안내(주문확인, 배송안내 등)는 수신 거부와 관계없이 발송될 수 있다.

④ 수신 거부 방법은 '마이페이지' 또는 고객센터를 통해 제공되어야 한다.

■ 제21조(포인트 관리)

① 포인트는 발급일 기준 6개월간 유효하며, 기간이 지나면 자동 소멸된다.

② 포인트는 상품 구매 시 현금처럼 사용할 수 있으나, 현금 환불은 불가능하다.

③ 포인트 소멸 예정일은 최소 7일 전 문자 또는 이메일로 안내되어야 한다.

④ 취소된 주문 건은 반품 완료 시점에 따라 포인트가 복원 또는 소멸될 수 있다.

⑤ 제휴 포인트는 별도의 유효기간이 적용될 수 있다.

■ 제22조(쿠폰 관리)

① 쿠폰은 원칙적으로 재발급되지 않는다. 단, "몰" 측의 시스템 오류로 사용이 불가한 경우 확인 후 재발급이 가능하다.

② 쿠폰 유효기간 경과 시 사용이 불가능하며, 사용하지 않아도 자동 소멸된다.

④ 쿠폰 적용은 상품별로 제한될 수 있으며, 일부 카테고리에서는 사용할 수 없다.

⑤ 쿠폰 중복 사용 가능 여부는 인쇄물 또는 홈페이지에 반드시 명시되어야 한다.

① Q. 등급이 하향되었는데 시스템 오류 같아요. 복구 가능한가요?
A. 네, 시스템 오류로 확인되면 즉시 원상 복구됩니다.

② Q. 환불 절차가 완료되었는데요. 해지 요청하면 어느 정도 걸리나요?
A. 해지 요청일로부터 3일 이내에 처리되는 것이 원칙입니다.

③ Q. 회원 탈퇴를 해야만 마케팅 정보 수신 여부를 변경할 수 있나요?
A. 아닙니다. 탈퇴 여부와 상관없이 마케팅 정보 수신 여부를 변경할 수 있습니다.

④ Q. 적립된 포인트는 유효기간이 지나면 소멸이 되나요?
A. 아닙니다. 적립된 포인트는 유효기간이 지나도 소멸되지 않습니다.

⑤ Q. 쿠폰 오류로 적용이 안 됐습니다. 재발급 받을 수 있나요?
A. 시스템 오류가 확인되면 재발급이 가능합니다.

TIP ④ 포인트는 발급일 기준 6개월간 유효하며, 기간이 지나면 자동 소멸된다.

25 다음 글의 문맥상 빈칸에 들어갈 말로 가장 적절한 것은?

> 기본적으로 굴착기의 작업 수요는 건설 현장 자체의 장비 보유나 장비 대여업체를 통해 상당 부분 충족될 수 있다. 공사 현장은 하루 중 대부분의 작업이 이루어지는 장소이며, 그만큼 굴착기가 가장 많은 시간을 머무르는 공간이다. 그러나 도심지 공사 증가, 장비 보관 공간 부족, 안전 규제 강화 등의 현실을 감안한다면, 건설 현장에서 자체적으로 굴착기를 충분히 확보하는 데에는 단기적으로 제약이 존재한다. 더욱이 굴착기는 단순히 하나의 현장에서만 쓰이는 것이 아니라, 상황에 따라 산지, 공단, 지방의 여러 현장으로 이동하면서 활용되어야 한다. 이때 (   ), 굴착기의 안정적 운용과 보급은 그만큼 제약될 수밖에 없다.
>
> 장비 운용자가 "필요한 시점에 적시에 장비를 확보할 수 있다"는 확신이 없다면, 작업 지연 위험이나 현장 중단 가능성 때문에 신규 장비 도입이나 굴착기 전환을 망설일 수밖에 없다.
>
> 결국 누구나 필요할 때 즉시 이용할 수 있는 공공형 · 민간 협력 장비 대여망이 촘촘히 구축되어야 하며, 이를 체계적으로 운영 · 관리하여 건설 장비 이용자들이 편리하게 접근할 수 있는 환경이 시급하다. 이를 위해서는 무엇보다 굴착기 장비 대여 시장이 충분히 성장하고, 잘 작동해야 한다.

① 필요한 작업 시간이 지나치게 짧다면
② 장비 대여 요금이 과도하게 상승한다면
③ 굴착기 보급률이 아직 충분히 높지 않다면
④ 장비의 위치나 상태를 실시간으로 확인할 수 없다면
⑤ 기존 방식보다 운영상 불편함이 존재한다면

TIP ⑤ 전후 문맥상 기존 장비 운용 방식과의 비교를 통해 빈칸에는 굴착기의 안정적 운용과 보급이 제약을 받게 되는 원인이 들어가야 하는 것을 파악할 수 있다. 글에서는 "필요한 시점에 장비를 적시에 확보할 수 있어야 한다"는 안정성과 편의성을 강조하고 있으므로, 단순한 주관적 불편함이 아니라 기존 방식에 비해 운영상 더 불편한 점이 존재할 경우 굴착기 도입 · 전환이 지연된다는 의미가 되어야 한다.

Answer. 24.④ 25.⑤

26 다음의 알고리즘에서 인쇄되는 S는?

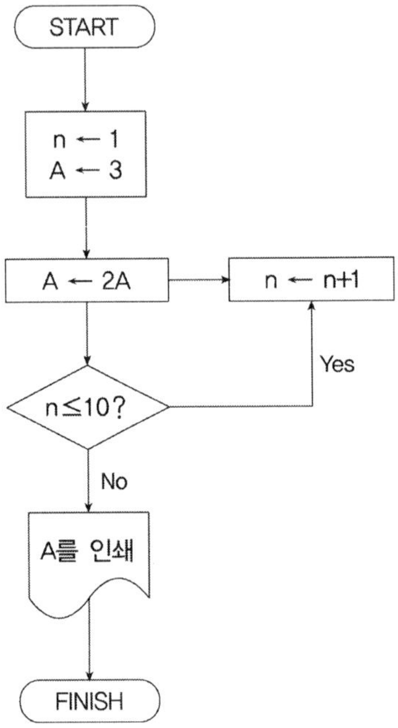

① $3^4 \cdot 5$
② $3^5 \cdot 5$
③ $3^6 \cdot 5$
④ $3^7 \cdot 5$
⑤ $3^8 \cdot 5$

TIP ④ 다음과 같이 확인할 수 있다.

$S=2,\ n=5$

$S=2,\ n=3 \cdot 5$

$S=4,\ n=3^2 \cdot 5$

$S=6,\ n=3^3 \cdot 5$

$S=8,\ n=3^4 \cdot 5$

$S=10,\ n=3^5 \cdot 5$

$S=12,\ n=3^6 \cdot 5$

$S=14,\ n=3^7 \cdot 5$

∴ 출력되는 S의 값은 $3^6 \cdot 5$이다.

27 **다음은 A기업의 내부 경영 현황과 외부 시장 환경 분석 자료이다. 제시된 두 자료를 종합적으로 고려할 때, A기업의 향후 전략으로 타당성이 가장 떨어지는 것은?**

A기업 내부 경영 현황	외부 시장 환경 분석
• 국내 중견 제조기업	• 친환경 · 저탄소 제품 수요 증가
• 자동화 설비 도입률 업계 상위권	• 원자재 가격 변동성 확대
• 생산원가 상승으로 수익성 정체	• 글로벌 경쟁사의 가격 경쟁 심화
• 숙련 기술 인력 이탈	• 숙련 기술 인력 확보 경쟁 심화
• 기존 거래처 중심의 안정적 매출 구조	• 정부의 중소 · 중견기업 친환경 설비 투자 지원 확대

① 친환경 설비 투자를 확대하여 정부 지원 정책을 적극 활용한다.

② 자동화 설비를 고도화하여 생산원가 상승에 따른 부담을 완화한다.

③ 숙련 기술 인력 확보를 위해 처우 개선과 교육 투자를 강화한다.

④ 원가 상승 부담을 해결하기 위해 제품 가격을 전반적으로 인상한다.

⑤ 기존 거래처를 기반으로 친환경 제품 라인업을 단계적으로 확대한다.

TIP ④ A기업은 경쟁 심화와 가격 민감도가 높은 시장 환경에 놓여 있으므로, 전반적인 가격 인상 전략은 시장 경쟁력 약화로 이어질 가능성이 크다. 반면 자동화, 친환경 설비 투자, 인력 확보 전략은 내부 · 외부 환경과 모두 부합하므로 타당하다.

Answer. 26.④ 27.④

┃28 ~ 29┃ 다음은 외부 교육기관에서 운영하는 직무역량 강화 교육 일정이다. 다음 자료를 읽고 이어지는 물음에 답하시오.

인재개발팀의 민수 씨는 8 ~ 9월 교육 시간표를 참고하여 10 ~ 11월 교육 시간표를 작성하려 한다. 해당 교육은 기초-실무-심화-전문의 4단계로 구성되어 있으며, 10 ~ 11월 과정은 8 ~ 9월 과정보다 한 단계 높은 수준으로 개설할 계획이다. 예를 들어 8 ~ 9월에 실무반이 있었으면 10 ~ 11월에는 심화반으로, 8 ~ 9월에 전문 과정이었던 강의일 경우 10 ~ 11월에는 기초 과정으로 순환 개설하는 것이다. 그리고 종합반은 2개 차시로 묶어서 개설해야 하며, 시간대는 8 ~ 9월 시간표 그대로 한다. 직장인 대상 과정은 19시부터 개설할 수 있고, 모든 강의는 주 2회 이상 운영되어야 한다.

〈10 ~ 11월 강좌 예상 일정〉

강좌명	개설 가능 시간	비고
종합반	매일	
리더십 과정	화, 목	관리자 대상
보고서 작성	월, 수	
데이터 분석A	화, 목	
데이터 분석B	월, 수, 목	직장인 대상
회계 실무	월, 화, 목	
법무 기초	수, 금	
IT 활용	매일	
야간 직무 과정	화, 금	직장인 대상

〈8 ~ 9월 시간표〉

<table>
<tr><th></th><th>월</th><th>화</th><th>수</th><th>목</th><th>금</th></tr>
<tr><td>15 : 00 ~ 15 : 50</td><td rowspan="2">종합반
(기초)</td><td>IT 활용
(심화)</td><td rowspan="2">종합반
(기초)</td><td>IT 활용
(심화)</td><td rowspan="2">종합반
(기초)</td></tr>
<tr><td>16 : 00 ~ 16 : 50</td><td>보고서 작성
(실무)</td><td>보고서 작성
(실무)</td></tr>
<tr><td>18 : 00 ~ 18 : 50</td><td>데이터 분석A
(심화)</td><td>리더십 과정
(기초)</td><td>데이터 분석A
(심화)</td><td>리더십 과정
(기초)</td><td>데이터 분석A
(심화)</td></tr>
<tr><td>19 : 00 ~ 19: 50</td><td>데이터 분석B
(전문)</td><td>회계실무
(기초)</td><td>데이터 분석B
(전문)</td><td>회계실무
(기초)</td><td>데이터 분석B
(전문)</td></tr>
<tr><td>20 : 00 ~ 20 : 50</td><td>법무 기초
(실무)</td><td>야간 직무 과정
(전문)</td><td>법무 기초
(실무)</td><td>야간 직무 과정
(전문)</td><td>법무 기초
(실무)</td></tr>
</table>

28 **다음은 민수 씨가 10 ~ 11월 시간표를 작성하기 전 각 교육의 개설 가능 시간을 표로 정리한 것이다. 원래 자료에 비추어 보아 요일 분배가 적절하지 않은 것은?**

구분	월	화	수	목	금
리더십 과정	×	○	×	○	×
데이터 분석B	○	×	○	○	×
회계 실무	×	○	×	×	×
법무 기초	×	×	○	×	○
데이터 분석A	×	○	×	○	×

① 리더십 과정
② 데이터 분석 B
③ 회계 실무
④ 법무 기초
⑤ 데이터 분석 A

TIP ③ 회계 실무는 월 · 화 · 목요일에 개설 가능하므로 월요일과 목요일에도 개설 표시가 있어야 한다.

29 **다음은 민수 씨가 작성한 10 ~ 11월 교육 시간표이다. 이를 보고 잘못 기재된 것을 올바르게 지적한 것은?**

구분	월	화	수	목	금
15 : 00 ~ 15: 50	종합반 (실무)	리더십 과정 (실무)	종합반 (실무)	리더십 과정 (실무)	종합반 (실무)
16 : 00 ~ 16 : 50		데이터 분석A (기초)		데이터 분석A (기초)	
18 : 00 ~ 18 : 50	회계 실무 (실무)	회계 실무 (실무)	법무 기초 (심화)	회계 실무 (실무)	법무 기초 (심화)
19 : 00 ~ 19 : 50	보고서 작성 (심화)	IT 활용 (전문)	보고서 작성 (심화)	IT 활용 (전문)	IT 활용 (전문)
20 : 00 ~ 20 : 50	데이터 분석B (기초)	야간 직무 과정 (기초)	데이터 분석B (기초)	데이터 분석B (기초)	야간 직무 과정 (기초)

① 데이터 분석B의 요일이 변경되어야 한다.
② 목요일 IT 활용은 실무 과정으로 수정되어야 한다.
③ 데이터 분석B는 19시 이전으로 수정되어야 한다.
④ 보고서 작성의 요일과 단계가 모두 수정되어야 한다.
⑤ 데이터 분석A는 전문 과정으로 수정되어야 한다.

TIP ⑤ 8 ~ 9월에 데이터A는 월, 수, 금 심화 강좌가 개설되었었다. 따라서 10 ~ 11월엔 화, 목 전문반으로 진행되어야 한다.
① 데이터 분석 B는 월, 수, 목요일 개설 가능하므로 수정될 필요가 없다.
② 8 ~ 9월에 IT 활용은 심화였으므로 전문반이 올바른 강좌이다.
③ 직장인 대상 과정은 19시부터 개설할 수 있다고 하였으므로 올바른 시간대이다.
④ 8 ~ 9월에 보고서 작성은 실무였으므로 10 ~ 11월엔 심화 강좌가 적절하며, 월, 수가 가능한 요일이다.

Answer. 28.③ 29.⑤

30 다음 표는 A ~ E 리조트의 1박 기준 평일 및 주말 일반요금과 회원 할인율을 나타낸 것이다. 회원 할인율을 적용했을 때, 1박 기준 평일 일반요금과 주말 일반요금의 차이가 가장 작은 리조트는 어디인가?

〈표 1〉 평일 및 주말 일반요금(1박 기준)

구분 \ 리조트	A	B	C	D	E
평일 일반요금	280,000원	240,000원	210,000원	170,000원	130,000원
주말 일반요금	480,000원	360,000원	330,000원	270,000원	230,000원

〈표 2〉 회원할인율(1박 기준)

구분 \ 리조트	A	B	C	D	E
평일	45%	40%	35%	25%	15%
주말	30%	25%	25%	20%	10%

① A 리조트
② B 리조트
③ C 리조트
④ D 리조트
⑤ E 리조트

TIP ④ D 리조트
㉠ 평일 : 170,000 × 0.75 = 127,500
㉡ 주말 : 270,000 × 0.80 = 216,000
∴ 216,000 − 127,500 = 88,500

① A 리조트
㉠ 평일 : 280,000 × 0.55 = 154,000
㉡ 주말 : 480,000 × 0.70 = 336,000
∴ 336,000 − 154,000 = 182,000

② B 리조트
㉠ 평일 : 240,000 × 0.60 = 144,000
㉡ 주말 : 360,000 × 0.75 = 270,000
∴ 270,000 − 144,000 = 126,000

③ C 리조트
㉠ 평일 : 210,000 × 0.65 = 136,500
㉡ 주말 : 330,000 × 0.75 = 247,500
∴ 247,500 − 136,500 = 111,000

⑤ E 리조트
㉠ 평일 : 130,000 × 0.85 = 110,500원
㉡ 주말 : 230,000 × 0.90 = 207,000원
∴ 336,000 − 154,000 = 96,500

※ 일반요금 × (1 − 할인율)

31 다음은 甲기업의 ESG 경영과 관련된 내부 현황을 정리한 자료이다. 제시된 자료를 바탕으로 甲기업의 향후 ESG 경영 전략으로 타당성이 가장 떨어지는 것은?

구분	주요 내용
환경(E)	• 온실가스 배출량 전년 대비 8% 감축 • 친환경 원재료 사용 비중 확대 • 에너지 효율 개선 설비 투자 진행
사회(S)	• 협력업체 상생 프로그램 운영 • 산업안전 교육 정기 실시 • 지역사회 공헌 활동 확대
지배구조(G)	• 이사회 내 사외이사 비율 45% • 내부통제 시스템 정비 • ESG 전담 위원회 설치

① 에너지 절감 성과를 바탕으로 친환경 공정 비중을 점진적으로 확대한다.
② 협력업체와의 장기적 협력 강화를 위해 상생 프로그램의 대상과 지원 범위를 확대한다.
③ 단기 수익성 개선을 위해 친환경 원자재 도입 비중을 축소한다.
④ 경영 투명성 강화를 위해 내부통제 절차를 표준화하고 점검 체계를 지속적으로 고도화한다.
⑤ 산업재해 예방을 위해 현장 안전 교육과 관리 체계를 지속적으로 강화한다.

TIP ③ 甲기업은 이미 에너지 절감, 친환경 원자재 도입, 산업재해 감소 등 ESG 각 영역에서 개선 흐름을 보이고 있다. 이러한 상황에서 단기 수익성을 이유로 친환경 원자재 도입을 축소하는 전략은 기존의 환경(E) 성과를 훼손하고 ESG 경영 방향과도 배치되므로 타당성이 가장 떨어진다.

Answer. 30.④ 31.③

32 **다음은 국내 기업 ㈜○○○과 인도 기업 ㈜★★★ 간의 업무협약(MOU) 내용이다. 이를 바탕으로 기술한 내용 중 적절하지 않은 것은?**

〈업무제휴협약〉

㈜ ○○○과 ㈜ ★★★는 상호 이익 증진을 목적으로 신의성실의 원칙에 따라 다음과 같이 업무협약을 체결합니다.

1. 목적

양사는 각자 고유의 업무영역에서 최선을 다하고 영업의 효율적 진행과 상호 관계의 증진을 통하여 상호 발전에 기여하고 편의를 적극 도모하고자 한다.

2. 업무내용

① ㈜ ○○○의 P제품 관련 홍보 및 판매
② ㈜ ★★★은 인도 내 P제품 안내 및 판매
③ P제품 관련 마케팅 제반 정보 상호 제공
④ P제품 판매에 대한 합의된 수수료 지급
⑤ P제품 관련 무료 A/S 제공

3. 업체상호사용

양사는 업무제휴의 목적에 부합하는 경우에 한하여 상대의 상호를 마케팅에 사용 가능하나 사전에 협의된 내용을 변경할 수 없다.

4. 공동마케팅

양사는 상호 이익 증진을 위하여 공동으로 마케팅을 할 수 있다. 공동마케팅을 필요로 할 경우 그 일정과 방법을 상호 협의하여 진행하여야 한다.

5. 협약기간

본 협약의 유효기간은 3년으로 하며, 양사는 매년 초 상호 합의에 의해 유효기간을 1년 단위로 연장할 수 있고 필요시 업무제휴 내용의 변경이 가능하다.

6. 기타사항

① 양사는 본 협약의 권리의무를 타인에게 양도할 수 없으며, 상대방의 상호 · 지적재산권 및 특허권 등을 절대 보장하며 침해할 수 없다.
③ 양사는 업무제휴협약을 통해 알게 된 정보에 대해 정보보안을 요청할 경우, 대외적으로 비밀을 유지하여야 한다.

2026년 1월 1일

㈜ ○○○	㈜ ★★★
대표이사 XXX	대표이사 YYYY

① 해당 문서는 두 회사 상호 발전에 기여하고 편의를 적극 도모하기 위한 체결된 업무협약이다.
② ㈜ ★★★은 인도 내에서 ㈜ ○○○의 P제품을 판매하고 이에 대해 합의된 수수료를 지급 받는다.
③ ㈜ ★★★은 ㈜ ○○○의 상호를 마케팅에 사용할 수 있으며 사전에 협의된 내용을 변경할 수 있다.
④ 본 협약의 유효기간이 만료될 경우 매년 초 상호 합의에 의해 연장할 수 있다.
⑤ ㈜ ★★★은 ㈜ ○○○의 지적재산권 및 특허권을 절대 보장하며 침해할 수 없다.

TIP ③ '3. 업체상호사용' 항목에 따르면, 양사는 업무제휴의 목적에 부합하는 경우에 한하여 상대의 상호를 마케팅에 사용 가능하나 사전에 협의된 내용을 변경할 수는 없다라고 명시되어 있다.

33 **다음은 甲기업의 최근 영업매출 감소 원인과 이에 대한 대응방안이다. 각 원인에 대한 대응방안을 가장 적절하게 연결한 것은?**

〈영업매출 감소 원인〉

㉠ 최근 주력 제품의 품질 경쟁력은 유지되고 있으나, 유통 채널이 기존 오프라인 매장에 한정되어 있어 신규 고객 유입이 정체되고 있다.

㉡ 온라인 판매 비중 확대에도 불구하고, 소비자 맞춤형 마케팅 부족으로 재구매율이 지속적으로 하락하고 있다.

〈대응방안〉

A : 기존 고객 데이터를 분석하여 구매 이력 기반 맞춤형 프로모션 및 멤버십 혜택을 강화한다.
B : 온라인·모바일 플랫폼을 활용한 판매 채널을 확대하고, 비대면 영업 인프라를 구축한다.
C : 단기적인 비용 절감을 위해 마케팅 예산을 축소하고 기존 거래처 중심으로 영업을 유지한다.

① ㉠－A, ㉡－B
② ㉠－A, ㉡－C
③ ㉠－B, ㉡－A
④ ㉠－B, ㉡－C
⑤ ㉠－C, ㉡－A

TIP ㉠ : 유통 채널이 제한되어 신규 고객 유입이 정체된 상황이므로, 온라인·모바일 채널 확대를 통해 접근성을 높이는 B가 적절하다.
㉡ : 재구매율 하락이 문제이므로, 고객 데이터 기반의 맞춤형 마케팅을 강화하는 A가 대응방안으로 타당하다.

Answer. 32.③ 33.③

34 다음 엑셀 자료를 참고할 때, [C9] 셀에 A 농장 사과품목의 총 합계를 구하기 위해 입력할 함수로 옳은 것은?

	A	B	C
1	농장	품목	가격
2	A	사과	1500
3	B	감	1000
4	C	배	6000
5	C	감	1400
6	A	사과	3500
7	B	사과	2500
8	C	배	5000
9			

① =SUMIFS(B2:C8,C2:C8, "A", A2:A8, "사과")

② =SUMIFS(B2:C8,C2:C8, "B", A2:A8, "사과")

③ =SUMIFS(B2:C8,C2:C8, "C", A2:A8, "사과")

④ =SUMIFS(C2:C8,A2:A8, "A", B2:B8, "사과")

⑤ =SUMIFS(C2:C8,A2:A8, "B", B2:B8, "사과")

TIP ④ SUMIFS 함수는 동시에 여러 조건을 만족하는 값의 합을 구하는 식으로, 'SUMIFS(합계범위, 조건범위1, 조건1, 조건범위2, 조건2, …)'와 같이 표시한다. 이 문제에서는 농장이 'A' 이고 품목이 '사과'인 경우의 가격의 합계를 구해야 하므로 합계를 구할 범위는 가격이 입력된 C2:C8이 되어야 하며, 조건범위는 농장이 입력된 A2:A8에서 "A"를, 품목이 입력된 B2:B8에서 "사과"를 각각 조건으로 설정해야 한다.

35 다음은 업무용 이메일 발송 시 준수해야 할 안전수칙이다. 이를 위반한 사례로 적절한 것은?

1. 출처가 불분명한 첨부파일 전송 · 실행하지 않기
   업무용 이메일은 외부와의 자료 전달 수단으로 자주 활용되며, 이 과정에서 악성코드가 첨부파일 형태로 유포되는 사례가 빈번하게 발생되고 있습니다. 특히 정상적인 문서 파일로 위장한 악성코드는 사용자가 파일을 실행하는 순간 단말기나 내부 시스템에 침투할 수 있습니다. 따라서 출처가 불분명하거나 의심스러운 첨부파일은 열어보거나 전달하지 않도록 주의해야 합니다.
2. 수신자 이메일 주소를 확인한 후 메일 보내기
   업무 메일 발송 시 수신자 주소를 정확히 확인하지 않을 경우, 개인정보나 내부 기밀 자료가 외부로 유출될 수 있습니다. 특히 자동완성 기능을 사용할 경우 유사한 주소로 잘못 발송되는 사례가 발생할 수 있으므로, 메일 발송 전 수신자 주소를 반드시 재확인해야합니다.
3. 의심스러운 메일은 열어보지 말고 즉시 삭제하기
   경품 지급, 긴급 요청, 상급자 사칭, 유명 기관을 가장한 이메일 등은 사용자의 판단을 흐리게 하여 악성코드 설치나 정보 탈취를 유도하는 대표적인 수법입니다. 이러한 메일은 첨부파일이나 링크를 포함하는 경우가 많으므로, 발신인이 불명확하거나 내용이 의심스러운 경우에는 열어보지 말고 즉시 삭제해야 합니다.
4. 공용 PC 사용 시 메일 로그인 후 반드시 로그아웃하기
   공용 PC나 외부 장소에서 업무용 이메일을 사용할 경우, 사용 후 로그아웃을 하지 않으면 타인이 계정에 접근하여 메일을 열람하거나 악용할 위험이 있습니다. 따라서 공용 환경에서는 사용이 끝난 후 반드시 로그아웃을 수행해야 합니다.
5. 2단계 인증 설정 및 정기적 변경하기
   업무용 이메일 계정이 탈취될 경우, 내부 정보 유출뿐만 아니라 조직 전체의 보안 사고로 이어질 수 있습니다. 이를 예방하기 위해 2단계 인증을 설정하고, 유추하기 쉬운 비밀번호 사용을 피하며, 정기적으로 변경하는 것이 필요합니다.
6. 중요 정보는 보안 설정 후 메일 발송하기
   개인정보나 기밀 문서가 포함된 이메일은 암호화하거나 보안 전송 방식을 활용해야 합니다. 이를 통해 메일 전송 과정에서 발생할 수 있는 정보 유출 위험을 최소화할 수 있습니다.

① 영희는 업무 메일을 발송할 때마다 수신자 이메일 주소를 한 번 더 확인한다.
② 민수는 유명 기관을 사칭한 메일의 첨부파일을 열어본 뒤 의심스러워 삭제하였다.
③ 준호는 외부 회의실의 공용 PC에서 메일을 확인한 후 반드시 로그아웃한다.
④ 소라는 업무용 이메일 계정의 비밀번호를 정기적으로 변경하여 사용한다.
⑤ 태현은 개인정보가 포함된 자료를 암호화한 후 메일로 전송한다.

TIP ② 발신인이 불명확하거나 내용이 의심스러운 이메일은 열어보지 말고 즉시 삭제해야 하며, 첨부파일을 실행하는 행위 자체가 보안 수칙에 위배된다.

Answer. 34.④ 35.②

36 다음에서 설명하는 C기업의 기술혁신 전략 특징으로 적절하지 않은 것은?

> C기업은 급변하는 산업 환경과 기술 변화 속에서 지속적인 성장을 달성하기 위해 기술혁신을 핵심 경영 전략으로 채택하고 있다. 과거에는 기존 제품의 성능을 개선하거나 생산 공정을 효율화하는 수준의 기술 개발에 집중해 왔으나, 최근에는 인공지능, 데이터 분석, 자동화 기술 등 새로운 기술을 적극적으로 도입하여 사업 구조 전반을 재편하려는 노력을 강화하고 있다. 이러한 변화는 단순한 기술 도입을 넘어 기업의 조직 구조, 업무 방식, 의사결정 체계 전반에 영향을 미치고 있다.
>
> C기업은 기술혁신이 단기간에 성과를 보장하지 않는다는 점을 인식하고 있으며, 연구개발 과정에서 발생할 수 있는 실패와 시행착오를 불가피한 과정으로 받아들이고 있다. 실제로 신기술 개발 과정에서는 사전에 모든 결과를 예측하기 어렵고, 기술 상용화까지 상당한 시간이 소요되는 경우가 많다. 이에 따라 C기업은 단기 실적 위주의 평가 방식에서 벗어나 중장기적인 관점에서 기술혁신의 성과를 판단하려는 제도적 장치를 마련하고 있다.
>
> 또한 기술혁신은 특정 부서나 개인의 노력만으로 이루어지기 어렵기 때문에, C기업은 부서 간 협업과 정보 공유를 강화하고 있으며, 필요에 따라 외부 연구기관, 대학, 스타트업 등과의 협력을 통해 기술적 한계를 극복하고자 한다. 이 과정에서 기술 개발의 방향성과 투자 우선순위를 둘러싼 내부 논쟁과 갈등이 발생하기도 하지만, 이러한 논의 과정 자체가 기술혁신의 필연적인 특징으로 인식되고 있다. 종합적으로 볼 때 C기업의 기술혁신 전략은 불확실성과 장기성을 전제로 한 지속적인 변화 추구라고 할 수 있다.

① 기술혁신은 기존 방식에서 벗어나 새로운 기술을 도입하려는 방향으로 진행되고 있다.
② 기술혁신은 기업 내부 역량뿐 아니라 외부 기관과의 협력을 통해 추진될 수 있다.
③ 기술혁신은 결과를 사전에 예측하기 어려우며 장기간의 시간과 투자를 필요로 한다.
④ 기술혁신 과정에서의 불확실성은 조직 내부의 논쟁과 갈등을 유발할 수 있다.
⑤ 기술혁신은 위험을 최소화하기 위해 단기간 내 가시적인 성과 창출을 목표로 추진된다.

TIP ⑤ 기술혁신은 결과를 사전에 예측하기 어렵고 상용화까지 시간이 오래 걸리는 장기 · 불확실한 활동이며, 전문지식이 필요한 지식집약적 특성을 가진다. 또한 부서 협업이나 외부기관과의 연계를 통해 추진되는 경우가 많고, 과정에서 논쟁과 갈등이 생길 수 있다. 따라서 단기간 내 가시적 성과 창출을 목표로 한다는 내용은 기술혁신의 일반적 특징과 맞지 않다.

37 다음 C프로그램의 실행결과로 화면에 출력되는 숫자가 아닌 것은?

```
#include <stdio.h>

int my(int I, int j) {
    if (i<3) I=j=1;
    else {
      i=i-1
      j=j-i;
      printf("%d, %d,", i, j)
      return my(i, j);
    )
}

int main(void)
{
    my(5, 14);
    return 0;
}
```

① 1　　② 2

③ 3　　④ 4

⑤ 5

TIP ① i=5, j=14인 my(5, 14)실행
I가 3 이상이므로 else문 실행
i=5-1=4　　j=14-4=10
printf문을 통해 4와 10 출력
② return문 실행
my(4, 10) 함수가 실행
i=4, j=10으로 i가 3 이상이므로 else문 실행
i=4-1=3　　j=10-3=7
printf문을 통해 3과 7 출력
③ my(3, 7) 함수가 실행
i가 3 이상이므로 else문 실행
i=3-1=2　　j=7-2=5
printf문을 통해 2와 5 출력
④ my(2, 5) 함수가 실행
i<3의 조건을 만족하므로 if문이 실행
i와 j가 모두 1이 들어가고 함수 실행
결과 … 출력되는 값은 2, 3, 4, 5, 7, 10이므로 출력되지 않는 값은 1이다.

Answer. 36.⑤　37.①

38 **다음은 행사 기획자 甲이 대관 후보 학교에 대해 정리한 자료이다. 아래 자료를 근거로 할 때, 甲이 대관할 두 학교로 가장 적절한 것은?**

〈표〉 입주 희망 상점 정보

학교	1일 대관료(만 원)	일정 취소 위험도	행정 절차 지연 비율
A	105	중	0.2
B	120	상	0.25
C	90	중	0.05
D	80	하	0.15
E	85	중	0.1
F	90	하	0.2

※ 고등학교 : A, B, C

※ 중학교 : D, E, F

〈정보〉

- 행사 기획자 甲은 자신의 효용을 극대화하는 학교 조합을 선택한다.
- 甲의 효용 : 1일 대관료(만 원)×대간 가능 기간(일)－행정 절차 지연 비율×대관 가능 기간(일)×100(만 원)
- 대관 가능 기간 : 일정 취소 위험도가 '상'인 경우 대관 기간은 10일, '중'인 경우 12일, '하'인 경우 15일
- 고등학교 2곳을 동시에 대관할 경우 15만 원의 효용이 추가로 발생한다.
- 중학교 2곳을 동시에 대관할 경우 20만 원의 효용이 추가로 발생한다.

① A, E
② B, C
③ B, E
④ C, E
⑤ E, F

TIP ㉠ A : 105×12－0.2×12×100＝1020
㉡ B : 120×10－0.25×10×100＝950
㉢ C : 90×12－0.05×12×100＝1020
㉣ D : 80×15－0.15×15×100＝975
㉤ E : 85×12－0.1×12×100＝900
㉥ F : 90×15－0.2×15×100＝1050
따라서 F의 효용이 가장 높고, A와 C가 1020으로 같다. 고등학교 2곳을 동시에 대관할 경우 15만 원의 효용이 추가로 발생하므로 B과 C을 대관한다.

39 아래 자료를 근거로 판단할 때, 주어진 조건을 모두 충족한 광고수단은 무엇인가?

- 월별 광고효과가 가장 큰 광고수단 하나만을 선택한다.
- 주어진 광고비용 예산은 월 300만 원이며, 월 광고비용이 예산을 초과하면 해당 광고수단은 선택하지 않는다.
- 1회 광고 소요 시간이 15초 이상인 광고수단을 선택한다.
- 광고효과는 아래와 같이 계산한다.

$$광고효과 = \frac{광고\ 횟수(월) \times 회당\ 광고노출자\ 수(만\ 명)}{월\ 광고비용(만\ 원)}$$ (소수점 셋째 자리에서 반올림 하시오)

- 광고수단은 한 달 단위로 선택된다.

광고수단	광고 횟수	회당 광고노출자 수	1회 광고 소요 시간	월 광고비용(만 원)
TV	월 15회	13만 명	30초	380
버스	월 9회	11만 명	20초	280
지하철	월 13회	12만 명	15초	310
온라인 배너	월 7회	9만 명	10초	260
라디오	월 5회	7만 명	30초	210

① TV
② 버스
③ 지하철
④ 온라인 배너
⑤ 라디오

TIP ㉠ 주어진 광고비용 예산은 월 300만 원이며, 이를 초과할 경우 광고수단은 선택하지 않는다. 따라서 월 광고비용이 300만 원 이상인 TV와 지하철은 배제된다.

㉡ 1회 광고 소요 시간이 15초 이상인 광고수단이어야 하므로, 1회 광고 소요 시간이 10초인 온라인 배너는 배제된다.

㉢ 조건에 따라 광고수단은 한 달 단위로 선택되며 조건에 따른 광고 효과 공식을 대입하면 아래와 같이 광고 효과를 산출할 수 있다.

광고수단	광고횟수(회/월)	회당 광고노출자 수(만 명)	1회 광고 소요 시간	월 광고비용(만 원)	광고효과
~~TV~~	~~15~~	~~13~~	~~30초~~	~~380~~	$\frac{15 \times 13}{380} = 0.51$
버스	9	11	20초	280	$\frac{9 \times 11}{280} = 0.35$
~~지하철~~	~~13~~	~~12~~	~~15초~~	~~310~~	$\frac{13 \times 12}{310} = 0.50$
~~온라인 배너~~	~~7~~	~~9~~	~~10초~~	~~260~~	$\frac{7 \times 9}{260} = 0.24$
라디오	5	7	30초	210	$\frac{5 \times 7}{210} = 0.17$

따라서 예산 초과로 배제된 TV와 지하철 및 광고 소요시간 미달로 배제된 온라인 배너를 제외하고, 월별 공고효과가 가장 큰 광고수단은 버스이다.

Answer. 38.② 39.②

40 다음은 C사의 국내 출장 여비 관련 규정 일부이다. 아래 규정을 근거로 판단할 때, 올바르지 않은 것은?

〈C사 국내 출장 여비 규정〉

제10조(국내출장신청) 국내출장을 실시하려는 직원은 출장신청서를 작성하여 소속 부서장의 승인을 받아야 하며, 특별한 사정이 없는 한 출발 2일 전까지 출장담당부서에 제출하여야 한다.

제11조(국내여비)

① 철도 이용 시에는 철도운임, 수로 이용 시에는 선박운임, 항공 이용 시에는 항공운임을 지급하며, 철도 외 육로 이동 시에는 자동차운임을 지급한다. 다만, 전철 구간에서 철도운임과 별도로 전철요금이 책정된 경우에는 철도운임 대신 전철요금을 지급할 수 있다.

② 회사 소유 차량 또는 이에 준하는 교통수단을 이용하는 경우에는 교통비를 지급하지 아니한다. 이 경우 출장 중 발생한 유류비, 통행료, 주차비 등은 출장 종료 후 정산할 수 있다.

③ 국내출장 시 항공편 이용은 업무상 필요성이 인정되는 경우에 한하며, 출장신청 시 항공 이용 사유를 기재하고 출장 결과 보고 시 관련 영수증을 첨부하여야 한다. 단, 천재지변 등 불가피한 사유로 항공편 이용이 제한된 경우에는 사후에 그 사유를 소명할 수 있다.

④ 출장자의 일비와 식비는 회사가 정한 기준에 따라 정액으로 지급하며, 숙박비는 상한액 범위 내에서 실비로 지급한다. 다만, 부득이한 사유로 숙박비 상한액을 초과하여 지출한 경우에는 상한액의 10분의 2을 초과하지 않는 범위 내에서 추가 지급할 수 있다.

⑤ 일비는 출장일수에 따라 지급하되, 공용차량 또는 공용차량에 준하는 차량을 이용하거나 차량을 임차하여 사용하는 경우 해당 일수에 대해서는 일비의 4분의 1만 지급한다.

⑥ 출장 중 친지의 주거지 등에 숙박하거나 2인 이상이 공동 숙박한 경우, 실제 숙박비를 지출하지 않은 출장자에 대해서는 1일 숙박당 30,000원을 지급할 수 있다. 이 경우 출장 사실을 확인할 수 있는 증빙자료를 제출하여야 한다.

① 국내출장 시 신청서를 작성하여 소속 부서장의 승인을 받은 후, 부득이한 사유가 없는 한 출발 2일 전까지 출장담당부서에 제출해야 한다.

② 회사 차량을 이용하여 출장을 수행한 경우 교통비는 지급되지 않지만, 유류비와 통행료, 주차비 등은 출장 후 정산 대상이 된다.

③ 숙박비 상한액이 5만 원인 출장자가 부득이한 사유로 9만 원을 지출하였다면, 회사로부터 최대 2만 5천 원을 추가 지급받을 수 있다.

④ 일비가 8만 원인 출장자가 3일은 대중교통을, 1일은 공용차량을 이용한 경우 지급받는 총 일비는 26만 원이다.

⑤ 1일 숙박비로 6만 원을 지급받은 갑과 을이 공동 숙박을 하여 갑만 4만 원을 지출한 경우, 을은 지급받은 숙박비 전액을 회사에 반납하여야 한다.

TIP ⑤ 공동 숙박 등으로 숙박비를 실제로 지출하지 않은 인원에 대해서는 1일 숙박당 30,000원을 지급할 수 있다. 따라서 처음 지급받은 6만 원 중 3만 원을 제외한 나머지 3만 원만 회사에 반납해야 하므로, 숙박비 전액을 반납한다는 설명은 규정에 어긋난다.

① 국내출장을 실시하려는 직원은 출장신청서를 작성하여 소속 부서장의 승인을 받아야 하며, 특별한 사정이 없는 한 출발 2일 전까지 출장담당부서에 제출하여야 한다.

② 유류비, 통행료, 주차비에 해당되는 지출이므로 모두 귀임 후 정산이 된다.

③ 부득이한 사유로 숙박비 상한액을 초과 지출한 경우 상한액의 10분의 2을 초과하지 않는 범위 내에서 추가로 지급할 수 있다고 규정하고 있으므로 숙박비 상한액 5만 원의 10분의 2인 2만 5천 원을 추가 지급받을 수 있다.
④ 공용차량을 이용한 출장일수는 일비의 4분의 1이 지급되므로 80,000×3+20,000×1= 26만 원이 일비로 지급된다.

41 **다음은 ○○공사 교육실 리모델링 시 적용 가능한 IoT 실내환경 센서 검토 자료이다. 자료를 바탕으로 담당자가 선택할 IoT 실내환경 센서 제품은 무엇인가?**

〈제품별 기본 정보〉

구분	A제품	B제품	C제품	D제품	E제품
채광 상태	우수	미흡	보통	우수	미흡
소음 차단	보통	우수	미흡	미흡	우수
시공 평가	미흡	보통	보통	보통	우수
관리 리스크	보통	미흡	미흡	미흡	미흡

〈점수 산정기준〉

구분	우수	보통	미흡
채광 상태	5점	3점	1점
소음 차단	5점	3점	1점
시공 평가	5점	3점	1점
관리 리스크	5점	3점	1점

※ 우수 항목이 2개일 경우 가산점 1점을 부여한다.
※ 최종 점수는 점수 산정기준에 따른 합산 점수이며, 최종 점수가 가장 높은 제품을 선정한다.

① A제품
② B제품
③ C제품
④ D제품
⑤ E제품

TIP ⑤ 제품별 기본 정보의 점수를 산정하면 다음과 같다.

구분	A제품	B제품	C제품	D제품	E제품
채광 상태	5	1	3	5	1
소음 차단	3	5	1	1	5
시공 평가	1	3	3	3	5
관리 리스크	3	1	1	1	1
총점	12	10	8	10	12

우수항목이 2개일 경우 가산점을 1점 부여한다고 하였으므로 E제품만 가산점 1점을 받는다. 따라서 가산점 포함 최종 점수가 가장 높은 제품은 13점의 E제품이다.

Answer. 40.⑤ 41.⑤

42 다음 글의 내용으로 옳지 않은 것은?

> 화장품 산업에서 사용되는 언어는 단순히 제품 정보를 전달하는 수단을 넘어, 소비자의 인식 형성과 구매 결정에 중요한 영향을 미치는 요소로 작용한다. 특히 기능성 화장품이나 고가의 프리미엄 화장품의 경우, 제품의 성분 · 효능 · 안전성 · 사용감 등을 설명하는 언어는 소비자가 해당 제품의 가치를 판단하는 핵심 기준이 된다. 이 때문에 화장품 기업들은 제품 개발 단계뿐 아니라 광고와 홍보 과정에서도 언어 선택에 각별한 주의를 기울이고 있다.
>
> 일반적으로 화장품 광고에서 사용되는 언어는 크게 정보성 표현과 감성적 표현으로 구분된다. 정보성 표현은 특정 성분의 기능, 임상 시험 결과, 사용 방법과 같은 비교적 객관적이고 검증 가능한 내용을 중심으로 구성된다. 반면 감성적 표현은 '피부가 편안해지는 느낌', '자연이 선사하는 생기'와 같이 과학적으로 수치화하기 어려운 이미지를 활용하여 소비자의 정서와 경험을 자극하는 방식이다. 이러한 표현은 소비자가 제품 사용 후 기대하는 경험을 간접적으로 전달하는 역할을 한다.
>
> 화장품 언어에 관한 연구에 따르면, 감성적 표현이 반드시 소비자를 기만하는 요소로 작용하는 것은 아니다. 오히려 감성적 표현은 실제 사용 과정에서 형성되는 주관적 경험을 언어적으로 압축하여 전달하는 기능을 수행할 수 있다. 즉 화장품 언어는 제품의 물리적 · 화학적 특성뿐만 아니라, 사용 과정에서 소비자가 느끼는 인지적 · 정서적 경험까지 포괄하는 의미를 가진다. 다만 이러한 표현이 과도하거나 모호하게 사용될 경우, 소비자가 제품의 실제 효능을 과장되게 인식할 위험도 존재한다.
>
> 이러한 문제를 완화하기 위해 최근에는 화장품 표시 · 광고에 대한 규제가 점차 강화되고 있다. 특히 기능성이나 치료 효과를 암시하는 표현에 대해서는 일정한 과학적 근거 제시가 요구되며, 소비자가 오인할 가능성이 있는 표현은 제한적으로 사용하도록 관리되고 있다. 아울러 화장품 사용 경험이 적거나 정보 해석 능력이 충분히 형성되지 않은 소비자의 경우, 광고 언어를 비판적으로 해석하는 데 어려움을 겪을 수 있다는 점도 지적된다. 따라서 화장품 언어는 소비자의 이해 수준과 정보 수용 능력을 고려하여 신중하게 사용될 필요가 있다.

① 화장품 언어는 제품 정보 전달을 넘어 소비자의 인식과 구매 행동에 영향을 미친다.

② 화장품 광고 언어는 정보성 표현과 감성적 표현으로 구분할 수 있다.

③ 감성적 표현은 소비자의 주관적 사용 경험을 전달하는 기능을 수행할 수 있다.

④ 감성적 표현이 소비자를 기만하는 요소로 작용하여 전면적으로 금지되고 있다.

⑤ 화장품 사용 경험이 적은 소비자는 광고 언어를 오인할 가능성이 상대적으로 크다.

TIP ④ 감성적 표현이 반드시 소비자를 기만하는 요소로 작용하는 것은 아니며, 오히려 감성적 표현은 실제 사용 과정에서 형성되는 주관적 경험을 언어적으로 압축하여 전달하는 기능을 수행할 수 있다고 명시되어 있다. 또한 감성적 표현의 사용이 전면적으로 금지되었다는 내용 역시 제시되어 있지 않다.

① 지문 첫 문단에서 화장품 언어가 소비자의 인식 형성과 구매 결정에 중요한 영향을 미친다고 설명하고 있다.

② 화장품 광고 언어를 정보성 표현과 감성적 표현으로 구분하고 각각의 특징을 설명하고 있다.

③ 감성적 표현이 소비자의 주관적 사용 경험을 언어적으로 전달하는 기능을 수행할 수 있다고 명시되어 있다.

⑤ 화장품 사용 경험이 적은 소비자는 광고 언어를 비판적으로 해석하는 데 어려움이 있어 오인 가능성이 크다고 설명하고 있다.

43 배를 타고 길이가 20km인 강을 거슬러 올라가는 데 5시간, 내려오는 데 2시간 30분이 걸렸다. 배와 강물의 속력은 일정하고, 종이배는 바람 등의 외부의 영향을 받지 않을 경우 이 강에 종이배를 띄운다면 이 종이배가 3km를 떠내려가는 데 몇 분이 걸리는가?

① 75분
② 80분
③ 85분
④ 90분
⑤ 95분

TIP ④ 배의 속력을 x, 강물의 속력을 y라 하면 거슬러 올라가는 데 걸리는 시간은 $\frac{20}{x-y}=5$이 되고, 내려오는 데 걸리는 시간은 $\frac{20}{x+y}=2.5$가 된다. 따라서 두 방정식을 연립하면 $x=3y$가 되므로 식에 적용하면 $x=6, y=2$가 된다. 따라서 종이배가 3km를 떠내려가는 데 시간 $=\frac{거리}{속력}=\frac{3km}{2km/h}=1.5h=1$시간30분$=90$분이 걸린다.

44 C기업에서는 매년 상반기에 승진 대상자 선발 시험을 실시한다. 이번 시험에 응시한 인원은 남자 직원과 여자 직원을 합하여 총 120명이며, 남자 직원의 평균 점수는 68점, 여자 직원의 평균 점수는 74점이다. 이 중 승진 대상자 선발 전체 응시자의 평균 점수는 70점일 때, 이번 승진 시험에 응시한 여자 직원의 수는 얼마인가?

① 35명
② 40명
③ 45명
④ 50명
⑤ 55명

TIP ② 시험을 응시한 여자사원의 수를 x라고 할 때, 여자사원의 총점 + 남자사원의 총점은 전체 사원의 총점이므로
$74x+68(120-x)=70\times120$
식을 간단히 하면 $6x=240$, $x=40$
∴ 여자사원은 40명이다.

Answer. 42.④ 43.④ 44.②

▌45~46▐ 다음 자료를 읽고 이어지는 물음에 답하시오.

최근 금융거래의 디지털 전환이 가속화되면서 세계 여러 나라에서는 다양한 방식으로 핀테크 기술의 활용도를 높이기 위한 노력을 기울이고 있다. 모바일 결제의 편리함이 곧 핀테크 서비스의 신뢰도를 높여주는 것은 아니며, 각국은 사용자 접근성을 높이고 보안에 대한 불안감을 줄이기 위해 여러 정책적 · 기술적 방안을 도입하고 있다. 특히 금융 기술의 발전 정도와 상관없이, 홍보 전략과 대국민 서비스 인식 개선이 핀테크 확산에 중요한 역할을 하는 것으로 조사되었다.

영국 런던은 글로벌 핀테크 도시 중 하나로, 금융기관과 스타트업 간 협업을 촉진하는 '샌드박스 제도'를 도입하였다. 이를 통해 혁신 금융서비스가 제한된 환경에서 안전하게 실험될 수 있도록 하여 신뢰도를 확보하고 있다. 또한 시민들이 디지털 금융을 쉽게 체감할 수 있도록 '오픈 뱅킹 페스티벌'을 개최하여 핀테크 기술에 대한 긍정적 인식을 확산시키고 있다.

싱가포르는 '모바일 지갑 중심의 무현금 사회'를 목표로 정부 차원에서 통합 결제 인프라를 구축하고 있다. 여러 결제 앱을 하나의 QR코드 체계로 통합하여, 소비자들이 앱 종류와 관계없이 자유롭게 결제할 수 있도록 개선하였다. 이는 핀테크 사용 편의성을 높여 국민들의 디지털 금융 참여를 적극 장려하는 정책으로 평가된다.

미국 뉴욕은 금융 보안 강화를 중심에 두고 다양한 핀테크 지원 프로그램을 운영하고 있다. 특히 위 · 변조 방지 기술, 생체 인증 기술 등을 개발하는 스타트업에 대한 투자 유치를 확대하여 '안전한 디지털 금융'에 초점을 맞추고 있다. 또한 금융 사기 예방을 위한 시민 교육 캠페인을 활발히 진행하면서 핀테크 서비스에 대한 신뢰를 끌어올리고 있다.

우리나라 역시 간편결제 · 간편 송금 서비스의 확산으로 핀테크 사용률은 높지만, 영국과 싱가포르에 비해 사용자 대상 교육 및 홍보 활동은 상대적으로 부족한 편이다. 금융 보안 사고에 대한 우려도 완전히 해소된 상황은 아니므로, 이용자 신뢰 회복과 기술 신뢰성을 강화하기 위한 지속적인 노력이 요구된다.

45 다음 글의 주제로 가장 적절한 것은?

① 세계 주요 국가의 모바일 결제 시장 규모 비교
② 핀테크 보안을 강화하기 위한 각국의 금융 규제 정책
③ 핀테크 확산을 위해 각국에서 추진 중인 다양한 노력과 사례
④ 핀테크 기업이 추진하는 글로벌 투자 전략 분석
⑤ 우리나라 핀테크 산업 성장 정체 원인 분석

TIP ③ 지문은 영국 · 싱가포르 · 미국 · 한국 등 여러 국가가 핀테크 확산을 위해 실시하는 정책, 인프라 구축, 보안 강화, 홍보 활동 등 다양한 노력을 사례 중심으로 제시하고 있다. 따라서 전체 내용을 포괄하는 핵심 주제로 여러 나라가 핀테크 확산을 위해 추진 중인 다양한 노력과 사례가 적절하다.

46 제시된 글을 읽고 바르게 이해한 것을 모두 고른 것은?

- A : "영국은 핀테크 실험 환경을 제공하는 샌드박스 제도를 운영해 혁신 금융서비스 확산을 돕고 있다."
- B : "싱가포르는 결제 서비스마다 서로 다른 QR코드를 사용하도록 분류하여 만들었다."
- C : "미국 뉴욕은 금융 접근성 확대보다는 보안 중심의 핀테크 지원 정책을 추진하고 있다."
- D : "우리나라는 영국보다 핀테크 사용자 교육 · 홍보 활동이 활발하다고 평가된다."

① A, B
② A, C
③ B, C
④ B, D
⑤ C, D

TIP ② 싱가포르는 여러 결제 앱을 하나의 QR코드 체계로 통합하여, 소비자들이 앱 종류와 관계없이 자유롭게 결제할 수 있도록 서술하였으므로 B의 설명은 옳지 않다. 또한 본문에서는 우리나라가 영국 · 싱가포르보다 홍보 · 교육 활동이 부족하다고 서술하였으므로 D의 설명은 옳지 않다.

47 다음은 사내 비품이 사라진 상황과 관련하여 갑 ~ 정 4명의 진술이다. 사내 비품을 가져간 사람은 1명이며 이들 4명 중 단 1명만 진실을 말하고, 나머지 3명은 모두 거짓을 말했다. 진술들을 바탕으로 내릴 수 있는 결론으로 옳지 않은 것은?

갑 : 나는 사내 비품을 가져가지 않았다.
을: 나는 사내 비품을 가져한 사람이다.
병 : 나는 사내 비품을 가져가지 않았다.
정: 갑이 사내 비품을 가져간 사람이다.

① 갑은 사내 비품을 가져가지 않았다.
② 을은 사내 비품을 가져가지 않았다.
③ 병은 사내 비품을 가져가지 않았다.
④ 정은 사내 비품을 가져가지 않았다.
⑤ 사내 비품을 가져가지 않은 사람 중 참을 말한 사람은 없다.

TIP ③ 갑과 정의 진술이 상반되므로 갑이 사내 비품을 가져간 경우와 가져가지 않은 경우로 나누어 확인해 볼 수 있다.

㉠ 갑이 사내 비품을 가져간 경우 : 갑과 을의 진술은 거짓이고 병과 정의 진술이 참이 되므로 갑이 사내 비품을가져간 경우 2명이 진실을 말하게 되므로 이는 옳지 않다.

㉡ 갑이 사내 비품을 가져가지 않은 경우 : 갑이 참인 진술이 되므로 나머지 3명의 진술은 거짓이 되어야 한다. 이를 표로 정리하면 아래와 같다.

구분	갑	을	병	정
사내 비품을 가져간 사람	X	X	O	X
참/거짓 여부	참	거짓	거짓	거짓

갑이 사내 비품을 가져갈 경우 위 조건에 모두 충족하게 뒤며, 위 조건으로 보아 사내 비품을 가져간 사람은 병이 된다.

Answer. 45.③ 46.② 47.③

48 다음은 K보험공단이 적용하는 의료비 보장형 상해보험의 보험금 지급 기준에 관한 자료이다. 아래 제시된 규정과 지급 기준표를 참고하여, 〈보기〉의 A ~ C 중 보험금 지급액이 가장 많은 사람과 그 금액으로 옳은 것은?

1. 보험금 지급 제도 개요
K보험공단의 의료비 보장형 상해보험은 피보험자가 상해로 인해 치료가 필요해지는 경우, 입원 · 통원 치료비, 간병비, 약제비 등 실제 지출된 비용을 보장하는 상품이다. 단, 보험금은 아래 규정에 따라 지급 기준액 또는 실제 지출액 중 더 낮은 금액으로 산정한다. 피보험자의 권리 보호를 위해 모든 청구는 발생일부터 180일 이내에 접수해야 하며, 치료 기관에서 발급한 진단서와 치료비 명세서를 반드시 제출해야 한다.

2. 지급 대상 기준
① 장기 치료급여(입원) 대상자
- 골절, 주요 장기 손상 등으로 연속 15일 이상의 입원 치료가 필요한 경우
- 상해 등급 1급에 해당하며 타인의 전일 간병이 필요하다고 인정된 경우
- 동일 사고로 신체 두 부위 이상에서 중증 손상이 확인된 경우

② 단기 치료급여(통원) 대상자
- 골절 또는 중등도 손상으로 연속 15일 미만 통원 치료를 받은 경우
- 상해 등급 2급에 해당하며 부분 간병이 필요한 경우
- 입원 치료를 병행하지 않고 외래 중심 치료가 이루어진 경우

3. 지급 급액 기준
① 장기 치료급여(입원) 대상자
- 1일 48,000원
- 입원 중 발생한 간병비 · 약제비 · 처치비 등은 치료비에 포함

② 단기 치료급여(입원) 대상자
- 1일 30,000원
- 통원 · 검진 · 물리치료 · 약제비 포함

※ 동일 사고 내 여러 항목을 청구하더라도 1일 기준 상한액을 초과할 수 없다.

- A : 상해등급 1급 판정을 받고 32일간 입원 치료를 받았다.
- B : 상해등급 2급 판정을 받고 55일간 통원 치료를 받았다.
- C : 동일 사고로 신체 두 부위에 중증 손상이 확인되어 20일간 입원 치료를 받았다.

① A, 1,600,000원　② A, 1,500,000원
③ B, 1,650,000원　④ C, 1,000,000원
⑤ C, 9600,000원

TIP ㉠ A의 경우 : 상해등급이 1급에 해당하므로 장기 치료급여 대상자에 포함된다. 이때 장기 치료급여는 1일당 48,000원을 기준액으로 정하고 있으며, A는 총 32일 동안 입원하였으므로 기준액은 48,000원 × 32일 = 1,536,000원이 된다.
㉡ B의 경우 : 상해등급이 2급으로 단기 치료급여 대상자이다. 단기 치료급여의 1일 기준액은 30,000원이며, B는 55일 동안 통원 치료를 받았으므로 기준액 30,000원 × 55일 = 1,650,000원이 된다.

㉢ C의 경우 : 동일 사고로 신체 두 부위를 중증으로 다쳐 장기 치료급여 대상자에 해당한다. 총 20일 입원 치료를 받았으며, 장기 치료급여 1일 기준액은 48,000원이므로 48,000원 × 20일 = 960,000원이 된다.

∴ 세 사람의 지급액을 비교하면 A는 1,500,000원, B는 1,650,000원, C는 960,000원이므로, 지급액이 가장 많은 사람은 B이며 금액은 1,650,000원이다.

▌49～50▐ 다음 자료를 읽고 이어지는 물음에 답하시오.

밀키트 시장은 가정 간편식(HMR) 수요가 확대되면서 수년간 꾸준히 성장해 왔다. 과거에는 손질된 재료를 단순히 포장한 형태에 가까웠으나, 오늘날의 밀키트는 조리 난이도를 세분화하고, 고객 취향 데이터를 활용해 메뉴를 기획하는 등 제품 개발 방식이 고도화되고 있다. 특히 온라인 식품 플랫폼의 발달과 유통 방식 변화로 인해 다양한 업체가 시장 경쟁에 참여하게 되었다.

시장 경쟁이 늘어나면서 밀키트 업체들은 소비자의 만족도를 높이기 위한 다양한 전략을 시도하고 있다. 첫째, 조리 시간 단축을 핵심 장점으로 강조하여 바쁜 직장인 · 1인 가구 고객층의 선택을 이끌고 있다. 한 소비자 조사에 따르면 응답자의 약 절반 이상이 “조리 시간이 짧아서 밀키트를 선택한다”고 답했다. 둘째, 신선도 유지 기술과 포장 방식이 개선되면서 냉장 · 냉동 보관 방식에 따라 유통기한이 차별화된 제품 구성이 나타났다. 셋째, 소비자 선택 폭을 넓히기 위해 기본형 · 프리미엄형 등 가격대별 제품 구분 전략을 사용하고 있다.

연령대별 구매 동기를 살펴보면, 20 · 30대는 새로운 메뉴 체험과 빠른 조리 시간을 중요한 요인으로 꼽았다. 40대는 가족 구성 수에 맞는 다양한 메뉴 구성을 선호하며, 50 · 60대는 익숙한 가정식 스타일과 담백한 맛을 중심으로 구매 비중이 지속적으로 증가하는 추세이다. 이에 따라 업체들은 중 · 장년층을 위한 저자극 제품을 별도로 출시하기도 한다.

한편, 시장 성장과 함께 소비자 불만도 일부 제기되고 있다. 예를 들어 “조리 난이도가 표기와 다르다”거나, “제품 사진과 실제 구성 사이에 차이가 있다”는 의견이 있다. 이에 관련 부처에서는 조리 안내와 구성 표시 기준 개선을 검토하고 있으며, 전문가들은 “표기 방식이 표준화되면 소비자 신뢰가 더 높아질 것”이라고 분석한다.

49 **다음 중 위 글의 내용으로 추론할 수 있는 내용으로 가장 적절한 것은?**

① 밀키트는 주로 20대 소비자만을 타깃으로 한다.
② 기존 오프라인 식당이 밀키트 시장 점유율 대부분을 차지한다.
③ 소비자들은 조리 난이도보다 가격을 중요하게 고려한다.
④ 20 · 30대는 전통적인 가정식 형태의 밀키트를 가장 선호한다.
⑤ 밀키트는 다양한 맛과 구성으로 인해 전 연령대에서 수요가 확대되고 있다.

TIP ⑤ 지문에서는 20 · 30대뿐 아니라 40대, 50 · 60대 고객층에서도 구매가 증가한다고 설명하고 있다.

Answer. 48.③ 49.⑤

50 **위 글을 바탕으로 밀키트 업체의 마케팅 방향으로 적절하지 않은 것은?**

① 50 · 60대는 고객을 위해 저자극 메뉴를 개발해 출시한다.
② 사진과 실물의 차이를 줄이도록 조리 안내 표기 기준을 강화한다.
③ 바쁜 직장인을 겨냥한 10분 조리 가능 캠페인을 진행한다.
④ 제품 사진과 실제 구성품의 차이를 유지하여 경쟁력을 확보한다.
⑤ 냉장 · 냉동 제품의 신선도 보관 기술을 마케팅 메시지로 활용한다.

TIP ④ 지문에서는 사진과 구성의 차이가 소비자 불만 요인이라고 명시된 만큼, 이를 유지하는 전략은 마케팅 방향으로 옳지 않다.

51 **다음 엑셀 시트에서 [E9] 셀에 야근일수를 구하기 위해 입력할 함수로 옳은 것은?**

	A	B	C	D	E
1	야근 현황				
2	날짜	갑	을	병	정
3	6월2일	V	V	V	V
4	6월3일				V
5	6월4일	V		V	
6	6월5일		V	V	
7	6월6일	V	V	V	V
8	6월7일	V			V
9	야근일수				

① =COUNTBLANK(E3:E8)
② =COUNTA(E3:E8)
③ =COUNT(E3:E8)
④ =SUMIF(E3:E8)
⑤ =SUM(E3:E8)

TIP ② COUNTBLANK 함수는 비어 있는 셀의 개수를 세어 준다. COUNT 함수는 숫자가 입력된 셀의 개수를 세어 주는 반면 COUNTA 함수는 숫자는 물론 문자가 입력된 셀의 개수를 세어 준다. 즉, 비어있지 않은 셀의 개수를 세어주기 때문에 이 문제에서는 COUNTA 함수를 사용하여야 한다.

52 귀하는 OO기관 홍보팀의 신입 직원으로, 기관에서 새롭게 시행할 서비스 변경 안내문을 작성하고 있다. 아래는 귀하가 참고해야 할 내부 규정과, 선배가 작성한 초안 원고이다. 다음 중 규정을 정확히 반영하여 수정 의견을 제시한 사람으로 옳은 것은?

〈문서작성 규정 발췌〉

제00조(문서의 성립 및 효력 발생)
① 문서는 결재권자가 전자서명(전자이미지서명, 전자문자서명 포함)을 완료한 때 성립한다.
② 전자문서는 수신자가 확인하지 않더라도, 지정된 전자 시스템에 입력된 시점부터 효력이 발생한다.
③ 공고문은 효력 발생 시기가 문서에 명시되지 않은 경우, 게시일로부터 3일 경과 후 효력이 발생한다.

제00조(문서 작성 일반 원칙)
① 원칙적으로 한글로 작성하되, 필요 시 괄호 안에 외국어 · 한자를 병기할 수 있다.
② 일반적으로 사용되지 않는 약어 · 전문용어는 가능하면 피하고, 명확하게 서술한다.
③ 날짜는 "2025. 8. 14."처럼 연 · 월 · 일 글자를 생략하고 온점(.)으로 표기한다.
④ 시간은 24시각제로 "09:30", "17:45"와 같이 표기하고 '시 · 분' 글자는 쓰지 않는다.
⑤ 문서의 표현은 간결 · 명확해야 하며, 효력 발생 시기와 관련된 문구는 특히 정확하게 작성한다.

〈초안 원고 일부〉

본 서비스 변경 사항은 2025년 8월 14일 오전 9시 반부터 적용됩니다. 다만, 전자문서의 효력은 담당자가 수신 문서를 확인하는 즉시 발생하며, 본 공고문은 게시 즉시 효력이 생기게끔 설정되어 있습니다. 또한 이번 안내문에서는 서비스 운영의 효율성을 높이기 위해 API, CRM, SLA 등 다양한 전문 용어를 적극적으로 활용하였으며, 자세한 내용은 열람 시 자동으로 확인됩니다.

① 박 사원 : 날짜는 "2025. 8. 14."으로 고쳐야 하며, 시간은 그대로 사용해도 된다.
② 최 사원 : 전자문서는 수신자가 확인하지 않아도 시스템에 입력되면 효력이 발생하므로 '확인 하는 즉시'라는 표현을 변경해야 한다.
③ 유 사원 : 전문 용어를 적극적으로 사용하는 것이 오히려 문서를 더 정확하게 전달하므로 초안 방식이 적절하다.
④ 김 사원 : 공고문의 효력은 명시가 없으면 게시일로부터 5일 후 발생하므로 초안의 '즉시 효력'이라는 표현은 틀렸다.
⑤ 문 사원: 12시간제 표기도 문서 작성에 허용되므로 '오전 9시 30분'으로 표기해야 한다.

TIP ② 전자문서의 효력 발생 시점은 '확인 하는 즉시'가 아니라 지정된 전자 시스템에 입력된 때이므로 수정해야 하므로 규정을 정확히 반영하였다.
① 날짜 표기 지적은 맞지만 시간 표기 지적은 규정과 다르다.
③ 전문용어 사용을 지양해야 한다는 규정을 위반하였다.
④ 공고문의 효력은 명시가 없으면 게시일로부터 3일 후 효력이 발생한다.
⑤ 24시각제로 작성해야 한다는 규정을 잘못 이해하였다.

Answer. 50.④ 51.② 52.②

▎53 ~ 54 ▎ 다음은 H사 정보보안팀에서 관리 중인 사내 시스템별 임시 비밀번호 코드이다. 아래 조건과 표를 참고하여 이어지는 질문에 답하시오.

〈비밀번호 코드 체계〉

비밀번호는 다음의 5개 요소를 순서대로 결합하여 생성된다.

※ 생성 연월 코드, 보안 등급, 발급 부서 코드, 세부 기능 코드, 일련생성번호

1. 생성 연월 코드(4자리)
- 2023년 5월 생성 → 2305

2. 보안 등급(1자리 숫자)
- 1단계 : 1
- 2단계 : 2
- 3단계 : 3
- 4단계 : 4
- 5단계 : 5

3. 발급 부서 코드(1자리 영문자)

부서	코드번호	부서	코드번호
인사팀	A	구매팀	G
총무팀	B	홍보팀	H
회계팀	C	연구팀	I
IT보안팀	D	개발팀	J
시설팀	E	전략기획팀	K
물류팀	F	CS센터	L

4. 세부 기능 코드(3자리 숫자)

기능	코드번호	기능	기능
공용 로그인	010	정산 승인	090
문서 암호화	020	시설 접근	120
서버 접근	030	장비 인증	150
외부 발송	040	결재 승인	180

5. 일련생성번호(5자리, 00001부터 증가)

예시 2022년 8월 생성, 3단계 보안, 홍보팀 발급, 시설 접근 기능, 100번째 생성

→ 22083H12000100

〈사내 보관 중인 비밀번호 목록〉

책임자	코드번호	책임자	코드번호
정 대리	23051D02000150	강 대리	23095G18000750
오 사원	23073A03000350	윤 대리	22125D04000150
권 사원	23011A18000020	양 사원	23011C03001010
민 사원	23104B01001150	박 사원	23102L15000112

53 다음 조건에 맞는 비밀번호로 알맞은 것은?

- 생성 연월 : 2023년 7월 생성
- 보안 등급 : 5단계
- 발급 부서 : 전략기획팀
- 세부 기능 : 장비 인증 기능
- 일련번호 : 125번째 생성

① 23075K15000125
② 23075K12012500
③ 23075G15000125
④ 23035G12012500
⑤ 23035C02000125

TIP ① 생성 연월은 2307이며, 보안 등급과 발급 부서 코드는 5K, 세부 기능 코드는 장비 인증으로 150, 일련 번호는 00125가 되어야 한다.

54 다음 중 사내 보관 중인 비밀번호 목록 중 서버 접근 코드를 가진 담당자끼리 묶인 것은?

① 정 대리, 박 사원
② 강 대리, 민 사원
③ 오 사원, 양 사원
④ 윤 대리, 박 사원
⑤ 권 사원, 박 사원

TIP ③ 서버 접근 코드는 세부 기능 코드에서 030이므로 사내 보관 중인 비밀번호에서 세부 기능 코드에 위치한 번호에서 030을 찾으면 오 사원과 양 사원이 서버 접근 코드를 가진 담당자임을 확인할 수 있다.

Answer. 53.① 54.③

55 다음 글을 읽고 이 글에 대한 이해로 가장 적절한 것은?

스테이블코인의 규제 방향을 둘러싸고 여러 논의가 제기되어 왔다. 그중에서도 가장 오래된 접근은 스테이블코인의 가치를 기초자산에서 찾으려는 관점이다. 이 관점에서는 스테이블코인은 기본적으로 실물 가치에 연동된 상품으로, 그 본질은 준비자산의 안정성에서 비롯된다고 본다. 따라서 발행사는 보유한 현금성 자산과 국채 · 예금 등으로 코인을 1:1로 담보해야 하며, 외부 회계기관의 검증을 정기적으로 받아야 한다고 주장한다. 이러한 준비자산 중심 관점은 스테이블코인이 충분한 유동성과 투명성을 갖추기만 하면, 가격 안정성은 자동적으로 유지된다고 본다. 다만 담보가 부족한 채권성 자산의 비중이 높아질수록 시장 충격에 취약해진다는 비판도 제기된다.

다른 접근은 스테이블코인을 금융시장 구조 속에서 이해하려는 시각이다. 이 논의에서는 스테이블코인의 가격 안정성은 준비자산 비중만으로 설명될 수 없으며, 실제 시장 참여자 구성, 거래 집중도, 환매 방식, 자본 유입 · 유출 패턴 등이 복합적으로 작용한다고 본다. 예컨대 일부 스테이블코인은 전체 공급량의 70% 이상이 특정 해외 거래소에 집중되어 있어, 그 시장에서 대규모 환매가 발생하면 가격이 단기간에 급격히 변동할 수 있다고 지적한다. 이러한 구조적 요인은 담보 수준과 무관하게 스테이블코인 가격을 불안정하게 만들 가능성이 있다고 본다. 따라서 스테이블코인의 규제는 '시장 구조'라는 보다 큰 틀에서 고려해야 한다고 주장한다.

세 번째 접근은 스테이블코인을 둘러싼 다양한 이해관계의 배치를 중심으로 본 지배구조 관점이다. 이 관점에서는 스테이블코인은 단순한 결제 수단이 아니라 발행사, 수탁기관, 대형 보유자, 거래소 등 다양한 주체의 이해관계가 교차하는 경제적 장이라고 본다. 일부 발행사는 스테이블코인을 담보로 대출 상품을 만들어 자체적으로 수익을 창출하는데, 이러한 구조에서는 발행사가 규제 강화를 회피하려는 유인을 가지게 된다. 또한 대형 거래소나 기관 보유자가 환매 시점과 조건을 사실상 결정하는 상황이 발생하면 일반 사용자보다 유리한 권한을 갖게 되어, 스테이블코인이 오히려 새로운 불평등 구조를 강화할 수 있다고 비판한다. 이 관점에서는 스테이블코인의 규제가 기술적 문제가 아니라 권력 · 지배 구조의 조정 문제라고 강조한다.

각 관점은 서로 비판을 주고받는다. 준비자산 중심 관점은 시장 구조 분석이 지나치게 금융 흐름에만 치우쳐 실제 가치 기반을 간과한다고 비판하고, 시장 구조 관점은 준비자산만 강조하는 것은 현실에서 스테이블코인이 거래되는 방식을 설명하기 어렵다고 반론한다. 지배구조 관점은 두 관점 모두 스테이블코인이 작동하는 제도적 · 경제적 권력 관계를 충분히 설명하지 못한다고 지적받지만, 동시에 자신들 역시 과도하게 정치적 해석을 한다는 비판을 받는다. 그럼에도 세 관점 모두 스테이블코인의 규제는 단순한 상품 문제가 아니라 복합적인 사회 · 경제적 환경 속에서 형성된다는 점을 강조한다.

① 준비자산 중심 관점에서 스테이블코인의 안정성이 시장 구조와 거의 무관하다고 명확히 주장한다.
② 금융시장 구조 관점에서 준비자산 비중만으로는 가격 안정성을 설명하기 어렵다고 본다.
③ 준비자산 중심 관점에서 스테이블코인의 지배구조가 권력 불균형을 초래할 수 있다고 강조한다.
④ 지배구조 관점에서 스테이블코인이 시장 참여자의 자발적 합의에 의해 공정하게 운영된다고 본다.
⑤ 세 관점 모두 스테이블코인의 규제는 복합적인 사회 · 경제적 환경 속이 아니라 단순한 상품 문제에서 형성된다는 점을 강조한다.

TIP ① 스테이블코인은 기본적으로 실물 가치에 연동된 상품으로, 그 본질은 준비자산의 안정성에서 비롯된다고 본다.
③ 지배구조 문제를 강조하는 것은 지배구조 관점이지, 준비자산 중심 관점이 아니다.
④ 지배구조 관점은 스테이블코인이 공정하게 운영된다고 보지 않고, 오히려 특정 주체에게 권력이 집중되는 불평등 구조를 비판한다.
⑤ 세 관점 모두 스테이블코인의 규제는 단순한 상품 문제가 아니라 복합적인 사회 · 경제적 환경 속에서 형성된다는 점을 강조한다.

56 다음은 갑국의 국가별 수출 구조 및 품목별 수출 세부 내역 자료이다. 〈보기〉 중 옳은 것들로만 짝지어진 것은?

〈표 1〉 2022 ~ 2024년 갑국의 국가별 수출액 비율

연도 \ 국가	미국	중국	인도	이탈리아	기타
2022년	18.5%	24.1%	7.3%	3.8%	46.3%
2023년	19.2%	23.4%	7.8%	4.1%	45.5%
2024년	20.1%	22.8%	8.4%	4.3%	44.4%

〈표 2〉 2024년 갑국의 국가 · 품목별 수출액

(단위 : 백만 달러)

국가 \ 품목	기계류	화학제품	전자제품	자동차	기타
미국	21,500	17,300	14,200	8,900	6,100
중국	18,900	22,800	30,500	6,700	4,400
인도	6,200	4,900	3,800	1,900	900
이탈리아	3,400	1,800	1,500	1,000	700
기타	14,100	13,400	16,900	9,600	7,800

〈보기〉

㉠ 2022 ~ 2024년 미국의 수출액 비율은 매년 감소하고 있다.
㉡ 2024년 갑국의 총 수출액이 가장 높은 국가는 중국이다.
㉢ 2022년 대비 2024년 수출액 비율의 차이는 인도가 이탈리아의 2배 이상이다.
㉣ 2024년 미국 · 인도 두 국가에서 '기계류' 수출액은 '자동차' 품목의 수출액의 3배 이상이다.

① ㉠, ㉡
② ㉠, ㉣
③ ㉡, ㉢
④ ㉡, ㉣
⑤ ㉢, ㉣

TIP ㉠ 2022 ~ 2024년 미국의 수출액 비율은 각각 18.5%, 19.2%, 20.1%로 매년 증가하고 있다.
㉡ 총 수출액은 미국 68,000 중국 83,300 인도 17,700 이탈리아 8,400 기타 61,800으로 중국이 가장 높다.
㉢ 2022년 대비 2024년 이탈리아의 수출액 비율은 4.3 − 3.8 = 0.5% 증가하였으며, 인도는 8.4 − 7.3 = 1.1% 증가하였다.
㉣ 2024년 인도의 '기계류' 수출액은 6,200으로 '자동차' 수출액 1,900의 3배 이상이지만, 미국의 '기계류' 수출액은 21,500로 '자동차' 수출액 8,900의 3배 이하이다.

Answer. 55.② 56.③

57 **다음은 A기업의 성과상여금 지급기준이다. 다음 기준에 따를 때 성과상여금을 가장 많이 받는 사원과 가장 적게 받는 사원의 금액 차이는 얼마인가?**

〈성과상여금 지급기준〉

지급원칙

성과상여금은 적용대상사원에 대하여 성과(근무성적, 업무난이도, 조직 기여도의 평점 합) 순위에 따라 지급한다.

성과상여금 지급기준액

5급 이상	6~7급	8~9급	계약직
500만 원	400만 원	200만 원	200만 원

지급등급 및 지급률

• 5급 이상

지급등급	S등급	A등급	B등급	C등급
성과 순위	1위	2위	3위	4위 이하
지급률	180%	150%	120%	80%

• 6급 이하 및 계약직

지급등급	S등급	A등급	B등급
성과 순위	1~2위	3~4위	5위 이하
지급률	150%	130%	100%

지급액 산정방법

개인별 성과상여금 지급액은 지급기준액에 해당 등급의 지급율을 곱하여 산정한다.

〈소속사원 성과 평점〉

사원	평점			직급
	근무성적	업무난이도	조직기여도	
A 사원	8	5	7	계약직
B 사원	10	6	9	계약직
C 사원	8	8	6	4급
D 사원	5	5	8	5급
E 사원	9	9	10	6급
F 사원	9	10	8	7급

① 260만 원

② 340만 원

③ 400만 원

④ 450만 원

⑤ 500만 원

TIP ③ 사원별로 성과상여금을 계산해보면 다음과 같다.

사원	평점 합	순위	산정금액
A 사원	20	5	200만 원×100%=200만 원
B 사원	25	3	200만 원×130%=260만 원
C 사원	22	4	500만 원×80%=400만 원
D 사원	18	6	500만 원×80%=400만 원
E 사원	28	1	400만 원×150%=600만 원
F 사원	27	2	400만 원×150%=600만 원

가장 많이 받은 금액은 600만 원이고 가장 적게 받은 금액은 200만 원이므로 이 둘의 차는 400만 원이다.

Answer. 57.③

58 다음 제시된 글의 내용과 일치하는 것을 모두 고른 것은?

> 금융상품을 등록하여 관리하기 위해서는 상품명 규칙을 적용한다. 이때 상품의 주요 특성을 한눈에 파악할 수 있도록 구성하는 것이 바람직하다. 따라서 상품명에는 상품의 유형, 운용 방식, 위험등급, 투자대상, 만기 형태 등이 반영된다.
>
> 예를 들어 "채권혼합중위험해외만기형(債券混合中危險海外滿期型)"이라는 상품명이 붙어 있다면 '채권혼합'은 상품 유형을, '중위험'은 위험등급을, '해외'는 투자대상을, '만기형'은 구조적 형태를 나타낸다. 이러한 방식은 다른 금융상품에도 동일하게 적용된다.
>
> 금융상품의 등록 수량은 '계좌 수'로 계산한다. 소규모 적립식 펀드 계좌도 한 계좌이며, 대형 기관투자자의 대규모 투자 계약도 한 계좌로 본다. 동일 금융상품이 여러 계좌에서 쪼개져 관리되는 경우에는 이를 "일괄(一括)" 계좌로 묶어 하나의 계좌로 계산할 수 있다.
>
> 또한 한 세트로 구성되는 금융상품은 부부형 연금상품, 부속형 서브계좌 포함 상품 등 한 세트를 한 계좌로 취급하되, 개별 구성요소는 (1-1), (1-2)와 같이 표기한다. 연동형 부속계좌가 있는 파생상품도 한 계좌로 계산하되, 번호 부여 방식은 세트형 상품과 동일하다.
>
> 금융상품 등록 시에는 상품의 상태도 반드시 기록한다. 예를 들어 상품 구조 일부가 중단되었으나 조정이 가능한 경우는 '조정(調整)'으로, 구조적으로 지속 불가능한 손실이 발생하여 회복이 불가능한 경우는 '결손(缺損)'으로 기록한다. 조정을 통해 원래 구조와 동일하게 복원한 경우는 '수리(修理)'로, 결손 상태에서 새로운 구조로 재설계해 원형에 가깝게 복원한 경우는 '재구성(再構成)'이라고 부른다.

> ㉠ 연동형 부속계좌가 있는 상품에서, 부속계좌 일부가 중단되어도 본계좌와는 별개로 계산되므로 전체는 두 계좌로 계산된다.
> ㉡ 해외ETF 상품 구조의 일부가 손실되어 회복 불가 상태라면 '결손'에 해당하고, 이를 복원하려면 '재구성' 과정이 필요하다.
> ㉢ "채권혼합중위험해외만기형(債券混合中危險海外滿期型)"이라는 상품명이 붙어 있는 모든 금융상품은 각기 다른 방식으로 적용된다.
> ㉣ 부부형 연금상품에서 한 구성원이 해지하여 한 구성요소만 남아도, 여전히 한 계좌로 계산된다.

① ㉠　　② ㉡, ㉢
③ ㉡, ㉣　　④ ㉠, ㉡, ㉢
⑤ ㉠, ㉡, ㉣

TIP ㉠ 부속계좌가 있는 상품도 본계좌와 일괄하여 한 계좌로 취급한다.
㉡ 손실 부분을 회복할 수 없으면 '결손', 결손은 '재구성' 대상이 맞다.
㉢ 상품명이 붙어 있다면 다른 금융상품에도 동일하게 적용된다.
㉣ 한 세트 상품은 구성요소가 하나만 존재해도 한 계좌로 계산한다.

| 59 ~ 60 | 다음은 복사기 제품설명서이다. 이어지는 물음에 답하시오.

복사기 제품 설명서

1. 설치 위치

비상 시 즉시 출력물 확인이 가능하도록 직원이 자주 드나드는 곳에 복사기를 설치합니다. 사람들이 복사기 위치를 빠르게 찾을 수 있도록 안내 표지 부착을 권고합니다.

2. 일반 취급 주의사항

1) 작동 전

(1) 복사기가 정상 순서대로 부팅되는지 확인하십시오.
(2) 토너 · 드럼 등 주요 소모품이 올바르게 장착되어 있는지 확인하십시오.
(3) 전원 케이블 및 전압 상태를 확인하십시오.
(4) 복사기 내부 배터리 팩은 충전하지 마십시오. (임의 충전 시 오작동 가능성이 있습니다.)
(5) 복사기를 다른 기기와 병행 전원선에 연결할 경우 과부하 또는 출력 오류가 발생할 수 있습니다.

2) 작동 중

(1) 복사기를 사용할 때는 지정된 연속 출력 시간과 용지 적재 한도를 초과하지 마십시오.
(2) 복사기 열 배출구에 손이나 물체가 직접 닿지 않도록 주의하십시오.
(3) 작동 중 이상음 · 이상진동이 발생할 경우 전원을 끄거나 토너 카트리지를 제거하십시오.

3) 사용 후

(1) 복사기를 기존 위치로 되돌리고 모든 덮개 · 트레이를 설명서에 따른 상태로 복원하십시오.
(2) 사용한 용지함 · 이물질 등을 정리하고 표면을 청소하십시오.

3. 설치 및 사용 주의사항

1) 설치 시 유의사항

(1) 습기, 물이 닿는 곳, 고온 · 고압 환경, 통풍 불량, 먼지 과다, 염분 · 유황이 많은 환경에 설치하지 마십시오.
(2) 평평하고 진동이 없는 바닥에 설치하십시오.
(3) 이동 중 충격 · 흔들림을 피하십시오.
(4) 화학물질 보관실, 가스 누출 위험이 있는 장소에는 설치하지 마십시오.

2) 소모품 관리

토너 · 드럼의 유효기간과 상태 표시등이 잘 보이도록 설치하십시오.

3) 사용 모드 설정

복사기 사용 시, 용지 종류 · 출력 품질 · 컬러/흑백 모드를 작업 용도에 맞게 설정하십시오.

Answer. 58.③

4) 보관 조건 (미준수 시 출력 불가)

구분	온도	습도
내용	10 ~ 35 °	10 ~ 80%(비응결)

5) 폐기 시
폐기할 경우 배터리 및 토너 카트리지를 분리하십시오

6) 복사기는 어떤 식으로든 분해 또는 개조하지 마십시오.

4. 월별 검사 절차
복사기와 소모품은 정기적인 유지관리가 필요합니다. 점검 시 전면 패널, LED, 스피커, 버튼 등 작동 여부를 확인합니다.

절차	내용
전원 스위치를 켜고 덮개를 여십시오.	• "삐" 소리가 나고 모든 LED가 켜지는지 확인하십시오. • 상태 표시등이 적색으로 켜졌다가 약 2초 후 녹색으로 바뀌는지 확인하십시오. • "일반 출력 모드로 전환합니다."라는 음성 안내가 나오는지 확인하십시오. • 최소 두 개 이상의 녹색 상태 표시등(전원 · 소모품)이 켜지는지 확인하십시오.
전기 테스트 버튼(전기 충격 버튼 대응)을 누르십시오.	"삐" 소리가 나는지 확인하십시오.
출력 모드 스위치를 확인하십시오	• 출력 품질을 '초안모드'로 설정한 후 "초안모드로 전환되었습니다."라고 음성 안내가 나오는지 확인하십시오. • 품질 스위치를 다시 '고해상도'로 설정한 후 "고해상도 모드입니다."라는 음성 안내가 나오는지 확인하십시오. • 검사 후 기본 모드인 '일반 출력'으로 다시 설정하십시오.
덮개를 닫고 전원을 끄십시오.	• 상태 표시등이 녹색인지 확인하십시오. ※ 월별 검사 후 상태 표시등이 여전히 적색이어도 경보음은 울리지 않습니다.

59 **복사기의 사용방법으로 가장 적절한 것은?**

① 복사기는 0℃ 이하에서 보관해야 한다.

② 복사기의 상태 유지를 위해 내부를 분해하여 보관해야 한다.

③ 작동 중 복사기에 이상진동이 발생할 경우 토너 카트리지를 제거해야 한다.

④ 복사기를 사용하기 위해서는 작동 전 복사기 내부 배터리 팩을 충전해야 한다.

⑤ 출력물이 잘 나오지 않는다면 지정된 연속 출력 시간을 초과해서라도 계속 사용해야 한다.

TIP ③ 작동 중 이상음 · 이상진동 발생 시 전원을 끄거나 토너 카트리지를 제거하라는 설명과 일치한다.
① 보관 조건에서 온도는 10~35℃로, 0℃ 이하는 잘못되었다.
② 복사기는 분해 · 개조 금지라고 명시되어 있다.
④ 작동 전 복사기 배터리 팩을 임의 충전하면 오작동 가능성이 있다.
⑤ 작동 중 연속 출력 시간과 용지 적재 한도를 초과하지 말라고 하였다.

60 **복사기의 월별 점검 절차로 적절하지 않은 것은?**

① 전원 스위치를 켜고 덮개를 연 후, 두 개 이상의 녹색 상태 표시등이 켜졌는지 확인한다.

② 전원 스위치를 켜고 덮개를 열었을 때, "삐" 소리가 나고 모든 LED가 켜졌는지 확인한다.

③ 출력 모드 스위치를 확인할 때, 출력 품질을 '초안모드'로 설정한 후 "초안모드로 전환되었습니다."라고 음성 안내가 나오는지 확인한다.

④ 덮개를 닫고 전원을 끈 뒤 적색 상태 표시등과 함께 경보음이 울리는지 확인한다.

⑤ 전기 테스트 버튼을 누른 뒤 "삐" 소리가 나는지 확인한다.

TIP ④ 전원을 끈 후 상태 표시등이 녹색인지 확인해야 하며, 적색이어도 경보음은 울리지 않는다고 되어 있으므로 옳지 않다.
① 최소 두 개 이상의 녹색 표시등 확인은 지침과 일치한다.
② "삐" 소리가 나고 모든 LED가 켜지는지 확인하는 올바른 절차이다.
③ 출력 품질을 '초안모드'로 설정한 후 "초안모드로 전환되었습니다."라는 음성의 나오는지 확인한다.
⑤ 전기 테스트 버튼(전기 충격 버튼 대응)을 누른 뒤, "삐" 소리가 나는지 확인한다.

Answer. 59.③ 60.④

02 2024년 1월 14일 기출복원문제

난이도 ●●●●○

제한시간 60분 | 문항 수 60문항

1 다음 글을 통해서 추론할 수 있는 것은?

> 마이크로바이옴(Microbiome)은 특정 환경이나 생태계에 존재하는 미생물과 이들의 유전체 정보를 포괄적으로 지칭하는 개념이다. 박테리아, 바이러스, 진균, 원생동물 등 다양한 미생물 군집과 그들의 유전적 정보를 포함한다. 특히 인간의 마이크로바이옴은 인체 내외부의 특정 부위에 서식하는 미생물과 이들의 유전체를 의미하며, 장, 피부, 구강, 비뇨생식기 등 다양한 부위에 존재한다. 마이크로바이옴은 단순한 미생물의 집합체가 아니라, 숙주와 상호작용하며 중요한 생리적 기능을 수행하는 생태계로 간주된다.
>
> 마이크로바이옴은 인체의 건강 유지와 질병 예방에 핵심적인 역할을 한다. 병원성 미생물의 성장을 억제하고, 염증 반응을 조절하며, 숙주와 공생 관계를 통해 면역 균형을 유지한다. 또한, 비타민 K와 비타민 B군과 같은 필수 영양소를 합성하는 데 도움을 준다. 가장 잘 알려진 예는 장내 마이크로바이옴으로, 이는 소화와 영양 흡수를 돕고 면역 체계의 발달과 조절에 기여한다. 피부 마이크로바이옴은 병원체의 침입을 방어하는 역할을 하고, 구강 마이크로바이옴은 치아와 잇몸 건강을 유지하며 치주질환을 예방한다. 마이크로바이옴의 구성 변화는 대사 질환, 염증성 장 질환, 자폐증, 우울증 등 다양한 질환과 관련이 있다는 연구 결과가 보고되고 있다.
>
> 이 뿐만 아니라 마이크로바이옴 연구는 의학, 농업, 환경 분야에서 다양한 활용 가능성을 열어주고 있다. 의료 분야에서는 장내 마이크로바이옴의 조절을 통해 염증성 장 질환, 비만, 당뇨병, 암과 같은 질병 치료의 새로운 접근법이 개발되고 있다. 예를 들어, 대변 미생물 이식(Fecal Microbiota Transplantation, FMT)은 특정 질환 치료를 위한 효과적인 방법으로 주목받고 있다. 또한, 맞춤형 프로바이오틱스와 프리바이오틱스는 개인의 마이크로바이옴 상태에 맞춘 건강 관리 솔루션을 제공한다. 농업에서는 토양의 마이크로바이옴을 조절하여 작물 생산성을 향상시키고 지속가능한 농업을 구현할 수 있다. 환경 분야에서는 폐기물 분해 및 생태계 복원에 활용된다. 이러한 마이크로바이옴의 응용 가능성은 지속적으로 확대되고 있으며, 미래 바이오산업의 핵심 기술로 자리 잡고 있다.

① 미생물은 장 이외의 공간에서 살 수 있다.
② 마이크로바이옴은 박테리아 미생물의 집합체에 해당한다.
③ 장내에 마이크로바이옴의 수가 늘어나면 병원성 미생물이 장내에 다양해진다.
④ 마이크로바이옴은 비타민을 생성하여 필수 영양소와 합성하는 촉진제 역할을 한다.
⑤ 장내에 염증성 질환을 앓고 있는 사람에게 대변 미생물을 이식하여도 특정 질환 치료에 특별한 효과는 없다.

TIP ① 첫 번째 문단에서 미생물은 장, 피부, 구강, 비뇨생식기 등 다양한 부위에 존재한다는 것을 알 수 있다.

② 두 번째 문단에서 마이크로바이옴은 단순한 미생물의 집합체가 아니라, 숙주와 상호작용하며 중요한 생리적 기능을 수행하는 생태계임을 알 수 있다.

③ 두 번째 문단에서 마이크로 바이옴은 병원성 미생물의 성장을 억제한다는 것을 알 수 있다.

④ 두 번째 문단에서 마이크로바이옴은 비타민 K와 비타민 b군과 같은 필수 영양소를 합성하는 데 도움을 준다는 것을 알 수 있으나 비타민 생성에 대한 정보는 없다.

⑤ 세 번째 문단에서 대변 미생물 이식(Fecal Microbiota Transplantation, FMT)은 특정 질환 치료를 위한 효과적인 방법으로 주목받고 있다는 것을 통해 효과가 있음을 알 수 있다.

Answer. 1.①

2 다음 보도자료에서 알 수 있는 것은?

BIS 및 4개국 중앙은행, 만달라(Mandala) 프로젝트를 통해
국가 간 거래와 관련한 규제준수 절차의 내재화 가능성을 확인

■ 만달라 프로젝트는 국가별로 상이한 규제 및 정책 체계를 준수에 따르는 부담을 완화하는 방안 모색
■ 만달라 프로젝트는 국가 간 금융거래와 관련한 규제준수 절차를 성공적으로 자동화할 수 있음을 확인

국제결제은행(BIS)과 협력 중앙은행은 공동으로 만달라 프로젝트를 통해 국가 간 거래절차에 규제준수 기능을 내재화할 수 있음을 성공적으로 입증했다. 이 실험적인 프로젝트는 BIS 혁신허브 싱가포르센터, 한국은행, 호주 중앙은행, 말레이시아 중앙은행, 싱가포르 통화청이 공동으로 진행하였다. 이 개념증명(PoC) 단계의 프로젝트는 규제를 준수하면서 비용을 절감하고 거래 속도를 높이는 잠재력을 가지고 있어, G20의 국가 간 지급 개선을 위한 우선 과제와도 부합한다. “만달라 프로젝트는 개인정보 보호나 규제준수 확인 의무를 온전히 수행하면서 국가 간 지급을 개선하기 위해 시스템 설계 단계부터 규제준수 절차를 내재화하는 접근법(compliance-by-design) 개발을 선도하고 있다. 우리는 이러한 초기 성과가 국가 간 지급을 개선할 잠재력을 보여주는 것이라고 생각한다.”라고 BIS 혁신허브 싱가포르센터장인 마하 엘 디마키가 말했다.

[국가 간 거래의 규제준수 확인 간소화]

국가 간 거래와 관련된 규제체계는 글로벌 금융시스템의 안전한 운영에 필수적이지만, 서로 다른 국가의 상이한 규제체계를 준수하는 것은 국가 간 지급의 비용을 높이고 거래 속도에 영향을 미칠 수 있다. 만달라 프로젝트는 규제준수 확인 절차를 자동화하고 국가별 정책에 대한 투명성을 높이며 규제 및 감독기관에게 실시간 보고 및 모니터링을 제공함으로써, 국가 간 거래의 속도와 효율성을 높이는 것을 목표로 한다.

[주요 혁신 및 기술적 성과]

만달라 프로젝트는 설계에 의한 규제준수가 가능한 시스템을 개발하였다. 이 시스템은 금융기관과 중앙은행으로 구성된 네트워크 시스템에 규제준수 확인 절차를 내재화하여 국가 간 지급의 절차를 간소화하였다. 만달라 시스템의 아키텍처는 P2P 메시징 시스템, 규칙엔진, 증명엔진이라는 세 가지 핵심요소로 구성된다. 만달라 시스템은 지급지시 개시 이전에 필요한 모든 규제준수 확인을 완료하고, 모든 규제 준수 확인이 완료되면 만달라 시스템은 규제준수 증명서를 자동으로 생성한다. 이 증명서는 디지털 결제자산 또는 지급지시 전문(message)과도 결합되어 전송될 수 있다. 또한 고객정보를 노출시키지 않고도 규제준수 증명서에 대한 검증이 가능하여 개인정보가 보호된다. 이 프로젝트는 두 가지 주요 활용사례를 통해 기술적인 구현가능성을 입증했다

1. 싱가포르-말레이시아 간 자금대차 : 만달라는 금융기관의 자본이동관리(CFM) 정책 점검 및 제재리스트 확인 등 규제준수 절차를 간소화하고, 중앙은행의 실시간 규제준수 모니터링을 가능하게 하였다.
2. 한국-호주 간 증권취득 관련 자본거래 : 만달라는 비상장증권 거래에 대한 제재리스트 확인 및 자본이동관리(CFM) 보고요건을 자동화했다.

[디지털 자산 및 기존 전문(message) 송·수신 시스템과의 통합]

만달라는 기관용 중앙은행 디지털화폐(wCBDC) 등 디지털자산 시스템 및 Swift와 같은 전통적인 전문 송·수신시스템과 성공적으로 통합될 수 있다. 이러한 두 가지의 통합사례에서 미래의 디지털자산 생태계와 기존 금융인프라를 모두 지원하는 만달라 시스템의 범용성과 모듈성을 확인할 수 있었다. 특히 디지털자산 시스템의 경우 규제준수 확인 절차를 스마트계약에 내재화할 수 있는 방식을 활용했다.

① 만달라 프로젝트는 전 세계 은행이 모여서 금융거래에서 규제준수 방안을 내재화하는 모색을 협의한 것이다.

② 국가별로 차별점이 있는 금융거래의 체계를 한 가지로 통일하여 국가 간의 거래 속도를 높여 효율적인 금융거래를 목표로 한다.

③ 설계를 통해서 규제준수가 가능한 시스템을 개발하여 국가 간에 지급절차를 간단하게 하는 프로젝트이다.

④ 규제준수 절차를 간소화하면서 중앙은행에서 실시간으로 모니터링이 어려운 점이 단점에 해당한다.

⑤ 기관용 중앙은행 디지털화폐(wCBDC)와의 통합은 새로운 프로젝트를 통해서 내재화를 할 계획이다.

TIP ③ 만달라 프로젝트는 설계에 의한 규제준수(compliance-by-design)가 가능한 시스템을 개발하였다.

① 프로젝트는 BIS 혁신허브 싱가포르센터, 한국은행, 호주 중앙은행, 말레이시아 중앙은행, 싱가포르 통화청이 공동으로 진행하였다.

② 만달라 프로젝트는 규제준수 확인 절차를 자동화하고 국가별 정책에 대한 투명성을 높이며 규제 및 감독기관에게 실시간 보고 및 모니터링을 제공함으로써, 국가 간 거래의 속도와 효율성을 높이는 것을 목표로 한다.

④ 만달라는 규제준수 절차를 간소화하고, 중앙은행의 실시간 규제준수 모니터링을 가능하게 하였다.

⑤ 디지털자산시스템의 경우 규제준수 확인 절차를 스마트계약에 내재화할 수 있는 방식을 활용했다.

Answer. 2.③

3 다음 자료를 보고 바르게 해석한 사람은?

■ 보험상품명 : A독감케어보험(무배당)

■ 보험계약자 · 피보험자

−선물형 : 보험계약자와 피보험자가 상이한 경우에만 계약이 가능

−일반형 : 보험계약자와 피보험자가 동일한 경우에만 계약이 가능

■ 가입나이

−선물형 : 보험계약자(만 19세 이상), 피보험자(만 19세 이상 64세 이하)

−일반형 : 만 19세 이상 64세 이하

■ 보험기간 : 1년납

■ 납입기간 : 일시납

■ 납입주기 : 일시납

■ 가입금액 : 1,000만 원

■ 보험료

(기준 : 1년 만기, 일시납, 보험가입금액 1,000만 원)

구분	선물형		일반형	
	남자	여자	남자	여자
20세	5,300원	7,100원	5,600원	7,300원
30세			5,400원	7,200원
40세			5,400원	7,200원
50세			5,500원	7,300원
60세			6,000원	7,800원

■ 해약환급금 예시

경과기간	납입보험료	예상 해약환급금	예상 환급률
3개월	5,400원	2,700원	50.0%
6개월	5,400원	1,800원	33.3%
9개월	5,400원	900원	16.7%
1년	5,400원	0원	0.0%

이 보험계약을 중도에 해지할 경우 해약환급금은 납입한 보험료에서 경과된 기간의 위험보험료 및 미상각 계약체결비용 등이 차감되므로 납입보험료보다 적거나 없을 수 있습니다.

■ 주계약 보장내용

−선물형 : 독감(인플루엔자)항바이러스제 치료보험금

지급사유	피보험자가 보험기간 중 독감(인플루엔자) 보장개시일 이후에 '독감(인플루엔자)'으로 진단 확정되고, 보험기간 중 그 질병의 직접적인 치료를 목적으로 '독감 항바이러스제'를 처방 받았을 경우(최초 1회한)
지급금액	20만원

- 피보험자가 보험기간 중 사망한 경우에는 이 계약은 그 때부터 효력이 없습니다. 이때 '보험료 및 해약환급금 산출방법서'에서 정하는 바에 따라 회사가 적립한 사망 당시의 계약자적립액을 계약자에게 지급합니다.
- '독감(인플루엔자) 보장개시일'은 계약일[부활(효력회복)하는 경우에는 부활(효력회복)일]부터 그 날을 포함하여 10일이 지난날의 다음날로 합니다.

-일반형 : 독감(인플루엔자)항바이러스제 치료보험금

지급사유	피보험자가 보험기간 중 독감(인플루엔자) 보장개시일 이후에 '독감(인플루엔자)'으로 진단 확정되고, 보험기간 중 그 질병의 직접적인 치료를 목적으로 '독감 항바이러스제'를 처방 받았을 경우(최초 1회한)
지급금액	20만 원

• 피보험자가 보험기간 중 사망한 경우에는 이 계약은 그 때부터 효력이 없습니다. 이때 '보험료 및 해약환급금 산출방법서'에서 정하는 바에 따라 회사가 적립한 사망 당시의 계약자적립액을 계약자에게 지급합니다.

• '독감(인플루엔자) 보장개시일'은 계약일[부활(효력회복)하는 경우에는 부활(효력회복)일]부터 그 날을 포함하여 10일이 지난날의 다음날로 합니다.

■ 제도성 특약

-선물형

선물하기 특약	피보험자는 보험계약자가 보험을 선물하는 날부터 3일 이내에 피보험자 등록을 해야합니다. 회사는 피보험자를 등록한 날을 계약일로 하여 '이 특약이 적용되는 주계약 또는 특약'의 약관이 정하는 바에 따라 보장합니다.
지정대리 청구서비스 특약	계약자가 보험금을 직접 청구할 수 없는 특별한 경우를 대비하여 보험금의 대리청구인을 지정할 수 있습니다(단, 이 계약의 계약자, 피보험자 및 보험수익자가 모두 동일한 경우에 한하여 적용됩니다).
장애인전용 보험전환 특약	소득세법에 따라 보험료가 특별세액공제의 대상이 되는 보험 중 모든 피보험자 또는 모든 수익자가 세법상 장애인에 해당하는 경우에는 이 특약을 통해 '장애인전용보험'으로 전환할 수 있습니다.

-일반형

지정대리 청구서비스 특약	계약자가 보험금을 직접 청구할 수 없는 특별한 경우를 대비하여 보험금의 대리청구인을 지정할 수 있습니다(단, 이 계약의 계약자, 피보험자 및 보험수익자가 모두 동일한 경우에 한하여 적용됩니다).
장애인전용 보험전환 특약	소득세법에 따라 보험료가 특별세액공제의 대상이 되는 보험 중 모든 피보험자 또는 모든 수익자가 세법상 장애인에 해당하는 경우에는 이 특약을 통해 '장애인전용보험'으로 전환할 수 있습니다.

① 가연 : 甲(55세)을 위해서 일반형으로 A독감케어보험을 내가 직접 계약을 해야겠다.
② 나연 : 선물형으로 乙(16세)을 가입하려고 했는데 가입조건이 부적합하네.
③ 다연 : 丙(62세)이 일반형 가입이 6개월 지났는데 해약하면 예상 해약환급금은 1,800원 정도 되겠다.
④ 라연 : 독감으로 진단이 확정되진 않았지만 감기 증상이 심하니까 지급신청을 해봐야겠어.
⑤ 마연 : 친구가 A독감케어보험을 선물형으로 줬는데 피보험자 등록을 1개월 이내에 하면 될 것 같아.

TIP ② 선물형의 가입나이는 만 19세 이상 64세 이하가 되어야 한다.
① 일반형은 보험계약자와 피보험자가 동일한 경우에만 계약이 가능하다.
③ 60세 여자는 7,800원 일반형에 해당한다. 7,800원의 33.3%이므로 약 2,597원으로 예상할 수 있다.
④ 독감 진단을 받고 독감 항바이러스제를 처방받아야 지급받는다.
⑤ 제도성 특약에 따라 선물형의 경우는 보험을 선물받은 날부터 3일 이내에 피보험자 등록을 해야 한다.

Answer. 3.②

4 다음 글에서 알 수 없는 것은?

> 암호화 알고리즘은 크게 대칭키 암호화(symmetric-key cryptography)와 비대칭키 암호화(asymmetric-key cryptography)로 구분된다. 두 방식은 키의 사용 방식에서 차이가 있으며 보안성, 성능, 사용 용도에 따라 상호 보완적인 관계를 가진다.
>
> 대칭키 암호화는 암호화와 복호화에 동일한 키를 사용하는 알고리즘이다. 이 방식의 대표적인 알고리즘으로는 DES(Data Encryption Standard), AES(Advanced Encryption Standard) 등이 있다.
> 대칭키 암호화는 키 관리가 어려운 점이 단점으로 꼽히지만, 비대칭키 방식보다 훨씬 더 빠르다는 장점이 있다. 대칭키 암호화에서는 데이터의 기밀성을 유지하기 위해 키의 길이를 충분히 길게 설정해야 하며, 현재 일반적으로 128비트 이상의 키가 사용된다.
>
> 비대칭키 암호화는 서로 다른 두 개의 키, 즉 공개키(public key)와 개인키(private key)를 사용하는 방식이다. 공개키는 암호화를 위해 사용되며, 개인키는 복호화를 위해 사용된다. 대표적인 비대칭키 알고리즘으로는 RSA(Rivest-Shamir-Adleman), Elliptic Curve Cryptography(ECC) 등이 있다.
>
> 비대칭키 암호화는 키 관리가 상대적으로 용이하다는 장점이 있지만, 대칭키 암호화에 비해 속도가 느리다는 단점이 있다. 따라서 대칭키와 비대칭키를 혼합하여 사용하는 하이브리드 암호화 방식이 종종 사용되는데, 이는 비대칭키로 세션 키를 교환한 후 해당 세션 키를 사용해 대칭키 방식으로 데이터를 암호화하는 방법이다.
>
> 암호화의 보안 수준은 주로 사용되는 키 길이(key length)에 의해 결정된다. 키 길이가 길어질수록 브루트 포스 공격에 대한 저항력이 커지며, 더 안전한 암호화를 제공한다. 하지만 키 길이가 증가하면 암호화 및 복호화에 소요되는 시간이 길어지고, 시스템의 처리 성능에 영향을 미칠 수 있다.
>
> 대칭키 암호화에서 권장되는 키 길이는 일반적으로 128비트 이상이다. 예를 들어, AES 알고리즘의 경우 128비트 키는 충분한 보안성을 제공하지만, 향후 컴퓨터의 처리 능력 향상에 따른 공격 가능성을 대비하기 위해 192비트 또는 256비트 키가 선호되기도 한다.
>
> 비대칭키 암호화는 대칭키 암호화에 비해 훨씬 긴 키 길이를 요구한다. 현재 대부분의 보안 시스템에서 2048비트 이상의 RSA 키가 사용되며, ECC의 경우 256비트 키가 널리 사용된다. 특히, ECC는 RSA에 비해 짧은 키로도 강력한 보안을 제공하기 때문에, 미래의 암호화 기술에서 더욱 주목받고 있다.

〈보기〉

㉠ 128비트, 192비트, 256비트의 다양한 키 길이를 지원하는 AES는 키 관리가 어렵다.
㉡ 개인키는 암호화와 복호화에 동일한 키를 사용하는 알고리즘이다.
㉢ 키 길이는 암호화 보안 수준을 결정한다.
㉣ 대칭키 암호화는 비대칭키 암호화에 비해 훨씬 긴 키 길이이다.

① ㉠, ㉡ ② ㉠, ㉢
③ ㉡, ㉢ ④ ㉡, ㉣
⑤ ㉢, ㉣

TIP ㉠ 대칭키 암호화인 AES는 키 관리가 어려운 것이 단점이다.
㉢ 본문에 따라 암호화의 보안 수준은 주로 사용되는 키 길이(key length)에 의해 결정된다. 키 길이가 길어질수록 브루트 포스 공격에 대한 저항력이 커지며, 더 안전한 암호화를 제공한다.
㉡ 개인키는 비대칭키 암호화의 일종으로 서로 다른 두 개의 키를 사용하는 방식이다.
㉣ 본문에 따라 비대칭키 암호화는 대칭키 암호화에 비해 훨씬 긴 키 길이를 요구한다.

5 **다음 글을 통해 알 수 있는 사실이 아닌 것은?**

(가) 바젤Ⅲ는 글로벌 금융위기 이후 은행의 자본 건전성 및 유동성 관리를 강화하기 위해 바젤위원회가 도입한 국제적인 금융 규제 체계이다. 바젤Ⅲ는 기존 바젤Ⅱ의 규제를 보완하고, 은행들이 예상치 못한 금융위기에 더욱 잘 대응할 수 있도록 자본 비율 및 유동성 비율을 강화하는 것을 목표로 하고 있다. 이를 통해 전 세계 금융시장의 안정성을 제고하고자 하는 규제 체계이다.

(나) 바젤Ⅲ은 은행의 자본 건전성을 강화하여 금융 시스템의 안정성을 높이고, 향후 발생할 수 있는 금융위기나 경제적 충격에 대비하기 위함이다. 바젤Ⅲ는 은행이 보유해야 하는 최소 자본 비율을 높이고, 자본의 질적 수준을 개선하며, 유동성 위험을 줄이는 규제를 도입하였다. 이러한 규제는 금융기관이 안정적인 경영을 유지하도록 하여 글로벌 금융 시스템 전반의 리스크를 줄이는 것을 목표로 하고 있다.

(다) 주요 국가의 바젤Ⅲ 도입 안에 대한 주요한 특징이 있다. 미국은 신용리스크를 규제하면서 표준방법 위험가중치를 강화하고 내부등급법의 사용을 금지하고 있다. 또한 신용가치조정, G-SIB규제 등의 특징이 있다. 유럽연합은 모든 은행에 바젤 기준을 적용하여 표준방법 및 내부등급법 일부를 완화하여 신용리스크를 규제한다. 영국의 경우는 무등급기업 익스포저에 대해서 차등화된 위험가중치를 적용하며 상업용 부동산에 위험가중치를 하한으로 도입하였다.

(라) 바젤Ⅲ의 국내 도입은 국내 금융기관의 자본 관리와 리스크 관리 체계에 큰 영향을 미치고 있다. 바젤Ⅲ는 자본 비율 및 유동성 규제를 강화함으로써 국내 금융기관이 더 많은 자본을 확보하고, 안정적인 유동성 자산을 보유하도록 요구하고 있다. 이에 따라 은행들은 자본 확충을 위해 증자나 내부 자본 축적 등을 통해 자본 비율을 높이고 있으며, 유동성 관리 측면에서는 단기 자산 비중을 늘리는 방식으로 대응하고 있다. 이러한 변화는 국내 금융기관의 안정성을 강화하고, 금융위기에 대한 대응력을 향상시키고 있다.

(마) 바젤Ⅲ의 국내에 도입하면서 금융기관의 경영 및 규제 환경에 여러 가지 시사점이 있다. 첫째, 금융기관은 자본 확충을 통해 단기적인 수익성 감소를 감수해야 하지만, 장기적으로는 안정적인 경영을 유지할 수 있는 기반을 마련하게 된다. 둘째, 리스크 관리 체계가 강화됨에 따라 금융기관은 신중한 대출 및 투자 정책을 채택하게 될 것이며, 이는 금융시장의 건전성을 높이는 데 기여할 것이다. 마지막으로, 바젤Ⅲ의 유동성 규제로 인해 국내 금융기관들은 유동성 비율을 충족하기 위한 유동성 자산의 확보를 더욱 신중히 고려해야 하며, 이는 금융 시스템 전반의 안정성 강화로 이어질 수 있다.

① (가) 바젤Ⅲ에 대한 정의
② (나) 바젤Ⅲ의 폐단
③ (다) 주요국가의 바젤Ⅲ 도입안 특징
④ (라) 바젤Ⅲ 국내에 도입으로 인한 영향
⑤ (마) 바젤Ⅲ 국내도입으로 인한 시사점

TIP ② (나) 문단에서는 바젤Ⅲ 도입목적에 대해서 설명하고 있다. 바젤Ⅲ가 은행의 자본 건전성을 강화하고 금융 시스템의 안정성을 높이기 위한 규제라고 설명하고 있으며, 폐단에 대한 언급은 없다.

Answer. 4.② 5.②

6 **다음 상품에 가입할 수 있는 사람은?**

■ 보험상품명 : 세테크연금저축보험(무배당)
■ 보험계약자/피보험자 : 보험계약자와 피보험자가 동일한 경우에만 계약이 가능
■ 가입나이 : 만 19 ~ (연금개시나이 – 보험료 납입기간)세
■ 납입기간 : 5년, 7년, 10년, 15년, 20년, 전기납(전기납은 보험료 납입기간이 10년 이상인 경우에만 적용)
■ 납입주기
–기본보험료 : 월납
–추가납입보험료 : 수시납(보험계약 성립 후부터 연금개시 전 보험기간 내)
■ 연금개시나이 : 만 55 ~ 80세
■ 연금지급주기 : 매월, 3개월, 6개월, 매년
■ 연금지급형태
–종신연금형 : 10년, 20년, 30년 보증지급
–확정기간연금형 : 10년, 15년, 20년, 25년, 30년 확정지급
–자유설계연금형 : 연금개시시점의 계약자적립액을 계약자가 선택한 연금형태에 대한 분할비율(이하 "연금분할비율"이라 함)로 분할하여 종신연금형과 확정기간연금형으로 조립한 연금형태. 연금분할비율은 10%단위로 선택이 가능하며, 연금분할비율의 합은 100%가 되어야 함(종신연금은 종신연금형에서 보증지급기간 선택이 가능하며, 확정기간연금은 확정기간연금형에서 연금지급기간 선택가능).
※ 계약체결 시 연금지급형태는 종신연금형태로 결정되며, 이후에 연금개시 전까지 연금지급형태를 변경할 수 있습니다. 단, 계약자가 종신연금형을 선택 시 연금개시나이와 보증지급기간의 합은 110을 초과할 수 없습니다.
※ 계약자의 특별한 의사 표시가 없는 경우 매년 지급하는 연금액은 관련세법에서 정한 바에 따라 연금소득으로 인정받을 수 있는 범위 내로 합니다.
※ 종신연금형(자유설계연금형에서 연금분할비율에 의해 계산된 종신연금 해당부분포함)의 경우 연금개시 이후에는 해지할 수 없습니다.
■ 기본보험료 납입한도

실납입기간	납입기간 후 거치기간	납입보험료 한도	실납입기간	납입기간 후 거치기간	납입보험료 한도
5년납	0년	13만 원 ~ 150만 원	7년납	0년	6만 원 ~ 150만 원
	1~2년	8만 원 ~ 150만 원		1년 이상	5만 원 ~ 150만 원
	3년 이상	6만 원 ~ 150만 원	10년납 이상	0년 이상	5만 원 ~ 150만 원

※ 실납입기간은 실제 납입한 기간을 의미하며 전기납의 경우 '연금개시나이–가입나이'로 계산합니다.
■ 추가납입보험료
–추가납입보험료는 기본보험료 이외에 연금개시 전 보험기간 중 수시로 납입할 수 있는 보험료입니다.
–총 추가납입보험료의 납입한도는 납입기간 동안 납입하기로 약정한 기본보험료 총액의 2배 이내(최저 1만원 이상)로 합니다.
–추가납입보험료는 회사가 정한 방법에 따라 계약관리비용이 차감된 후 적립됩니다. 다만, 기본보험료와 추가납입보험료의 연간 합계액(연금계좌를 취급하는 금융회사에 가입한 연금계좌의 합계액)은 1,800만원 이내로 합니다.
–추가납입보험료의 납입은 해당월 기본보험료가 납입된 경우에 한하여 납입할 수 있습니다.

① 5년 전기납으로 가입하려고 하는 A

② 50세부터 연금을 수령을 받고 싶은 B

③ 종신연금형으로 30년 보증지급으로 가입하려는 80세 C

④ 7년납으로 6개월 거치하고 5만원 납입하려고 하는 D

⑤ 기본보험료와 추가납입보험료의 연간 합계액을 1,500만 원 납입하려는 E

TIP ⑤ 기본보험료와 추가납입보험료의 연간 합계액(연금계좌를 취급하는 금융회사에 가입한 연금계좌의 합계액)은 1,800만원 이내로 납입할 수 있다.

① 전기납은 10년 이상인 경우에만 적용이 가능하다.

② 연금개시나이는 만 55세 ~ 80세이다.

③ 계약자가 종신연금형을 선택할 경우 연금개시나이와 보증지급기간의 합은 110을 초과할 수 없다.

④ 7년납 0년 동안 거치하는 경우 보험료는 6 ~ 150만 원 한도로 납입해야 한다.

Answer. 6.⑤

7 다음 글에서 알 수 없는 것은?

> (가) 우리나라 가계소비는 경제 성장, 소득 수준, 고용 안정성, 그리고 사회적 환경의 변화에 따라 꾸준히 변동해왔다. 최근 통계에 따르면, 가계소비는 생활필수품과 주거비에 집중되는 경향을 보이며, 저축 성향은 증가하고 소비성향은 감소하는 양상이 뚜렷하다. 특히 고물가와 금리 상승 등의 경제적 불확실성이 가계의 소비 지출을 억제하는 주요 요인으로 작용하고 있다. 또한, 소득 수준에 따른 소비 패턴의 양극화가 심화되고 있으며, 고소득층은 여가, 교육, 건강에 더 많은 지출을 하는 반면, 저소득층은 식료품과 주거비에 대부분의 예산을 할애하고 있는 것으로 나타난다. 이러한 현황은 우리나라 가계소비가 경제적 환경에 민감하게 반응하고 있으며, 구조적 변화를 겪고 있음을 시사한다.
>
> (나) 실업경험은 가계소비에 직접적이고 부정적인 영향을 미치는 요인 중 하나이다. 실업은 소득의 감소로 이어져 가계의 구매력을 약화시키며, 이로 인해 필수 지출을 제외한 소비가 급격히 축소된다. 실업 상태에 있는 가구는 불확실한 경제 상황에 대비하여 저축을 우선시하고, 비필수적 소비를 지연하거나 포기하는 경향을 보인다. 특히, 교육, 여가, 문화활동과 같은 비필수적 소비 항목에서 감소 폭이 크게 나타나며, 이는 개인의 삶의 질과 사회적 활동에도 부정적인 영향을 미친다. 실업 경험은 단기적으로는 소비를 감소시키고, 장기적으로는 가계의 소비 패턴에 구조적인 변화를 초래할 가능성이 높다.
>
> (다) 실업경험이 가계소비에 영향을 미치는 경로는 크게 두 가지로 나뉜다. 첫 번째는 소득 감소를 통한 경로로, 실업은 가구의 총소득을 감소시키며, 이는 가계소비 여력을 직접적으로 약화시킨다. 소득이 감소하면 필수적인 생활비를 제외한 다른 지출 항목에 대한 예산이 축소될 수밖에 없고, 이는 소비 위축으로 이어진다. 두 번째는 심리적 요인을 통한 경로이다. 실업은 경제적 불안정성과 미래에 대한 불확실성을 증폭시키며, 이는 소비자 심리에 부정적인 영향을 미친다. 이러한 심리적 불안정성은 불필요한 지출을 억제하고 저축을 선호하는 행동으로 연결된다. 따라서 실업경험은 단순히 소득 감소에 의한 경제적 요인뿐만 아니라, 심리적 요인을 통해서도 가계소비에 영향을 미친다는 점에서 복합적인 작용 메커니즘을 가지고 있다.
>
> (라) 실업경험이 가계소비에 미치는 영향을 고려할 때, 몇 가지 중요한 시사점을 도출할 수 있다. 우선, 실업으로 인한 소비 감소는 개인적인 차원뿐만 아니라 경제 전반에 걸쳐 소비 둔화와 경기 침체를 초래할 수 있으므로, 실업 문제를 해결하기 위한 적극적인 정책적 노력이 필요하다. 정부는 고용 안정성을 높이고 실업 기간을 단축시키는 데 초점을 둔 정책을 추진해야 하며, 실업 상태에서도 최소한의 소비 여력을 보장할 수 있는 사회적 안전망을 강화해야 한다. 또한, 소비심리 회복을 위해 실업 가구에 대한 심리적 지원과 재취업 프로그램을 제공하는 것이 중요하다. 마지막으로, 경제적 불확실성을 줄이고 가계가 안정적인 소비 패턴을 유지할 수 있도록 금리 및 물가 안정을 위한 거시경제 정책이 함께 이루어져야 한다. 이러한 정책적 대응은 개인의 경제적 회복뿐만 아니라, 국가 경제의 지속 가능성을 높이는 데 기여할 것이다.

① OECD 중 우리나라의 실업률이 가장 높은 이유는 일자리 대책이 부족하기 때문이다.
② 경제적으로 불확실성이 높아지면서 가계에서 소비 지출을 억제하고 있다.
③ 소득의 감소를 발생시키는 실업은 저축을 우선시하고 비필수적인 소비를 포기하는 경향을 만든다.
④ 가계에 소득이 감소하면서 소비위축으로 저축을 선호하는 행동이 나타난다.
⑤ 실업상태에서도 소비 여력을 보장할 수 있는 정책적인 노력을 적극적으로 해야 한다.

TIP ② (가)문단에서 확인할 수 있다.
③ (나)문단에서 확인할 수 있다.
④ (다)문단에서 확인할 수 있다.
⑤ (라)문단에서 확인할 수 있다.

8 **다음 지문에 대한 설명으로 옳은 것은?**

> 유럽중앙은행(ECB)에서는 디지털 유로 프로젝트를 준비하기 위해서 디지털 유로 준비단계 작업을 진행하고 있다. 디지털 유로란 유로지역에서의 소매 지급서비스 이용이 가능한 법정화폐(범용 CBDC)로, ECB와 회원국 중앙은행이 발행하고 지급서비스 제공업자(PSP)에서 유통을 담당한다. 디지털 유로 프로젝트 준비단계 1차 보고서에서는 디지털 유로 개발에 있어서 최우선 과제를 정리하고 있다.
>
> 첫 번째는 개인정보 및 데이터 보호와 관련한 기술 솔루션 제공이다. 온라인 거래를 하는 경우에는 지급서비스 제공업자(PSP)는 제한된 정보에만 접근이 가능하다. 온라인 거래는 PSP가 EU 법률이 허용하는 범위의 정보에만 접근 가능하도록 기술적 안전장치를 마련할 계획이다. 오프라인 결제의 경우는 현금 수준으로 관련된 데이터가 보호되도록 설계할 계획이다. 오프라인 거래 내역은 지급인과 수취인만 알 수 있다.
>
> 두 번째는 복수계좌를 개설하는 경우 개인정보보호에 미치는 영향을 분석하는 것이다. EU 집행위원회가 제안한 디지털 유로 법안은 사용자의 디지털 유로 계좌 수를 제한하지 않고 있다. 복수계좌를 허용하는 경우에도 계좌가 하나만 있는 경우와 비교하여 처리되는 개인 데이터에 차이가 없기에 개인정보 보호에 추가적인 영향이 없는 것으로 판단하고 있다. 기술적으로는 사용자의 보유한도가 여러 개의 계좌로 배분되어 관리하는 것이 가능하나, 운영 측면에서는 복잡성이 높아질 우려가 있다.
>
> 마지막으로 소비자, 상점, 디지털 유로의 유통을 담당하는 PSP 등 모든 경제주체가 디지털 유로의 혜택을 받을 수 있도록 보상 모델(compensation model)을 설계할 계획이다. 디지털 유로의 최종 소비자에게는 수수료를 부과하지는 않아 비용 없이 사용이 가능하며 발행 비용은 실물 화폐와 마찬가지로 중앙은행에서 부담을 할 예정이다. PSP가 디지털 유로 유통 과정에서 발생하는 비용을 충당할 수 있도록 현행 여타 디지털 지급수단과 같이 상점에 수수료를 부과하고 수익 추구를 위한 추가적인 서비스를 개발할 수 있도록 설계할 계획이다.
>
> 준비단계를 진행하고 추후에 다음 단계로 전환할지의 여부를 결정할 예정이다. ECB는 주요 은행들과 함께 디지털 유로가 은행의 유동성, 실물 화폐에 미치는 영향 등에 대한 데이터를 수집·분석하여 적정 보유한도를 제안할 것으로 보인다.

① 디지털 유로란 유로지역에서 온라인상으로만 지급서비스 이용이 가능한 법정화폐에 해당한다.
② 온라인 거래를 하는 경우에는 PSP는 모든 정보에만 접근이 가능하다.
③ 디지털 유로의 복수계좌를 허용하는 경우에도 개인정보보호에 추가적인 큰 영향은 없는 것으로 판단한다.
④ 디지털 유로는 소비자 주체를 제외한 모든 경제주체가 유로 혜택을 볼 수 있도록 설계할 계획이다.
⑤ 현재 ECB에서는 준비 단계를 마치고 시행 단계를 진행하고 있다.

TIP ① 첫 번째 문단에 따라 디지털 유로란 유로지역에서 소매 지급서비스 이용이 가능한 디지털 법정화폐이다.
② 두 번째 문단에 따라 온라인 거래를 하는 경우에는 지급서비스 제공업자(PSP)는 제한된 정보에만 접근이 가능하다.
④ 네 번째 문단에 따라 소비자, 상점, 디지털 유로의 유통을 담당하는 PSP 등 모든 경제주체가 디지털 유로의 혜택을 받을 수 있도록 한다.
⑤ 다섯 번째 문단에 따라 준비단계를 진행하고 있는 중이다.

Answer. 7.① 8.③

9 **다음 글에서 추론할 수 있는 내용으로 적절한 것은?**

> 한국은행은 대한민국의 경제 안정과 성장에 중요한 역할을 수행한다. 가장 기본적인 기능은 통화 정책을 통해 물가 안정과 금융 안정을 도모하는 것이다. 이를 위해 한국은행은 시중 통화량을 관리하고, 정책 금리를 조정하여 경제 활동을 조절한다. 또한, 한국은행은 금융 시스템의 안정성을 유지하며, 외환 시장에서 환율 안정화를 목표로 다양한 활동을 펼친다. 이 외에도 은행들의 지급결제 시스템을 운영하고, 금융 시장의 유동성을 관리하여 경제의 지속 가능한 성장을 도모한다. 한국은행은 다양한 역할을 하지만 대표적인 역할 중에 하나는 발권업무에 해당한다.
>
> 한국은행의 발권업무 중 하나는 새 화폐의 발행이다. 새로운 화폐는 주로 기존 화폐가 물리적으로 손상되거나, 경제 성장에 따른 통화 수요 증가로 인해 발행된다. 한국은행은 화폐 발행의 권한을 독점적으로 보유하고 있으며, 이를 통해 국가 경제의 신뢰성과 통화 시스템의 안전성을 보장한다. 새 화폐의 발행은 국가 경제 상황을 고려한 철저한 계획에 따라 이루어지며, 화폐의 디자인과 보안 요소도 경제 상황과 기술 발전에 맞추어 지속적으로 개선되고 있다.
>
> 화폐의 지급과 수납은 한국은행의 또 다른 중요한 발권업무이다. 한국은행은 시중 은행에 화폐를 공급하고, 이들이 요구하는 만큼의 화폐를 지급한다. 또한, 시중에서 회수된 화폐는 한국은행으로 다시 들어오며, 그 과정에서 손상되거나 더 이상 유통이 어려운 화폐는 폐기되고 새로운 화폐로 대체된다. 이를 통해 시중에 유통되는 화폐의 질을 유지하고, 원활한 통화 유통을 보장할 수 있다.
>
> 화폐정사는 손상된 화폐를 회수하고 폐기하는 업무를 말한다. 일상생활에서 유통되는 화폐는 시간이 지나면서 물리적으로 훼손이 되면 손상된 화폐를 한국은행으로 회수하여 교체된다. 한국은행은 일정 기준에 따라 화폐의 손상 정도를 평가하고, 더 이상 사용하기 어려운 화폐를 폐기하며 새로운 화폐로 교체한다. 이는 화폐 유통 과정에서 화폐의 품질을 유지하기 위한 필수적인 과정이다.
>
> 한국은행은 구 화폐와 신 화폐 간의 교환도 담당한다. 화폐의 디자인이 변경되거나 새로운 화폐가 발행될 때, 기존에 유통되던 구 화폐는 일정 기간 동안 시중에서 사용되다가 한국은행을 통해 신 화폐로 교환된다. 이 과정에서 구 화폐는 점차 유통이 중단되고, 신 화폐가 그 자리를 대신하게 된다. 한국은행은 이러한 교환 과정을 원활히 관리하여 국민들이 불편함 없이 신 화폐로 전환할 수 있도록 지원한다.
>
> 한국은행의 발권업무 중 중요한 역할은 화폐의 유통을 원활하게 유지하는 것이다. 이를 위해 한국은행은 시중의 통화 수요를 면밀히 관찰하고, 필요한 양의 화폐를 적시에 공급하여 경제 활동이 원활히 이루어지도록 한다. 또한, 화폐가 특정 지역에 과잉 공급되거나 부족해지지 않도록 균형을 유지하고, 화폐 유통 경로의 효율성을 제고하는 다양한 정책을 시행한다. 이러한 과정을 통해 한국은행은 경제 전반에 걸쳐 안정적인 화폐 공급을 보장하고, 국민들이 필요로 하는 화폐를 적시에 사용할 수 있도록 한다.

① 한국은행에서는 국가경제의 안정성을 유지하기 위해서 발권업무를 담당한다.

② 한국은행은 화폐의 디자인 변경 시 기존 화폐를 즉시 폐기하고 신 화폐만 유통한다.

③ 발권업무는 경제 상황과 상관없이 일정한 주기로 이루어진다.

④ 한국은행에서 개인을 대상에게 화폐를 공급하고 대출업무를 진행한다.

⑤ 화폐 보안요소는 한번 정해진 경우에는 변화하지 않는다.

TIP ② 일정 기간 동안 구 화폐와 신 화폐를 병행하여 유통한다.
③ 경제 상황에 따라서 발권업무가 이루어진다.
④ 시중 은행에 화폐를 유통한다.
⑤ 화폐의 보안 요소는 경제 상황과 기술 발전에 맞추어 지속적으로 개선된다.

10 다음 지문의 내용에 따라 빈칸에 들어갈 것으로 가장 적절한 것은?

현대사회에서 '평균의 종말'이라는 사회현상이 점점 두드러지고 있다. 과거에는 대다수의 사람들이 특정한 중간값이나 평균적인 삶의 방식, 행동 양식에 맞추어 살아가는 경향이 강했지만, 오늘날 사회는 더 이상 평균적인 기준이 주를 이루지 않는다. 급격한 기술 발전, 개인화된 소비 패턴, 그리고 다양한 사회적 변화가 복합적으로 작용하면서, 평균보다는 개별화된 경험과 특화된 요구가 더욱 중요시되고 있다.

평균의 종말은 주로 (　　　　　　　　　　)에서 기인한다. 디지털화된 세상에서는 데이터를 통해 개인의 취향, 습관, 행동을 정밀하게 분석할 수 있으며, 이를 바탕으로 맞춤형 제품과 서비스를 제공하는 것이 가능해졌다. 예를 들어, 스트리밍 서비스는 사용자 개개인의 시청 기록에 따라 추천 콘텐츠를 제공하고, 광고 산업 역시 특정 그룹이 아닌 개별 사용자에게 최적화된 광고를 보여준다. 이러한 변화는 평균적 대중을 위한 보편적인 제품이 아닌, 다양한 개별화된 요구에 맞춘 제품과 서비스가 주를 이루게 만들었다.

이와 같은 '평균의 종말' 현상은 사회 전반에 걸쳐 개인화와 다양성의 증가를 가져왔다. 교육, 소비, 정치 등 모든 영역에서 사람들은 평균적인 선택을 하기보다는 자신만의 독특한 성향과 요구에 맞는 결정을 내리기 시작했다. 이는 사회의 다원화와 선택의 폭이 넓어졌다는 긍정적인 측면도 있지만, 동시에 개인 간 격차가 심화되고, 공통의 경험이나 가치가 줄어드는 부작용도 초래할 수 있다.

① 광고산업의 발달
② 기술 발전과 데이터 분석의 세분화
③ 자국우선주의에 따른 획일성
④ 성과우선주의와 계급의 서열화
⑤ 사회의 단일화

TIP ② 첫 번째 문단의 '급격한 기술 발전, 개인화된 소비 패턴, 그리고 다양한 사회적 변화가 복합적으로 작용하면서, 평균보다는 개별화된 경험과 특화된 요구가 평균의 종말을 유발한다'를 통해 주로 기술발전과 데이터 분석의 세분화로부터 평균의 종말이 기인한다는 것을 유추할 수 있다.
① 광고산업의 발달은 결과적으로 맞춤형 광고가 등장하게 되었지만, 이는 원인이 아니라 결과이다.
③④⑤ 지문과는 관련이 없다.

Answer. 9.① 10.②

11 다음 글을 근거로 판단할 때 옳은 것은?

제00조(국민건강보험종합계획의 수립 등)

① 보건복지부장관은 이 법에 따른 건강보험의 건전한 운영을 위하여 건강보험정책심의위원회의 심의를 거쳐 5년마다 국민건강보험종합계획(이하 종합계획)을 수립하여야 한다. 수립된 종합계획을 변경할 때도 또한 같다.

② 종합계획에는 다음 각 호의 사항이 포함되어야 한다.

1. 건강보험정책의 기본목표 및 추진방향
2. 건강보험 보장성 강화의 추진계획 및 추진방법
3. 건강보험의 중장기 재정 전망 및 운영
4. 보험료 부과체계에 관한 사항
5. 요양급여비용에 관한 사항
6. 건강증진 사업에 관한 사항
7. 취약계층 지원에 관한 사항
8. 건강보험에 관한 통계 및 정보의 관리에 관한 사항
9. 그 밖에 건강보험의 개선을 위하여 필요한 사항으로 대통령령으로 정하는 사항

③ 보건복지부장관은 종합계획에 따라 매년 연도별 시행계획(이하 시행계획)을 건강보험정책심의위원회의 심의를 거쳐 수립·시행하여야 한다.

④ 보건복지부장관은 매년 시행계획에 따른 추진실적을 평가하여야 한다.

⑤ 보건복지부장관은 다음 각 호의 사유가 발생한 경우 관련 사항에 대한 보고서를 작성하여 지체 없이 국회 소관 상임위원회에 보고하여야 한다.

1. 제1항에 따른 종합계획의 수립 및 변경
2. 제3항에 따른 시행계획의 수립
3. 제4항에 따른 시행계획에 따른 추진실적의 평가

⑥ 보건복지부장관은 종합계획의 수립, 시행계획의 수립·시행 및 시행계획에 따른 추진실적의 평가를 위하여 필요하다고 인정하는 경우 관계 기관의 장에게 자료의 제출을 요구할 수 있다. 이 경우 자료의 제출을 요구받은 자는 특별한 사유가 없으면 이에 따라야 한다.

⑦ 그 밖에 제1항에 따른 종합계획의 수립 및 변경, 제3항에 따른 시행계획의 수립·시행 및 제4항에 따른 시행계획에 따른 추진실적의 평가 등에 필요한 사항은 대통령령으로 정한다.

제00조(건강보험정책심의위원회)

① 건강보험정책에 관한 다음 각 호의 사항을 심의·의결하기 위하여 보건복지부장관 소속으로 건강보험정책심의위원회(이하 심의위원회)를 둔다.

1. 종합계획 및 시행계획에 관한 사항(의결은 제외한다)
2. 요양급여의 기준
3. 요양급여비용에 관한 사항
4. 직장가입자의 보험료율
5. 지역가입자의 보험료율과 재산보험료부과점수당 금액

5의2. 보험료 부과 관련 제도 개선에 관한 다음 각 목의 사항(의결은 제외한다)

가. 건강보험 가입자의 소득 파악 실태에 관한 조사 및 연구에 관한 사항
나. 가입자의 소득 파악 및 소득에 대한 보험료 부과 강화를 위한 개선 방안에 관한 사항
다. 그 밖에 보험료 부과와 관련된 제도 개선 사항으로서 심의위원회 위원장이 회의에 부치는 사항

6. 그 밖에 건강보험에 관한 주요 사항으로서 대통령령으로 정하는 사항
② 심의위원회는 위원장 1명과 부위원장 1명을 포함하여 25명의 위원으로 구성한다.
③ 심의위원회의 위원장은 보건복지부차관이 되고, 부위원장은 제4항 제4호의 위원 중에서 위원장이 지명하는 사람이 된다.
④ 심의위원회의 위원은 다음 각 호에 해당하는 사람을 보건복지부장관이 임명 또는 위촉한다.
1. 근로자단체 및 사용자단체가 추천하는 각 2명
2. 시민단체, 소비자단체, 농어업인단체 및 자영업자단체가 추천하는 각 1명
3. 의료계를 대표하는 단체 및 약업계를 대표하는 단체가 추천하는 8명
4. 다음 각 목에 해당하는 8명
가. 대통령령으로 정하는 중앙행정기관 소속 공무원 2명
나. 국민건강보험공단의 이사장 및 건강보험심사평가원의 원장이 추천하는 각 1명
다. 건강보험에 관한 학식과 경험이 풍부한 4명
⑤ 심의위원회 위원(제4항 제4호 가목에 따른 위원은 제외한다)의 임기는 3년으로 한다. 다만, 위원의 사임 등으로 새로 위촉된 위원의 임기는 전임위원 임기의 남은 기간으로 한다.
⑥ 보건복지부장관은 심의위원회가 제1항 제5호의2에 따라 심의한 사항을 국회에 보고하여야 한다.
⑦ 심의위원회의 운영 등에 필요한 사항은 대통령령으로 정한다.

① 보건복지부장관은 수립된 종합계획을 변경할 때 건강보험정책심의위원회 심의를 거쳐 국민건강보험종합계획을 변경한다.
② 보건복지부장관은 연도별 시행계획을 수립하면 건강보험정책심의위원회에서 시행계획의 추진실적을 평가한다.
③ 종합계획의 수립 및 변경이나 시행계획의 수립을 해야 하는 경우 관련 사항은 특별한 사유가 없으면 보고를 하지 않아도 된다.
④ 건강보험정책에 관한 심의·의결하기 위하여 국회 소관 상임위원회 소속으로 건강보험정책심의위원회를 둔다.
⑤ 건강보험정책심의위원회에서는 가입자의 소득 파악 및 소득에 대한 보험료 부과 강화를 위한 개선 방안에 관한 사항을 의결한다.

TIP ② 제00조(국민건강보험종합계획의 수립 등) 제3항과 제4항에 따라 연도별 시행계획을 건강보험정책심의위원회 심의를 거쳐 수립해야 하며, 보건복지부장관이 매년 시행계획에 따른 추진실적을 평가해야 한다.
③ 제00조(국민건강보험종합계획의 수립 등) 제5항에 따라 관련 사항에 대한 보고서를 작성하여 지체 없이 국회 소관 상임위원회에 보고하여야 한다.
④ 제00조(건강보험정책심의위원회) 제1항에 따라서 보건복지부장관 소속으로 건강보험정책심의위원회를 둔다.
⑤ 제00조(건강보험정책심의위원회) 제5의2호 나목에 따라 건강보험정책심의위원회에서 가입자의 소득 파악 및 소득에 대한 보험료 부과 강화를 위한 개선 방안에 관한 사항의 심의는 가능하지만 의결은 제외한다.

Answer. 11.①

12 다음 글을 근거로 판단할 때 옳지 않은 것은?

제00조(국가 및 지방자치단체 등의 책무)
① 국가 및 지방자치단체는 산림의 보전, 산림의 공익기능 증진, 임업의 발전 및 산촌의 진흥 등 산림의 보전 및 이용에 관한 종합적인 시책을 수립하고 이를 시행할 책무를 진다.
② 국가 및 지방자치단체는 산림의 보전 및 이용에 관한 시책을 추진함에 있어서 필요한 법제 및 재정에 관한 조치를 하여야 한다.
③ 국민은 산림이 합리적으로 보전 및 이용될 수 있도록 국가 및 지방자치단체의 산림시책에 적극 협력하여야 한다.
④ 산림의 소유자 또는 산림을 이용하여 수익을 얻으려는 자는 지속가능한 산림경영을 위하여 노력하여야 한다.

제00조(산림의 합리적 보전 및 이용)
① 국가 및 지방자치단체는 산림시책과 이에 관련된 사업을 추진함에 있어서 지속가능한 산림경영을 위하여 산림의 보전과 이용이 조화를 이루도록 노력하여야 한다.
② 국가 및 지방자치단체는 지속가능한 산림경영과 종합적 · 효율적인 산림관리를 위하여 산림을 이용목적에 따라 구분 · 관리하여야 한다.

제00조(산림기능의 증진)
국가 및 지방자치단체는 산림이 지니고 있는 국토환경의 보전, 임산물의 공급, 산림복지의 증진 및 탄소흡수원의 유지 · 증진 등 다양한 기능들이 충분하게 발휘될 수 있도록 장기적인 목표와 방향을 설정하여 산림을 조성 · 보호하고 관리하여야 한다.

제00조(임업의 육성)
국가 및 지방자치단체는 임업의 균형적인 성장 및 임업인의 건전한 육성을 위하여 임업의 경쟁력을 높이고 임업인의 소득이 향상될 수 있도록 노력하여야 한다.

제00조(산촌의 진흥)
국가 및 지방자치단체는 국토의 균형 있는 발전과 산림자원의 효율적인 관리를 위하여 산촌의 소득증진 및 산촌주민의 복지증진을 위하여 노력하여야 한다.

제00조(국제협력 및 통일대비 정책)
① 국가 및 지방자치단체는 지구의 산림 보전을 위한 국제협력을 강화하고 통일에 대비하기 위하여 필요한 산림에 관한 시책을 수립하고 시행하기 위하여 노력하여야 한다.
② 국가는 남북 간 산림 보전 및 이용의 상호교류와 협력을 증진할 수 있도록 노력하여야 한다.
③ 국가는 남북 간 산림 보전 및 이용의 상호교류와 협력을 증진하기 위하여 북한의 산림에 관한 정책 · 제도 및 현황 등에 관하여 조사 · 연구하여야 한다.
④ 국가는 남북 간 산림 보전 및 이용의 상호교류와 협력을 증진하기 위하여 외국정부, 국제기구 또는 관련 기관 · 단체 등과의 국제협력을 촉진하는 방안을 마련할 수 있다.

① 지방자치단체는 산촌의 진흥을 위한 종합적인 시책을 수립하여야 한다.
② 국가는 산림의 보전에 필요한 재정에 관한 조치를 하여야 한다.
③ 탄소흡수원의 유지를 위해서 국가는 장기적인 목표를 설정하여야 한다.
④ 국가는 통일에 대비하여 필요한 산림 시책을 수립하기 위하여 노력하여야 한다.
⑤ 산촌주민 복지증진은 시책의 수립에 포함하지 않는다.

TIP ⑤ 제8조(산촌의 진흥)에 따라 산촌주문의 복지증진을 위해 노력하여야 한다.
①② 제00조(국가 및 지방자치단체 등의 책무) 제1항과 제2항에 따라 알 수 있다.
③ 제00조(산림기능의 증진)
④ 제00조(국제협력 및 통일대비 정책) 제1항에 해당한다.

Answer. 12.⑤

13 다음 글에 대한 이해로 적절하지 않은 것은?

> 에탄올의 역사는 고대 문명에서 발효 과정을 통해 자연적으로 생성된 알코올을 사용하는 것으로 시작된다. 고대 이집트와 메소포타미아 등 여러 문명에서 발효된 음료가 발견되었으며, 이는 에탄올의 가장 초기 형태이다. 현대 과학적 방법으로 에탄올을 합성하거나 정제하는 기술은 19세기 후반에 이르러 발달되었다. 그 이후 에탄올은 다양한 연구와 기술 발전을 통해 정제 및 생산이 효율적으로 이루어지며, 산업용, 연료용 등 다양한 분야에서 활용되기 시작했다.
>
> 에탄올은 C_2H_5OH라는 화학식을 가진 유기 화합물로 알코올 군에 속한다. 에탄올의 구조는 2개의 탄소 원자에 수소 원자들이 결합한 에틸기와, 수산화기(−OH)로 구성되어 있다. 에탄올은 무색 투명한 액체로, 특유의 알코올 냄새를 가지고 있으며, 물과 잘 섞이고 다양한 유기용매에도 잘 용해된다. 끓는점은 약 78.37°C로 상대적으로 낮으며, 이 때문에 연료로서도 유용하다. 에탄올은 휘발성이 강하며, 산소와 결합할 때 연소하여 물과 이산화탄소를 생성한다.
>
> 에탄올은 다양한 분야에서 활용되며 응용 범위는 매우 넓다. 가장 잘 알려진 용도는 음료용 알코올로, 발효 과정을 통해 제조된 에탄올은 술의 주성분이다. 이 외에도 에탄올은 연료로 사용되며, 특히 바이오에탄올로 불리는 재생 가능한 연료로 각광받고 있다. 자동차 연료나 보일러 연료로 사용될 수 있으며, 이산화탄소 배출량을 줄이는 데 기여할 수 있다. 또한, 의료용 소독제로서 광범위하게 사용되며, 다양한 산업에서 용매로도 활용된다. 특히 화장품, 의약품, 향료 제조 등에서도 필수적인 성분으로 사용된다.
>
> 에탄올은 화학적으로 중간 극성 물질로, 극성 물질인 물과 비극성 물질인 유기 화합물 모두와 혼합될 수 있는 특징을 가지고 있다. 이로 인해 에탄올은 용매로서의 역할이 매우 중요하다. 또한, 에탄올은 상대적으로 반응성이 적은 안정한 분자로, 실온에서는 화학적으로 안정하지만, 산화되면 아세트알데하이드로 전환될 수 있다. 에탄올은 에너지 밀도가 낮지 않아 연료로도 적합하며, 연소 시 상대적으로 깨끗한 연료로 평가된다. 에탄올의 본성은 이러한 다용도성 덕분에 다양한 산업 분야에서 필수적으로 활용된다.
>
> 에탄올은 발효 과정에서 자연스럽게 생성된 화합물로 시작하여 현대에는 다양한 방식으로 제조 및 활용되고 있다. 화학적으로 중간 극성 물질로서 독특한 물리적, 화학적 특성을 가지고 있으며, 이러한 특성은 에탄올이 여러 산업에서 중요한 자원으로 사용되는 이유이다. 에탄올은 연료, 음료, 용매, 소독제 등 다방면에서 중요한 역할을 하고 있다.

① 에탄올은 발효 과정을 통해 고대 문명에서부터 사용되었다.
② 에탄올은 물과 잘 섞이며 휘발성이 강하다.
③ 의료용 소독제로 주요하게 사용되는 것은 에탄올이다.
④ 에탄올은 다양한 물질과 혼합되어 불안정한 분자에 해당한다.
⑤ 음료용으로도 에탄올을 활용할 수 있다.

TIP ④ 네 번째 문단에서 에탄올은 상대적으로 안정한 분자로 설명되고 있다.

14 다음 보기가 참일 경우에 반드시 참인 것은?

> B회사에서는 사내 부서 대항 체스 대회를 열었다. 4강전에 대표를 진출시킨 부서는 기획부, 생산부, 개발부, 마케팅부이다. 부서 대표로 4강전에 진출한 이는 갑, 을, 병, 정의 네 사람이다. 대회 진행 방식은 다음과 같다. 4강전 두 경기의 승자는 결승에서 맞붙어 우승자를 결정하고, 4강전의 패자는 3 ~ 4위전에서 맞붙어 3위를 결정한다. 모든 경기는 단판제로 진행되며 무승부는 없다. 4강전 이후 경기 결과는 다음과 같다.
>
> ㉠ 갑의 전적은 2승 0패이다.
> ㉡ 병은 갑과 정에게 모두 졌다.
> ㉢ 을은 병을 이겼다.
> ㉢ 마케팅부는 3위를 기록했다.
> ㉣ 기획부와 개발부는 대결하지 않았다.

① 갑은 1위이고 정은 2위이다.
② 을과 병은 결승전에서 대결했다.
③ 병은 마케팅부이고 정은 개발부이다.
④ 기획부와 마케팅부는 4강전에서 대결했다.
⑤ 정과 을은 결승전에서 대결했다.

TIP ㉠ 갑의 전적은 2승 0패 → 갑은 4강전과 결승에서 모두 이겼으므로 1위이다.
㉡ 병은 갑과 정에게 모두 졌다 → 병은 4강전에서 정에게 패했고, 3 ~ 4위전에서 을에게 패했다. 따라서 병은 4위이다.
㉢ 을은 병을 이겼다 → 을은 3 ~ 4위전에서 병을 이겨 3위를 차지했다.
㉣ 마케팅부는 3위를 기록했다 → 을이 마케팅부 소속이다.
㉤ 기획부와 개발부는 대결하지 않았다 → 갑은 기획부, 정은 개발부로 설정할 수 있다. 따라서 4강전에서 기획부와 개발부는 다른 부서와 대결했다.
∴ 갑(기획부)이 1위, 정(개발부)이 2위, 을(마케팅부)이 3위, 병(생산부)이 4위에 해당한다.

Answer. 13.④ 14.①

15 **다음은 우수실적자 포상 후보자이다. 기준에 따라 부여된 점수가 가장 높아 포상을 받게 되는 직원은?**

후보자	근무경력	A프로젝트 성과	프로젝트 참여횟수	직무수행실적	동료평가
김민수	5	5	2	3	1
최영주	10	7	5	2	2
정나연	6	8	3	4	3
조현우	3	2	1	2	2
이길성	2	3	1	3	2

■ 평가기준점수별 최종 점수 배점

근무경력	A프로젝트 성과	프로젝트 참여횟수	직무수행실적	동료평가
20	50	10	10	10

■ 평가기준별 최종 점수 계산방법

-프로젝트 참여횟수, 직무수행실적, 동료평가 : 가장 높은 점수를 받은 사람을 순서로 1등 10점, 2등 8점, 3등 5점, 4등 3점, 5등 1점을 받는다.

-근무경력 : 가장 높은 점수를 받은 사람을 순서로 1등 20점, 2 ~ 4등 15점, 5등 10점을 받는다.

-A프로젝트 성과 : 가장 높은 점수를 받은 사람을 순서로 1등 50점, 2등 40점, 3등 30점, 4등 20점, 5등 10점을 받는다.

■ 유의사항

평가점수가 동일한 경우에는 동일한 등수를 부여한다.

예) 2등이 점수가 동일한 사람이 2명인 경우에는 2명을 모두 2등 점수로 부여

① 김민수　　② 최영주

③ 정나연　　④ 조현우

⑤ 이길성

TIP ③ 평가기준점수에 따른 점수 계산은 다음 표와 같다.

후보자	근무경력	A프로젝트 성과	프로젝트 참여횟수	직무수행실적	동료평가	총 점수
김민수	15점	30점	5점	8점	5점	63점
최영주	20점	40점	10점	5점	8점	83점
정나연	15점	50점	8점	10점	10점	93점
조현우	15점	10점	3점	5점	8점	41점
이길성	10점	20점	3점	8점	8점	49점

총 점수가 가장 높은 사람은 정나연에 해당한다.

16 다음 표는 정부 지원사업을 위해 산정한 각 기업별 평가점수이다. <조건>에 따라 지원을 받을 수 있는 기업은?

기업	중간보고서 점수	시설설치 점수	최종보고서 점수	정부지원사업 참여기업
A	60	70	70	×
B	90	60	80	×
C	85	60	70	×
D	80	90	90	○
E	70	90	80	×

〈조건〉

- 총점 계산법 : 중간보고서 점수의 20 %, 시설설치 점수의 30 %, 최종보고서 점수의 50 %를 합한 총점
- 정부지원사업 참여기업은 지원대상에서 제외
- 총점이 가장 높은 기업 한 곳만 지원을 받을 수 있다.

① A ② B
③ C ④ D
⑤ E

TIP ㉠ A 총점 : (60×0.2)+(70×0.3)+(70×0.5)=68
㉡ B 총점 : (90×0.2)+(60×0.3)+(80×0.5)=76
㉢ C 총점 : (85×0.2)+(60×0.3)+(70×0.5)=70
㉣ D 총점 : (80×0.2)+(90×0.3)+(90×0.5)=88
㉤ E 총점 : (70×0.2)+(90×0.3)+(80×0.5)=81
∴ 총점이 가장 높은 기업은 D지만 정부지원사업에 참여했기 때문에 지원대상에서 제외가 되어 E기업이 지원을 받을 수 있다.

Answer. 15.③ 16.⑤

17 다음 조건을 근거로 외향형 합격자의 수를 계산하면?

A 회사는 100명의 지원자를 대상으로 신입사원 채용 과정에서 성격 유형과 면접 점수를 평가했다. 지원자들은 성격 유형으로 외향형과 내향형으로 나뉜다. 면접결과에 따라 합격과 불합격자로 구분된다.

〈조건〉

1. 외향형 합격자의 수는 내향형 합격자의 두 배이다.
2. 내향형 불합격자의 수는 외향형 불합격자의 수와 같다.
3. 외향형 지원자 전체 수는 내향형 지원자 전체 수의 1.5배이다.

문서의 종류	페이지 수	중요도
A	3	상
B	8	중
C	5	하
D	7	상

① 10명
② 20명
③ 30명
④ 40명
⑤ 50명

TIP ㉠ 내향형 전체 인원 = x
외향형 전체 인원 = $1.5x$
→ 전체 = $x+1.5x=2.5x=100$
$\Rightarrow x=40$
∴ 내향형 전체 = 40명, 외향형 전체 = 60명
㉡ 내향형 합격자 = b
외향형 합격자 = a
a=2b (조건 1)
㉢ 불합격자 수
내향형 불합격자 = $40-b$
외향형 불합격자 = $60-a=60-2b$
㉣ 조건 2에 따라,
$40-b=60-2b \Rightarrow 40-b=60-2b$
$\Rightarrow b=20$
$\Rightarrow a=2b=40$

18 다음 글이 모두 참일 때, 성적표를 3번째로 검토한 선생님은?

> • 甲 : 나는 1번째 아니면 5번째로 검토했어.
> • 乙 : 나는 중간 순서로 검토하지 않았어.
> • 丙 : 내 앞에서 검토한 사람은 '乙'와 '丁'뿐이야.
> • 丁 : 나는 '甲'보다 먼저 검토했어.
> • 戊 : 우리 중 같은 순서로 검토한 사람은 없어.

① 甲
② 乙
③ 丙
④ 丁
⑤ 戊

TIP ㉠ 甲 : 1번째 또는 5번째 순서이다.
㉡ 乙 : 2번째, 3번째, 4번째는 불가능하다. 1번째 또는 5번째이다.
㉢ 丙 : 乙, 丁 뒤에 있으므로 3번째 또는 4번째가 가능하다.
㉣ 丁 : 甲보다 앞에 있어야 하므로 2번째가 가능하다.
㉤ 戊 : 순위에 중복이 없음을 알 수 있다.
甲과 乙 모두 1번째나 5번째 가능하지만, 丁 2번째, 丙 3번째, 戊 4번째여야 논리가 맞다. 乙 1번째, 甲은 5번째에 해당한다. 丁은 甲보다 앞에 있어야 하므로 丁 2번째, 丙 3번째이다. 戊는 4번째에 해당한다. 즉 乙, 丁, 丙, 戊, 甲 순서다.

Answer. 17.④ 18.③

19 다음 빈칸에 들어갈 숫자의 합으로 적절한 것은?

> A, B, C, D는 매일 최대한 많이 걷기로 하고, 특정 시간에 만나서 각자의 걸음 수와 그 합을 기록하였다. 그 기록한 걸음 수의 합은 299,997걸음이었다. 하지만 기록된 걸음 수 중 몇 개의 숫자가 잘 보이지 않아 빈칸(ㅁ)으로 표기되었다.
>
> • A : 1, ㅁ, 7, 3, 5
> • B : 8, 2, ㅁ, 9, 6
> • C : 9, ㅁ, 1, ㅁ, 8,
> • D : 7, 8, ㅁ, 6, 4,

① 15
② 16
③ 17
④ 18
⑤ 19

TIP ㉠ 주어진 총 걸음 수인 299,997에서 각자의 기록된 숫자들을 모두 더한 후, 그 차이를 통해 빈칸에 들어갈 숫자들을 계산한다.

- A의 걸음 수 : 1 ㅁ 7 3 5 → 1 + ㅁ + 7 + 3 + 5 = 16 + ㅁ
- B의 걸음 수 : 8 2 ㅁ 9 6 → 8 + 2 + ㅁ + 9 + 6 = 25 + ㅁ
- C의 걸음 수 : 9 ㅁ 1 ㅁ 8 → 9 + ㅁ + 1 + ㅁ + 8 = 18 + 2ㅁ
- D의 걸음 수 : 7 8 ㅁ 6 4 → 7 + 8 + ㅁ + 6 + 4 = 25 + ㅁ

㉡ 주어진 걸음 수의 총합은 299,997이므로, 현재 보이는 숫자들의 합을 먼저 구한다.

- A의 보이는 합 : 1 + 7 + 3 + 5 = 16
- B의 보이는 합 : 8 + 2 + 9 + 6 = 25
- C의 보이는 합 : 9 + 1 + 8 = 18
- D의 보이는 합 : 7 + 8 + 6 + 4 = 25

따라서 보이는 숫자들의 합은 16 + 25 + 18 + 25 = 84이다.

㉢ 총합 299,997에서 84를 뺀 값은 299,997 − 84 = 299,913이다. 이 값은 빈칸들에 들어갈 숫자들의 합이다. 빈칸은 총 6개이므로, 빈칸 하나당 평균 값은 299,913 ÷ 6 = 16이다.

∴ 빈칸에 들어갈 숫자들의 합은 16이 된다.

20 다음 글을 근거로 판단할 때 〈보기〉에서 옳은 것만 고르면?

철수는 세 가지 색상의 공을 〈조건〉에 따라서 상자 안에 각각 나누어 담으려고 한다.

색상	무게(kg)	개수
빨강	20	5
파랑	30	3
초록	50	2

〈조건〉

- 각 상자에는 100kg을 초과해 담을 수 없다.
- 각 상자에는 최소한 2가지 색상의 공을 담아야 한다.

〈보기〉

㉠ 빨간색 공은 서로 다른 상자에 담긴다.
㉡ 한 상자에는 상자에 빨강색 공은 3개, 초록색 공은 1개를 담을 수 있다.
㉢ 빨간색 공이 담긴 상자에는 파란색 공이 담기지 않는다.
㉣ 세 개의 상자 중에서 공의 무게 합이 가장 큰 상자는 초록색 공이 포함된다.

① ㉠, ㉡
② ㉡, ㉢
③ ㉢, ㉣
④ ㉡, ㉣
⑤ ㉠, ㉣

TIP ㉠ 빨간색 공은 모두 다른 상자에 담겨야 한다는 조건을 고려하면, 공의 개수는 5개로, 각각 다른 상자에 나누어 담을 수 있다.
㉣ 초록색 공은 무게가 50kg으로 가장 무거운 공이므로, 초록색 공이 담긴 상자가 무게 합이 가장 클 가능성이 높다.
㉡ 빨간색 공 3개, 초록색 공 1개는 60kg + 50kg = 110kg이므로 무게 제한을 초과한다.
㉢ 빨간색 공이 담긴 상자에 파란색 공이 담기지 않는다는 조건은 없으므로 가능하다.

Answer. 19.② 20.⑤

21 2024년 폐수 처리시설 현황에 관한 자료에 대한 설명으로 옳은 것은?

구분	시설수	연간처리량	관리인원
A	700	500,000m^3	150명
B	900	700,000m^3	200명
C	400	200,000m^3	80명
D	500	100,000m^3	70명
합계	2,500	1,500,000m^3	500명

※ 시설수는 각 시설이 처리할 수 있는 최대 일일 처리 용량을 의미한다.

① 연간처리량이 많은 시설일수록 관리인원이 적다.

② 시설수 대비 연간처리량 비율이 가장 높은 시설은 A이다.

③ 연간처리량은 B가 C의 3배를 넘어선다.

④ D의 시설수는 전체 시설수의 25% 이상이다.

⑤ B의 2024년 기준 일일 처리량은 2,000m^3 이상이다.

TIP ③ B의 연간처리량은 700,000m^3이고, C의 연간처리량은 200,000m^3이므로, B는 C의 3배를 넘어선다.

① B는 연간 처리양과 관리인원이 가장 많다.

② 각 시설수 대비 연간 처리량 비율은 A는 약 714.29, B는 약 777.78, C는 500.00, D는 200.00으로 시설수 대비 연간처리량 비율이 가장 높은 시설은 B이다.

④ D의 시설수는 전체 2,500개 중 500개로 20%에 해당 한다.

⑤ 연간 처리량은 700,000m^3이므로, 일일 처리량은 약 1,917m^3으로 2,000m^3 이하이다.

22 **다음의 상황이 모두 참일 때, 〈보기〉에서 옳은 것을 모두 고르면?**

> 회사에서는 임원 선발을 위해 사내 순위 1위에서 10위까지의 직원 중 4명을 선발하려고 한다. 임원으로 선발된 직원은 직급에 따라 순위가 높은 직원이 우선권을 가지며, A, B, C, D 부서의 소속 직원 중에서 최소한 1명씩은 포함되어야 한다.
>
> 〈상황〉
>
> • 사내 순위 1위에서 10위까지는 공통 순위가 없다.
> • 직원 10명 중 4명은 A 부서, 3명은 B 부서, 2명은 C 부서, 1명은 D 부서 소속이다.
> • A 부서 직원 중 사내 순위가 가장 높은 직원은 1위이며, B 부서 직원 중 가장 높은 직원은 2위이다.
> • C 부서의 직원 중 가장 높은 순위는 5위이고, D 부서의 직원은 8위에 속해 있다.
> • 각 부서에서 선발된 직원은 각각 다른 직급으로 임명되며, 동일 부서에서 한 명 이상 선발되지 않는다.

> 〈보기〉
>
> ㉠ 사내 순위 1위 직원의 소속 부서는 A 부서이다.
> ㉡ C 부서 직원 중 사내 순위가 가장 높은 직원은 5위에 해당한다.
> ㉢ B 부서 직원 중 사내 순위가 가장 높은 직원은 3위이다.
> ㉣ 사내 순위 8위 직원은 D 부서에 속해 있다.

① ㉠

② ㉠, ㉡

③ ㉠, ㉡, ㉣

④ ㉡, ㉢, ㉣

⑤ ㉣

TIP ㉠ A 부서에서 사내 순위가 가장 높은 직원은 1위로 명시되어 있으므로 옳다.
㉡ C 부서 직원 중 사내 순위가 가장 높은 직원은 5위로 주어져 있으므로 옳다.
㉣ 사내 순위 8위 직원이 D 부서 소속이라는 조건은 주어진 내용과 일치하므로 옳다.
㉢ B 부서에서 가장 높은 직원은 2위로 주어져 있으므로 3위는 옳지 않다.

Answer. 21.③ 22.③

23 **다음은 X사 각 팀의 프로젝트 현황에 관한 자료이다. 자료에 대한 설명으로 옳지 않은 것은?**

〈X사 부서별 프로젝트 현황〉

팀	진행 중 프로젝트 수	완료된 프로젝트 수	직원 수
A팀	100개	60개	150명
B팀	50개	30개	100명
C팀	75개	45개	120명
D팀	75개	45개	130명
합계	300개	180개	500명

〈조건〉

- 팀별 완료된 프로젝트 수는 진행 중 프로젝트 수에 비례한다.
- 완료된 프로젝트 수 ÷ 진행 중 프로젝트 수는 각 팀의 프로젝트 완성률을 나타낸다.
- 직원 수 ÷ 진행 중 프로젝트 수는 팀당 평균 담당 프로젝트 수를 나타낸다.

① A팀은 C팀에 비해 프로젝트 완성률이 높다.

② D팀의 평균 담당 프로젝트 수가 B팀보다 높다.

③ B팀의 프로젝트 완성률은 60%이다.

④ 전체 완료된 프로젝트 수는 진행 중 프로젝트 수의 60% 이상이다.

④ C팀과 D팀의 완료된 프로젝트 수는 동일하다.

TIP ① A팀의 프로젝트 완성률은 (60 ÷ 100) × 100 = 60%, C팀의 프로젝트 완성률은 (45 ÷ 75) × 100 = 60%이다. A팀과 C팀의 프로젝트 완성률은 동일하다.

② B팀의 평균 프로젝트 완료 수는 0.3, D팀의 평균 프로젝트 완료 수는 0.346으로 D팀이 B팀보다 높다.

③ B 부서의 프로젝트 완성률은 (30 ÷ 50) × 100 = 60%이다.

④ 전체 완료된 프로젝트 수는 180개, 전체 진행 중 프로젝트 수는 300개이다. 완료비율은 (180 ÷ 300) × 100 = 60%이다.

⑤ C팀과 D팀의 완료된 프로젝트 수는 45개로 동일하다.

24 **다음은 甲국이 구매를 고려 중인 A ~ E 자동차의 제원과 평가 방법에 관한 자료이다. 이를 근거로 A ~ E 중 甲국이 구매할 자동차를 고른 것은?**

자동차 종류	최고속도 (km/h)	연비 (km/L)	안전성 (점)	가격 (억 달러)	공공도로 주행 가능 여부	오프로드 주행 가능 여부
A	220	15	4	1.6	○	×
B	180	18	5	1.8	○	○
C	200	12	3	1.5	○	×
D	250	10	5	2.1	×	○
E	240	8	4	1.9	×	○

- 평가항목 중 최고 속도, 연비, 안전성은 높을수록, 가격은 낮을수록 우수하다.
- 각 평가항목별로 1위에서 5위를 순서대로 5점, 4점, 3점, 2점, 1점을 부여한다.
- 공공도로 주행 가능 여부와 오프로드 주행 가능 여부는 가능 시 1점, 불가능 시 0점을 부여한다.
- 동점일 경우 동일한 점수를 부여한다.
- 甲국은 평가항목의 총점이 가장 높은 자동차를 구매한다. 단, 동점일 경우 공공도로 주행 가능 여부에서 가격이 낮은 자동차를 구매한다.

① A
② B
③ C
④ D
⑤ E

TIP ㉠ 최고속도 : D(5점), E(4점), A(3점), C(2점), B(1점)
㉡ 연비 : B(5점), A(4점), C(3점), D(2점), E(1점)
㉢ 안전성 : B/D(5점), A/E(4점), C(3점)
㉣ 가격 : C(5점), A(4점), B(3점), E(2점), D(1점)
㉤ 공공도로 주행 가능 여부 : A/B/C(1점), D/E(0점)
㉥ 오프로드 주행 가능 여부 : B/D/E (1점), A/C(0점)
- A : (3+4+4+4+1+0) = 16점
- B : (1+5+5+3+1+1) = 16점
- C : (2+3+3+5+1+0) = 14점
- D : (5+2+5+1+0+1) = 14점
- E : (4+1+4+2+0+1) = 12점

∴ A 자동차와 B 자동차가 총 16점으로 동점이나, 공공도로 주행이 가능하고 가격이 낮은 A 자동차를 구매한다.

Answer. 23.① 24.①

25 다음은 2018 ~ 2023년 신선식품의 평균 가격과 가격 지수 변동 및 주요 식재료의 판매단위당 가격에 대한 자료이다. 이에 대한 설명으로 옳은 것은?

〈2018 ~ 2023년 신선식품 평균 가격 및 가격지수〉

구분	2018년	2019년	2020년	2021년	2022년	2023년
평균가격(원)	4,500	4,800	5,200	5,600	6,000	(　　)
가격지수	100	106.7	115.6	124.4	133.3	144.4

〈2018 ~ 2023년 주요 식재료의 판매단위당 가격〉

(단위 : 원)

품목	단위	2018년	2019년	2020년	2021년	2022년	2023년
쌀	1kg	3,000	3,200	3,500	3,800	4,000	4,300
고구마	1kg	4,000	4,200	4,500	4,800	5,200	5,600
양파	1kg	1,500	1,600	1,800	2,000	2,200	2,500
돼지고기	500g	7,000	7,200	7,500	7,800	8,200	8,500

① 2023년 신선식품 평균 가격은 2018년 대비 40% 이하로 상승했다.
② 2023년 쌀 2kg, 고구마 1kg, 양파 2kg의 총 비용은 17,200원이다.
③ 2023년 신선식품 평균 가격은 약 6,500원에 달한다.
④ 2018년에 비해 2023년에 가격이 2배 이상 상승한 품목은 3가지이다.
⑤ 2023년 신선식품 가격지수가 80이라고 가정할 때 신선식품의 가격은 4,000원 이상이다.

TIP ③ 2022년의 평균 가격이 6,000원이고, 2023년의 가격 지수가 144.4에 해당한다. 2018년을 기준으로 가격 지수는 144.4%로 증가했다.

2023년 평균가격 = 2018년 평균가격 $\times \frac{144.4}{100} = 4,500 \times 1.444 = 6,498$(원)으로 약 6,500원에 해당한다.

① 2023년의 평균 가격은 6,500원이고, 2018년의 평균 가격은 4,500원이다. $\frac{6,500-4,500}{4,500} \times 100 = 44.4(\%)$로 40% 이상 상승했다.

② 2023년 쌀 2kg의 가격은 4,300원 × 2 = 8,600원, 고구마 1kg의 가격은 5,600원, 양파 2kg의 가격은 2,500원 × 2 = 5,000원이다. 총 비용은 19,200원에 해당한다.

④ 쌀, 고구마, 양파, 돼지고기 모두 2배 미만으로 상승했다.

⑤ 2018년의 가격지수가 100이고 평균 가격이 4,500원일 때 2023년 가격 지수가 80이라고 가정하면 이는 2018년 대비 20% 감소한 것이다. 가격 = 2018년 평균가격 $\times \frac{80}{100} = 4,500 \times 0.8 = 3,600$(원)으로 4,000원 이하이다.

26 **다음은 자동차가 일정 시간 동안 이동한 거리에 대한 자료이다. 이에 대한 설명으로 옳지 않은 것은?**

시간	1시간	2시간	3시간	4시간	5시간
거리(km)	60	130	200	270	340

※ 1) 평균 속력 = (총 이동 거리 ÷ 총 시간)
2) 시간당 속력 변화 = (다음 시간 거리 − 이전 시간 거리) ÷ 1시간

① 자동차는 처음 2시간 동안 평균 65km/h로 이동했다.
② 자동차는 매 시간 일정한 속도로 이동했다.
③ 4시간까지의 총 이동 거리는 270km이다.
④ 5시간 동안 평균 속력은 68km/h이다.
⑤ 1시간에서 3시간까지의 속력 변화는 35km/h이다.

TIP ⑤ 1시간과 2시간 사이 속력 변화 = (130 − 60) ÷ 1 = 70km/h, 2시간과 3시간 사이 속력 변화 = (200 − 130) ÷ 1 = 70km/h 이므로, 속력 변화는 70km/h이다.

① 처음 2시간 동안의 총 이동 거리는 130km이다. 평균속력은 $\frac{130}{2} = 65km/h$이다.

② 1시간에서 2시간 이동거리는 70km, 속력은 70km/h이다. 2시간에서 3시간까지 이동한 거리는 70km, 속력은 70km/h이다. 3시간에서 4시간까지 이동한 거리는 70km, 속력은 70km/h이므로 자동차는 매 시간 일정한 속도로 이동했다.

③ 표에 4시간에 270km 이동한다.

④ 5시간 동안의 총 이동 거리는 340km이다. 평균속력은 $\frac{340}{5} = 68km/h$이다.

27 **A는 영국에서 영국 현지시간으로 오전 12시에 서울로 출발한다. 총 비행시간은 11시간이며, 서울은 영국보다 9시간 앞선 시간대이다. A가 서울에 도착했을 때 서울의 시간은?**

① 오후 8시
② 오후 9시
③ 오후 10시
④ 오후 11시
⑤ 다음날 오전 12시

TIP ① 비행시간은 11시간이므로, 영국시간 기준 도착 시간은 00:00 + 11:00 = 11:00(영국 기준 오전 11시)이다. 서울은 영국보다 9시간 빠르다. 11:00 + 9:00 = 20:00이다. 서울 시간으로 오후 8시다.

Answer. 25.③ 26.⑤ 27.①

28 다음 글을 근거로 할 때 P를 5kg 생산하는 데 드는 최소 비용은 얼마인가?

회사는 제품 P를 생산할 때 두 가지 재료 M과 N을 3:2의 비율로 혼합해야 한다. 이를 통해 P 1kg을 생산할 수 있다. 아래의 공정을 통해 M과 N을 각각 생산하며, 이를 혼합하여 P를 생산한다.

- M은 재료 X와 Y를 1:2의 비율로 혼합하여 만들 수 있다. X 1kg과 Y 2kg을 혼합하면 M 1kg이 생산된다.
- N은 재료 W와 Z를 1:1의 비율로 혼합하여 만들 수 있다. W 1kg과 Z 1kg을 혼합하면 N 1kg이 생산된다.
- 각 재료의 가격은 다음과 같다. 재료 간의 혼합에 따른 가공비용은 발생하지 않는다.

재료	가격(원/kg)
X	2,000원
Y	1,500원
W	3,000원
Z	2,500원

① 21,000원

② 22,500원

③ 23,000원

④ 24,500원

⑤ 26,000원

TIP ㉠ P의 생산 조건 : M(3) : N(2) 비율이다. 즉, P 1kg을 만들기 위해서는 M 0.6kg과 N 0.4kg이 필요하다.

㉡ M의 생산 방법 : X 1kg과 Y 2kg을 혼합하면 M 1kg이 생성된다. 따라서 M 0.6kg을 만들기 위해서는 X는 0.6 × 1 = 0.6kg, X는 0.6kg × 2 = 1.2kg이 된다.

㉢ N의 생산 방법 : W 1kg과 Z 1kg을 혼합하면 N 1kg이 생성된다. 따라서 N 0.4kg을 만들기 위해서는 W는 0.4 × 1 = 0.4kg, Z는 0.4 × 1= 0.4kg이 된다.

㉣ P 1kg 기준으로 M과 N의 비용을 계산하면,

- M의 비용
  X(0.6kg) : 0.6 × 2,000 = 1,200원, Y(1.2kg) : 1.2 × 1,500 = 1,800원 ∴ 3,000원
- N의 비용
  W(0.4kg) : 0.4 × 3,000 = 1,200원, Z(0.4kg) : 0.4 × 2,500 = 1,000원 ∴ 2,200원

∴ P 1kg 비용 = 5,200원

㉤ P 1kg당 5,200원이므로 5kg의 비용은 26,000원이다.

∴ 26,000원

29 다음은 X국의 상위 5개 은행의 자산 규모와 연간 수익 현황에 관한 자료이다. 이에 대한 〈보기〉의 설명 중 옳은 것을 모두 고르면?

〈상위 5개 은행 자산 규모 및 연간 수익 현황〉

순위	은행	자산규모(억 원)	연간 수익(천 원)	자산 대비 수익(천 원/억 원)
1	A	12,000	840,000	70
2	B	14,500	1,015,000	70
3	C	13,000	910,000	70
4	D	10,200	680,000	67
5	E	9,500	627,500	66

〈보기〉

㉠ X국의 전체 은행 자산 규모는 70,000억 원 이상이다.
㉡ A ~ E 중, 자산 대비 수익률이 가장 높은 은행은 B이다.
㉢ A ~ E 은행의 자산 대비 수익률이 가장 낮은 은행은 D 은행이다.
㉣ D, E 은행의 연간 수익 합계는 C 은행의 연간 수익보다 크다.
㉤ E 은행과 A 은행의 자산 규모 차이는 약 1.3배이다.

① ㉠, ㉡
② ㉡, ㉢, ㉣
③ ㉢, ㉣, ㉤
④ ㉣, ㉤
⑤ ㉠, ㉡, ㉢, ㉣, ㉤

TIP ㉣ D, E 은행의 연간 수익 합계는 1,307,500천 원이다.

㉤ $\frac{12000}{9500}=1.26$으로 약 1.3배다.

㉠ X국의 전체 자산 규모는 A(12,000억) + B(14,500억) + C(13,000억) + D(10,200억) + E(9,500억) = 59,200억 원이다. 전체 자산 규모는 70,000억 원 미만이다.

㉡㉢ A, B, C 은행의 자산 대비 수익률은 70천 원/억 원이며, D는 67천 원/억 원, E는 66천 원/억 원이다.

Answer. 28.⑤ 29.④

30 **다음은 甲국가의 장학금 신청 학생에 관한 자료이다. 이를 근거로 학생 A ~ D 중 산정된 장학금이 가장 적은 학생과 가장 많은 학생을 바르게 연결한 것은?**

- 장학금 = 학생 성적 지수 × (평균 가계 소득 × 4) + (참여활동 수 × 활동 시간 × 5)
- 평균 가계 소득이 높을수록 장학금은 감소한다.

〈장학금 신청 학생 현황〉

(단위 : 만 원, 시간, 명)

학생	성적 지수	평균 가계 소득	참여활동 수	활동 시간
A	150	200	5	30
B	130	150	4	25
C	170	300	3	20
D	120	250	6	40

	가장 적은 학생	가장 많은 학생
①	A	B
②	A	D
③	B	C
④	C	D
⑤	D	A

TIP ③ 각 학생의 장학금은 다음과 같다.

㉠ A : 150×(200×4)+(5×30×5)=120,750

㉡ B : 130×(150×4)+(4×25×5)=78,500

㉢ C : 170×(300×4)+(3×20×5)=204,300

㉣ D : 120×(250×4)+(6×40×5)=121,200

∴ 가장 많은 장학금은 C(204,300)이고, 가장 적은 장학금은 B(78,500)이다.

31 K 씨의 급여 총액은 700만 원이고, 공제 총액은 200만 원에 해당한다. 이번 달에 시간외근무가 10시간인 경우 K 씨의 시간외수당 금액으로 적절한 것은? (단, 소수점 이하는 절사한다.)

① 약 250,000원
② 약 320,000원
③ 약 360,000원
④ 약 375,000원
⑤ 약 400,000원

TIP ③ 순수 급여액을 구하면 700만 원 − 200만 원 = 500만 원이다. 기본 시급은 500만 원 ÷ 2,080시간 = 약 24,038원 (소수점 이하 절사)이다. 시간 외 수당을 구하는 공식은 '기본 시급 × 1.5 × 시간 외 근무 시간'이다. 시간 외 수당은 24,038원 × 1.5 × 10시간 = 360,570원에 해당한다.

32 다음은 엑셀 데이터를 처리하는 상황에 관한 설명이다. 주어진 함수 또는 그 사용 방법으로 옳은 것은?

- 셀 A1:A10에는 각 학생의 점수가 입력되어 있다.
- B1에는 점수가 90 이상인 학생의 수를 표시해야 한다.
- C1에는 모든 학생의 평균 점수가 표시되어야 한다.
- D1에는 최고 점수가 표시되어야 한다.

① [B1] 셀에 입력해야 하는 함수 =COUNTIF(A1:A10, ">90")
② [C1] 셀에 입력해야 하는 함수는 =AVERAGEIF(A1:A10, ">=0")
③ [D1] 셀에 입력해야 하는 함수는 =MAX(A1:A10)
④ [B1] 셀에 입력해야 하는 함수는 =COUNTIF(A1:A10, "<=90")
⑤ [C1] 셀에 입력해야 하는 함수는 =SUM(A1:A10)/COUNT(A1:A10)

TIP ③ 최고 점수를 구하는 문제에 맞는 함수는 '= MAX(A1:A10)'이다.

Answer. 30.③ 31.③ 32.③

33 다음 〈조건〉에 따라 A셀은 학생의 이름, B셀에는 학생들의 점수를 작성하였다. 엑셀 [C1] 셀에 점수가 80 이상인 학생들의 점수 합계를 계산해야 하는 경우 입력할 함수는?

	A	B	C
1	김철수	85	
2	이영희	92	
3	박민수	70	
4	정하늘	90	
5	김은지	78	

① =SUMIF(A1:A5, ">=80", B1:B5)

② =SUMIF(B2:B6, ">=80", B2:B6)

③ =SUMIF(B2:B6, ">80", A2:A6)

④ =SUMIF(A2:A6, ">80", B2:B6)

⑤ =SUMIF(B2:B6, ">=80")

TIP ② 조건 범위와 합계 범위를 동일하게 지정했으며, 점수가 80 이상인 경우를 올바르게 계산하는 함수이다.

▌34 ~ 35 ▌ 다음은 N회사의 직원 목록과 관련 정보가 정리된 표이다. A 열은 직원 ID, B 열은 직원 이름, C 열은 부서명, D 열은 월급이다. 각 직원의 ID를 기준으로 다른 시트에서 해당 직원의 정보를 조회하려고 한다. 표를 확인 하고 다음 물음에 답하시오.

A	B	C	D
101	김철수	마케팅부	3,500
102	이영희	인사부	3,200
103	박민수	개발부	4,500
104	정수정	마케팅부	3,800
105	최준영	영업부	3,900

34 B 시트에 직원 ID가 입력되어 있을 때, A 시트에서 해당 직원의 이름을 조회하는 공식으로 옳은 것은? (단, B 시트에서 [A1] 셀에 직원 ID가 있고, A 시트가 "EmployeeData"라는 이름으로 되어 있다고 가정한다.)

① =VLOOKUP(A1, EmployeeData!$A$1:$D$5, 2, TRUE)
② =VLOOKUP(A1, EmployeeData!$A$1:$D$5, 2, FALSE)
③ =VLOOKUP(A1, EmployeeData!$B$1:$D$5, 2, FALSE)
④ =VLOOKUP(A1, EmployeeData!$A$1:$D$5, 3, TRUE)
⑤ =VLOOKUP(A1, EmployeeData!$A$1:$C$5, 3, FALSE)

TIP ② 직원 이름은 A 시트의 2번째 열에 위치하므로, 3번째 인수는 2가 되어야 하고, 정확한 값을 찾기 위해 마지막 인수는 FALSE가 되어야 한다.

35 C 시트에서 직원의 ID에 따라 월급을 조회하려고 할 때, A 시트에서 월급 정보를 가져오는 공식으로 옳은 것은? (단, C 시트에서 [B1] 셀에 직원 ID가 있고, A 시트가 "EmployeeData"라는 이름으로 되어 있다고 가정한다.)

① =VLOOKUP(B1, EmployeeData!$A$1:$D$5, 4, FALSE)
② =VLOOKUP(B1, EmployeeData!$A$1:$D$5, 4, TRUE)
③ =VLOOKUP(B1, EmployeeData!$A$1:$C$5, 3, FALSE)
④ =VLOOKUP(B1, EmployeeData!$B$1:$D$5, 4, FALSE)
⑤ =VLOOKUP(B1, EmployeeData!$A$1:$D$5, 5, TRUE)

TIP ① 월급 정보는 A 시트의 4번째 열에 위치하므로, 3번째 인수는 4가 되어야 하고, 정확한 값을 찾기 위해 마지막 인수는 FALSE가 되어야 한다.

Answer. 33.② 34.② 35.①

36 다음 C언어 코드의 출력 결과로 옳은 것은?

```
#include <stdio.h>
int main() {
    int a = 5, b = 10;
    int result = 0;
    result = a * 2 + b / 2;
    printf("%d₩n", result);
    return 0;
}
```

① 15
② 20
③ 25
④ 30
⑤ 35

TIP ① 주어진 코드에서 a = 5와 b = 10이므로, result = a * 2 + b / 2의 결과는 다음과 같다.
a * 2는 5 * 2 = 10
b / 2는 10 / 2 = 5
따라서, result = 10 + 5 = 15

37 다음 C언어 코드의 출력 결과로 옳은 것은?

```
#include <stdio.h>
int main() {
    int num = 8;
    if (num % 2 == 0) {
        printf("Even₩n");
    } else {
        printf("Odd₩n");
    }
    return 0;
}
```

① 8
② Even
③ Odd
④ 0
⑤ Error

TIP ② 코드에서 변수 num은 8로 초기화된다.
if 조건문에서 num % 2 == 0은 참(true)이므로, printf("Even₩n");이 실행된다.
출력 결과는 Even이다.

38 다음 JAVA에서 코드의 출력 결과로 옳은 것은?

```
public class Main {
    public static void main(String[] args) {
        int x = 5;
        int y = 10;
        int result = calculateSum(x, y);
        System.out.println(result);
    }
    public static int calculateSum(int a, int b) {
        return a + b;
    }
}
```

① 5
② 10
③ 15
④ 50
⑤ 오류발생

TIP ③ calculateSum 메서드는 두 개의 정수 a와 b를 받아 더한 값을 반환한다.
main 메서드에서 calculateSum 메서드를 호출하며 x와 y를 전달한다.
x가 5이고, y가 10이므로, calculateSum(5, 10)의 결과는 5 + 10 = 15이다.

Answer. 36.① 37.② 38.③

39 다음의 데이터가 있는 엑셀 워크시트에서 총점 열에 각 학생의 수학, 영어, 과학 점수를 더한 값을 구하고, 결과 열에는 총점이 200점 이상이면 '합격', 그렇지 않으면 '불합격'이라는 값을 표시하고자 할 때, 결과 열에 들어갈 적절한 수식은?

	A	B	C	D	E	F
1	이름	수학	영어	과학	총점	결과
2	홍길동	70	80	90		
3	김영희	60	70	60		
4	박철수	80	90	70		

① =IF(SUM(B2:D2)〉=200, "합격", "불합격")
② =IF(AVERAGE(B2:D2)〉=200, "합격", "불합격")
③ =IF(SUM(B2:D2)〈=200, "합격", "불합격")
④ =IF(MAX(B2:D2)〉=200, "합격", "불합격")
⑤ =IF(SUM(B2:D2)〉300, "합격", "불합격")

TIP ① 총점 열에서는 SUM(B2:D2)로 각 과목 점수를 더한다. 결과 열에서는 총점이 200점 이상인 경우 '합격', 그렇지 않으면 '불합격'이 출력되도록 해야 한다.

40 다음 수식을 엑셀에 입력하면 [B2] 셀이 빈 셀일 때, 결과값은?

=IFERROR(10 / B2, "Error")

① 0
② #DIV/0!
③ Error
④ 10
⑤ #VALUE!

TIP ③ 수식 10 / B2에서 B2 셀이 비어 있으면 10 / 0으로 나누기 때문에 #DIV/0! 오류가 발생한다. IFERROR 함수는 오류가 발생할 경우 지정된 값(여기서는 Error)을 반환한다. 결과값은 Error에 해당한다.

41 다음 글을 근거로 판단할 때, 인쇄에 필요한 A4용지의 장수는?

회사에서는 프로젝트 보고서를 작성하고, 이를 여러 부서에 인쇄하여 배포하려고 한다. 아래는 인쇄 규칙에 따른 보고서의 인쇄 지침이다.

〈인쇄규칙〉

- 문서는 A4 용지에 인쇄한다.
- 2페이지 이상인 문서는 양면으로 인쇄한다. 단, 중요한 문서는 한 면만 인쇄한다.
- 문서의 중요도에 따라, 상, 중, 하로 구분된다. '상'에 해당하는 문서는 모두 단면 인쇄를 하며, '중'이나 '하'에 해당하는 문서는 양면 인쇄를 적용한다.
- 각 문서는 다른 부서에 배포되므로, 한 문서당 한 장의 A4용지에는 오직 해당 문서의 내용만 담긴다.

문서의 종류	페이지 수	중요도
A	3	상
B	8	중
C	5	하
D	7	상

① 14장

② 15장

③ 16장

④ 17장

⑤ 18장

TIP ㉠ A 문서 : 3페이지이며, 중요도가 '상'으로 단면 인쇄한다. 따라서 A 문서에는 3장의 A4 용지가 필요하다.

㉡ B 문서 : 8페이지이며, 중요도가 '중'으로 양면 인쇄한다. 2페이지씩 양면에 인쇄할 수 있으므로, 4장의 A4 용지가 필요하다.

㉢ C 문서 : 5페이지이며, 중요도가 '하'로 양면 인쇄한다. 양면 인쇄는 2페이지씩 인쇄 가능하므로, 5 ÷ 2 = 2.5장으로 3장의 A4 용지가 필요하다.

㉣ D 문서 : 7페이지이며, 중요도가 '상'으로 단면 인쇄한다. 단면 인쇄이므로 7장의 A4 용지가 필요하다.

∴ 필요한 A4 용지의 총 장수는 3(A) + 4(B) + 3(C) + 7(D) = 17장이다.

Answer. 39.① 40.③ 41.④

42 **甲회사의 팀은 두 가지 프로젝트(A, B)를 동시에 진행하고 있다. 각 프로젝트의 마감 시간이 다가오고 있으며, 팀원들은 두 프로젝트 모두 시간 내에 완료해야 한다. 팀원의 근무 시간은 오전 8시부터 오후 5시일 경우 다음 〈조건〉을 모두 만족하기 위해 작업을 시작해야 하는 최적의 시간은?**

〈조건〉

- 반드시 하나의 프로젝트가 끝난 후 다음 프로젝트를 진행할 수 있습니다.
- 프로젝트 A는 총 8시간이 필요하며, 반드시 프로젝트 B를 완료한 후에 시작해야 합니다.
- 프로젝트 B는 총 4시간이 필요하며, 오후 1시까지 완료되어야 합니다.
- 점심시간(오후 12시 ~ 오후 1시)에는 모든 작업을 중단해야 합니다.
- 프로젝트 B를 먼저 시작하고, 완료된 후에 프로젝트 A를 시작할 수 있습니다.

① 오전 8시
② 오전 9시
③ 오전 10시
④ 오전 11시
⑤ 오전 12시

TIP ① 프로젝트 B를 오전 8시에 시작하면 점심시간을 포함하여 마감시간까지 완료할 수 있다.

| 43 ~ 44 | 다음 甲 기업의 임직원 경조사 업무처리지침을 보고 물음에 답하시오.

〈임직원 경조사 업무처리지침〉

■ 배우자, 부모 또는 배우자 부모 사망 시
- 근조화환 및 근조기 송부
- 조의금 지급 : 10만 원 이내
- 경조회보로 공지
- 경조금 지급(화환/조의금 지급 시 미지급)

■ 본인 결혼식
- 축의금 지급
- 경조회보로 공지
- 경조금 지급(축의금 지급 시 미지급)
- 화환 및 축기 송부

■ 위에서 언급되지 않은 사항은 알림조치만 진행

43 임직원 경조사 업무처리지침에 따라 바르게 말한 임직원은?

① A과장 : 이번에 부모님 회갑이라서 회사에서 현금을 지급받을 예정입니다.
② B대리 : 제 결혼식에 축의금을 받지 못해서 경조금을 받습니다.
③ C부장 : 딸 결혼식에 회사에서 화환과 축의금이 나옵니다.
④ D사원 : 아들 돌잔치에 회사에서 축의금이 나올 것으로 생각합니다.
⑤ E사원 : 제 배우자 조부의 사망이 경조회보에 공지되겠네요.

TIP ② 축의금 미지급이라면 경조금을 지급받을 수 있다.
①③④⑤ 언급되지 않은 사항은 알림조치만 진행된다.

44 다음 임직원 중에서 현금과 화환을 모두 받을 수 있는 사람은 몇 명인가?

- 배우자의 부모가 사망한 甲 대리
- 부모님이 사망한 乙 부장
- 자녀가 결혼을 하게 되는 丙 전무
- 부모님의 칠순잔치를 하는 丁 차장
- 결혼기념일을 맞이한 戊 사원

① 1명
② 2명
③ 3명
④ 4명
⑤ 5명

TIP ② 甲 대리, 乙 부장이 현금과 화환을 모두 받을 수 있다.

Answer. 42.① 43.② 44.②

45 다음은 A기업 근속연수별 연간 복지포인트 지급 기준 및 직원의 근속연수이다. 올해 직원들의 월별 복지포인트 사용 현황을 바탕으로 복지포인트 사용률이 가장 낮은 직원을 사용 권고 대상자로 선정하려고 할 때 사용 권고를 받게 될 직원은 누구인가? (단, 사용 권고 기준 = 연간 지급 포인트 대비 사용률이 가장 낮은 직원)

〈근속연수별 연간 복지 포인트 지급 기준〉

근속연수	1년 미만	1년	2년	3년	4년
지급 포인트	근속 월 × 5,000p	70,000p	80,000p	90,000p	100,000p

〈A기업 직원 근속 연수〉

직원	김 사원	이 주임	박 대리	최 대리	서 대리
근속연수	10개월	1년	2년	3년	4년

〈월별 복지포인트 사용 현황〉

월	김 사원	이 주임	박 대리	최 과장	서 팀장
1월	–	5,000p	4,000p	–	6,000p
2월	–	–	3,000p	4,000p	–
3월	7,000p	–	–	6,000p	5,000p
4월	4,000p	3,000p	–	–	–
5월	–	–	5,000p	3,000p	–
6월	6,000p	3,000p	–	–	4,000p
7월	–	2,000p	–	5,000p	–
8월	5,000p	–	4,000p	–	6,000p
9월	–	6,000p	–	3,000p	–
10월	3,000p	–	2,000p	–	4,000p
11월	–	4,000p	5,000p	–	–
12월	8,000p	–	–	4,000p	5,000p

※ 지급 포인트 대비 사용률 = (사용포인트 ÷ 지급 포인트) × 100

① 김 사원
② 이 주임
③ 박 대리
④ 최 대리
⑤ 서 대리

TIP ④ 직원별 지급 포인트 및 사용 포인트의 합계와 사용률은 다음과 같다.

직원	지급 포인트	사용 포인트	사용률
김 사원	50,000p	33,000p	66.0%
이 주임	70,000p	23,000p	32.8%
박 대리	80,000p	23,000p	28.8%
최 대리	90,000p	25,000p	27.7%
서 대리	100,000p	30,000p	30.0%

∴ 최 대리의 사용률이 가장 낮다.

46 다음은 구매해야 하는 A, B, C, D, E 업체별로 비품의 가격이다. 전 사원 100명에게 각각 노트와 볼펜을 한 개씩 증정하는 경우 가장 저렴한 업체는?

업체	노트	볼펜
A업체	1,400원	600원
B업체	1,200원	700원
C업체	1,500원	500원
D업체	1,300원	550원
E업체	1,250원	650원

① A업체
② B업체
③ C업체
④ D업체
⑤ E업체

TIP ㉠ A업체 : 노트 1,400원 + 볼펜 600원 = 2,000원이다. 2,000원 × 100명 = 200,000원이다.
㉡ B업체 : 노트 1,200원 + 볼펜 700원 = 1,900원이다. 1,900원 × 100명 = 190,000원이다.
㉢ C업체 : 노트 1,500원 + 볼펜 500원 = 2,000원이다. 2,000원 × 100명 = 200,000원이다.
㉣ D업체 : 노트 1,300원 + 볼펜 550원 = 1,850원이다. 1,850원 × 100명 = 185,000원이다.
㉤ E업체 : 노트 1,250원 + 볼펜 650원 = 1,900원이다. 1,900원 × 100명 = 190,000원이다.
∴ 가장 저렴한 업체는 D업체에 해당한다.

Answer. 45.④ 46.④

47 甲기업은 장기근속 촉진을 위해 근무 지원금을 지급하려고 한다. 지원금은 아래 기준에 따라 산정되며 일부 항목은 중복 적용이 불가하다.

〈근무 정착 지원금 규정〉

■ 제1조 기본 지원금 : 전 직원 40만 원
■ 제2조 추가 지급
- 제1호 근속 1년 이상 3년 미만 : 15만 원
- 제2호 근속 3년 이상 7년 미만 : 30만 원
- 제3호 근속 7년 이상 : 50만 원

■ 제3조 업무 성과에 따른 가점
- 제1호 우수 : 20만 원
- 제2호 보통 : 10만 원
- 제3호 미흡 : 추가 없음

■ 제4조 특별 지원 규정
- 제1호 1년 이내 팀 프로젝트 2회 이상 주도 : 25만 원
- 제2호 재택근무 비중 월 8회 이상일 경우 추가 지급 총액의 20% 가산

※ 단, 가산액은 최대 15만 원까지만 적용
- 제3호 근속 연수가 3년 미만이면서 '우수' 평가를 받은 경우 제2조 제1호에 추가로 5만 원을 가산한다.

신입사원 A의 근무조건이 다음과 같을 때 받게 되는 총 지원금은 얼마인가?

- 근속연수 : 2년 7개월
- 성과등급 : 우수
- 프로젝트 주도 : 2회
- 재택근무 : 월 10일

① 98만 원
② 102만 원
③ 113만 원
④ 118만 원
⑤ 120만 원

TIP ④ 조건을 따져보면 전 직원 공통으로 지급되는 40만 원외에

㉠ 근속 연수에 따른 추가 지급
- 근속연수는 2년 7개월이므로 제2조 제1호 1년 이상 3년 미만)에 해당한다.
- 기본금은 15만 원이며, 제4조 제3호에 의해 추가로 5만 원이 지급된다.

㉡ 성과등급이 '우수'이므로 20만 원이 추가 지급된다.

㉢ 기타 가점
- 팀 프로젝트를 2회 주도했으므로 제4조 제1호에 따라 25만 원이 추가 지급된다.
- 재택근무가 월 10일이므로 기준인 8일 이상을 충족하며 추가 지급금 총액의 20%를 가산하므로 13만 원이 추가 지급된다.

∴ A가 받을 수 있는 지원금은 40만 원 + 20만 원 + 20만 원 + 25만 원 + 13만 원 = 118만 원이다.

48 **시청역 인근 사무실에서 근무하는 김 대리는 금일 홍대입구역 인근에 있는 거래처 甲에서 6시 정각에 미팅에 참석해야 한다. 김 대리는 미팅 전에 동대문역 인근에 있는 거래처 乙에 들러 서류를 전달해야 한다. 아래 조건에 따라 미팅 시간에 늦지 않도록 이동해야 한다면, 김 대리가 집에서 출발할 수 있는 가장 늦은 시각은? (단, 문제에서 제시한 시간만을 근거로 계산한다.)**

- 사무실(시청역 인근)에서 거래처 乙(동대문역 인근)까지는 2호선을 이용하여 6개 역을 이동한다.
- 2호선은 역당 1.5분이 소요된다.
- 거래처 乙에서 거래처 甲(홍대입구역 인근)까지도 2호선을 이용하여 10개 역을 이동한다.
- 동일하게 역당 1.5분이 소요된다.
- 거래처 乙에서 서류를 전달하는 데에는 정확히 5분이 소요된다.
- 김 대리는 오후 6시 정각에 거래처 甲에 도착해야 한다.

① 17시 21분
② 17시 26분
③ 17시 29분
④ 17시 31분
⑤ 17시 34분

TIP ㉠ 사무실 → 거래처 乙 : 9분 소요
㉡ 거래처 乙 서류 전달 : 5분 소요
㉢ 거래서 乙 → 거래처 甲 : 15분 소요
총 29분이 소요되므로, 오후 6시 정각에 도착하기 위해서는 17시 31분에 출발하면 된다.

Answer. 47.④ 48.④

49 다음은 甲사의 진급 평가기준이다. 대상자들의 평가 결과를 바탕으로 최종 점수가 가장 높은 한 명만 진급할 수 있다고 할 때, 진급 가능한 사람은?

〈진급 평가 기준〉

1. 종합 평가표

과목	A+	A-	B+	B-	C+	C-
업무전문성	95점	90점	85점	80점	75점	70점
문제해결능력	95점	90점	85점	80점	75점	70점
의사소통역량	95점	90점	85점	80점	75점	70점
협업 · 조직적응	95점	90점	85점	80점	75점	70점
직무성과	95점	90점	85점	80점	75점	70점
리더십 잠재력	95점	90점	85점	80점	75점	70점

2. 평가 점수 산정
- 소수점은 모두 반올림한다.
- 최종 점수 = 평균점수 + 가산(차감)

3. 가산 및 차감 기준
- 직무성과(업적) 점수가 A+ 또는 A-(95점 또는 90점)인 경우, 평균 점수에 5점 가산한다.
- 의사소통 역량, 협업 · 조직적응 중에서 C+ 또는 C-(75점 또는 70점)인 과목이 있을 때마다 평균 점수에서 각각 5점씩 차감한다.

4. 평가 결과

과목	甲	乙	丙	丁	戊
업무전문성	90점	95점	85점	80점	95점
문제해결능력	90점	85점	85점	80점	90점
의사소통역량	80점	85점	85점	75점	90점
협업 · 조직적응	80점	90점	85점	75점	85점
직무성과	90점	85점	95점	90점	95점
리더십 잠재력	85점	80점	90점	80점	90점

① 甲　② 乙
③ 丙　④ 丁
⑤ 戊

TIP ⑤ 대상자들의 평균 점수 및 가산(차감) 여부는 다음과 같다.

과목	甲	乙	丙	丁	戊
평균 점수	86	88	89	80	91
가산 점수	+5/X	X	+5/X	+5/-10	+5/X
합계	91	88	94	75	96

따라서 진급 가능한 사람은 戊이다.

50 유 대리는 3월 중 2박 3일 출장을 다녀와야 한다. 고정 일정은 다음과 같으며, 고정 일정이 없는 날에 출장이 가능하다. 다음 중 유 대리가 다녀올 수 있는 출장 일정으로 가장 적절한 것은?

- 3월 1일은 일요일이다.
- 매주 월요일에는 본사 주간회의가 있다.
- 매주 수요일 오전에는 외부 협력사 미팅이 있다.
- 둘째 주 금요일에는 분기 보고 작성으로 종일 사무실에 있어야 한다.
- 셋째 주 목요일에는 정기 건강검진이 예약되어 있다.
- 넷째 주 화요일에는 필수 교육이 있다.

① 3월 2일(월) ~ 4일(수)
② 3월 9일(월) ~ 11일(수)
③ 3월 14일(토) ~ 16일(월)
④ 3월 19일(목) ~ 21일(토)
⑤ 3월 20일(금) ~ 22일(일)

TIP ⑤ 9월 스케줄을 달력으로 표시하면 다음과 같다.

일	월	화	수	목	금	토
1	2 본사주간회의	3	4 외부 협력사 미팅	5	6	7
8	9 본사주간회의	10	11 외부 협력사 미팅	12	13 분기 보고 작성	14
15	16 본사주간회의	17	18 외부 협력사 미팅	19 정기 건강검진	20	21
22	23 본사주간회의	24 필수 교육	25 외부 협력사 미팅	26	27	28
29	30 본사주간회의	31				

①② 월(주간회의), 수(미팅) → 불가
③ 월(주간회의) → 불가
④ 목(정기건강검진) → 불가

Answer. 49.⑤ 50.⑤

51 **아래 문서보관 · 보존 규정에 따라 문서를 보존할 때, 각 문서의 보존기간으로 옳은 것은?**

1. 영구 보존 문서
- 조직 운영의 근거가 되는 기본 규정집, 제정 · 개정 이력 문서
- 기관의 핵심 사업성과를 입증하는 공식 인증문서
- 법적 분쟁 대비가 필요한 핵심 증빙서류

2. 20년 보존 문서
- 장기 정책계획의 수립 과정에서 작성된 원본 문서
- 대규모 예산 집행 근거자료로 사용될 수 있는 문서

3. 10년 보존 문서
- 중장기 계획에 관한 연구 · 평가 · 분석 보고서
- 주요 사업의 추진과정 기록 및 협의 문서

4. 7년 보존 문서
- 정기 감사를 위해 필요한 회계 관련 문서
- 임원회의 결과 보고서 및 관리 문서

5. 3년 보존 문서
- 각종 민원 처리 결과 보고서
- 단기 사업 운영 기록 및 내부업무 참고자료

6. 1년 보존 문서
- 일일 · 주간 단위의 단순보고 자료
- 부서 내 공지, 일반행정 처리 관련 문서

① 일일 업무 일지 – 3년
② 민원 대응 결과 종합보고서 – 1년
③ 예산 회계보고서(정기감사용) – 10년
④ 중기 전략사업 추진 현황 보고서 – 7년
⑤ 기관의 정관 및 제 · 개정 이력 기록 – 영구

TIP ① 일일 업무 일지 – 1년
② 민원 대응 결과 종합보고서 – 3년
③ 예산 회계보고서(정기감사용) – 7년
④ 중기 전략사업 추진 현황 보고서 – 10년

52 甲기업은 창립 30주년을 맞이하여 기념품을 제작하려고 한다. 다음 선호도 결과에 따라 선정된 기념품은 무엇이며 부서별 직원 현황에 따른 최소 구매 개수는 몇 개인가?

〈기념품 선호도 결과〉

텀블러	백팩	무선충전패드
★★★★★★★★★ 9표	★★★★★★★★ 8표	★★★★★★★★★★★★ 12표
[비고] 파손 가능성이 있으므로 주문량의 1.1배 발주	지퍼 · 바느질 불량 가능성으로 40개당 1개 추가 발주	칩 불량 가능성으로 최소 주문량에 25개 추가 발주

〈부서별 직원 현황〉

기획조정본부	18명	IT전략본부	11명
인사총무부	9명	디지털전략부	14명
영업지원부	22명	지역사회공헌부	8명

① 텀블러 91개
② 백팩 84개
③ 백팩 92개
④ 무선충전패드 107개
⑤ 무선충전패드 112개

TIP ④ 최다 득표를 얻은 무선충전패드를 기념품으로 선정할 때, 칩 불량 가능성으로 최소 주문량에 25개를 추가 발주해야 한다. 총 직원의 수는 82명으로 최소 구매 개수는 107개가 된다.

Answer. 51.⑤ 52.④

53 甲사는 신규 TF팀 구성을 위해 3명을 선발하려고 한다. 기획 경험자 5명, 데이터분석 경험자 3명의 지원자가 있을 때 기획 경험자, 데이터분석 경험자 한 명씩 포함되도록 뽑는 경우의 수는? (단, 지원자 1명은 1개의 경력이 있다.)

① 38
② 45
③ 48
④ 52
⑤ 56

TIP ② 8명의 지원자 중 기획 경험자 또는 데이터분석 경험자만 구성하는 경우의 수를 뺀 것으로,

$${}_8C_3-({}_5C_3+{}_3C_3)$$
$$=\frac{8\times7\times6}{3\times2\times1}-\left(\frac{5\times4\times3}{3\times2\times1}+1\right)$$
$$=56-(10+1)$$
$$=45$$

총 45개가 된다.

54 물류팀 A 주임 혼자서 하루치 물량인 상자 1더미를 모두 포장하려면 2시간 30분이 걸리는 반면, 신입 직원 B가 혼자 같은 물량을 포장하면 10시간이 걸린다. A 주임과 B 직원이 함께 이 물량을 포장할 때, 이 작업을 끝내는 데 걸리는 최소 시간은 얼마인가?

① 1시간 30분
② 2시간
③ 2시간 30분
④ 3시간
⑤ 3시간 30분

TIP ② B의 작업량을 x라고 하면, A 주임의 작업량은 $4x$이므로, 두 사람이 함께 작업하면,

$x+4x=1$이 된다. B의 작업량 비율은 $x=\frac{1}{5}$로 나타낼 수 있다. A 주임이 혼자 작업하면 2시간 30분(=150분)이 걸리므로, 두 사람이 함께 작업할 때 A 주임이 실제로 담당해야 하는 작업량에 걸리는 시간은 150분$\times\frac{1}{5}$=30분이다. 그러나 A 주임이 혼자서 B 직원 몫까지 대신 처리할 때 필요한 시간이므로, 두 사람의 합동 작업 속도는

$\frac{1}{150}+\frac{1}{600}=\frac{4}{600}+\frac{1}{600}=\frac{5}{600}=\frac{1}{120}$이다.

따라서 두 사람이 함께 작업을 끝내는 데 걸리는 최소 시간은 120분=2시간이다.

55 다음은 전국 ATM 기기 수를 연도별로 나타낸 자료이다. 이를 분석한 내용으로 옳은 것은?

구분	2022년	2023년	2024년
서울	8,300대	8,100대	7,900대
인천	2,750대	2,780대	2,820대
경기	9,600대	9,650대	9,700대
강원	1,280대	1,250대	1,220대
충북	1,350대	1,330대	1,300대
충남	1,520대	1,500대	1,480대
세종	420대	430대	440대
대전	1,620대	1,630대	1,620대
전북	1,400대	1,370대	1,350대
광주	1,480대	1,460대	1,440대
전남	1,360대	1,340대	1,320대
경북	1,700대	1,680대	1,660대
경남	1,820대	1,800대	1,780대
대구	2,360대	2,330대	2,300대
울산	1,090대	1,070대	1,050대
부산	3,050대	3,000대	2,950대
제주	880대	870대	860대

① 2024년 기준 ATM 기기 수가 2,000대 이상인 지역은 6곳이다.
② 2023년에서 2024년 사이 ATM 기기 수의 감소량이 가장 큰 지역은 서울이다.
③ 2022년에서 2023년 사이 ATM 기기 수가 증가한 지역은 5곳이다.
④ 2022년 대비 2024년 ATM 기기 수의 감소율이 3% 이상인 지역의 수는 8곳이다.
⑤ 2022년 대비 2024년 ATM 기기 수의 감소율(%)이 가장 큰 지역은 강원이다.

TIP ① 2024년 기준 ATM 기기 수가 2,000대 이상인 지역은 서울(7,900대), 인천(2,820대), 경기(9,700대), 대구(2,300대), 부산(2,950대) 5곳이다.
③ 2022년에서 2024년 사이 ATM 기기 증가 지역은 인천, 세종, 대전, 경기4곳이다.
④ 서울 약 4.82%, 강원 약 4.69%, 충북 약 3.70%, 전북 약 3.57%로 총 6곳이다.
⑤ 강원은 감소율이 약 4.7%, 서울은 약 4.8%이므로 강원의 기기 감소율이 가장 크다고 할 수 없다.

Answer. 53.② 54.② 55.②

56 다음은 甲은행의 월별 대출 실행 건수를 정리한 자료이다. ㉠ ~ ㉢의 값으로 옳은 것은?

甲은행 분기별 대출 실행 금액

구분	1월	2월	3월	4월	5월	6월
실행건수	860건	910건	840건	920건	1,050건	1,000건
구분	7월	8월	9월	10월	11월	12월
실행건수	1,120건	1,050건	980건	930건	950건	1,020건

- ㉠ : 연평균 대출 실행 건수
- ㉡ : 중앙값
- ㉢ : 최빈값

	㉠	㉡	㉢
①	969	965	1,050
②	970	965	1,050
③	969	980	1,020
④	975	965	1,050
⑤	969	970	1,000

TIP ㉠ 11,630 ÷ 12 =약 969건

㉡ 자료를 오름차순으로 정렬했을 때, 840, 860, 910, 920, 930, 950, 980, 1,000, 1,020, 1,050, 1,050, 1,120이므로 중앙값은 6 · 7번째 값의 평균 즉, 965건이 된다.

㉢ 주어진 값 중 가장 자주 나오는 값은 1,050건(2회)이다.

57 다음은 A은행의 7 ~ 12월 주요 금융상품의 평균 금리이다. 다음 중 아래 자료를 이해하지 못한 사람은 누구인가?

구분	7월	8월	9월	10월	11월	12월
정기예금	3.20%	3.25%	3.30%	3.35%	3.40%	3.45%
신용대출	5.80%	5.75%	5.70%	5.75%	5.85%	5.90%
주택담보대출	4.10%	4.05%	4.00%	4.05%	4.15%	4.20%

① 甲 : 11월에서 12월 사이에는 모든 상품의 금리가 상승했다.
② 乙 : 신용대출 금리는 항상 정기예금 금리보다 높다.
③ 병 : 9월에는 주택담보대출 금리가 신용대출 금리보다 낮다.
④ 丁 : 정기예금 금리가 가장 크게 상승한 시기는 7월에서 8월 사이이다.
⑤ 戊 : 10월 이후에는 주택담보대출 금리가 신용대출 금리와의 격차가 점점 커진다.

TIP ④ 모든 구간에서 상승폭이 동일하다.
① 정기예금은 3.40%에서 3.45%로, 신용대출은 5.85%에서 5.90%로, 주택담보대출은 4.15에서 4.20으로 상승했다.
② 모든 기간에서 신용대출 금리가 정기예금 금리보다 높다.
③ 9월 기준으로 신용대출 금리는 5.70%, 주택담보대출은 4.00%이므로 주택담보대출 금리가 더 낮다.
⑤ 10월 격차는 1.60%, 11월은 1.60%, 12월은 1.65%로 격차가 줄어들지 않고 커진다.

Answer. 56.① 57.④

58 다음은 甲기업에서 운영하는 연도별 사내 근로복지기금 및 지급 현황이다. 이에 대한 설명으로 옳지 않은 것은?

사내 근로복지기금 및 지급 현황

연도	사내 근로복지기금 조성액(A)	지급액(B)	미지급 잔액(A－B)
2016년	120억 원	－	120억 원
2017년	180억 원	95억 원	85억 원
2018년	210억 원	160억 원	50억 원
2019년	240억 원	190억 원	50억 원
2020년	260억 원	200억 원	60억 원
2021년	300억 원	220억 원	80억 원
2022년	330억 원	250억 원	80억 원
2023년	360억 원	310억 원	50억 원

① 2016년에는 근로복지기금이 지급되지 않았다.
② 2019년부터 2023년까지의 기금 지급액 합계는 같은 기간 기금 조성액 합계의 75% 이상이다.
③ 미지급 잔액이 전년도 대비 증가한 해의 수는, 미지급 잔액이 70억 원 이상인 해의 수보다 많다.
④ 전체 기간의 기금 지급액 합계 대비 2022년 기금 지급액의 비중은 18% 미만이다.
⑤ 2023년의 기금지급률은 전체 기간 평균 지급률보다 높다.

TIP ③ 미지급 잔액 전년 대비 증가한 해는 2019년, 2020년이며 미지급 잔액이 70억 원 이상인 해는 2021년 2022년이다.
① 2016년 지급액은 '－'로 표기되어 있으므로 근로복지기금 지급 사실이 없다.
② 조성액 합계는 약 1,490억 원이며 지급액 합계는 약 1,170억 원으로 지급 비율은 약 78.5%이다.
④ 2022년 기금 지급 비중은 약 17.5%이다.
⑤ 전체 평균 지급률은 약 71.25%이며 2023년 지급률은 약 86.1%로 2023년 지급률이 전체 평균보다 높다.

59 다음은 지점별 한 달 판매실적 테이블이다. 서울 지역에 한해 판매액을 내림차순으로 정리하여 지점명과 판매액을 확인하고자 할 때 적절한 SQL은?

지역	지점명	판매액
서울	은평지점	13,300,000원
서울	강동지점	12,534,000원
대전	대덕지점	8,125,000원
부산	동래지점	10,421,000원
대전	유성지점	9,300,500원
서울	성북지점	14,627,000원
경기	파주지점	13,255,000원
서울	마포지점	18,000,500원
경기	구리지점	10,001,500원
경기	광명지점	15,300,000원
제주	서귀포지점	7,685,000원
서울	관악지점	13,225,000원

① SELECT 지점명, 판매액 FROM 판매실적 WHERE 지역 = '서울' ORDER BY 판매액 DESC;
② SELECT 지점명, 판매액 FROM 판매실적 ORDER BY 판매액 DESC WHERE 지역 = '서울';
③ SELECT 지점명, 판매액 FROM 판매실적 WHERE 지역 = '서울' ORDER BY 지점명 DESC;
④ SELECT 지역, 판매액 FROM 판매실적 WHERE 지역 = '서울' ORDER BY 판매액 DESC;
⑤ SELECT 지점명, 판매액 FROM 판매실적 WHERE 지역 = 서울 ORDER BY 판매액 DESC;

TIP ① 서울 지역에 한하여 지점별 판매액을 내림차순으로 조회하기 위한 SQL문으로, 문제의 요구사항을 정확히 충족한다. SELECT 지점명, 판매액 → 조회 대상 컬럼으로 지점명과 판매액을 정확히 지정하였고, FROM 판매실적 → 조회할 테이블을 바르게 지정하였다. WHERE 지역 = '서울' → 지역이 '서울'인 데이터만 필터링하여 조건에 맞는 행만 추출한다. 문자열 비교이므로 값에 작은따옴표(' ')를 사용해야 한다. ORDER BY 판매액 DESC → 판매액을 기준으로 내림차순(DESC) 정렬하여 판매액이 큰 지점부터 확인할 수 있다.

Answer. 58.③ 59.①

60 **다음 자동차 등록번호판 기준에 관한 자료를 참고했을 때 자동차 등록번호판 '126가 7856'에 대한 설명으로 옳은 것은?**

〈자동차 등록번호판 기준〉

■ 번호판 방식

1. 페인트방식 번호판 : 번호판 전면바탕을 페인트로 도색한 번호판
2. 필름부착방식 번호판 : 번호판 전면바탕에 채색된 필름을 부착한 번호판

※ 2019년 9월부터 승용(비사업용 및 대여사업용) 자동차 등록번호판이 기존의 7자리에서 8자리로 변경됨

■ 번호판 색상

1. 비사업용
   가. 일반용(SOFA자동차, 대여사업용 자동차 포함) : 페인트방식 번호판은 분홍빛 흰색바탕에 보라빛 검은색 문자, 필름부착방식 번호판은 흰색바탕에 검은색 문자
   나. 외교용(외교, 영사, 준외, 준영, 국기, 협정, 대표) : 감청색바탕에 흰색문자
   다. 법인업무용 자동차 : 연녹색바탕에 검은색 문자
2. 자동차운수사업용 : 황색 바탕에 검은색문자
3. 이륜자동차번호판 : 분홍빛 흰색 바탕에 보라빛 검은색 문자
4. 임시운행허가번호판 : 흰색바탕에 검은색문자로 하고 3mm 폭의 적색사선
5. 전기자동차 번호판 : 파란색 바탕에 검은색 문자

■ 차종 및 용도구분 등의 기호

구분		분류		기호
차종별		승용자동차	비사업용	100 ~ 699
			대여사업용	
			일반사업용	01 ~ 69
		승합자동차	비사업용	700 ~ 799
			대여사업용	
			일반사업용	70 ~ 79
		화물자동차	비사업용	800 ~ 979
			일반사업용	80 ~ 97
		특수자동차	비사업용	980 ~ 997
			대여사업용	
			일반사업용	98, 99
		긴급자동차	경찰차	998 ~ 999
			소방차	
용도별	비사업용 (SOFA 자동차 포함)	자가용(관용 포함)		가, 나, 다, 라, 마, 거, 너, 더, 러, 머, 버, 서, 어, 저, 고, 노, 도, 로, 모, 보, 소, 오, 조, 구, 누, 두, 루, 무, 부, 수, 우, 주
	자동차운수 사업용	일반용		바, 사, 아, 자, 배
		대여사업용		허, 하, 호
	외교용	외교관용		외교
		영사용		영사
		준외교관용		준외
		준영사용		준영
		국제기구용		국기
		기타외교용		협정, 대표

■ 관할관청 기호표시

관할관청	기호	관할관청	기호
서울특별시	서울	부산광역시	부산
대구광역시	대구	인천광역시	인천
광주광역시	광주	대전광역시	대전
울산광역시	울산	세종특별자치시	세종
경기도	경기	강원특별자치도	강원
충청북도	충북	충청남도	충남
전북특별자치도	전북	전라남도	전남
경상북도	경북	경상남도	경남
제주특별자치도	제주	-	-

■ 일련번호

마지막 네 자리 숫자는 차량 등록 순서의 일련번호로 자동으로 부여된다.

① 페인트 방식일 경우 황색 바탕에 검은색 문자를 사용한다.

② '가'는 용도 구분 문자로, 비사업용임을 알 수 있다.

③ 2019년 9월 이후에 발급받은 자동차 등록번호판이다.

④ '126'은 차량의 지역을 나타내는 번호로 서울관할관청임을 할 수 있다.

⑤ 차종은 승합자동차이다.

TIP ① 페인트 방식일 경우 비사업용 자동차이므로 분홍빛 흰색 바탕에 보라색 검은색 문자를 사용한다.

③ 2019년 9월 이후엔 자동차 등록번호판이 8자리로 변경되었다.

④ '126'은 차종을 나타내는 번호이며 비사업용 및 대여사업용은 관할관청의 기호표시를 하지 않는다.

⑤ 차종은 승용자동차이다.

Answer. 60.②

03 2023년 11월 26일 기출복원문제

난이도 ●●●○○

제한시간 60분 | 문항 수 60문항

1 다음 설문 조사 결과의 결론으로 가장 적절한 것은?

> A구에서는 자립 준비 청년의 건강한 삶을 위한 지원 프로그램을 진행하고 있다. 해당 프로그램은 생필품뿐만 아니라 청년가구의 자립적인 생활을 지원하고 사회관계망 형성을 통한 삶의 질 향상을 도모하기 위한 것으로 요리수업, 정리수납 방법, 심리상담 등이 진행된다. 이와 관련한 설문 조사에서 자립 준비 청년의 참여도가 꽤 높은 것으로 밝혀졌다. 향후 다양한 프로젝트 확대 추진 및 실질적인 지원책을 마련하기 위해 참여 자립 준비 청년 150명을 대상으로 해당 프로그램들이 자립 능력 향상에 기여하였는지 설문 조사한 결과, '매우 그렇다'는 35%, '그렇다'는 25%, '그렇지 않다'는 15%, '매우 그렇지 않다'는 5%, 무응답은 10%였다.

① A구의 프로그램은 다른 지역보다 다양하다고 할 수 있다.
② A구의 설문 조사 참여도는 다른 지역보다 참여도가 낮은 편이다.
③ A구의 프로그램은 자립 능력 향상에 기여했다고 평가할 수 있다.
④ A구의 설문 조사 결과는 향후 프로젝트 진행 시, 비슷한 결과가 도출될 것이다.
⑤ A구의 설문 조사는 자립 준비 청년들의 구직활동 참여도를 평가하는 기준으로 활용될 수 있다.

TIP ③ 자립 능력 향상에 기여하였는지에 대한 물음에서 '매우 그렇다'와 '그렇다'의 응답이 '그렇지 않다', '매우 그렇지 않다'의 비율 절반을 넘었으므로 A구 프로그램은 자립 능력 향상에 기여했다고 평가할 수 있다.

2 다음 글을 읽고 난 후의 반응으로 적절하지 않은 것은?

> 甲그룹에서 시범사업으로 시행하고 있는 농식품바우처 사업은 현물 중심 식품보조정책이다. 미국의 식품 지원 프로그램 *SNAP과 유사하다. 시범사업을 통해 향후 예상되는 이슈를 파악하고 이를 해결하고 최적의 대안을 찾기 위한 노력을 거듭하고 있다. 甲그룹의 농식품바우처는 취약계층 영양 보조에 필요한 특정 품목만을 지원하며 신선식품 섭취 및 규칙적인 식품 섭취로 영양균형과 건강 효과를 기대한다. 그러나 국내산 채소, 과일, 흰 우유, 신선란, 육류, 잡곡, 두부류, 꿀, 단순가공채소류, 산양유 외 품목은 구매가 불가하다. 이는 선택적 지원으로 이어질 수 있으며 취약계층의 선호에 따라 바우처 이용률이 저하되고 취약계층 영양 보조 효과라는 정책 의도 달성이 어렵다. 해당 바우처는 사용할 수 있는 식료품점이 제한되어 있다는 점에서도 식품 접근성이 떨어진다. 거주 지자체에 위치한 甲그룹 매장이나 甲그룹의 온라인몰을 이용해야 하는데, 취약계층은 이동수단이 마땅치 않거나 온라인몰 사용에 익숙하지 않을 가능성이 높다. 미국 SNAP 연구에 따르면, 지원금이 다음 지급 전까지 이어지지 않는 현상, 이른바 Benefit Cycle 현상으로 바우처 지급 이후 영양섭취가 과다하다가 다음 바우처 지급 전까지 영양섭취가 급격히 감소하며 건강상에 문제가 발생하는 것으로 확인되었다. 해당 바우처는 SNAP와 동일하게 매달 1회 지급으로, 당장은 Benefit Cycle 효과가 나타나지 않지만 SNAP 정책과 유사하므로 지속적인 모니터링이 요구된다. 이처럼 농식품바우처 활성화를 위해서는 운영 시 발생가능한 문제점을 확인하고 개선 방안에 대한 검토가 필요하다.
>
> ※ SNAP(Supplemental Nutrition Assistance Program) : 직불카드 형태로 지원금이 지급되며, 해당 카드를 이용하여 대부분의 식품과 음료를 구매할 수 있으나 주류, 담배, 비타민, 의약품, 조리 식품 등은 구매가 제한된다. SNAP 대상자에게는 온 · 오프라인으로 영양교육이 진행되며, 한정된 예상에서 건강한 식품을 선택할 수 있는 역량을 강화시키는 것을 목표로 한다. 이 뿐만 아니라 근로 가능한 성인에게는 고용훈련 프로그램도 제공하여 경제적으로 자립할 수 있는 역량을 기를 수 있도록 한다.

① 국내산 농산물에도 관심도가 증가하겠군.
② 바우처 사용률 제고를 위해서는 품목 확대를 통해 만족도를 증대시켜야겠군.
③ 취약계층이 건강한 식생활을 할 수 있도록 유도하는 긍정적인 효과가 있겠군.
④ 취약계층을 위해서는 온라인몰에 집중하는 게 좋겠군.
⑤ Benefit Cycle 현상에 따른 부정적인 효과가 발생하지 않도록 지속적인 모니터링이 필요하다.

TIP ④ 취약계층은 이동수단이 마땅치 않거나 온라인몰 사용에 익숙하지 않을 가능성이 높다고 언급하고 있으므로 적절한 반응이 아니다.
① 국내산 채소 등 바우처로 국내산 농산물 구매하도록 촉진하고 있으므로 국내산 농산물에도 관심도가 증가할 수 있을 것을 짐작할 수 있다.
② 제한된 품목으로 인해 취약계층의 선호에 따라 바우처 이용률이 저하될 수 있다고 언급하고 있으므로 품목 확대를 통해 만족도를 증대시키고 사용률을 제고할 수 있다고 짐작할 수 있다.
③ 신선식품 섭취 및 규칙적인 식품 섭취로 영양균형과 건강 효과를 기대한다고 언급하고 있으므로 취약계층이 건강한 식생활을 할 수 있도록 유도한다고 짐작할 수 있다.
⑤ 미국 SNAP 연구에 따르면 Benefit Cycle 현상으로 건강상에 문제가 발생하는 것으로 확인되었으며, 시행되는 농산품 바우처가 SNAP 정책과 유사하므로 지속적인 모니터링이 요구된다고 언급하고 있다.

Answer. 1.③ 2.④

3 다음은 N재단에서 운영하는 2024년도 장학관 사업 계획 일부다. 주어진 글을 바탕으로 알 수 있는 내용으로 적절하지 않은 것은?

1. 지원 자격
가. 농업인 또는 농업인 자녀 대학생(대학원생)으로 2024년 재학 중(입학예정)인 자
※ 또는 이전 입주 학생도 새로 입주신청을 하여야 함
나. 대학원생은 선발 가능 대학에 재학 중인 일반 및 전문 대학원생을 대상으로 하며 미취업 전일제 대학원생이어야 함
다. 지원자 중 선발대상 제외 요건에 해당하는 자는 불합격 처리
※ 입주 후 발견 시에도 관련 수칙에 의거 퇴관될 수 있음
라. 선발 대상 제외 요건
- 해당 재단 인재육성 장학생 외 농촌정주 장학생인 경우
※ 2024년도 장학금 포기 시 입주지원 가능, 장학생은 장학관 입주 합격 시 장학금 포기 서류를 제출하여야 함
- 잔여 학기가 1학기만 남은 경우
- 입주지원 신청내용을 허위로 기재한 경우
- 전염병 등 신체적 또는 정신적인 사유로 공동생활이 부적합한 경우

2. 지원 불가 대학 : 고등교육법 제2조 5호의 방송대학 · 통신대학 · 방송통신대학 및 사이버대학 학생

3. 선발 심사 일반기준
가. 경제적 여건(건강보험료), 성적, 입주생활 등 종합 심사
나. 입주생활 평가는 기존 입주 생활생을 대상으로 함
다. 경제적 여건(건강보험료)이 어려운 학생 중 성적이 높은 순으로 선발
라. 동점자 처리 기준
- 1순위 : 경제적 여건이 어려운 학생
- 2순위 : 입주심사위원회에서 결정한 학생
- 3순위 : 입주 연차가 적은 학생
마. 대학원생은 대학생 지원자 선발 이후 공실 발생 시 선발 ※ 선발기준은 대학생 선발과 동일하게 적용

4. 항목별 선발 심사 기준
가. 경제적 여건
- 건강보험료 납부액을 기준으로 심사
- 기초생활수급자 및 차상위계층 해당자는 다른 결격사유가 없을 경우 경제적 여건 외 미심사 우선 선발
나. 성적
- 지원자들의 성적분포에 따라 적정한 기준을 정하여 심사
- 재학생(대학원생) : 직전 2개 학기 성적의 평균
- 신입생 : 고등학교 3학년 내신 성적과 수능성적 중 유리하다고 판단되는 성적을 선택하여 제출
※ 단, 수능 4과목 미만 응시자는 반드시 내신 성적 제출

5. 선발 인원

구분	일정	비고
입주(1학기 시작일)	2024. 2. 29.	여름방학기간 포함
퇴관(2학기 종료일)	2024. 12. 25.	겨울방학 미운영

① 경제적으로 어려운 농업인(또는 농업인의 자녀)을 지원하기 위한 사업 계획이다.

② 기존 입주 생활생의 경우 재신청을 해야 하며 입주생활평가가 이루어진다.

③ 대학생 및 대학원생이 동점일 경우 대학생 지원자를 우선 선발한다.

④ 기초생활수급자는 결격사유가 없을 때 별도의 선발 심사 없이 우선 선발한다.

⑤ 졸업예정자인 기존 입주 생활생은 재신청이 불가하다.

TIP ③ 대학원생은 대학생 선발 이후 공실이 발생할 때 선발하므로 동점이 될 수 없으며, 선발 기준은 대학생과 동일하게 적용된다.

① 선발 심사 기준에서 제일 중요하게 보는 것은 경제적 여건이므로 경제적으로 어려운 농업인(또는 농업인의 자녀)을 지원하기 위한 사업 계획이라고 할 수 있다.

② 기존 입주 생활생도 새로 입주신청을 해야 하며, 이때 입주생활평가가 이루어진다.

④ 기초생활수급자 및 차상위계층 해당자는 다른 결격사유가 없을 경우, 경제적 여건 외 미심사로 우선 선발한다.

⑤ 잔여 학기가 1학기만 남은 경우 기존 입주생활생이라도 선발대상에서 제외된다.

Answer. 3.③

4 다음은 농작물재해보험(밭작물) 보험 약관의 일부이다. 보험의 목적이 인삼작물일 때 해석을 바르게 한 경우는?

① 작물특성 및 시설종합위험방식

보상하는 손해	보험기간	
보험의 목적	보장개시	보장종료
인삼	1형(4 ~ 5월 가입) : 판매 개시연도 5월 1일(단, 5월 1일 이후 보험에 가입하는 경우에는 계약체결일 24시)	1형(4 ~ 5월 가입) : 이듬해 4월 30일 24시(단, 6년근은 판매 개시연도 10월 31일을 초과할 수 없음)
	2형(10 ~ 11월 가입) : 판매 개시연도 11월 1일(단, 11월 1일 이후 보험에 가입하는 경우에는 계약체결일 24시)	2형(10 ~ 11월 가입) : 이듬해 10월 31일 24시(단, 10월 31일 이전에 수확이 완료된 경우에는 보장 종료)

② 인삼(작물) 보장하는 손해

회사는 보험의 목적에 아래에 재해로 인해 입은 손해를 보상합니다.

1. 태풍(강풍) : 기상청에서 태풍에 대한 특보(태풍주의보, 태풍경보)를 발령한 때 해당지역의 바람과 비 또는 최대순간풍속 14m/s 이상 강풍을 말합니다. 이때 강풍은 해당지역에서 가장 가까운 3개 기상관측소(기상청 설치 또는 기상청이 인증하고 실시간 관측 자료를 확인할 수 있는 관측소)에 나타난 측정자료 중 가장 큰 수치의 자료로 판정합니다.
2. 폭설 : 기상청에서 대설에 대한 특보(대설주의보, 대설경보)를 발령한 때 해당 지역의 눈 또는 24시간 신적설이 해당지역에서 가장 가까운 3개 기상관측소(기상청 설치 또는 기상청이 인증하고 실시간 관측 자료를 확인할 수 있는 관측소)에 나타난 측정자료 중 가장 큰 수치의 자료가 5cm 이상인 상태를 말합니다.
3. 집중호우 : 기상청에서 호우에 대한 특보(호우주의보, 호우경보)를 발령한 때 해당 지역의 비 또는 해당지역에서 가장 가까운 3개소의 기상관측장비(기상청 설치 또는 기상청이 인증하고 실시간 관측 자료를 확인할 수 있는 관측소)로 측정한 24시간 누적강수량이 80mm 이상인 강우상태를 말합니다.
4. 침수 : 태풍, 집중호우 등으로 인하여 인삼 농지에 다량의 물(고랑 바닥으로부터 침수 높이가 최소 15cm 이상)이 유입되어 상면에 물이 잠긴 상태를 말합니다.
5. 우박 : 적란운과 봉우리 적운 속에서 성장하는 얼음알갱이나 얼음덩이가 내려 발생하는 피해를 말합니다.
6. 냉해 : 출아 및 전엽기(4~5월로 한정) 중에 해당지역에서 가장 가까운 3개소의 기상관측장비(기상청 설치 또는 기상청이 인증하고 실시간 관측 자료를 확인할 수 있는 관측소)에서 측정한 최저기온 0.5℃ 이하의 찬 기온으로 인하여 발생하는 피해를 말하며, 육안으로 판별 가능한 냉해 증상이 있는 경우에 피해를 인정합니다.
7. 폭염 : 해당 지역에 최고기온 30℃ 이상이 7일 이상 지속되는 상태를 말하며, 잎에 육안으로 판별 가능한 타들어간 증상이 50% 이상 있는 경우에 인정합니다.
8. 화재 : 화재로 인하여 발생하는 피해

③ 추가지급

회사는 ②에서 보장하는 위험으로 인하여 손해가 발생한 경우 계약자 또는 피보험자가 지출한 아래의 비용을 추가로 지급합니다. 다만, 보험의 목적 중 인삼의 경우 잔존물 제거비용은 지급하지 않습니다.

1. 잔존물 제거비용 : 사고현장에서의 잔존물의 해체비용, 청소비용 및 차에 싣는 비용. 다만, ②에서 보장하지 않는 위험으로 보험의 목적이 손해를 입거나 관계법령에 의하여 제거됨으로써 생긴 손해에 대하여는 보상하여 드리지 않습니다(청소비용에서 사고현장 및 인근 지역의 토양, 대기 및 수질 오염물질 제거 비용과 차에 실은 후 폐기물 처리비용은 포함되지 않습니다.)

2. 손해방지비용 : 손해의 방지 또는 경감을 위하여 지출한 필요 또는 유익한 비용
3. 대위권 보전비용 : 제3자로부터 손해의 배상을 받을 수 있는 경우에는 그 권리를 지키거나 행사하기 위하여 지출한 필요 또는 유익한 비용
4. 잔존물 보전비용 : 잔존물을 보전하기 위하여 지출한 필요 또는 유익한 비용. 다만, 잔존물에 의해 회사가 잔존물을 취득한 경우에 한합니다.
5. 기타 협력비용 : 회사의 요구에 따르기 위하여 지출한 필요 또는 유익한 비용

④ 보상하지 않는 손해 : 회사는 보험의 목적이 인삼인 경우 아래의 사유로 인한 손해는 보상하여 드리지 않습니다.

1. 계약자, 피보험자 또는 이들의 법정대리인의 고의 또는 중대한 과실
2. 수확기에 계약자 또는 피보험자의 고의 또는 중대한 과실로 수확하지 못하여 발생한 손해
3. 제초작업, 시비관리 등 통상적인 영농활동을 하지 않아 발생한 손해
4. 원인의 직접, 간접을 묻지 않고 병충해로 발생한 손해
5. 연작장해, 염류장해 등 생육 장해로 인한 손해
6. 보상하지 않는 재해로 제방, 댐 등이 붕괴되어 발생한 손해
7. 해가림 시설 등의 노후 및 하자로 생긴 손해
8. 계약체결 시점 현재 기상청에서 발령하고 있는 기상특보 발령 지역의 기상특보 관련 재해로 인한 손해
9. 보상하는 손해에 해당하지 않은 재해로 발생한 손해
10. 전쟁, 혁명, 내란, 사변, 폭동, 소요, 노동쟁의, 기타 이들과 유사한 사태로 생긴 손해

※ 1) 기상 특보 관련 재해 : 태풍, 호우, 홍수, 강풍, 풍랑, 해일, 대설, 폭염 등을 포함합니다.
2) 시비관리 : 수확량 또는 품질을 높이기 위해 비료성분을 토양 중에 공급하는 것

⑤ 보험금의 청구 : 피보험자가 보험금을 청구할 때에는 다음의 서류를 회사에 제출하여야 합니다.

1. 보험금 청구서(회사양식)
2. 신분증(주민등록증이나 운전면허증 등 사진이 붙은 정부기관발행 신분증, 본인이 아닌 경우에는 본인의 인감증명서 또는 본인서명사실확인서 포함)
3. 기타 회사가 요구하는 증거자료

① 영희 : 조수해(鳥獸害)로 발생한 피해도 보장해주겠다.
② 민지 : 인삼작물은 적란운과 봉우리 적운 속에서 성장하는 얼음알갱이나 얼음덩이가 내려와서 발생하는 피해도 보상하겠군.
③ 연주 : 사고현장에서의 잔존물의 해체비용, 청소비용을 추가지급을 받을 수 있겠다.
④ 혜령 : 수확량 또는 품질을 높이기 위한 비료성분을 토양에 공급하지 않아서 발생한 손해도 보상해주네.
⑤ 준수 : 보험금 청구할 때에는 회사에서 준 양식에 보험금 청구서만 첨부하여 제출하면 돼.

TIP ② 우박을 의미한다. 인삼(작물)은 우박 피해를 보장한다.
① 조수해 피해 보장은 명시되어 있지 않다.
③ 제3항에서 보험의 목적 중에 인삼은 잔존물 제거비용은 지급되지 않는다고 적혀있다.
④ 제4항에 제3호에서 시비관리(수확량 또는 품질을 높이기 위해 비료성분을 토양 중에 공급하는 것)를 하지 않아 발생한 손해를 보상하지 않는다고 적혀있다.
⑤ 보험금 청구서, 신분증, 기타 회사에서 요구하는 증거자료를 제출해야 한다.

Answer. 4.②

5 다음은 운전자 보험 상품설명서와 약관의 일부이다. 다음 상품설명서에 대한 설명으로 옳지 않은 것은?

〈ㅇㅇ손해보험 운전자보험〉

① 보장금액

1. 운전자보험의 기본 보장 가입금액을 높였습니다.
2. 보장금액
   - 교통사고처리지원금 – 최대 2억 원
   - 자동차사고변호사선임비용 – 최대 3,000만 원(자가용)
   - 자동차사고벌금비용 – 2,000만 원 한도
   - 스쿨존 어린이 사고 3,000만 원 한도
   - 보복운전사고를 당한 입장(피해자)에서 운전자를 지켜주는 보복운전피해 위로금을 제공합니다.

   ※ 단, 위의 금액 및 위로금은 특약에 가입한 경우에 보장됩니다.
3. 보장내용

보장명		보장 상세	지급금액
기본계약	자동차사고부상치료비 (1 ~ 7급단일)	교통사고로 발생한 상해로 「자동차손해배상보장법 시행령」 제3조 자동차사고부상등급표의 부상등급(1 ~ 7급)을 받은 경우	1,000만 원
선택계약	일반상해사망	일반상해로 사망 시	10,000만 원
선택계약	교통사고처리지원금 (6주 미만, 중대법규위반)	자동차 운전 중 발생한 중대법규위반 교통사고로 피해자(피보험자의 부모, 배우자 및 자녀 제외)에게 상해를 입혀 피해자가 42일 미만(피해자1인 기준) 치료를 요한다는 진단을 받은 경우(1사고당 피보험자가 실제로 지급한 형사합의금 지급)	• 28일(4주) 미만 진단 시 : 3백만 원 한도 • 28일(4주) 이상 42일(6주) 미만 진단 시 : 7백만 원 한도
선택계약	자동차사고벌금	자동차 운전 중 교통사고로 타인의 신체에 상해를 입힘으로써 신체상해와 관련하여 벌금액을 확정받은 경우 1사고당 2,000만 원 한도(단, 어린이보호구역에서 어린이 치사상의 가중처벌에 따른 벌금액 확정 시 1사고당 3,000만 원 한도)로 실제 손해액 보상	가입금액 한도
선택계약	보복운전피해위로금 (운전자)	자동차 운전 중 보복운전의 피해자가 되어 수사기관에 신고, 고소, 고발 등이 접수되고, 검찰에 의해 공소제기(이하 "기소"라 하며, 약식기소를 포함합니다) 또는 기소유예 된 경우	가입금액
	자전거사고벌금	자전거 운전 중 급격하고도 우연히 발생한 자전거사고로 타인의 신체에 상해를 입힘으로써, 신체상해와 관련하여 벌금액을 확정받은 경우 1사고당 2,000만 원 한도로 실제손해액 보상	2,000만 원(1사고당)

② 보험기간
1. 5/10/15/20년 만기
2. 70/80/90/100세 만기

③ 납입기간 및 납입방법
1. 납입기간 : 3년납/10년납, 전기납, 10/20/30년납
2. 납입방법 : 매월 납입, 매년 납입

④ 보험료 할인
1. 당사 장기 보장성보험 기가입자(계약자) 영업보험료의 2% 할인
2. 당사 농기계종합보험 기가입자(계약자) 영업보험료의 2% 할인
3. 전기자동차, 하이브리드자동차, 수소전기자동차(계약자) 소유자 2% 할인
※ 단, 기가입자 할인, 농기계 종합보험의 경우 할인 중복적용 불가

⑤ 비고
1. 회사에서 정하는 기준에 의거 피보험자의 가입연령 및 건강상태, 직업 또는 직무 등에 따라 보험가입금액이 제한되거나 가입이 불가능할 수 있습니다.
2. 실제 손해를 보상하는 담보를 다수의 보험계약으로 체결되어 있는 경우(공제계약 포함) 약관내용에 따라 비례보상합니다.
3. 중도인출은 1년 이후부터 기본계약 해지환급금과 적립부분 해지환급금 중 적은 금액의 80% 한도, 연 12회

① 기본계약 보장금액으로 교통사고처리지원금이 최대 2억 원까지 보장된다.
② 「자동차손해배상보장법 시행령」 제3조 자동차사고부상등급표의 부상등급으로 3급을 받은 경우 1,000만 원의 금액으로 보험금이 지급이 된다.
③ 10년만기/10년납으로 보장기간 동안 납입하는 조건으로 가입이 가능하다.
④ 할인 적용을 받지 않았던 농기계종합보험 기가입자는 2% 할인을 받을 수 있다.
⑤ 중도인출은 1년 이후부터 조건이 맞는 경우에 받을 수 있으며 연 12회 가능하다.

TIP ① 선택계약(특약)에 가입한 경우 보장된다.
② 기본계약 자동차사고부상치료비에 해당한다.
③ 보장기간 동안 납입하는 전기납이 가능하다.
④ 제4항 제2호에서 확인할 수 있다.
⑤ 제5항에서 확인할 수 있다.

Answer. 5.①

6 다음은 가축재해보험에 관련한 상품설명서의 일부이다. 상품설명서에 대한 설명으로 옳은 것은?

〈가축재해보험〉

구분	내용
보험기간	1년 원칙
납입방법	일시납
상품형태	순수보장형(소멸성)
상품구성	보통약관 + 특별약관 + 추가특별약관

1. 가입대상
- 돼지 : 종돈(모돈, 웅돈), 자돈, 육성돈, 비육돈 등
- 축사 : 가축사육 건물 및 관련 시설(태양광, 태양열 등 관련 시설은 제외)

2. 보장내용
- 주계약

구분	보상하는 손해	자기부담금
가축	• 화재에 의한 손해 • 풍재 · 수재 · 설해 · 지진에 의한 손해	손해액의 5%, 10%, 20%
축사	• 화재(벼락 포함)에 의한 손해 • 풍재 · 수재 · 설해 · 지진에 의한 손해	손해액의 0%, 5%, 10% (풍 · 수재, 설해 · 지진 최저 50만 원)

- 특약

구분	보상하는 손해	자기부담금
질병위험보장 특약	TGE, PED, Rota virus에 의한 손해 ※ 신규가입일 경우 가입일로부터 1개월 이내 질병 관련 사고는 보상하지 않습니다.	손해액의 20%, 30%, 40% 중 자기부담금과 200만 원 중 큰 금액
축산휴지 위험보장 특약	돼지보험(보통약관 및 특약)에서 보상하는 사고로 인한 경영손실 손해	–
전기적장치 위험보장 특약	전기적장치의 고장에 따른 손해	손해액의 10%, 20%, 30%, 40% 중 자기부담금과 200만 원 중 큰 금액
폭염재해보장 추가특약	폭염에 의한 손해	손해액의 10%, 20%, 30%, 40% 중 자기부담금과 200만 원 중 큰 금액
동물복지인증계약 특약	동물복지축산농장 인증(농림축산검역본부) 시 5% 할인	–

① 보험기간은 1년 이상의 기간은 가입할 수 없다.
② 가입대상에 모돈, 웅돈, 가금 등이 포함된다.
③ 가축이 냉해로 인한 피해를 입은 경우 자기부담금은 손해액의 5%, 10%, 20%이다.
④ 축사가 화재로 인해서 손해를 입은 경우 자기부담금은 최저 50만 원이다.
⑤ TGE가 가입일로부터 1개월 이내에 발생했다면 자기부담금은 200만 원에 해당한다.

TIP ② 가금(닭, 오리, 꿩 등)은 가입대상에 포함되지 않는다.
③ 냉해는 포함되지 않는다.
④ 풍 · 수재, 설해 · 지진이 최저 50만 원의 자기부담금에 해당한다. 화재는 손해액에 따라 다르다.
⑤ 신규 가입일에서부터 1개월 이내에 발생한 TGE, PED, Rota virus에 의한 손해는 보상하지 않는다.

7 다음 글의 주제로 옳은 것은?

> 지난 2022년 1인 연간 쌀 소비량은 56.7kg으로 1992년 112.9kg와 비교했을 때 절반가량 감소했음을 알 수 있다. 현재 정부에서 추진하는 쌀 적정생산 유도 등의 공급 정책의 효과가 없는 것은 아니지만 쌀 공급 과잉 문제 해결과 지속가능한 쌀 산업구조를 위해서는 보다 현실적이고 효율적인 방안이 필요하다. 가장 먼저 소비패턴변화에 부응한 쌀 가공 수요 창출이 중요하다. 그동안 쌀은 곧 주식이라는 인식이 강하게 자리를 잡았지만 더 이상 주식보다는 식품산업 원료로 인식을 전환할 시기가 되었다. 과거 생산 중심이었던 식량정책을 점차 소비 중심의 정책으로 전환하는 것이 필요하며, 민간 또는 식품 기업 등과 협력해야 한다. 이를 위해서는 탄수화물이 성인병의 원인이라는 부정적인 인식 개선과 1인 가구의 증가로 인한 간편식에 부응하는 등 소비트렌드를 반영하는 노력이 필요하다.

① 쌀 수급 문제로 인한 농촌의 어려움
② 쌀 수요 확대를 위한 정책 개선 필요
③ 식습관 제고를 위한 관계부처 협력 강화
④ 소비자 시각으로, 쌀에 대한 정보제공 노력 필요
⑤ 해외 수요 확대를 위한 활동

TIP ② 제시문은 소비패턴변화에 부응한 쌀 가공 수요 창출이 중요하며, 과거 생산 중심이었던 정책에서 소비 중심의 정책으로 전환하는 것이 필요하다고 언급하고 있다.

Answer. 6.① 7.②

8 **다음 글의 제목으로 가장 적절한 것은?**

> 지역인구감소 문제가 심화되면서 정부는 인구감소지역을 지정하고 지방소멸대응기금을 투입하기로 결정하였는데, 인구감소지역의 대부분은 농촌지역이 차지하고 있다. 현재 농촌은 인프라가 부족해 생활여건이 불편한 실정이며, 나아가 농촌다움을 보전하는 데도 어려운 상황이다. 이에 일자리뿐만 아니라 주거 및 사회서비스가 균형적으로 갖춰진 농촌으로 재탄생되기 위해 농촌의 일터, 삶터, 쉼터로서의 기능 회복이 시급하며, 인구유입을 촉진하고 성공적인 추진을 위해서는 농촌 주민들의 자발적인 참여와 체계적인 관리가 필요하다.

① 고향사랑기부제의 시행
② 스마트농업의 확산
③ 글로벌 시장의 확대
④ 식량안보 안전망 구축
⑤ 농촌공간 재구조화

TIP ⑤ 인프라가 부족하여 생활여건이 불편한 농촌을 주거 및 사회서비스가 균형적으로 갖춰진 농촌으로 재탄생되기 위해서는 일터, 삶터, 쉼터로서의 기능 회복이 시급하다고 언급하고 있으므로 이는 농촌공간 재구조화가 가장 적절하다.

9 **다음 요약문의 제목으로 적절한 것은?**

> 신흥시장국의 대외채무는 3.3조 달러에서 5.6조 달러로 크게 늘어났다. 대부분 미 달러화표시 부채를 중심으로 크게 증가했으나 경제주체별(은행, 비금융기업, 정부부문 등) 부채의 특징이 상이하고 외환보유액 및 장기외채비중의 확대로 복원력은 향상된 편이다. 또한 NBFIs의 신흥시장국 투자 증가로 신흥시장국의 글로벌 자본시장 접근성이 높아지고 조달 비용이 축소되는 등 시장의 효율성이 증대되었으나 동시에 자본유출입 변동성도 확대되었다. 신흥시장국 대외 자금조달 과정은 글로벌 금융시스템 내 다수의 기관 · 국가 · 시장에 걸쳐 일어나는 자금순환이기 때문에 금융시스템 내 충격의 전파 속도와 범위도 함께 확장되며 복잡성이 나타난다.

① 신흥시장국의 대외채무 비용
② 신흥시장국의 대외자금조달의 특징
③ 신흥시장국의 글로벌투자 스트레스
④ 신흥시장국의 금융시장 긴장 완화를 위한 조치
⑤ 신흥시장국의 금융정책

TIP ② 신흥시장국의 대외채무와 함께 대외자금조달의 특징을 설명하고 있다.

10 다음 보고서에 대한 설명으로 옳은 것은?

> 글로벌 금융부문 총자산에서 NBFI가 차지하는 비중이 거의 절반에 이르고('08년 42% → '20년 48.3%) 사업 역시 다각화되면서, 잠재리스크의 평가 및 대응의 필요성이 증대되었다. 특히 2020년 3월 글로벌 시장불안에서 대부분의 국가가 NBFI 부문의 자금이탈 등 극심한 스트레스를 경험한 바, FSB는 NBFI 복원력 강화를 위한 포괄적인 작업을 진행하고 있다. 포괄적인 작업에는 위기 시 충격 확산 경로 식별, 관련 시스템 리스크 분석, 복원력 강화 정책수단 평가 등이 있다.
>
> NBFI 생태계의 원활한 작동과 복원력은 시장 스트레스 상황에서도 충분한 유동성을 확보하는 것에 기반한다. NBFI 취약성 평가는 유동성 불균형(liquidity imbalances)의 축적요인 및 확산경로 식별에 중점을 두고 있다. 유동성불균형의 축적요인 및 확산경로는 3가지로 식별할 수 있다.
>
> 첫 번째로는 유동성 수요이다. 유동성 불일치 유발행위, 파생상품거래의 예상외 대규모 마진콜, 대외자금 조달 시 통화불일치, 레버리지 등이 있다. 두 번째로는 유동성 공급으로 급증한 유동성 수요 대비 유동성 공급 기능 약화, 주요 도매자금시장의 구조적 한계 등이 있다. 마지막으로 스트레스 발생 시 상호연계구조 도식화 등이 있다.
>
> FSB는 기존 미시건전성 정책 · 투자자보호 수단에 더해 NBFI의 복원력제고를 위한 정책으로 3가지 방안을 제시하였다. 유동성 수요 급증 억제 방안을 위해 NBFI 복원력 제고를 위한 핵심과제로서 NBFI 자산 · 부채의 유동성 불일치 및 레버리지 감축, 펀드 조기환매 유인 축소, 마진콜 등에 대비한 유동성 자산 확충 등이 있다. 또한, 유동성 공급여력 확충 방안으로 정부채와 RP 거래의 중앙청산소 활용을 확대하고, 채권시장과 RP시장의 투명성 제고, 채권 중개거래 의존도축소 및 직접거래 확대 등이 있다. 마지막으로 시스템 리스크 모니터링 강화로 NBFI의 히든 레버리지(hidden leverage) 등과 관련된 취약성 모니터링을 강화하고 필요시 정책수단을 마련할 계획이다.

① FSB는 NBFI 복원력 강화를 위한 포괄적인 작업을 자금이탈 등의 극심한 스트레스로 진행하지 못하고 있다.
② 유동성불균형의 축적요인 및 확산경로를 정확하게 식별이 불가능하다.
③ 대외자금 조달 시 통화불일치, 레버리지 등의 유동성 수요가 유동성 불균형의 요인 중에 하나이다.
④ 레버리지를 늘리는 것은 NBFI 복원력 제고를 위한 핵심과제이다.
⑤ 유동성 공급여력을 늘리기 위해서 간접거래를 확대한다.

TIP ① FSB는 NBFI 복원력 강화를 위한 포괄적인 작업을 진행하고 있다.
② 유동성불균형의 축적요인 및 확산경로는 3가지로 식별할 수 있다.
④ 레버리지를 감축하는 것이다.
⑤ 직접거래를 확대한다.

Answer. 8.⑤ 9.② 10.③

11 E가 A에게 최대한 빠르게 연락해야 할 때, 중간에서 거쳐야 하는 최소 인원은 모두 몇 명인가? (단, E와 A은 제외한다.)

근무자	연락 가능한 당직자
A	C, E, F
B	A, C, D
C	B, D, H
D	E, F, H
E	B, C
F	A, E, G
G	A, B, C
H	B, C, G

① 1명
② 2명
③ 3명
④ 4명
⑤ 5명

TIP ① E에서 A까지 연락이 전달되는 경로는 E→C→B→A, 또는 E→B→A이다. 따라서 E와 A를 제외하고 가장 'B'만 거치면 가장 빠르게 연락을 전달할 수 있다.

12 N기업의 준법지원부는 수확기 농촌일손돕기 봉사 실시에 앞서 강당에 모였다. 부장, 차장, 甲대리, 乙대리, 丙대리, 丁주임이 일렬로 앉아있을 때, 다음 〈보기〉를 바탕으로 부장의 바로 왼쪽에 앉은 사람을 고르시오.

- 丙대리는 가장 오른쪽에 앉아있다.
- 부장은 차장의 바로 옆자리에 앉아있다.
- 甲대리는 丁주임 바로 오른쪽에 앉아있다.
- 丁주임은 丙대리와 가장 멀리 떨어져 있다.
- 차장은 乙대리 바로 왼쪽에 앉아있다.

① 甲대리
② 乙대리
③ 丙대리
④ 丁주임
⑤ 차장

TIP ① 첫 번째 조건에 따르면 丙대리는 가장 오른쪽에 앉아있으며, 세네 번째 조건에 따르면 甲대리는 丁주임 바로 오른쪽에, 丁주임은 丙대리와 가장 멀리 떨어져 있으므로 각각 끝자리에 있다는 것을 알 수 있다.

丁주임	甲대리	?	?	?	丙대리

두 번째 조건을 통해 부장은 차장과 같이 앉아 있어야 하며 마지막 조건에 따라 乙대리는 차장의 오른쪽에 있어야 하므로 '丁주임→甲대리→부장→차장→乙대리→丙대리' 순으로 앉아있다. 그러므로, 부장의 바로 왼쪽에는 甲대리가 와야 한다.

13 농촌지역상생 사업의 일환으로, 농촌문화생활공간 보수 지원 사업을 시행하고자 한다. 다음의 조건에 따라 지원 사업 선정 여부가 확실한 마을은 총 몇 개인가?

- A 마을은 선정하지 않는다.
- C 마을을 선정하면 E 마을은 선정하지 않는다.
- A 마을이 선정되지 않으면 B 마을이 선정된다.
- B 마을이 선정되면 G 마을은 선정되지 않는다.
- F 마을이 선정되면 D 마을도 선정된다.
- G 마을이 선정되지 않으면 C 마을이 선정된다.

① 1개
② 2개
③ 3개
④ 4개
⑤ 5개

TIP ⑤ 첫 번째 조건에 따라 A 마을은 선정되지 않으며, 세 번째 조건에 따라 B 마을이 선정된다. 네 번째 조건에 따라 G 마을은 선정되지 않으며, 여섯 번째 조건에 따라 C 마을이 선정된다. 두 번째 조건에 따라 E 마을은 선정되지 않는다. F 마을과 D 마을의 선정 여부는 알 수 없으므로 선정여부가 확실한 마을은 A, B, C, E, G 다섯 개 마을이다.

Answer. 11.① 12.① 13.⑤

14 **甲～戊 중 두 명만 승진했다. 甲～戊 중 두 명은 거짓을 말하고 세 명은 참을 말하고 있을 때, 다음 〈조건〉을 바탕으로 승진한 사람을 고르시오. (단, 참을 말하는 사람의 발언은 모두 참이며 거짓을 말하는 사람의 발언은 모두 거짓이다.)**

〈조건〉

- 甲 : 丙은 승진하지 못했어.
- 乙 : 나는 승진하지 못했고 戊는 승진을 했어.
- 丙 : 나는 승진을 했고 甲은 승진하지 못했어.
- 丁 : 나는 승진하지 못했고 甲도 승진하지 못했어.
- 戊 : 丁은 승진하지 못했어.

① 甲, 乙
② 乙, 丙
③ 乙, 丁
④ 甲, 丁
⑤ 戊, 丙

TIP ㉠ 甲은 丙이 승진하지 못했다고 발언하며, 丙은 甲이 승진하지 못했다고 발언하였으므로 서로 모순된다. 甲이 참일 경우 丙은 거짓을 말하고 있다. 그러므로, 甲은 승진을 했고 丙은 승진을 하지 못했다. 이 경우, 甲이 승진하지 못했다는 丁의 발언도 거짓이며 丁의 발언에 따라 戊의 발언도 거짓이다. 이상 거짓을 말하는 사람이 세 명 이상으로 모순이 된다.

㉡ 甲이 거짓일 경우 丙은 참을 말하고 있으며 丙은 승진을 했고 甲은 승진을 하지 못했다. 이 경우, 甲이 승진하지 못했다고 발언한 丁의 발언은 참이며 丁이 승진하지 못했다고 발언한 戊의 발언도 참이다. 그러므로, 乙의 발언은 거짓이다. 따라서 甲과 乙의 발언은 거짓이며 乙과 丙은 승진을 했다.

15 다음 조건을 바탕으로 을순이의 사무실과 어제 갔던 식당이 위치한 곳은?

- 갑동, 을순, 병호는 각각 10동, 11동, 12동 중 한 곳에 사무실이 있으며 서로 같은 동에 사무실이 있지 않다.
- 이들 세 명은 어제 각각 자신의 사무실이 있는 건물이 아닌 다른 동에 있는 식당에 갔었으며, 서로 같은 동의 식당에 가지 않았다.
- 병호는 12동에서 근무하며, 갑동이와 을순이는 어제 11동 식당에 가지 않았다.
- 을순이는 병호가 어제 갔던 식당이 있는 동에서 근무한다.

	사무실	식당
①	11동	10동
②	10동	11동
③	12동	12동
④	11동	12동

TIP ① 세 사람은 모두 각기 다른 동에 사무실이 있으며, 어제 갔던 식당도 서로 겹치지 않는다.

㉠ 세 번째 조건 후단에서 갑동이와 을순이는 어제 11동 식당에 가지 않았다고 하였으므로, 어제 11동 식당에 간 것은 병호이다. 따라서 병호는 12동에 근무하며 11동 식당에 갔었다.

㉡ 네 번째 조건에 따라 을순이는 11동에 근무하므로, 남은 갑동이는 10동에 근무한다.

㉢ 두 번째 조건 전단에 따라 을순이가 10동 식당에, 갑동이가 12동 식당을 간 것이 된다.

따라서 을순이는 11동에 사무실이 있으며, 어제 갔던 식당은 10동에 위치해 있다.

Answer. 14.② 15.①

16 다음은 지자체에서 운영하는 교육 프로그램이다. A, B, C, D는 각각 정부 지원을 받아 1개 이상의 프로그램을 신청할 수 있다고 할 때, 적절한 것은?

프로그램	목적 및 내용	지원 대상
스마트폰 · 키오스크 학습 프로그램	스마트폰 및 키오스크 사용설명, 실습	65세 이상 노인
다문화가정 사회적응 프로그램	• 한국어 교육 • 문화이해 교육 • 일자리 연계	결혼이민자
	• 한국어 교육 • 문화이해 교육 • 진로 및 적성검사	이민 · 다문화가정 아동 · 청소년
경력 단절 여성 취업 캠프	• 자소서 컨설팅 및 면접 특강 • 적성검사 및 직업선호도 테스트 • 적성검사에 따른 직업훈련 • 일자리 연계	혼인 · 임신 · 출산 · 육아 등으로 경력이 단절된 취업 희망 여성
취업준비 프로그램	• 프로필 사진 촬영 지원 • 헤어&메이크업 지원	20세 이상 ~ 35세 미만 취업준비생
심리상담 및 쿠킹클래스	• 정서적 안정과 사회적응을 위한 지속가능한 심리상담 • 건강한 식생활을 위한 요리 수업	18세 이상 ~ 30세 미만 자립 준비 청년
금융사기예방센터	• 금융사기 예방 • 생활복지	65세 이상 노인
주말 초등돌봄 프로그램	주말 맞벌이 가구의 돌봄 공백 해소	초등학생
금연 클리닉	• 1:1 금연 교육 상담 • 니코틴 의존도 및 일산화탄소 측정 • 금연보조제 제공(단, 상담 후 필요시 제공하며 1회 2주일분 이상 처방 제한 및 6주간 처방)	청소년 및 성인
장애인 스포츠 강좌	• 장애인 체육활동 참여 기회 제공 • 수영, 테니스, 탁구, 요가 택 1	30세 이상 ~ 60세 미만 국내 장애인 등록자
치매예방 운동교실	영양 · 수면, 인지강화 생활습관 관리	치매 진단을 받지 않은 65세 이상 노인

- A(22세) : 자립 준비 청년으로, 현재 취업을 준비하고 있으나 불안정한 미래로 정신건강 고위험군으로 의심된다.
- B(34세) : 취업을 희망하고 있는 경력 단절 여성으로, 허리 수술을 받은 72세 노모를 모시고 있다.
- C(40세) : 초등학생 자녀를 둔 미혼부로 최근 근무 시간이 조정되면서 주말 근무가 늘어나 걱정이 많다. 잦은 흡연과 불규칙한 식습관으로 관리가 필요하다.
- D(18세) : 무릎수술 이후 후유증으로 장애 등급을 판정 받은 57세 아버지와 베트남 출신 어머니와 함께 살고 있는 3인 가족이다.
- E(51세) : 치매 판정을 받은 어머니를 모시고 있으며 경제적 어려움을 겪고 있다.

① A는 최대 3개의 프로그램을 신청할 수 있다.
② B는 취업준비 프로그램과 장애인 스포츠 강좌를 신청할 수 있다.
③ C는 금연 클리닉, 심리상담 및 쿠킹클래스 프로그램을 신청할 수 있다.
④ D는 장애인 스포츠 강좌를 신청할 수 있으며, 어머니와 다문화가정 사회적응 프로그램을 수강할 수 있다.
⑤ E는 최대 1개의 프로그램을 신청할 수 있다.

TIP ④ 어머니와 결혼이민자 대상 다문화가정 사회적응 프로그램과 이민 · 다문화가정 아동 · 청소년 대상 다문화가정 사회적응 프로그램을 신청할 수 있으며 아버지는 장애인 스포츠 강좌를 신청할 수 있다.
① A가 신청할 수 있는 프로그램은 취업준비 프로그램과 심리상담 및 쿠킹클래스 프로그램이다.
② B는 경력 단절 여성 취업 캠프를 신청할 수 있으며, 72세 노모를 위한 프로그램을 신청할 경우 스마트폰 · 키오스크 학습 프로그램, 금융사기예방센터, 치매예방 운동교실을 신청할 수 있다.
③ C는 주말 초등돌봄 프로그램, 금연 클리닉 프로그램을 신청할 수 있다.
⑤ E가 신청할 수 있는 프로그램이 없다.

Answer. 16.④

17 다음은 2018 ~ 2021년까지 주요 진료과목별 병 · 의원의 사업자 수이다. 다음 자료에 대한 설명으로 옳은 것은?

(단위 : 명)

진료과목 \ 연도	2018년	2019년	2020년	2021년
신경정신과	1,270	1,317	1,392	1,488
가정의학과	2,699	2,812	2,952	3,057
피부과 · 비뇨의학과	3,267	3,393	3,521	3,639
이비인후과	2,259	2,305	2,380	2,461
안과	1,485	1,519	1,573	1,603
치과	16,424	16,879	17,217	17,621
일반외과	4,282	4,369	4,474	4,566
성형외과	1,332	1,349	1,372	1,414
내과 · 소아과	10,677	10,861	10,975	11,130
산부인과	1,726	1,713	1,686	1,663

① 2018 ~ 2021년에서 사업자 수가 제일 많은 진료과목은 내과 · 소아과이다.

② 매년 사업자 수의 총 인원은 증가하고 있다.

③ 매년 사업자 수가 줄고 있는 것은 성형외과이다.

④ 2021년에 전년대비 사업자 수가 제일 많이 증가한 것은 치과 다음으로 피부과 · 비뇨의학과이다.

⑤ 2021년 사업자 수가 가장 적은 것은 신경정신과이다.

TIP ① 사업자 수가 제일 많은 것은 총 합계가 68,141인 치과이다.

③ 연도별로 사업자 수가 줄고 있는 것은 산부인과이다.

④ 치과 다음으로 사업자 수가 증가한 것은 내과 · 소아과이다.

⑤ 성형외과가 2021년에 사업자 수가 가장 적다.

18 甲이 지원한 기업의 하반기 필기전형 합격 기준은 70점이다. 정답일 경우 4점을 취하며, 오답일 경우 2점이 감점된다. 총 30문항이며, 전부 다 풀었다고 가정할 때 합격하기 위한 최소 문항은 몇 개인가?

① 20 ② 21

③ 22 ④ 23

⑤ 24

TIP ③ 합격하기 위한 최소 문항을 x라고 했을 때,

$4x-2(30-x) \geq 70 \; = x \geq 21.7$

따라서 합격하기 위한 최소문항은 22문항이다.

19 **세 사람의 나이를 모두 곱하면 2450이고 모두 더하면 46이다. 최고령자의 나이는?**

① 21 ② 25
③ 28 ④ 35
⑤ 40

TIP ② $xyz = 2450 = 2 \times 5^2 \times 7^2$에서(소인수분해), 세 사람의 나이로 가능한 숫자는 2, 5, 7, 10, 14, 25, 35이다. 이 중 세 수의 합이 46인 조합은 (7, 14, 25)만 가능하고, 이때 최고령자의 나이는 25세이다.

20 **A, B, C, D, E 5명 중에서 3명을 순서를 고려하지 않고 뽑을 경우 방법의 수는?**

① 5가지 ② 8가지
③ 10가지 ④ 15가지
⑤ 20가지

TIP ③ 순서를 고려하지 않고 3명을 뽑으므로

$${}_5C_3 = \frac{5!}{3! \times (5-3)!} = \frac{5 \times 4 \times 3 \times 2 \times 1}{3 \times 2 \times 1 \times 2 \times 1} = 10(\text{가지})$$

21 **4명의 신입직원 중에서 2명만이 회의실 A, B에 들어가야 할 때, 회의실에 들어가야 하는 2명의 인원을 고르는 경우의 수는?**

① 1 ② 2
③ 4 ④ 6
⑤ 7

TIP ④ 신입직원 4명이 회의실 A와 회의실 B에 들어가게 되는 2명의 인원을 선택하는 것은 ${}_4C_2 = 6$이다.

Answer. 17.② 18.③ 19.② 20.③

22 **5개의 숫자 1, 1, 2, 2, 3을 일렬로 나열하기 위한 경우의 수는?**

① 10 ② 20
③ 30 ④ 40
⑤ 50

TIP ③ 5개의 숫자에서 숫자 '1' 2개, 숫자 '2' 2개, 숫자 '3' 1개가 있다.

$\frac{5!}{2!2!1!}=\frac{5\times4\times3\times2\times1}{2\times2\times1}=30$

5개의 숫자를 일렬로 나열하는 순열의 수는 30가지이다.

23 **다음은 IT기획부 직원 15명의 초과 근무를 조사하여 나타낸 도수분포표다. 초과 근무 시간의 평균이 18시간이고 분산을 구하시오.**

초과 근무 시간	도수(명)
12	2
14	1
16	4
18	3
20	4
합계	15

① 5 ② 7
③ 8 ④ 11
⑤ 15

TIP ③ 지원자들의 종합 평점은 다음과 같다.

초과 근무 시간	편차	편차2	도수(명)
12	−6	36	2
14	−4	16	1
16	−2	4	4
18	0	0	3
20	2	4	4

분산 $=\frac{(편차)^2\times(도수)의 총합}{(도수)의 총합}$ 이므로

$=\frac{36\times2+16\times1+4\times4+0\times3+4\times4}{15}$

$=8$

24 다음은 사원별 매출 현황 보고서이다. 매출액이 가장 큰 사원은 누구인가?

(단위 : 천 원)

사원 번호	이름	부서	1사분기	2사분기	3사분기	4사분기	합계	평균
ZH1001	김성은	영업부	8,602	7,010	6,108	5,058	26,778	6,695
ZH1002	윤두현	개발부	8,872	5,457	9,990	9,496	33,815	8,454
ZH1003	노정희	총무부	8,707	6,582	9,638	7,837	32,764	8,191
ZH1004	강일중	영업부	6,706	7,432	6,475	4,074	26,687	6,672
ZH1005	황인욱	영업부	7,206	8,780	8,034	5,832	29,852	7,463
ZH1006	노성일	영업부	9,142	6,213	6,152	9,699	31,206	7,802
ZH1007	전용국	개발부	6,777	8,104	8,204	7,935	31,020	7,755
ZH1008	박민하	총무부	6,577	8,590	9,726	8,110	33,003	8,251
ZH1009	백금례	영업부	9,468	9,098	8,153	9,082	35,801	8,950
ZH1010	서은미	개발부	5,945	7,873	5,168	9,463	28,449	7,112

① 윤두현
② 노정희
③ 박민하
④ 백금례
⑤ 서은미

TIP ④ 총매출액 35,801,000원으로 백금례 사원의 매출액이 가장 크다.

Answer. 22.③ 23.③ 24.④

25 **다음은 N기업의 5년간 생명보험과 손해보험의 수지 실적에 관한 자료이다. 이에 대한 설명으로 옳은 것은? (단, 소수점 둘째 자리에서 반올림한다.)**

〈표 1〉 2019 ~ 2023년 생명보험 수지 실적

(단위 : 십억 원)

연도	경과보험료	발생손해액	순사업비
2019	71,653	45,584	20,667
2020	77,468	45,511	22,182
2021	82,640	51,877	23,999
2022	85,129	57,659	22,714
2023	86,957	58,213	23,973

〈표 2〉 2019 ~ 2023년 손해보험 수지 실적

(단위 : 십억 원)

연도	경과보험료	발생손해액	순사업비
2019	31,711	29,732	6,792
2020	37,479	31,630	7,831
2021	46,825	35,300	8,500
2022	46,369	39,145	9,196
2023	51,247	42,378	10,016

※ 1) 손해율(%) = (총 지출액/경과보험료 × 100)

2) 총 지출액 = (발생손해액 + 순사업비)

① 5년간 생명보험과 손해보험 경과보험료는 모두 매년 증가하고 있다.

② 2020년 생명보험의 손해율은 90%가 넘는다.

③ 2021년 생명보험 발생손해액은 2021년 손해보험 발생손해액의 2배가 넘는다.

④ 생명보험의 손해율이 가장 컸던 해는 2023년이다.

⑤ 손해보험의 손해율이 가장 컸던 해와 적었던 해의 손해율 차이는 20 미만이다.

TIP ④ 2019년은 92.5%, 2020년은 87.4% 2021년은 91.8% 2022년은 94.4%, 2023년은 94.5%로 손해율이 가장 컸던 해는 2023년이다.

① 2022년 손해보험 경과보험료는 전년 대비 감소하였다.

② 2020년의 생명보험 손해율은 87.4%로 90%를 넘지 않는다.

③ 약 1.5배다.

⑤ 손해율이 가장 컸던 해는 2019년(115.2%), 적었던 해는 2021년(93.5%)으로 20을 넘는다.

▎26 ~ 27 ▎ 다음 A국, B국의 경제활동인구를 나타낸 자료를 보고 이어지는 물음에 답하시오.

〈20xx년 A국과 B국의 경제활동인구〉

(단위 : 천 명, %)

구분	계	A국	B국
15세 이상 인구	51,307	( )	24,967
취업자	25,613	10,641	14972
실업자	889	421	( )
경제활동참가율	( )	70.5	81.6
실업률	( )	( )	4.2

※ 1) 경제활동참가율 = 경제활동 참가자 수/15세 이상 인구 × 100
2) 경제활동 참가자 = 취업자 + 실업자
3) 실업률 = 실업자 수/경제활동 참가자 수 × 100
4) 경제활동참가율과 실업률은 소수점 둘째 자리에서 반올림한다.

26 A국의 실업자 수는 15세 이상 인구의 몇 %인지 구하시오. (단, 소수 둘째 자리에서 반올림한다.)

① 1.6%
② 1.7%
③ 2.1%
④ 2.2%
⑤ 2.3%

TIP ① A국 15세 이상 인구는 26,340명으로 A국 실업자 수(421명)의 약 1.6%다.

27 전체 인구의 경제활동참가율은 전체 인구 실업률의 몇 배인지 구하시오. (단, 소수 첫째 자리에서 반올림한다.)

① 12배
② 13배
③ 14배
④ 15배
⑤ 16배

TIP ④ 경제활동 참가자 = 26,502(명)으로, 경제활동참가율은 51.7(%)이 된다. 따라서 전체 인구 실업률은 3.4(%)이므로, 전체 인구의 경제활동참가율은 전체 인구 실업률의 약 15배이다.

Answer. 25.④ 26.① 27.④

▎28 ~ 29 ▎ 甲기업은 연말마다 각 팀의 팀장들이 팀원들의 업무수행능력을 평가한다. 다음 지재사업팀 팀원들의 업무수행능력 평가표를 보고 이어지는 물음에 답하시오.

1. 평가항목
가. 업무성과
나. 업무역량
다. 조직역량
라. 구성원 평가
※ 각 영역별로 40%, 30%, 20%, 10%의 가중치를 적용하여 최종 점수를 산출한다.
2. 지재사업팀 팀원 영역별 평가점수

구분	업무성과	업무역량	조직역량	구성원 평가	당해 해외 출장 경험
한**	70	70	80	90	O
정**	60	70	90	90	X
유**	80	90	70	70	O
강**	90	80	60	80	O
엄**	70	80	70	80	X

28 최종 점수가 동일할 경우 다음과 같은 평가 방법으로 최고점자를 선별한다고 할 때, 지재사업팀 최고점자는 누구인가?

• 최종 점수가 동일한 경우, 업무역량 점수가 높은 자를 상위득점자로 한다.
• 업무역량 점수가 동일한 경우 당해 해외 출장 경험 기준에 근거하여 상위득점자를 산출한다.

① 한**
② 정**
③ 유**
④ 강**
⑤ 엄**

TIP ③ 팀원들의 최종 점수는 다음과 같다.

구분	업무성과	업무역량	조직역량	구성원 평가	최종 점수
한**	28	21	16	9	74
정**	24	21	18	9	72
유**	32	27	14	7	80
강**	36	24	12	8	80
엄**	28	24	14	8	74

최종 점수 동점자는 유**, 강**이다. 최종 점수가 동일한 경우, 업무역량 점수가 높은 자를 상위득점자로 한다는 조건에 따라 업무역량이 더 높은 유**가 최고점자가 된다.

29 지재사업팀 팀원들의 최종 점수로 평균, 표준편차를 구했을 때 옳은 것은?

	평균	표준편차
①	74	$\sqrt{11.2}$
②	76	$\sqrt{11.2}$
③	76	$\sqrt{11.5}$
④	77	$\sqrt{11.5}$
⑤	77	$\sqrt{11.7}$

TIP ㉠ 평균값

(전체 관찰값의 합) ÷ (전체 관찰값의 수)

= (74+72+80+80+74) ÷ 5

= 76

㉡ 표준편차

$$분산 = \frac{(편차)^2 \times (도수)의 총합}{(도수)의 총합}, \quad 표준편차 = \sqrt{분산}$$

$$= \frac{4\times1+16\times1+16\times1+16\times1+4\times1}{5}$$

= 11.2

= $\sqrt{11.2}$

Answer. 28.③ 29.②

30 전체 제품 중 1월 현재 판매 중인 제품의 수를 구하려고 할 때, [C4] 셀에 들어갈 수식은?

	A	B	C	D
1		2023년 1월 제품 매출 자료		
2				
3		전제제품 수	14	
4		판매 중인 제품 수	10	
5				
6		제품 코드	정가	판매 수량
7		A6513	78,000	60
8		A3749	200,000	78
9		D1345	124,900	20
10		F4952	141,200	–
11		B6074	130,000	–
12		B7793	88,000	45
13		B1279	276,000	–
14		L1965	429,000	73
15		L1984	121,200	41
16		N0704	212,900	9
17		G7346	85,600	–
18		T9205	268,750	16
19		O0412	144,900	80
20		K8852	92,630	112

① =COUNTA(C7:C20)

② =COUNTA(D7:D20)

③ =COUNT(C7:C20)

④ =COUNT(D7:D20)

⑤ =AVERAGE(C7:C20)

TIP ④ UNT 함수는 선택된 범위에서 숫자를 포함하고 있는 셀의 개수를 산출하는 함수이다.

▌31 ~ 32 ▌ 다음 워크시트를 참조하여 물음에 답하시오.

	A	B	C	D	E	F
1						
2		no.	성명	입사 연도	부서	연봉
3		1	김성찬	2022	인사팀	36,000,000
4		2	이아영	2019	총무팀	38,000,000
5		3	정희연	2013	총무팀	44,000,000
6		4	윤정훈	2023	재무심사팀	33,000,000
7		5	강미나	2023	인사팀	32,000,000
8		6	유석훈	2022	홍보팀	31,000,000
9		7	박미진	2018	재무심사팀	37,000,000
10		8	김정균	2014	재무심사팀	44,000,000
11		9	정하랑	2021	홍보팀	33,000,000
12		10	오현영	2021	총무팀	34,000,000
13		11	주진영	2014	인사팀	44,000,000
14		12	김지현	2011	인사팀	48,000,000
15		13	이정률	2011	홍보팀	44,000,000
16		14	강희진	2020	인사팀	33,000,000
17						

31 경영기획부문에서는 예산관리를 위한 부서별 인건비를 파악하려고 한다. 경영지원국 인사팀 직원들의 연봉 합계액을 구하려고 할 때 사용할 수식으로 옳은 것은?

① =SUM(E3:E16,"인사팀", F3:F16)

② =SUMIF(E3:E16,"인사팀", F3:F16)

③ =SEARCH(E3:E16,"인사팀", F3:F16)

④ =REPLACE(E3:E16,"인사팀", F3:F16)

⑤ =HLOOKUP(E3:E16,"인사팀", F3:F16)

TIP ② 지정한 범위의 셀값 중 조건에 만족하는 셀의 합을 구할 때는 SUMIF 함수가 적절하다. 따라서 =SUMIF(지정한 범위, "조건식", 합을 구할 범위)를 적용해야 한다.

Answer. 30.④ 31.②

32 C열을 기준으로 오름차순 정렬했을 때 [C9] 셀의 값은?

① 정하랑

② 윤정훈

③ 박미진

④ 오현영

⑤ 이아영

TIP ④ 오름차순은 낮은 단계에서 높은 단계로 올라가는 순서로 데이터를 정렬하는 것으로, 과거에서 현재, A, B, C 또는 가, 나, 다 순으로 정렬한다. 그러므로 C열을 기준으로 오름차순 정렬했을 때 다음과 같다.

no.	성명	입사 연도	부서	연봉
5	강미나	2023	인사팀	32,000,000
14	강희진	2020	인사팀	33,000,000
1	김성찬	2022	인사팀	36,000,000
8	김정균	2014	재무심사팀	44,000,000
12	김지현	2011	인사팀	48,000,000
7	박미진	2018	재무심사팀	37,000,000
10	오현영	2021	총무팀	34,000,000
6	유석훈	2022	홍보팀	31,000,000
4	윤정훈	2023	재무심사팀	33,000,000
2	이아영	2019	총무팀	38,000,000
13	이정률	2011	홍보팀	44,000,000
9	정하랑	2021	홍보팀	33,000,000
3	정희연	2013	총무팀	44,000,000
11	주진영	2014	인사팀	44,000,000

▌33 ~ 34 ▌ 아래의 자료를 참고하여 물음에 답하시오.

N사의 온라인몰은 고객이 주문한 물품에 대해 주문번호를 부여한다. 주문번호는 모두 11자리로, 부여 방식은 다음과 같다.

1	2	3	4	5	6	7	8	9	10	11
제품종류			배송 장소		배달 방법		물류센터		주문일 (예 : 2월 3일 주문 → 03)	

구분				
제품 종류	채소 및 과일	육류	곡물	밀키트
	042	071	053	068
배송장소	A시	B시	C시	D시
	22	32	56	17
배달 방법	당일	일반	예약	픽업
	01	02	03	04
물류센터	甲센터	乙센터	丙센터	丁센터
	hb	hd	nu	hc

※ 1) 픽업 시 물류센터를 거치지 않는다.
2) 기본적으로 A ~ C시는 甲센터, D시는 乙센터를 이용하나, 밀키트는 丙센터를 이용하며 예약 배송은 丁센터를 이용한다.

Answer. 32.④

33 다음은 온라인몰 주문현황이다. A시 a구의 평균 주문 금액을 구할 수 있는 함수식을 모두 고르시오.

	A	B	C	D	E	F
1						
2		no.	제품	배송지	배달 방법	주문 금액
3		1	사과 1Box, 샤인머스켓 1봉지	A시 a구	당일	42,000
4		2	쌀 20kg	C시 c구	예약	45,000
5		3	절임배추 20kg	D시 d구	예약	43,000
6		4	샤브샤브 밀키트, 부대찌개 밀키트	B시 b구	픽업	21,000
7		5	애호박 2개, 양파 5개입	C시 c구	당일	15,000
8		6	캠핑전용 전골 밀키트	A시 a구	일반	24,900
9		7	팽이버섯 3봉지, 상추 2봉지	D시 d구	일반	9,800
10		8	삼겹살 2근	D시 d구	픽업	35,000
11		9	다진육 500g, 돼지갈비 1근	B시 b구	당일	40,000
12		10	잡곡 5kg, 찹쌀 3kg	A시 a구	예약	54,000
13		11	마라탕 밀키트, 탕후루 밀키트	B시 b구	픽업	29,900

㉠ =AVERAGEIF(D3:D13,D3,F3:F13)
㉡ =DATEDIF(D3:D13,D3,F3:F13)
㉢ =SUMIF(D3:D13,D3,F3:F13)/COUNTIF(D3:D13,D3)
㉣ =COUNTIF(D3:F13,D3)

① ㉠, ㉢
② ㉠, ㉣
③ ㉡, ㉢
④ ㉢, ㉣
⑤ ㉠, ㉡, ㉢

TIP ① 조건에 맞는 주문 금액의 평균값을 구하기 위해서는 =AVERAGEIF(조건 범위, 조건, 합을 구할 범위) 또는 =SUMIF(조건 범위, 조건, 합을 구할 범위)/COUNTIF(조건 범위, 조건)을 적용해야 한다. 따라서 도출되는 값은 40,300원이 된다. ㉡은 #VALUE 값이 도출되며 ㉣은 중복값을 찾는 조건부 서식으로, 3이라는 값이 도출된다.

34 주문번호 0422202nu12로 알 수 있는 사항이 아닌 것은?

① 주문 날짜는 1월 2일이다.
② 배송 장소는 A시다.
③ 일반 배송으로 전달된다.
④ 丙 물류센터를 이용한다.
⑤ 주문 제품은 채소 및 과일이다.

TIP ① 주문 날짜는 월을 제외하고 일만 표기한다. 주문한 날짜가 12일이라는 것 말고는 몇 월에 주문했는지는 주문번호로 알 수 없다.

35 다음 워크시트에서 1행의 데이터에 따라 2행처럼 표기하려고 할 때, [A2] 셀에 들어갈 수식으로 옳은 것은?

	A	B
1	6	-2
2	양	음

① =IF(A1〉〈=0,"양","음")

② =IF(A1 IS=0,"양" OR "음")

③ =IF(A1〉=0,"양","음")

④ =IF(A1〉=0,"양" OR "음")

⑤ =IF(A1 IS=0,"양","음")

TIP ③ IF(조건, 인수1, 인수2) 함수는 해당 조건이 참이면 인수1을, 거짓이면 인수2를 실행하게 하는 함수이다. 따라서 A1 셀이 0 이상(크거나 같음)이면 "양"을, 그렇지 않으면 "음"을 표시한다.

36 다음 아래 시트에서 [A9] 셀에서 수식 OFFSET(B3,2,−1)를 입력한 경우 결과 값은?

	A	B	C	D	E
1	직급	학과	연차	성명	주소
2	사원	경제학과	1	최**	서울
3	대리	외교학과	5	허**	경기
4	과장	경영학과	8	윤**	인천
5	부장	경영학과	15	박**	고양
6	부사장	경제학과	17	김**	서울
7					
8					
9					

① 외교학과

② 5

③ 경기

④ 최**

⑤ 부장

TIP ⑤ OFFSET(기준위치, 행의 이동 값, 열의 이동 값)을 의미한다. 행의 이동 값이 양수이면 하단으로 이동하고, 열의 이동 값이 양수인 경우에는 오른쪽으로 이동한다. 행의 이동 값이 2이므로 하단으로 2칸 이동하고, 열의 이동 값이 1이므로 왼쪽으로 한 칸 이동하여 '부장'에 해당한다.

Answer. 33.① 34.① 35.③ 36.⑤

37 다음 [A1:D1] 영역을 선택하고 채우기 핸들을 이용하여 아래로 드래그를 할 때, 동일한 데이터로 채워지는 것은?

	A	B	C	D	E
1	가	갑	월	자	1
2					

① 가
② 갑
③ 월
④ 자
⑤ 1

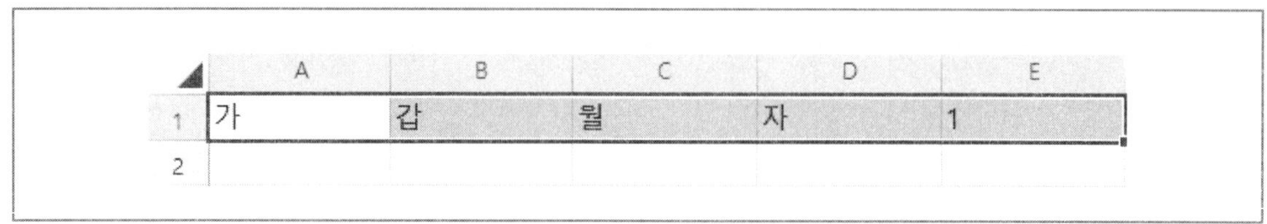

TIP ② 갑, 을, 병, 정.. 등의 순서로 B1과 다른 데이터가 나온다.
③ 월, 화, 수, 목.. 등의 순서로 C1과 다른 데이터가 나온다.
④ 자, 축, 인, 묘.. 등의 순서로 D1과 다른 데이터가 나온다.
⑤ 1, 2, 3, 4, 5... 등의 순서로 E1과 다른 데이터가 나온다.

38 다음 지원자의 수험번호[B2:B5]를 통해 성별[D2:D5]을 표시하고자 한다. 수험번호에서 M은 '남'이고, F는 '여'에 해당하는 경우 [D2] 셀에 들어가는 수식으로 적절한 것은?

	A	B	C	D
1	지원자	합계 점수	수험번호	성별
2	한유미	70	F0001	
3	김준석	65	M0002	
4	고정혁	95	M0003	
5	정주연	80	F0004	
6				
7	코드	성별		
8	M	남		
9	F	여		

① =IFERROR(IF(SEARCH(C2,"M"), "남"), "여")
② =VLOOKUP(MID(C2,4,1), $A$2:$B$5,2,FALSE)
③ =INDEX(C2:C5,A8:B9)
④ =INDEX($A$2:$B$5,2)
⑤ =IF(MID(C2,1,1)="M", "남", "여")

TIP ⑤ C2의 1번째 문자가 M이라면 '남'이고 M이 아니라면 '여'라는 의미의 수식이다.

39 다음에서 [C4] 셀에 원금과 예금이율이 곱해진 수식을 입력한 뒤에 나머지 모든 셀을 [자동 채우기] 기능으로 채우고자 할 때 [C4] 셀에 입력해야 하는 수식은?

	A	B	C	D	E	F
1						
2			원금			
3			1,500,000	2,000,000	2,500,000	3,000,000
4	예금이율	1.0%				
5		1.5%				
6		2.0%				
7		2.5%				
8		3.0%				
9		3.5%				

① =C3:F9

② =C3*B4

③ =$C3*B$4

④ =C$3*$B4

⑤ =$C$3*$B$4

TIP ④ $는 위치를 고정하는 것으로 =C$3*$B4으로 작성해야 모든 셀에 자동 채우기로 입력이 된다.

Answer. 37.① 38.⑤ 39.④

40 다음에서 각 기업의 평가점수의 평균 이상이 되는 평균점수를 true와 false로 구하는 고급 필터의 조건은?

	A	B
1	기업	평가점수
2	A회사	60
3	B회사	70
4	C회사	80
5	D회사	90
6	E회사	55
7	F회사	40
8	G회사	95

① =AVERAGE($B$2:$B$8)

② =$B2〉AVERAGE($B$2:$B$8)

③ =LARGE(B2:B8, 1)

④ =INDEX(B2:B8, 1)〈$B2

⑤ =SMALL(B2:B8, AVERAGE({1;2;3;4;5}))

TIP ② [B2] 셀의 값이 [B2:B8]의 평균값보다 이상이 되는지를 구하는 필터 값에 해당한다.

41 다음 워크시트 [C1] 셀에 '=A1+B1+C1'을 입력하는 경우 나타나는 것은?

	A	B	C
1	코드	품목명	출고수량
2	A1K1DD	프린트	수량:1000
3	BD1KF2	토너	수량:500
4	CEC21D	마우스	수량:750
5	A2KDZX	모니터	수량:997
6			
7		합계	

① #REF!

② #NUM!

③ #SPILL!

④ 순환 참조 경고 메시지

⑤ 60

TIP ④ 수식이 자체 계산을 시도하거나 자체에 대한 참조를 포함할 때 순환 참조에 대한 오류 메시지가 표시된다.

① 수식이 유효하지 않은 셀을 참조하는 경우 나타나는 오류이다.

② 수식이나 함수에 잘못된 숫자 값이 포함된 경우 나타나는 오류이다.

③ 유출된 배열 수식의 유출 범위가 비어 있지 않은 경우 나타나는 오류이다.

⑤ A1+B1의 합계를 나타낸 것으로 옳지 않다.

Answer. 40.② 41.④

42 다음 워크시트를 확인하여 '전진수' 사원의 입사일자를 [B11] 셀에 나타나게 하기 위한 함수는?

	A	B
1	사원명	입사일자
2	김찬성	2002.12.10
3	진미령	2005.11.5
4	김태호	2015.1.23
5	전진수	2020.3.5
6	차승미	2001.4.5
7	민호연	2009.11.5
8		
9		
10	이름	입사일자
11	전진수	

① =VLOOKUP(A2:B7,A11,2,1)

② =VLOOKUP(A11,A2:B7,2,0)

③ =HLOOKUP(A11,A2:B7,2,1)

④ =HLOOKUP(A2:B7,A11,2,1)

⑤ =XLOOKUP(A11,A2:B7,A2,A5,A2)

TIP ② VLOOKUP(조회하려는 항목, 찾고자 하는 위치, 반환할 값이 포함된 범위의 열 번호, 대략적 또는 정확히 일치 반환 – 1/TRUE 또는 0/FALSE로 표시)이다.

43 다음 워크시트에서 [A1:E8] 영역에서 B열과 D열만 아래와 같이 배경색을 설정하려고 한다. 수식을 사용하여 서식을 지정할 셀을 결정하기 위한 조건부 서식의 규칙으로 옳은 것은?

	A	B	C	D	E
1	지원자	국어	영어	한국사	경제학
2	김필영	75	89	75	55
3	이진수	85	50	89	95
4	정성오	80	95	88	85
5	김연주	99	75	95	75
6	진효리	89	88	87	95
7	주성현	75	80	85	88
8	연미정	90	95	80	80

① =MOD(COLUMN(A$1),2)=0

② =MOD(COLUMN($A1),2)=0

③ =MOD(COLUMNS($A1),2)=1

④ =MOD(COLUMNS($A1),1)=1

⑤ =MOD(COLUMNS($A$1),1)=1

TIP ① 조건부 서식의 규칙으로 넣어야 하는 것은 열의 번호를 나타내는 COLUMN(A$1)를 사용하고, 짝수 열에 색이 들어가야 하는 것으로 MOD(COLUMN(A$1),2)=0이 되어야 한다.

Answer. 42.② 43.①

44 다음 워크시트에서 [C2:C6]은 품목별 공장에서 출고한 날짜이다. 제품별 출시일은 공장 출고일에서 1개월 이후이다. [C9] 항목에 수식으로 적절한 것은?

	A	B	C
1	코드	품목명	공장 출고일
2	20200115	새우과자	2022-11-05
3	20180506	초코과자	2020-05-05
4	20051215	나쵸	2019-11-06
5	20050101	초콜렛	2015-11-07
6	20220505	젤리	2021-01-01
7			
8		품목명	출시일
9		새우과자	2022-12-31

① =EOMONTH(C2, 1)

② =EOMONTH(C2, −1)

③ =EOMONTH(C2:C6, 1)

④ =EOMONTH(C$2, 2)

⑤ =EOMONTH($C2:$C6, 1)

TIP ① EOMONTH 함수는 지정된 달의 수 이전이나 이후 달의 일련번호를 반환한다. 새우과자 공장 출고일 [C2] 셀을 첫 번째에 넣고, 이후에는 시작날짜의 전이나 후의 개월 수를 나타낸다.

45 **전 과목 점수 평균이 75점을 초과하는 경우 합격을 하는 기업이 있다. 다음 시트와 같이 [F3:F6]의 값이 나오기 위해서 [F3] 셀에 들어가야 하는 수식은?**

	A	B	C	D	E	F
1						
2	이름	국어	영어	한국사	평균	합/불
3	민기영	95	75	45	71.7	불합격
4	고주연	99	65	95	86.3	합격
5	길호영	80	50	80	70.0	불합격
6	김혜련	88	97	54	79.7	합격

① =AVERAGE(B3:D3)

② =COUNTIF(E3:E6,E3>75)

③ =ROUNDDOWN(E3,1)

④ =SUMIF(B3:D3,E3,B3:D6)

⑤ =IF(E3>75,"합격","불합격")

TIP ⑤ =IF(E3>75,"합격","불합격")으로 75점이 넘으면 합격, 아닌 경우 불합격으로 나오게 한 수식이다.

① 평균값을 구하는 수식이다.

② 데이터가 원하는 조건에 부합하는 지 조건의 개수를 세어주는 수식이다.

③ 소수점을 삭제하기 위한 수식이다.

④ 주어진 조건에 의해 지정된 셀의 합을 구하는 수식이다.

Answer. 44.① 45.⑤

46 다음 워크시트에서 이름을 개인정보보호를 위해 두 번째 자리에서부터 **로 표시하려고 할 때, [D2] 셀에 사용되는 함수수식은?

	A	B	C	D
1	이름	지역	입사일	정보보호
2	김연수	서울	2020-05-05	
3	최갑순	고양	2015-10-10	
4	정만오	파주	2010-11-01	
5	한정길	인천	2021-12-03	

① =REPLACE(A1, 1, 2, "**")

② =REPLACE(A2, 2, 2, "**")

③ =REPLACE(A2:A5, 2, "**")

④ =REPLACE($A$2:A5, 1, "**")

⑤ =REPLACE(A2, 1, 1, "**")

TIP ② REPLACE 함수를 사용하여 변경하고자 하는 셀을 선택하고, 바꿀 데이터가 몇 번째에 위치하고 있는지 시작 위치로 '2'를 작성한다. 세 번째에서부터 두 개의 문자를 바꿀 것이므로 '2'를 등록하고 대신할 문자 **를 작성한다.

47 다음 워크시트 [C7] 셀에 =SUM(C2:C5) 수식을 등록한 경우 결과 값으로 옳은 것은?

	A	B	C
1	코드	품목명	출고수량
2	A1K1DD	프린트	수량:1000
3	BD1KF2	토너	수량:500
4	CEC21D	마우스	수량:750
5	A2KDZX	모니터	수량:997
6			
7		합계	

① #NAME?

② #N/A

③ #DIV/0!

④ 0

⑤ #BLOCKED

TIP ④ 셀에 한글과 특수기호가 작성되어 있기 때문에 결과로 0이 나온다.
① 수식의 오타가 있기 때문에 나타난다.
② 일반적으로 수식이 검색하도록 요청받은 항목을 찾을 수 없음을 나타낸다.
③ 숫자 0으로 숫자를 나누면 표시된다.
⑤ 필요한 리소스에 액세스할 수 없는 경우 나타난다.

Answer. 46.② 47.④

48 ㅇㅇ기업은 다음과 같은 프로젝트를 진행하려고 한다. 제시된 조건과 상황이 다음과 같을 때, 프로젝트가 완료되기까지의 총 소요기간은?

가. 3개 프로젝트에 투입할 수 있는 전문가는 총 8명이다. ※ 단, 모든 전문가의 생산성은 동일하다.
나. 전문가는 모든 프로젝트에 참여할 수 있지만, 동시에 여러 프로젝트에 참여할 수 없다. 참여한 프로젝트가 종료되어야 다음 날, 다른 프로젝트에 투입될 수 있다.
다. 프로젝트 시작 시, 필요한 인원이 동시에 투입되어야 한다. 예를 들어, 두 명이 필요한 프로젝트에는 두 명이 동시에 투입되어야 한다.

구분	프로젝트 甲	프로젝트 乙	프로젝트 丙
투입 필요 인원	3명	5명	4명
소요 기간	1일	4일	2일

① 5일
② 6일
③ 7일
④ 8일
⑤ 9일

TIP ② 전문가는 모두 8명이고 프로젝트 甲, 乙에 투입되어야 하는 인원은 3명, 5명이므로 프로젝트 甲, 乙은 동시에 진행될 수 있다. 프로젝트 丙에 투입되어야 하는 인원은 4명으로 프로젝트 乙이 끝나야 필요한 인원을 동시에 투입할 수 있으므로 총 소요기간은 4일+2일 = 6일이다.

49 모 기업의 집행 비용이 다음과 같을 때, 이에 대한 설명으로 옳지 않은 것은?

> • 급여 : 2,000만 원
> • 상여금 : 400만 원
> • 출장비 : 200만 원
> • 광고비 : 350만 원
> • 사무비품비 : 40만 원
> • 원료비 : 1,500만 원
> • 화재보험료 : 85만 원
> • 사무실 임대료 : 280만 원
> • 사무실 관리비 : 90만 원
> • 인터넷 사용료 : 60만 원

① 간접비용 항목은 직접비용 항목보다 많다.
② 광고비는 간접비용에 해당한다.
③ 간접비용은 직접비용의 30%에 미치지 못한다.
④ 이번 달 출장비가 지급되지 않는다면 직접비용은 간접비용의 3배가 된다.
⑤ 지난달 상여금을 이번 달에 지급한다면 이번 달의 직접비용이 그만큼 증가한다.

TIP ④ 직접비용은 4,100만 원으로 출장비 200만 원이 지급되지 않는다면 3,900만 원이 된다. 간접비용은 905만 원으로 직접비용은 간접비용의 4배 이상이 된다.

①②⑤ 직접비용 항목은 급여, 상여금, 출장비, 원료비로 4가지 항목이며, 간접비용 항목은 광고비, 사무비품비, 화재보험료, 사무실 임대료, 사무실 관리비, 인터넷 사용료로 6가지 항목이다.

③ 간접비용은 905만 원, 직접비용은 4,100만 원이므로 간접비용은 직접비용의 약 22%에 해당한다.

※ 직접비용 및 간접비용

㉠ **직접비용** : 제품 생산 또는 서비스 창출을 위해 직접 소비된 것으로 여겨지는 비용(인건비, 재료비, 출장비 등)

㉡ **간접비용** : 제품을 생산하거나 서비스 창출을 위해 소비된 비용 중 직접비용을 제외한 비용으로, 제품 생산에 직접적으로 관련되지 않은 비용(보험료, 건물관리비, 광고비, 통신비, 사무비품비, 공과금 등)

Answer. 48.② 49.④

▌50 ~ 51 ▌ ○○보험사의 보험 상품 A, B, C를 매체별 홍보 방법에 따른 예상 매출에 관해 정리한 것을 보고 물음에 답하시오.

가. 매체별 예상 매출액

(단위 : 억 원)

보험 상품 A \ 보험 상품 B	자체 어플	옥외 광고	SNS
자체 어플	(5, 6)	(5, 3)	(3, 7)
옥외 광고	(4, 3)	(−1, 7)	(6, 3)
SNS	(2, 4)	(−5, 3)	(7, 5)

※ ( )안의 숫자는 각 매체별 보험 상품의 예상 매출액을 의미한다. 예를 들어 보험 상품 A가 자체 어플, 보험 상품 B가 SNS를 통해 홍보할 때 예상되는 매출액은 각각 3억 원, 7억 원이다.

나. 분기별 홍보 매체 선호도

시기	홍보 매체
1/4분기	SNS
2/4분기	옥외광고
3/4분기	SNS
4/4분기	자체어플

※ 홍보 매체를 선호하는 분기에 이용하면 월 수익의 50% 증가(또는 월 손해의 40% 감소)한다.

50 **보험 상품 A와 B의 매출액 합계가 가장 큰 광고로 옳은 것은? (단, 시기는 고려하지 않는다.)**

	보험 상품 A	보험 상품 B
①	자체 어플	옥외광고
②	자체 어플	자체어플
③	옥외광고	SNS
④	SNS	자체어플
⑤	SNS	SNS

TIP

보험 상품 A \ 보험 상품 B	자체 어플	옥외 광고	SNS
자체 어플	11	8	10
옥외 광고	7	6	9
SNS	6	−2	12

따라서 보험 상품 A는 SNS, 보험 상품 B는 SNS로 홍보할 때 매출액 합계가 12억 원으로 가장 크다.

51 2/4분기 선호 홍보 매체를 이용할 경우 두 보험 상품의 매출액 차가 가장 클 때의 매출액 차로 옳은 것은?

① 4억 원
② 4.5억 원
③ 5억 원
④ 5.5억 원
⑤ 6억 원

TIP ⑤ 2/4분기의 선호 홍보 매체는 옥외광고로, 매출액과 매출액의 차는 다음과 같다.

보험 상품 A \ 보험 상품 B	자체 어플	옥외 광고	SNS
자체 어플	(5, 6)	(5, 4.5)	(3, 7)
옥외 광고	(6, 4.5)	(−2, 10.5)	(9, 3)
SNS	(2, 4)	(−5, 4.5)	(7, 5)

보험 상품 A \ 보험 상품 B	자체 어플	옥외 광고	SNS
자체 어플	−1	0.5	−4
옥외 광고	2.5	−12.5	6
SNS	2	−9.5	2

┃52 ~ 53┃ 다음 예산 수립 과정에 관한 내용을 읽고 물음에 답하시오.

모 기업의 홍보팀 A는 다음 달 외부 홍보 행사의 예산을 수립하려고 한다. A는 먼저 홍보 행사에 필요한 활동 및 활동별로 예상되는 예산을 정리했다. 행사 홀 대여에 3,000,000원, 로고를 새긴 의자 제작에 2,000,000원, 기념 영상 촬영 및 편집에 1,500,000원, 기념품 제작에 2,800,000원이 필요할 것으로 파악되었으나, 홍보 행사 예산은 8,000,000원으로 예산이 다소 부족하다. 동료 직원의 조언에 따라 행사 홀 대여, 기념 영상 촬영 및 편집, 기념품 제작만 진행하기로 결정하였다. 최종적으로 행사 홀 대여 3,475,000원, 기념 영상 촬영 및 편집에 1,500,000원, 기념품 제작에 3,000,000원을 배정하고 행사를 준비하게 되었다.

52 위 내용에서 A의 예산관리 절차 순서로 옳은 것은?

① 우선순위 결정 → 필요한 과업 및 활동 규명 → 예산 배정
② 우선순위 결정 → 예산 배정 → 필요한 과업 및 활동 규명
③ 필요한 과업 및 활동 규명 → 우선순위 결정 → 예산 배정
④ 필요한 과업 및 활동 규명 → 예산 배정 → 우선순위 결정
⑤ 예산 배정 → 필요한 과업 및 활동 규명 → 우선순위 결정

TIP ③ 예산관리 절차는 '필요한 과업 및 활동 규명 → 우선순위 결정 → 예산 배정' 순으로 진행된다. 제시문에서 A는 예산 범위 내에서 수행해야 하는 활동과 예상되는 예산을 정리하는 단계 후에, 한정된 예산으로 모든 업무를 수행할 수 없기 때문에 상대적인 우선순위를 결정하였다. 이후 최종적으로 우선순위가 높은 활동부터 적절하게 예산을 배정하였다.

Answer. 50.⑤ 51.⑤ 52.③

53 예산안과 예산 관련 규정이다. 다음 중 규정에서 어긋난 것을 고르시오.

가. 예산안

항목	내역	금액	비고
행사 홀 대여	• 기본 값 : 2,75,000원 • 기타 소모품 : 200,000원 • ㉠ 보조 인력 : 100,000원 × 3명 • ㉡ 식대 지급 : 25,000원 × 3명 • ㉢ 여유 비용 : 150,000원	3,475,000원	보조 인력은 단기직으로 1인당 6시간 근무
기념 영상 촬영 및 편집	• 영상 촬영 대행업체 : 700,000원 • 편집 대행업체 : 800,000원	1,500,000원	㉤ 수의계약
기념품 제작	• 텀블러 : 12,000원 × 250개 • ㉣ 여유분 : 45개	3,000,000원	

나. 예산 관련 규정

- 단기직으로 보조인력을 고용할 경우, 최저 임금 이상으로 지급할 것. 이때 식대는 별도로 지급하며 인당 전체 금액의 15%를 넘지 않도록 할 것
- 기념품 여유분은 주문량의 20%로 제작할 것
- 여유 비용은 전체 금액의 10% 이하로 책정할 것
- 대행업체와의 계약이 3,000,000원 이하일 경우 수의계약으로 진행할 것

① ㉠
② ㉡
③ ㉢
④ ㉣
⑤ ㉤

TIP ④ 기념품 여유분은 주문량의 20%로 제작해야 한다고 명시되어 있으므로 50개를 제작해야 한다.

54 다음 글에 근거할 때 적립식 펀드와 거치식 펀드를 비교한 내용으로 옳지 않은 것은?

> 펀드 투자 방식은 크게 거치식 투자와 적립식 투자로 나뉜다. 두 방식은 모두 자산운용사가 펀드를 활용하여 투자자금을 운용한다는 점에서 같지만 자금을 언제, 어떻게 투입하느냐에 따라 투자성과가 달라진다.
>
> 거치식 펀드는 한 번에 큰 금액을 투자하는 방식이다. 예를 들어 1월 1일에 펀드에 1,000만 원을 일시에 넣었다면, 이 금액은 전액이 1년 동안 시장 변동의 영향을 그대로 받는다.
>
> 따라서 시장이 상승하면 수익을 크게 얻을 수 있지만, 시장 하락 시 손실도 크게 나타나는 특징이 있다. 이 방식은 투자 시점의 가격 수준에 따라 수익률 편차가 크기 때문에, 투자자 입장에서는 투자 타이밍이 매우 중요한 요소가 된다.
>
> 반면 적립식 펀드는 매월 일정 금액을 나누어 투자하는 방식이다. 이를 통해 투자자는 가격이 높을 때는 적은 수량을, 가격이 낮을 때는 많은 수량을 매입하게 되어 평균 매입 단가를 낮추는 효과 즉, 코스트 애버리징(cost averaging)을 기대할 수 있다. 예컨대 매월 100만 원씩 1년간 투자할 경우, 1년 동안 시장 상황에 따라 매입 단가가 분산되어 시장 변동성을 완화하는 데 도움이 된다. 다만 적립식 펀드는 거치식 펀드와 달리 전체 금액이 초기부터 시장에 투입되는 것이 아니기 때문에, 시장 상승장이 지속될 경우 거치식에 비해 최종 수익이 낮아질 수도 있다. 반대로 하락장이 이어지거나 등락이 심한 시기에는 적립식 투자 방식이 유리할 가능성이 있다.
>
> 요약하자면, 거치식 펀드는 초기 타이밍에 따라 큰 수익 또는 큰 손실이 발생하기 쉬운 반면, 적립식 펀드는 장기간 분산투자 효과로 변동성을 줄이는 데 유리하다. 어느 방식이 더 적절한지는 투자자의 투자 성향, 기간, 시장 흐름 등에 따라 달라진다.

① 거치식 펀드는 초기 투자 시점의 가격에 따라 수익률 차이가 크다.

② 적립식 투자는 시장 변동성이 큰 시기에 위험을 완화하는 효과가 있다.

③ 시장이 지속적으로 상승할 경우 거치식 펀드가 적립식보다 유리할 수 있다.

④ 적립식 펀드는 높은 가격일 때 더 많은 수량을 매입하여 평균 매입 단가를 낮춘다.

⑤ 거치식 펀드는 투자금 전액이 초기에 시장에 투입되므로 시장 흐름의 영향을 크게 받는다.

TIP ④ 적립식 펀드가 가격이 높을 때 더 많은 수량을 매입한다고 설명하고 있으나, 실제로는 가격이 높을 때 적은 수량을, 가격이 낮을 때 많은 수량을 매입하게 된다. 이로 인해 적립식 투자의 평균 매입 단가를 낮출 수 있는 것이므로 적절하지 않다.

Answer. 53.④ 54.④

55 **다음 글 바로 뒤에 이어질 내용으로 적절한 것은?**

> 스미싱과 피싱은 최근 금융권에서 가장 빈번하게 발생하는 사이버 범죄 유형으로, 고객의 금융정보를 탈취하거나 계좌 자금을 무단 이체하기 위해 사용된다. 스미싱은 휴대전화 문자메시지 내 링크를 누르게 하여 악성 앱을 설치하게 하거나 개인정보 입력을 유도하는 방식이다. 겉보기에는 택배사, 관공서, 은행 등이 보낸 안내처럼 꾸며져 있어 사용자가 의심 없이 눌렀다가 피해가 발생하는 경우가 많다. 피싱은 이메일을 이용한 범죄로, 실제 금융기관 · 공공기관과 유사한 화면을 만들어 로그인 정보를 입력하게 하거나 보안카드 번호, OTP 번호 등을 요구한다. 특히 최근에는 AI 기반의 정교한 모방 메일이 증가하면서 일반 이용자는 정상 메일과 구분하기 더 어려워지고 있다. 금융사기 피해는 한 번 발생하면 금전적 손실뿐만 아니라 개인 신용도에 영향을 미칠 수 있어 사전 예방이 무엇보다 중요하다. 따라서 금융기관은 고객 스스로 위험 신호를 빠르게 감지할 수 있도록 일상 속에서 주의해야 할 점을 지속적으로 안내하고 있다.

① 다만 스미싱 · 피싱 범죄는 대부분 해외에서 발생하므로 국내 사용자는 크게 걱정하지 않아도 된다.
② 문자메시지나 이메일에 포함된 링크는 발신처가 불분명할 경우 클릭하지 말고, 필요시 해당 기관의 공식 앱이나 고객센터를 통해 직접 확인해야 한다.
③ 금융사기를 예방하기 위해서는 스마트폰을 최신 기종으로 교체하는 것이 가장 확실한 방법이며, 구형 기종은 보안 위험이 높아 반드시 사용을 중단해야 한다.
④ 하지만 최근에는 스미싱 피해가 발생하더라도 비밀번호만 변경하면 대부분의 피해가 복구되므로 사용자는 큰 불안감을 가질 필요가 없다.
⑤ 단, 피싱 범죄는 이메일을 통한 접근보다는 대면 접촉을 통해 주로 발생하므로 온라인 사용 습관과는 무관하다고 볼 수 있다.

TIP ② 지문에서는 스미싱 · 피싱 범죄의 특징과 문제점을 설명한 뒤, 금융사기 예방의 중요성을 강조하고 있다. 따라서 고객의 구체적인 예방 행동이 자연스럽게 연결되어야 한다. '의심스러운 링크 클릭 금지→공식 채널로 확인'이라는 가장 기본적이고 실제적인 예방 수칙을 제시하고 있어 지문의 맥락과 정확히 부합한다.

① 사실과 다르며 지문과도 맞지 않는다.
③ 스미싱 · 피싱은 기기 성능 문제가 아니다. 예방은 보안 설정, 주의 습관, 공식 경로 이용이 핵심이지 기종 교체가 아니다.
④ 스미싱 · 피싱은 대부분 계좌 탈취, 자금 이체 등 금전적 손실로 이어지며 단순 비밀번호 변경만으로 이미 발생한 피해는 복구되지 않는다. 또한 지문에서는 예방의 중요성을 강조하고 있으므로 잘못된 설명이다.
⑤ 피싱은 이메일 기반 금융사기를 뜻하는 대표적 사이버 범죄로, 대면 접촉은 잘못된 설명이다.

56 다음 글을 통해 알 수 있는 사실은?

> 사람의 뇌는 일정한 수면 시간이 확보될 때 최적의 인지 기능을 발휘한다. 수면이 부족하면 뇌는 낮 동안 받은 정보를 정리하고 저장하는 과정을 충분히 수행하지 못한다. 특히 6시간 미만의 수면이 지속되면 단기 기억을 장기 기억으로 옮기는 과정이 제대로 이뤄지지 않아, 시험이나 업무상 중요한 내용을 기억하기 어려워진다. 이러한 현상은 수면이 뇌 기능 회복과 기억 정리에 핵심적인 역할을 한다는 점을 보여준다. 최근에는 스마트폰 사용 증가, 학업과 업무 스트레스 등의 요인으로 수면 시간이 부족해지는 사람이 많아지고 있으며, 이로 인해 집중력과 기억력 저하를 호소하는 경우도 증가하고 있다. 더 나아가 수면 부족은 감정 조절 능력에도 영향을 미쳐 사소한 자극에도 과민하게 반응하거나 스트레스를 과도하게 느끼게 만든다. 이 때문에 수면 부족은 단순한 피로감에 그치지 않고, 학습 효율이나 업무 성과 전반을 떨어뜨릴 수 있다. 그러나 수면 시간이 길어진다고 해서 인지 능력이 무조건 향상되는 것은 아니다. 지나치게 과도한 수면은 기상 직후의 둔감함을 길게 만들어 일과에 적응하는 시간을 늦출 수 있다. 즉, 부족한 수면과 과도한 수면 모두 뇌 기능에 부정적 영향을 줄 수 있다. 따라서 개인의 생활 패턴에 맞는 적절한 수면 시간을 유지하는 것이 가장 중요하며, 이는 하루의 학습 효율과 업무 성과뿐 아니라 전반적인 삶의 질을 결정하는 핵심 요소가 된다.

① 6시간 미만의 수면이 반복되면 장기 기억 형성 과정이 방해될 수 있다.
② 스마트폰 사용은 수면 부족과 무관하므로 집중력 저하의 직접적 원인이 되지 않는다.
③ 충분한 수면은 감정 조절 능력에는 긍정적이지만, 새로운 정보를 받아들이는 능력과는 관계가 없다.
④ 수면 부족은 감정 조절에는 영향을 미치지만, 학습 능력이나 업무 성과에는 큰 영향을 주지 않는다.
⑤ 수면 시간이 길어질수록 인지 기능은 일정하게 향상되므로 과도한 수면이 문제를 일으키지는 않는다.

TIP ① 지문에서는 6시간 미만의 수면이 지속될 경우 단기 기억을 장기 기억으로 옮기는 과정이 제대로 이뤄지지 않는다고 명확히 서술하고 있다.

Answer. 55.② 56.①

57 다음 글을 바탕으로 팀 내부 이메일 작성 방식을 개선하려고 할 때 적절하지 않은 것은?

> 직장 내 이메일은 업무 효율을 높이기 위해 명확하고 간결하게 작성하는 것이 중요하다. 먼저, 제목은 메일의 핵심 내용을 한눈에 파악할 수 있도록 요약해 작성해야 하며, 불필요하게 길거나 모호한 제목은 피해야 한다. 또한 본문은 핵심 내용을 먼저 제시하고, 그다음에 필요한 배경 설명을 덧붙이는 방식이 효과적이다. 요청 사항이 있는 경우에는 기한, 담당자, 필요한 자료 등을 구체적으로 적어 수신자가 바로 행동에 옮길 수 있도록 해야 한다. 메일에서 감정적인 표현을 사용하는 것은 지양해야 한다. 특히 문제 상황을 설명할 때는 사실 중심으로 서술하고, 상대방을 비난하는 표현은 업무 협업을 저해할 수 있다. 마지막으로 첨부파일이 있는 경우에는 파일명을 명확히 기재하고, 본문에서도 첨부 여부를 다시 확인하는 것이 실수를 줄이는 데 도움이 된다.

① 요청사항을 전달할 때는 기한과 필요한 자료를 명확하게 적는 것이 좋다.

② 본문에서 핵심 내용을 먼저 제시하는 것은 효율적인 이메일 작성 방식이다.

③ 메일 제목을 핵심 문장으로 간결하게 작성하는 것은 글의 원칙에 부합한다.

④ 첨부파일을 보낼 때는 파일명과 본문에서의 안내를 명확히 하는 것이 필요하다.

⑤ 문제 상황을 전달할 때는 감정 표현을 사용해 상황의 심각성을 강조하는 것이 효과적이다.

TIP ⑤ 지문에서는 감정적 표현을 지양하고 사실 중심으로 전달해야 한다고 강조하고 있다.

58 아래 조건과 직무수행 프로그램 목록을 근거로 판단할 때 甲이 선택할 수 있는 연수 프로그램은?

〈조건〉

- 甲은 회사에서 지원하는 직무수행 프로그램 중 하나만 선택하여 12 ~ 1월 두 달간 총 30시간 이상 이수해야 한다.
- 총 이수 시간이 부합하다면, 참가 비용이 더 낮은 프로그램을 우선적으로 선택한다.
- 甲은 평일 오후 13시부터 18시 사이에만 수강할 수 있다.
- 프로그램별로 제시된 요일 · 시간 외 추가 학습 시간은 없는 것으로 가정한다.

〈직무수행 프로그램 목록〉

프로그램	요일 · 시간	회당 시간	총 회차	참가 비용
디지털 문해 교육	화 · 목 14시 ~ 17시	3시간	8회	18만 원
데이터 분석 기초	월 · 수 13시 ~ 17시	4시간	10회	25만 원
비즈니스 글쓰기	금 9시 ~ 13시	4시간	6회	15만 원
고객 응대 커뮤니케이션	화 16시 ~ 19시	3시간	12회	30만 원
알고리즘 기초 및 활용	목 · 금 13시 ~ 16시	3시간	10회	20만 원

① 디지털 문해 교육
② 데이터 분석 기초
③ 비즈니스 글쓰기
④ 고객 응대 커뮤니케이션
⑤ 알고리즘 기초 및 활용

TIP ㉠ 각 프로그램의 총 이수 시간
- 디지털 문해 교육 : 24시간
- 데이터 분석 기초 : 40시간
- 비즈니스 글쓰기 : 24시간
- 고객 응대 커뮤니케이션 : 36시간
- 알고리즘 기초 및 활용 : 30시간

㉡ 시간대 조건(평일 13 ~ 18시) 검토
- 가능 : 디지털 문해 교육, 데이터 분석 기초, 알고리즘 기초 및 활용
- 불가능 : 비즈니스 글쓰기, 고객 응대 커뮤니케이션

㉢ 비용 검토
- 디지털 문해 교육 : 18만 원
- 데이터 분석 기초 : 25만 원
- 알고리즘 기초 및 활용 : 20만 원

총 이수 시간이 부합하다면 참가 비용이 더 낮은 프로그램을 우선적으로 선택한다고 하였으므로 선택할 수 있는 프로그램은 디지털 문해 교육이 된다.

Answer. 57.⑤ 58.②

59 **甲은 OTT 구독 및 요금제를 변경하려고 한다. 아래의 〈OTT 서비스별 요금제〉와 〈조건〉을 참고할 때 다음 중 선택할 요금제로 가장 적절한 것은? (단, 현재 사용 중인 서비스의 요금제는 선택하지 않는다.)**

〈OTT 서비스별 요금제〉

서비스	요금제	월정액	화질 제한	동시 시청	월 다운로드량
A사	라이트	8,000원	HD	1대	30GB
	스탠다드	12,000원	FHD	2대	80GB
	프리미엄	17,000원	UHD(4K)	4대	무제한
B사	베이직	7,500원	HD	1대	20GB
	스탠다드	11,000원	FHD	2대	100GB
	맥스	15,000원	UHD(4K)	4대	150GB
C사	스탠다드	9,000원	FHD	1대	50GB
	프리미엄	1,3000원	UHD(4K)	2대	무제한

〈조건〉

- 甲은 4K 화질(UHD) 시청이 가능한 요금제만 고려하며 동시 시청 2대 이상이 필요하다.
- 甲이 이용하는 기기들의 데이터 사용량을 고려하여, 월 다운로드 가능량이 최소 100GB 이상이어야 한다.
- 구독료는 월 18,000원 이내에서 선택하려고 한다.
- 조건이 동일할 경우 월정액이 더 저렴한 요금제를 선택한다.
- 甲이 현재 사용하고 있는 요금제는 C사 스탠다드이다.

① A사 라이트
② A사 스탠다드
③ B사 맥스
④ C사 스탠다드
⑤ C사 프리미엄

TIP ③ 후보 요금제 조건을 검토해보면,
㉠ A사 프리미엄 : 17,000원, UHD, 4대, 무제한으로 조건을 모두 만족한다.
㉡ B사 맥스 : 15,000원, UHD, 4대, 150GB으로 조건을 모두 만족한다.
㉢ C사 프리미엄 : 13,000원 / UHD / 2대 / 무제한으로 조건을 만족하나, 현재 이용 중인 요금제로 선택할 수 없다.
A사 프리미엄 요금제와 B사 맥스 요금제 중 월정액이 더 낮은 쪽은 B사 맥스이므로 甲이 선택할 수 있는 요금제는 B사 맥스 요금제다.

60 최 사원은 다음 교육자료를 참고하여 사무실 문서들을 보안 등급에 맞게 분류하려고 한다. 다음 중 '중요기밀문서함'에 넣어야 하는 것은 무엇인가?

> 1. 일반문서
> 일일 보고서, 회의 안내문, 근태 기록 등 외부 유출 시 큰 문제가 없는 자료는 일반문서로 분류합니다. 이런 문서는 별도의 보안장치 없이 일반 문서함에 보관하면 됩니다.
>
> 2. 내부기밀문서
> 부서별 업무 계획안, 내부 평가자료, 직원 교육자료처럼 회사 내부에서만 활용되는 문서는 내부기밀문서입니다. 외부로 유출되면 조직 운영에 일부 영향을 줄 수 있으므로 비밀번호가 설정된 캐비닛에 보관해주세요.
>
> 3. 중요기밀문서
> 고객 개인정보, 계좌번호 등 금융정보, 계약서 원본, 미공개 사업 제안자료 등 유출 시 회사 또는 고객에게 심각한 피해를 줄 수 있는 문서는 중요기밀문서로 분류합니다. 이 문서는 접근권한이 부여된 사람만 열람할 수 있는 보안금고에 보관해야 합니다.
>
> 4. 폐기문서
> 오래된 인쇄물, 사용이 끝난 메모지, 회의 중 적은 임시 필기 등 보관 필요성이 없는 문서는 폐기문서입니다. 단, 고객 정보나 내부 전략이 일부라도 포함된 경우에는 반드시 보안 파쇄기에서 파기해야 합니다.

① 회의 일정 안내문
② 직원 대상 교육자료
③ 사용이 끝난 메모지
④ 팀장 주간 보고서 초안
⑤ 신규 고객 계좌 개설 신청서 원본

TIP ⑤ 중요기밀문서는 고객 개인정보 · 계좌번호 · 계약서 원본 · 미공개 자료 등 유출 시 심각한 피해가 발생하는 문서를 의미하며, 보안금고에 보관해야 한다고 설명하고 있다.
① 일반문서
② 내부기밀문서
③ 폐기문서
⑤ 내부기밀문서

Answer. 59.③ 60.⑤

04 2022년 01월 16일 기출복원문제

난이도 ●●●○○

제한시간 60분 | 문항 수 60문항

1 다음 글의 주제로 옳은 것은?

> 저출산, 고령사회로의 급속한 진행과 수도권 및 대도시 등으로의 지역인구 유출이 가속화되면서 2023년 2월 기준 소멸위험지역은 118곳으로 전체 228개 시군구의 52%를 차지하였다. 특히 소멸위험지수 값이 0.2 미만인 소멸고위험지역이 51곳으로 크게 증가하였다. 지역인구 유출의 가속화로 대부분의 농어촌 지자체는 심각한 재정부족 문제에 직면해 있다. 이러한 가운데 지방소멸의 위기를 막고 지역경제를 활성화시키기 위해 고향사랑 기부제가 도입되었다. 개인이 고향(기부자 본인의 주민등록등본상 거주지를 제외한 지역자치단체)에 기부하고 지자체는 이를 모아 주민복리에 사용하는 제도로, 기부자에게는 고향사랑 기부에 대한 세액공제와 기부한 고향의 답례품 혜택이 주어진다.

① 고향사랑기부제 도입 배경
② 고향사랑기부제 법률안 주요 내용
③ 기부금 증가 요인
④ 오프라인 기부 절차 안내
⑤ 답례품 예산 규모 확대 방안

TIP ① 제시문은 저출산, 고령사회로의 급속한 진행과 지역인구 유출 등으로 인해 소멸위험지역의 증가를 언급하면서 고향사랑 기부제 도입 배경에 대해 이야기하고 있다.

2 다음은 소비자 · 생산자 물가상승률을 나타낸 자료이다. 이에 대한 설명으로 옳지 않은 것은?

〈물가지수 상승률 추이〉

(단위 : 전년 동월 대비, %)

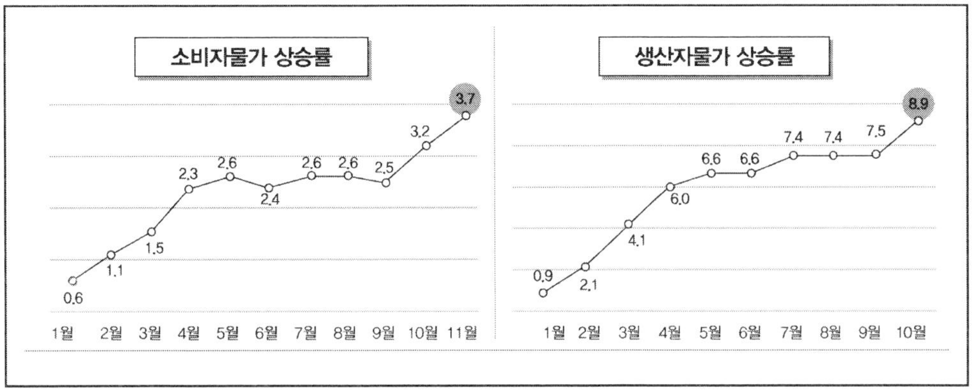

① 1월부터 10월까지 생산자물가 상승률 평균이 소비자물가 상승률 평균보다 높다.
② 10월에 소비자물가와 생산자물가 상승폭이 제일 크다.
③ 소비자물가와 생산자물가는 7월과 8월에는 변동이 없다.
④ 생산자물가가 제일 큰 폭으로 상승한 시기는 3월이다.
⑤ 1월부터 4월까지 생산자물가 상승폭이 소비자물가 상승폭보다 높다.

TIP ② 생산자물가 상승률은 3월이 제일 높지만 소비자물가 상승률이 제일 큰 지점은 4월이다.
① 소비자물가 상승률 평균은 2.14%이고 생산자물가 상승률 평균은 5.75%로 생산자물가 상승률 평균이 더 높다.
③ 소비자물가는 7월과 8월은 2.6%으로 동일하고 생산자물가도 7.4%로 동일하다.
④ 2월 2.1%에서 3월 4.1%로 2.0% 상승률로 제일 크게 상승했다.
⑤ 1월부터 4월까지 생산자물가의 상승폭이 1.2%, 2%, 1.9%이고, 소비자물가 상승폭은 0.5%, 0.4%, 0.8%로 생산자물가 상승폭이 더 높다.

Answer. 1.① 2.②

3 다음은 맹견사고배상책임 보험 상품 요약서이다. 보험 상품에 대해 바르게 이해한 사람은?

1. 가입자격 제한
   가. 「동물보호법 시행규칙」 제1조의3(맹견의 범위)에서 정하는 개를 제외한 다른 종의 반려견 등은 가입할 수 없다.
   나. 위의 범위에 속하는 맹견이라 하더라도 「동물보호법」 제15조(등록대상동물의 등록 등)에 의해 등록대상동물로 등록되지 아니한 맹견은 가입이 제한될 수 있다.
2. 보장내용
   가. 가입대상 및 가입시점 : '맹견소유자'가 맹견(동물등록 가능한 3개월령 이상)을 소유하는 즉시
   나. 보험기간 : 소멸성 1년
3. 보험금 지급 사유 … 대한민국 내에서 보험기간 중 보험가입증서에 기재된 맹견의 행위에 기인하는 우연한 사고로 타인의 신체장해 및 타인 소유의 동물에 손해를 입혀 법률상의 배상책임을 부담함으로써 입은 손해를 보상하여 드립니다.
4. 보상한도액
   가. 사망보험금 및 후유장해보험금 : 보험가입금액을 한도로 실제로 발생한 손해액
   나. 대인 사망 · 후유장해 : 1인당 8,000만 원
   다. 대인 부상 : 1인당 1,500만 원
   라. 대동물 피해 1사고당 : 200만 원(단, 자기부담금 : 대인과 대동물 1사고당 각각 10만 원)
5. 보험금을 지급하지 않는 사유
   가. 회사는 계약자, 피보험자, 보험수익자 등의 고의로 인해 보험금 지급사유가 발생한 때에는 보험금을 지급하지 않습니다.
   나. 다음 중 하나의 사유로 보험금 지급사유가 발생한 때에는 지급하지 않습니다.
   - 보험개시시점 이전에 발생한 보험사고에 대해서는 보상하지 않습니다.
   - 계약자, 피보험자(법인인 경우에는 그 이사 또는 법인의 업무를 집행하는 그 밖의 기관) 또는 이들의 법정대리인의 고의로 생긴 손해에 대한 배상책임. 단, 「동물보호법」을 위반하였더라도 고의가 아닌 사고는 보상하여 드립니다.
   - 전쟁, 혁명, 내란, 사변, 테러, 폭동, 소요, 노동쟁의 기타 이들과 유사한 사태로 생긴 손해에 대한 배상책임
   - 범죄행위, 경주, 수색, 폭약탐지, 구조, 투견, 실험 및 이와 유사한 목적으로 이용하는 중에 발생한 손해에 대한 배상책임
   - 가입 맹견의 소음, 냄새, 털날림으로 인하여 발생한 배상책임
   - 가입 맹견이 질병을 전염시켜 발생한 배상책임
6. 지급 기일
   가. 회사는 피보험자가 서류를 제출한 서류를 접수받은 후 지체 없이 지급할 보험금을 결정하고 지급할 보험금이 결정되면 7일 이내에 이를 지급한다. 지급할 보험금이 결정되기 전이라도 피보험자의 청구가 있을 때에는 회사가 추정한 보험금의 50% 상당액을 가지급보험금으로 지급합니다.
   나. 지급기일이 지나도록 보험금을 지급하지 않은 경우 '보험금을 지급할 때의 적립이율'에 따라 연단위 복리로 계산한 금액을 보험금에 더하여 지급한다. 그러나 피보험자의 책임 있는 사유로 지급될 때에는 그 해당기간에 대한 이자를 더하여 드리지 않는다.

〈부표〉 보험금을 지급할 때의 적립이율

기간	지급 이자
지급 기일의 다음 날부터 30일 이내 기간	보험계약대출이율
지급 기일의 31일 이후부터 60일 이내 기간	보험계약대출이율 + 가산이율(4.0%)
지급 기일의 61일 이후부터 90일 이내 기간	보험계약대출이율 + 가산이율(6.0%)
지급 기일의 91일 이후 기간	보험계약대출이율 + 가산이율(8.0%)

※ 보험계약대출이율은 보험개발원이 공시하는 보험계약대출이율을 적용한다.

7. 보험금 등의 지급한도

가. 보상하는 손해 : 보험증권상 아래금액의 초과금액이 기재된 경우에는 보험증권상의 금액을 한도로 보험금을 지급한다. 다만 아래의 단서를 제외하고 실손해액(피해자의 과실 및 직업, 나이, 수입 등을 고려한 법률상 손해배상금)을 한도로 한다.

1. 대인사고 사망의 경우 : 피해자 1인당 8,000만 원(단, 실손해액이 2,000만 원 미만인 경우에는 2,000만 원)
2. 대인사고 부상의 경우 : 피해자 1인당 상해 등급별 맹견배상책임보험 보험금액의 한도에서 정하는 금액
3. 부상의 경우 그 치료가 완료된 후부터 당해 부상이 원인이 되어 신체장해가 생긴 때에는 피해자 1인당 후유장해 등급별 맹견배상책임보험 보험금액의 한도에서 정하는 금액
4. 부상자가 치료 중에 당해 부상이 원인이 되어 사망한 경우에는 피해자 1인당 제1호와 제2호의 금액의 합산액
5. 부상한 자에게 당해 부상이 원인이 되어 후유장해가 생긴 경우에는 피해자 1인당 제2호와 제3호 금액의 합산액
6. 제3호의 금액을 지급한 후 당해 부상이 원인이 되어 사망한 경우에는 피해자 1인당 제1호의 금액에서 제3호의 규정에 의한 금액중 사망한 날 이후에 해당하는 손해액을 공제한 금액
7. 대동물피해의 경우에는 1사고당 200만 원을 한도로 합니다.

① 가현 : 대인사고의 사망은 실손해액이 1,500만 원이라면 피해자 1인당 8,000만 원을 수령받겠다.

② 나현 : 대동물피해 사고가 대인, 대동물 각각 1건이 발생한다면 자기부담금은 10만 원이겠다.

③ 다현 : 계약자가 고의로 낸 사고가 아니더라도 「동물보호법」을 위반하면 보험금 수령이 불가하겠다.

④ 라현 : 맹견이 사람을 구조하다가 생긴 대인사고 부상의 경우는 보험금을 지급하지 않겠구나.

⑤ 마현 : 1월 3일에 서류 접수해서 보험금이 결정됐는데 1월 29일에도 지급이 안 되면 이율 4.0%를 가산해서 받을 수 있겠구나.

TIP ④ '5. 보험금을 지급하지 않는 사유'에 의하면 구조 목적으로 이용하는 중에 발생한 손해에 대한 배상책임으로는 지급하지 않는다고 명시되어있다.

① '7. 보험금 등의 지급한도'에 의해 실손해액이 2,000만 원 미만인 경우에는 2,000만 원을 수령받는다.

② '4. 보상한도액'에 라호에 의하면 대동물 피해 1사고당 자기부담금은 대인과 대동물 1사고당 각각 10만원이다. 대인과 대동물이 각각 1건 총 2건이 발생한 것이므로 자기부담금은 20만 원이 된다.

③ '5. 보험금을 지급하지 않는 사유' 나호에 의하면 고의가 아니라면 동물보호법을 위반하더라도 보상을 한다고 적혀있다.

⑤ 〈부표〉 보험금을 지급할 때의 적립이율에 의하면 31일 이후부터 가산이율이 적립된다.

Answer. 3.④

4 **다음은 2021년 기준 농림어업 생산액 상위 20개국의 GDP 및 농림어업 생산액에 관한 자료이다. 이에 대한 설명으로 옳지 않은 것은?**

(단위 : 십억 달러, %)

연도 / 구분 / 국가	2021년			2017년		
	GDP	농림어업 생산액	GDP대비비율	GDP	농림어업 생산액	GDP대비비율
중국	12,237	967	7.9	8,560	806	9.4
인도	2,600	403	15.5	1,827	307	16.8
미국	19,800	198	1.0	16,155	194	1.2
인도네시아	1,015	133	13.1	917	122	13.3
브라질	2,055	93	4.5	2,465	102	4.1
나이지리아	375	78	20.8	459	100	21.8
파키스탄	304	69	20.7	224	53	23.7
러시아	1,577	63	4.0	2,210	70	3.2
일본	4,872	52	1.1	6,230	70	1.1
터키	851	51	6.0	873	67	7.7
이란	454	43	9.5	598	45	7.5
태국	455	39	8.6	397	45	11.3
멕시코	1,150	39	3.4	1,201	38	3.2
프랑스	2,582	38	1.5	2,683	43	1.6
이탈리아	1,934	37	1.9	2,072	40	1.9
호주	1,323	36	2.7	1,543	34	2.2
수단	117	35	29.9	68	22	32.4
아르헨티나	637	35	5.5	545	31	5.7
베트남	223	34	15.2	155	29	18.7
스페인	1,311	33	2.5	1,336	30	2.2
전세계	80,737	3,351	4.2	74,993	3,061	4.1

① 2021년 농림어업 생산액 상위 5개국 중에서 2017년 대비 농림어업 생산액이 하락한 국가는 브라질뿐이다.

② 2021년 농림어업 생산액 상위 3개국의 GDP 합은 전세계 GDP의 50% 이상이다.

③ 2017년 대비 2021년 농림어업 생산액의 GDP대비비율이 증가한 국가는 모두 2017년 대비 2021년 GDP가 감소하였다.

④ 2017년 대비 2021년 농림어업 생산이 상승한 국가 중에서 2021년 GDP대비비율이 제일 높은 국가는 수단이다.

⑤ 2017년 대비 2021년 GDP가 상승한 국가 중에서 전세계 GDP대비비율보다 낮은 국가는 미국이다.

TIP ② 2021년 생산액 상위 3개국은 중국, 인도, 미국이다. 상위 3개국 GDP 합은 34,637로 전세계 GDP는 80,737으로 50% 이상은 되지 않는다.

① 농림어업 생산액 상위 5개국 중에서 브라질만이 2017년 대비해서 2021년에 농림어업 생산액이 감소했다.

③ 2021년에 'GDP대비비율'이 증가한 국가는 브라질, 러시아, 이란, 멕시코, 호주, 스페인이다. GDP는 2017년 대비 감소하였다.

④ 2017년 대비해서 2021년 농림어업 생산이 생산한 국가는 중국, 인도, 미국, 인도네시아, 파키스탄, 멕시코, 호주, 수단, 아르헨티나, 베트남, 스페인이다. 이 국가 중에서 GDP대비비율이 제일 높은 국가는 수단이다.

⑤ 2017년 대비 2021년에 GDP가 상승한 국가는 중국, 인도, 미국, 인도네시아, 파키스탄, 태국, 수단, 아르헨티나, 베트남이 있다. 이중에서 GDP대비비율이 제일 낮은 국가는 미국이다.

Answer. 4.②

5 **다음은 하계작물 공급계획에 대한 자료와 기사이다. 이에 대한 설명으로 옳지 않은 것은?**

〈작물별 종자 공급 계획〉

1. 벼
- 25개 품종, 21,800톤 공급
- 고품질 품종 공급계획 : 새청무 3,100톤, 삼광 3,090톤, 일품 2,285톤, 친들 1,350톤, 참드림 1,150톤
- 공급량 : ('20) 22.5천톤 → ('21) 22.3천톤 → ('22) 21.8천톤 → ('23) 21.8천톤
- 다수확 품종 공급량(비율) : ('20) 6,340톤(28.2%) → ('21) 5,345톤(24.0%) → ('22) 4,400톤(20.2%) → ('23) 3,464톤(15.9%)
- 외래품종 공급량(비율) : ('22) 1,978톤(9%) → ('23) 1,420톤(7%)

2. 콩
- 9개 품종, 1,292톤 공급
- 공급량 : ('20) 1,500톤 → ('21) 1,300톤 → ('22) 1,292톤 → ('23) 1,292톤
- 선풍콩 : ('22) 166톤 → ('23) 210톤(44톤 증)
- 대찬콩 : ('22) 120톤 → ('23) 142톤(22톤 증)

3. 팥
- 아라리 품종 50톤 공급
- 아라리 품종 공급량 : ('20) 11톤 → ('21) 22톤 → ('22) 50톤 → ('23) 50톤

농림축산식품부, 하계작물 종자 공급 계획 발표…

농업인이 필요로 하는 고품질 우량종자 생산·공급으로 농업 생산성 향상 및 농업인의 소득 증대하기 위해서 정부보급종 생산·공급사업을 진행한다. 「종자산업법」 제22조에 근거하여 하계에는 벼, 콩, 팥을 생산하고 동계에는 보리, 밀, 호밀을 생산한다. 종자수급계획 결정체계도는 국립종자원에서 종자수급 계획 기본방향 시달하면 도별 지역종자에서 생산·공급을 협의한다. 국립종자원에서 도별 수급 계획량을 종합하고 조정하면 농림축산식품부에서 작물별 수급계획 확정하고 시달한다. 벼는 쌀 품질 고급화, 소비를 고려한 수급 동향을 반영하여 고품질 품종인 새청무, 삼광, 일품, 참드림 등 25개 품종 21,800톤을 공급할 계획이다.

쌀 적정생산 및 품질고급화 등의 정책방향을 고려하여 다수확 및 외래품종의 지속적으로 축소할 계획이다. 신동진을 포함한 다수확 품종은 전체 공급량의 16% 수준으로 축소하고, 일본유래 외래품종(고시히카리, 추청)은 '참드림'으로 점진적 대체할 계획이다. 콩은 논 재배에 적합하며 기계화 작업이 적합하며 수량성도 우수한 품종인 선풍, 대찬을 공급을 확대할 예정이다. 선풍, 대찬 대원, 대찬, 선품 등 9개 품종 1,292톤을 공급할 계획이다. 팥은 국산 팥 종자수요 증가 등을 반영하여 농기계 작업이 쉬운 품종이다. 국산팥 종자수요 및 재배면적을 반영하여 생산성이 높고 통팥, 앙금제조용 등으로 소비에 용이한 아라리 품종 50톤을 공급할 계획이다.

① 벼의 고시히카리 수급은 지속적으로 축소하고 있는 추세이다.
② 선풍콩과 대찬콩의 경우는 수확이 용이하므로 공급이 확대하고 있다.
③ 2023년 아라리 품종 팥의 수급은 전년도 수준과 동일하게 유지할 계획이다.
④ 2023년에 다수확 품종은 전체 쌀의 공급량의 약 15.9% 수준으로 축소할 계획이다.
⑤ 국립종자원에서 하계·동계작물의 종자수급계획을 시행하고 작물별 수급계획을 결정한다.

TIP ⑤ 작물별 수급계획을 확정하고 시행하는 것은 농림축산식품부이다.
① 일본에서 외래품종인 고시히카리는 지속적으로 축소할 계획이다.
② 기사에서 확인하면 선풍콩과 대찬콩은 기계화 작업이 적합하고 수확에 용이해서 공급을 확대할 예정이다.
③ 팥의 수급은 2022년과 2023년이 동일하게 50톤이다.
④ 종자공급 계획에 따라 다수확품종 공급량은 2023년에 15.9% 수준으로 축소할 계획이다.

Answer. 5.⑤

6 다음 자료를 근거로 판단한 것으로 옳은 것은?

제12조(농어촌 자연환경 및 경관 보전시책 등)

국가와 지방자치단체는 농어촌의 자연환경 및 경관 보전시책을 추진할 때에는 다음 사항을 포함하는 자연환경 및 경관 보전계획을 수립 · 시행하여야 한다.

1. 농어촌의 자연환경 및 경관 보전을 위한 기본목표 및 방향
2. 농어촌의 자연환경 및 경관 보전을 위한 추진시책 및 기준에 관한 사항
3. 농어촌의 자연환경 및 경관 보전을 위한 활동 및 지원에 관한 사항
4. 농어촌의 자연환경 및 경관에 대한 분석 · 평가 및 관리계획에 관한 사항
5. 그 밖에 농어촌의 자연환경 및 경관 보전에 필요한 사항

제12조의2(농업 · 농촌공간정보 등의 종합정보체계 구축 대상)

"대통령령으로 정하는 농업 · 농촌공간정보 등"이란 농업 · 농촌과 관련된 객체의 위도 · 경도, 주소 등 위치정보를 포함하는 정보로서 관계 기관이 수집 · 생성 · 가공하는 다음 각 호의 정보를 말한다.

1. 고해상(高解像)의 위성 · 항공 영상을 활용하여 농경지에 대한 면적 및 속성 정보(논, 밭, 과수원, 시설 등)를 구축한 농경지 전자지도 정보
2. 무인항공기 등에서 촬영한 농경지 영상정보
3. 자동화된 농림축산물의 생산 · 유통 · 가공 시설의 환경, 생육, 제어, 경영 등 관련 정보
4. 국가가축방역통합정보시스템의 축산차량이동 정보 등 가축방역 관련 정보
5. 농어업경영정보, 공익직접지불제도 및 직접지불제도에 관한 농식품사업 관련 정보
6. 토지대장 및 건축물대장 등 토지 관련 정보
7. 비옥도 등 농경지의 변동사항 및 토양도(土壤圖) 등 토양환경 관련 정보
8. 종자, 농약잔류허용기준, 병해충 및 면세석유류 등 영농 관련 정보
9. 농작물 · 가축 및 농업용 시설물에 대한 농업재해 및 농업재해보험 관련 정보
10. 농수산물유통 종합정보시스템의 농축산물 가격 및 농축산물의 유통 관련 정보
11. 이력추적관리 정보 및 농축산물의 이력관리 정보 등 농축산물의 안전 관련 정보

제13조(기반시설의 지원 대상)

농어촌에 투자되는 시설의 해당 용도로 쓰이는 건축물의 바닥면적 합계가 1천 제곱미터 이상이거나 부지면적 합계가 5천 제곱미터 이상인 시설이다.

제16조(정책 등의 분석 · 평가의 방법 및 절차 등)

제1항 중앙행정기관의 장 및 지방자치단체의 장은 국가 차원의 중장기 계획 및 소관 중요 정책이 농어촌에 미칠 영향을 분석 · 평가할 때에는 농어업인 등 및 관계 전문가의 의견을 충분히 수렴하여야 한다.

제2항 농림축산식품부장관은 정책 등의 분석 · 평가에 필요한 지침을 제정할 때에는 분석 · 평가의 주체, 방향, 절차, 대상 정책 등 및 세부기준 등에 관한 사항을 포함하여야 한다.

제3항 중앙행정기관의 장 및 지방자치단체의 장은 정책 등이 농어촌에 미칠 영향을 분석 · 평가할 때 지침에 따라 분석 · 평가하여야 한다.

제4항 중앙행정기관의 장 및 지방자치단체의 장은 정책 등이 농어촌에 미칠 영향을 분석 · 평가할 때 관계 전문가, 연구기관 및 단체에 의견수렴을 위한 설문조사, 여론조사 등 조사를 의뢰하거나 분석 · 평가 업무를 위탁할 수 있다.

① 농림축산식품부장관은 농어촌 자연경관 보전을 위해서 추진시책 및 기준에 관한 사항을 설정하고 보전시책을 추진한다.

② 농어촌에 투자 용도로 쓰이는 건축물의 바닥면적 합계가 1,000㎡ 이상인 경우 기반시설의 지원대상이다.

③ 농업 · 농촌공간정보에는 부동산종합증명서, 차상위 본인부담경감 증명서, 장애인증명서가 들어가야 한다.

④ 농업 · 농촌공간정보에는 농림축산물의 가공시설 환경은 포함되지 않지만 토양환경에 관한 정보는 포함된다.

⑤ 농림축산식품부장관은 국가차원의 중장기 계획이 농어촌에 주는 영향을 평가할 때 전문가 의견을 수렴한다.

TIP ② 제13조에 따라서 기반시설 지원 대상은 바닥면적 합계가 1천 제곱미터 이상이거나 부지면적 합계가 5천 제곱미터 이상인 시설이다.

① 제12조에 따라서 국가와 지방자치단체가 1항에서부터 5항까지의 보전계획을 수립하고 시행한다.

③ 제12조2에 포함되지 않는 정보이다.

④ 제12조2에 따라서 3항, 10항, 11항 등에 따르면 축산물과 관련된 정보도 포함된다.

⑤ 제16조에 따라서 중앙행정기관의 장 및 지방자치단체의 장이 한다.

Answer. 6.②

7 '농지연금'에 관련한 자료에 대해 바르게 이해하는 사람은?

1. 목적 : 농업인 노후생활안정 지원 및 농지의 효율적 이용 제고
2. 가입연령 : 본인이 60세 이상
3. 지원대상 : 영농경력 5년 이상
   - 신청일 기준 5년 이상일 것. 경력은 직전 계속 연속적이지 않아도 되고 영농기간 합산 5년 이상이면 된다.
   - 영농경력 5년 이상 여부는 농지대장(구 농지원부), 농업경영체등록확인서, 농협조합원가입증명서(준조합원 제외), 국민연금보험료 경감대상농업인 확인서류 등으로 확인한다.
4. 대상농지

① 「농지법」상의 농지 중 공부상 지목이 전, 답, 과수원으로서 사업대상자가 소유하고 있고 실제 영농에 이용되고 있는 농지

② 사업대상자가 2년 이상 보유한 농지(단, 상속받은 농지는 피상속인의 보유기간 포함)

③ 사업대상자의 주소지(주민등로상 주소지 기준)를 담보농지가 소재하는 시, 군, 구 및 그와 연접한 시, 군, 구 내에 두거나, 주소지와 담보농지까지의 직선거리가 30km 이내의 지역에 위치하고 있는 농지

※ 단, ②와 ③의 요건은 2020년 1월 1일 이후 신규 취득한 농지부터 적용한다.

④ 저당권 등 제한물권이 설정되지 아니한 농지(단, 선순위 채권최고액이 담보농지 가격의 100분의 15 미만인 농지는 가입이 가능하다.)

⑤ 압류 · 가압류 · 가처분 등의 목적물이 아닌 농지

5. 제외 농지
   - 불법건축물이 설치되어 있는 토지 또는 본인 및 배우자 이외의 자가 공동소유하고 있는 농지
   - 개발 지역 및 개발계획이 지정 및 시행 고시되어 개발계획이 확정된 지역의 농지 등 농지연금 업무처리요령에서 정한 제외농지
   - 2018년 1월 1일 이후 경매 및 공매(경매,공매후 매매 및 증여 포함)를 원인으로 취득한 농지(단, 농지연금 신청일 현재 신청인의 담보농지 보유기간이 2년 이상이면서 '담보농지가 소재하는 시군구 및 그와 연접한 시군구 또는 담보농지까지 직선거리 30km 이내'에 신청인이 거주(주민등록상 주소지 기준)하는 경우 담보 가능)
6. 지급방식 : 종신형은 사망 시까지, 기간형은 설정한 기간 동안 연금을 수령하는 것입니다.
   - 종신정액형 : 가입자(배우자) 사망시까지 매월 일정한 금액을 지급하는 유형
   - 전후후박형 : 가입초기 10년 동안은 정액형보다 더 많이 11년째부터는 더 적게 받는 유형
   - 수시인출형 : 총지급가능액의 30% 이내에서 필요금액을 수시로 인출할 수 있는 유형
   - 기간정액형(5년/10년/15년) : 가입자가 선택한 일정 기간 동안 매월 일정한 금액을 지급받는 유형

지급방식	종신형/경영이양형	기간정액형(5년)	기간정액형(10년)	기간정액형(15년)
가입연령	60세 이상	78세 이상	73세 이상	68세 이상

   - 경영이양형 : 지급기간 종료 시, 공사에 소유권 이전을 전제로 더 많은 연금을 받는 유형
7. 적용금리 : 대출이자율은 농지연금 가입신청시 신청자가 다음 중 한 가지를 선택할 수 있습니다.
   - 고정금리 : 2%
   - 변동금리 : 농업정책자금 변동금리대출의 적용금리, 최초 월지급금 지급일로부터 매 6개월 단위로 재산정

① 영호 : 60세가 되신 아버지가 설정한 기간 동안 연금을 받을 수 있도록 가입해야겠다.

② 준식 : 2018년 1년간 농사를 하다가 가뭄이 들어 2019년부터 2022년까지 농사를 안했는데 영농경력이 연속적이지 않아도 되니까 지원대상이 되겠군.

③ 진우 : 농지가 압류상황이긴 하지만 제외 농지가 아니니까 가입은 가능하겠다.

④ 춘미 : 아버지가 10년을 보유하신 농지를 2020년 3월에 상속받았으니 대상농지에 해당하네.

⑤ 진숙 : 2% 고정금리로 가입하고 1년 뒤에는 최초 월지급금 지급일로부터 6개월 단위로 금리를 재산정받아야겠어.

TIP ④ 제4항 대상농지 ②호에 따라, 상속받은 농지는 피상속인의 보유기간도 포함되므로 보유기간이 10년이 된다. 하지만 ②호의 요건은 2020년 1월 1일 이후 신규 취득한 농지에서부터 적용된다고 명시되어 있다.

① 설정기간동안 연금을 받는 기간정액형은 최소 만68세 이상이 되어야 15년형부터 가입이 가능하다.

② 연속적이지 않더라도 합산 5년 이상 되어야 한다.

③ 압류 · 가압류 · 가처분 등의 목적물인 농지는 가입대상농지에서 벗어나기 때문에 가입이 어렵다.

④ 고정금리로 가입한 경우 금리 재산정은 불가하다.

Answer. 7.④

8 **다음 농어촌 민박 사업시행지침에서 알 수 없는 사실은?**

> 농어촌지역과 준농어촌지역의 주민이 직접 거주하고 있는 단독주택(다가구주택 포함)을 이용하여 농어촌 주민의 소득 증대를 위해서 '농어촌민박사업'이 진행되고 있다. 농어촌 및 준농어촌지역의 주민이 본인이 거주하고 있는 연면적 230제곱미터 미만의 단독주택을 이용하여 투숙객에게 숙박 · 취사시설 · 조식 등을 제공하는 사업이다. 농어촌지역 및 준농어촌지역 주민이거나 본인이 직접 거주하는 주택에 한하여 농어촌민박사업이 가능하다. 「소방시설 설치유지 및 안전관리에 관한 법률」에 따라서 소화기, 단독 경보형 감지기, 휴대용 비상 조명등을 설치해야 하며, 연면적 150제곱미터 이하인 경우에는 유도표지, 연면적이 150제곱미터를 초과하는 경우 피난구유도등을 설치해야 한다. 연면적 150제곱미터를 초과하면서 3층 이상인 건물은 3층부터 객실마다 완강기 설치한다. 난방기 및 화기를 취급하면 일산화탄소경보기, 가스누설경보기(가스보일러 사용 시), 소화기 및 자동확산 소화기를 설치해야 한다. 조식 제공만 가능하며 투숙객 이외의 자에게 식사를 제공 · 판매할 수 없고, 그 비용은 민박요금에 포함시켜야 한다.
>
> 농어촌민박사업자 신고필증 및 요금표를 해당 민박의 잘 보이는 곳에 게시하고 농어촌민박을 운영한다. 숙박위생 · 식품위생 · 소방안전 · 풍기문란 영업행위 금지 등 서비스 · 안전기준을 준수하고, 매년 소방 · 안전 교육 2시간, 서비스 · 위생 교육 1시간을 이수해야 한다. 농어촌민박사업을 하려는 자는 「농어촌정비법」에 따라 농어촌민박사업자 신고서를 작성하여 해당 시장 · 군수 · 구청장에게 제출하고 시장 · 군수 · 구청장은 농어촌민박사업자 요건 및 시설기준 등을 검토 및 확인받는다. 농어촌민박사업자로 적합한 경우 농어촌민박사업자 신고확인증을 발급한다.

① 사업의 목적

② 소방시설 기준

③ 서비스 · 위생 교육 내용

④ 사업자 자격요건

⑤ 거주하는 단독주택 연면적

TIP ③ 교육내용에 대한 정보는 제공하지 않는다.

① 농어촌주민의 소득 증대를 위한 사업인 것을 알 수 있다.

② 소화기, 피난구유도등, 난방기 등의 시설 기준이 있다.

④ 농어촌지역 및 준농어촌지역 주민이거나 본인이 직접 거주하는 주택에 한하여 농어촌민박 사업이 가능하다.

⑤ 본인이 거주하는 연면적 230제곱미터 미만의 단독주택이다.

9 **다음 글을 읽고 이 글을 뒷받침할 수 있는 주장으로 가장 적절한 것은?**

> X선 사진을 통해 폐 질환 진단법을 배우고 있는 의과대학 학생을 생각해 보자. 그 학생은 암실에서 환자의 흉부 X선 사진을 보면서, 이 사진의 특징을 설명하는 방사선 전문의의 강의를 듣고 있다. 그 학생은 흉부 X선 사진에서 늑골뿐만 아니라 그 밑에 있는 폐, 늑골의 음영, 그리고 그것들 사이에 있는 아주 작은 반점들을 볼 수 있다. 하지만 처음부터 그럴 수 있었던 것은 아니다. 첫 강의에서는 X선 사진에 대한 전문의의 설명을 전혀 이해하지 못했다. 그가 가리키는 부분이 무엇인지, 희미한 반점이 과연 특정질환의 흔적인지 전혀 알 수가 없었다. 전문의가 상상력을 동원해 어떤 가상적 이야기를 꾸며내는 것처럼 느껴졌을 뿐이다. 그러나 몇 주 동안 이론을 배우고 실습을 하면서 지금은 생각이 달라졌다. 그는 문제의 X선 사진에서 이제는 늑골뿐만 아니라 폐와 관련된 생리적인 변화, 흉터나 만성 질환의 병리학적 변화, 급성 질환의 증세와 같은 다양한 현상들까지도 자세하게 경험하고 알 수 있게 될 것이다. 그는 전문가로서 새로운 세계에 들어선 것이고, 사진의 명확한 의미를 지금은 대부분 해석할 수 있게 되었다. 이론과 실습을 통해 새로운 세계를 볼 수 있게 된 것이다.

① 관찰은 배경지식에 의존한다.
② 과학에서의 관찰은 오류가 있을 수 있다.
③ 과학 장비의 도움으로 관찰 가능한 영역은 확대된다.
④ 관찰정보는 기본적으로 시각에 맺혀지는 상에 의해 결정된다.
⑤ X선 사진의 판독은 과학 데이터 해석의 일반적인 원리를 따른다.

TIP ① 배경지식이 전혀 없던 상태에서는 X선 사진을 관찰하여도 알 수 있는 것이 없었지만, 이론과 실습 등을 통하여 배경지식을 갖추고 난 후에는 X선 사진을 관찰하여 생리적 변화, 만성 질환의 병리적 변화, 급성 질환의 증세 등의 현상을 알게 되었다는 것을 보면 관찰은 배경지식에 의존한다고 할 수 있다.

Answer. 8.③ 9.①

10 다음은 4,000명을 대상으로 홈페이지 비밀번호 변경주기를 조사한 자료이다. 이에 대한 설명에서 옳지 않은 것은?

〈홈페이지 비밀번호 변경주기 조사 결과〉

(단위 : 명, %)

구분		대상자 수	변경 하였음	1년 초과	6개월 초과 1년 이하	3개월 초과 6개월 이하	3개월 이하	변경하지 않았음
전체		4,000	70.0	30.9	21.7	10.5	6.9	29.7
성별	남성	2,059	70.5	28.0	23.2	11.7	7.6	29.1
	여성	1,941	69.5	34.0	20.1	9.2	6.2	30.3
연령대	15 ~ 19세	367	55.0	22.9	12.5	12.0	7.6	45.0
	20대	702	67.7	32.5	17.0	9.5	8.7	32.3
	30대	788	74.7	33.8	20.4	11.9	8.6	24.5
	40대	922	71.0	29.5	25.1	10.1	6.4	28.5
	50대 이상	1,221	72.0	31.6	25.5	10.0	4.9	27.8
직업	전문직	691	70.3	28.7	23.7	11.4	6.5	29.2
	사무직	1,321	72.7	30.8	23.1	11.6	7.3	26.7
	판매직	374	74.3	32.4	22.2	11.5	8.3	25.4
	기능직	242	73.1	29.8	25.6	9.1	8.7	26.9
	농림어업직	22	81.8	13.6	31.8	18.2	18.2	18.2
	학생	611	58.9	27.5	12.8	11.0	7.7	41.1
	전업주부	506	73.5	36.4	24.5	7.5	5.1	26.5
	기타	233	63.5	35.6	19.3	6.0	2.6	36.1

※ 항목별로 중복응답은 없으며, 전체 대상자 중 무응답자는 12명이다.

① 변경주기가 1년 이하인 응답자수는 남성이 여성보다 많다.
② 비밀번호를 변경한 응답자 중 변경주기가 1년 초과인 응답자수는 '학생'이 '전업주부'보다 많다.
③ 20대 응답자 중 변경주기가 6개월 이하인 비율은 40대 응답자 중 변경주기가 6개월 이하인 비율보다 높다.
④ 사무직의 무응답자는 2명 이상이다.
⑤ 20대 이하의 연령과 학생에게는 무응답자가 없다.

TIP ② 학생의 1년 초과 응답자수는 611명 중에 27.5%로 약 168명이고 전업주부는 506명 중에 36.4%로 약 184명이므로 전업주부가 더 높다.

① 남성은 1년 이하 응답비율은 42.5%이고 여성은 35.5%이므로 1년 이하로 비밀번호를 변경주기인 성별은 남성이 더 많다.

③ 20대는 18.2% 40대는 16.5%로 20대의 6개월 이하 비밀번호 변경주기 비율이 더 높다.

④ '변경하였음'과 '변경하지 않았음' 비율로 확인하면 전문직 0.5%, 사무직 0.6%, 판매직 0.3%, 기타 0.4%에서 무응답자가 있는 것을 확인할 수 있다. 전체 대상자수에서 응답률로 계산하면 전문직 3명, 사무직 7명, 판매직과 기타에서 각각 1명씩 나온 것을 예측할 수 있다.

⑤ '변경하였음'과 '변경하지 않았음' 비율로 확인하면 20대 이하 연령은 무응답자가 없다.

11 다음 글을 읽고 추론할 수 있는 것으로 옳지 않은 것은?

> 메트포르민은 식이를 조절하고 운동을 해도 혈당이 조절되지 않는 제2형 당뇨병을 위한 의약품의 성분 중에 하나이다. 메트포르민은 포도당 생성을 막고 포도당 흡수를 감소시켜서 인슐린 민감성을 개선시키는 작용을 한다.
>
> 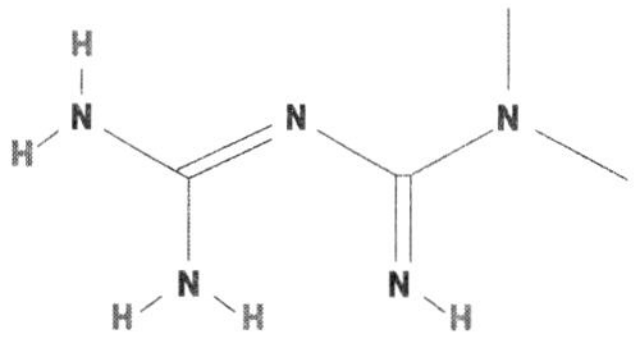
>
> 제2형 당뇨병(type 2 diabetes mellitus, T2DM)은 인슐린의 조절 활성도(regulatory activity)에 문제가 생겨서 발생하는 것으로 일반적으로 성인 당뇨병이며 대부분의 당뇨병 환자가 이에 해당한다. 일반적으로 연령이 높거나 비만도가 심할수록 발병확률이 높아진다.
>
> 우리 몸에 혈액에 존재하는 포도당은 간에서 글리코겐으로 저장되어 있다. 활동을 하거나 혈당이 부족해질 때에는 글리코겐이 분해되어 장에서 흡수되면서 사용된다. 비구아니드(biguanide) 계열의 메트포르민은 포도당의 생성과 흡수작용에 관여로 인슐린의 민감성을 증가하면서 혈당 감소에 효과가 있다.
>
> 메트포르민을 투여한 환자는 식욕저하와 체중감소 효과가 있다. 상대적으로 저혈당 부작용이 적어서 당뇨병 초기 환자에 자주 사용하는 약물이며 복합제로도 널리 사용하고 있다. 가장 흔한 부작용으로는 식욕부진, 설사, 구토, 복부팽만 등이 있다. 위장관계에 이상이 있을 수 있지만 식사와 함께 복용하면서 용법을 늘리면서 위장관계 부작용 위험을 낮출 수 있다.
>
> 신장 질환자, 제1형 당뇨병이나 대사성산증이나 케톤산증 병력이 있는 환자, 기아상태로 영양상태가 좋지 않은 환자, 뇌하수체·부신기능 부전 환자, 간 장애 환자 등에게 금기이다. 또한 메트포르민 의약품을 장기 복용하면 비타민 B12가 결핍될 수 있으므로 정기적으로 비타민 B12 수치를 검사하는 것이 좋다. 알코올을 병용 투여하거나 식사를 충분히 하지 않고 격렬한 운동을 후에 혈당 섭취가 부족한 경우에는 저혈당이 발생할 수 있다.
>
> 당뇨병 치료약물인 메트로포르민이 식약처 의약품안전성을 조사한 결과 완제품 의약품 'A'제품과 'B'제품에서 비의도적 불순물인 N-니트로소디메틸아민(NDMA)이 검출되었다. 미국과 유럽 등의 국가에서는 메트포르민 의약품을 시험검사를 진행중에 있으며 일부 국가에서는 NDMA 초과 상품을 전면 회수조치를 취하고 있다.
>
> NDMA은 유기 화학 물질로 모든 산업에서 사용이 금지된 약물 중에 하나이다. 제조공정에서 비의도적으로 생성되는 물질 중에 하나로 강한 메틸화제로 발암 물질로 분류되고 있다. 원료에서 존재하지 않더라도 제조공정에서 NDMA이 생겨날 수 있다. 피부, 심혈관계, 생식, 기형유발, 신경계, 소화기계, 신장, 면역성, 간, 유전, 호흡 등에 독성을 유발하는 것으로 보고되고 있다.

① 부작용이 적으므로 제2형 당뇨병이 처음 발병한 환자에게 사용하는 것이 좋다.
② 저혈당 부작용은 다른 당뇨 처방약에 비해서 적지만 식사가 적절하지 않으면 저혈당 위험이 있을 수 있다.
③ 제1형 당뇨병 병력이 있었던 환자에게는 메트포르민 약물을 사용하지 않는다.
④ 메트포르민 완제품에서 NDMA가 검출되었으므로 메트포르민 원료를 의약품에서 더 이상 사용하지 않는다.
⑤ 비만이 있고 연령이 높을수록 제2형 당뇨병 발병확률이 증가한다.

TIP ④ 완제품에서 검출되었고 원료에서 잠정관리기준 이하로 검출되었다. N-니트로소디메틸아민는 제조공정에서 생기는 비의도적 생성물질로 원료에서 N-니트로소디메틸아민 위험이 있다는 추론은 옳지 않다.

Answer. 10.② 11.④

12 다음 글의 내용과 부합하지 않는 것은?

1776년 애덤 스미스가 '국부론(The Wealth of Nations)'을 펴낼 때는 산업혁명이 진행되는 때여서, 그는 공장과 새로운 과학기술에 매료되었다. 공장에서 각 부품을 잘 연결해 만든 기계에 연료를 투입하면 동륜(動輪)이 저절로 돌아가는 것이 신기했던 애덤 스미스는 시장경제도 커다란 동륜처럼 생각해서 그것을 구동하는 원리를 찾은 끝에 '자기 이득(Self-Interest)'이라는 에너지로 작동하는 시장경제의 작동원리를 발견했다. 이는 개인이 자기 자신의 이득을 추구하기만 하면 '보이지 않는 손'에 의해 공동체 이익을 달성할 수 있다는 원리다. 이것은 모두가 잘살기 위해서는 자신의 이득을 추구하기에 앞서 공동체 이익을 먼저 생각해야 한다는 당시 교회의 가르침에 견주어 볼 때 가히 혁명적 발상이었다. 경제를 기계로 파악한 애덤 스미스의 후학들인 고전학파 경제학자들은 우주의 운행원리를 '중력의 법칙'과 같은 뉴턴의 물리학 법칙으로 설명하듯, 시장경제의 작동원리를 설명해주는 '수요 공급의 법칙'을 비롯한 수많은 경제법칙을 찾아냈다.

경제를 기계로 보았던 18세기 고전학파 경제학자들의 전통은 200년이나 지난 지금까지도 내려오고 있다. 경제예측을 전문으로 하는 이코노미스트들은 한 나라 거시경제를 여러 개 부문으로 구성된 것으로 상정하고, 각 부문 사이의 인과관계를 수식으로 설정하고, 에너지인 독립변수를 입력하면 국내총생산량이 얼마일지 계산할 수 있을 것으로 본다. 그래서 매년 연말이 되면 다음 해 국내총생산이 몇 % 증가할 것인지 소수점 첫째 자리까지 계산해서 발표하고, 매스컴에서는 이를 충실하게 게재하고 있다.

경제를 기계처럼 보는 인식은 기업의 생산량을 자본과 노동의 함수로 상정하고 있는 경제원론 교과서에 나오는 생산함수에서도 볼 수 있는데 기업이 얼마의 자본(기계)과 얼마의 노동을 투입하면 얼마의 제품을 생산할 수 있다고 설명한다. 하지만 이러한 인식에서 기업의 생산 과정 중 인간인 기업가의 위험부담 의지나 위기를 기회로 만드는 창의적 역할이 작용할 여지는 없다. 기계는 인간의 의지와 관계없이 만들어진 원리에 따라서 자동으로 작동하는 것이기 때문이다.

우리나라가 60년대 말에 세계은행(IBRD)에 제철소 건립에 필요한 차관을 요청했을 때 당시 후진국 개발차관 담당자였던 영국인 이코노미스트가 후진국에서 일관제철소 건설은 불가능하다면서 차관 제공을 거절한 것은 기계론적 기업관으로 보면 이해할 수 있는데, 우리나라 기술 수준으로 보아 아무리 포항제철에 자본(기계)과 노동을 투입해도 철강이 생산되지 않을 것은 분명해 보였을 것이기 때문이다. 박태준 포철 회장이 생존해 있을 때 박 회장은 그 영국인을 만나서 "아직도 후진국에서 일관제철소 건설은 불가능하다고 생각하느냐?"라고 질문하였고 그는 여전히 "그렇다"고 대답했다고 한다. 박 회장이 세계적 종합제철소로 부상한 포항제철을 예로 들면서 한국은 가능했지 않았느냐고 반론을 제기하자, 그 사람은 "박태준이라는 인적 요인을 참작하지 못했다"고 실토했다는 이야기는 기업가와 기업가 정신의 중요성을 웅변적으로 보여주고 있다.

① 애덤 스미스는 시장 경제를 움직이는 작동 원리인 '자기 이득' 에너지를 발견하였다.
② 고전학파 경제학자들은 경제를 기계처럼 보았다.
③ 일정량의 제품 생산을 투입되는 자본과 노동의 함수로 설명하는 것이 기업가 정신의 핵심이다.
④ 기업가와 기업가 정신 측면에서의 생산량 예측은 자본 및 노동 투입량만으로 계산하기 어렵다.
⑤ 포철의 종합제철소 건설은 고전학파 경제학자들의 관점을 뛰어넘은 결과였다.

TIP ③ 일정량의 제품 생산을 투입되는 자본과 노동의 함수로 설명하는 것은 경제를 기계로 인식하는 고전학파 경제학자들의 주장이며, 이것은 주어진 글에서 제시한 포철의 종합제철소 건설의 예처럼 기업가의 위험부담 의지나 위기를 기회로 만드는 창의적 역할 등 기업 활동 결과의 변수로 작용하는 기업가 정신을 고려하지 않은 것이었다.
① 애덤 스미스는 '자기 이득'을 그 원리로 찾아내었다고 설명하고 있다.
② 고전학파 경제학자들은 애덤 스미스의 이론을 따랐으며, '경제를 기계로 파악한 애덤 스미스의 후학'이라는 언급을 통해 알 수 있는 내용이다.
④ 자본 및 노동 투입량 외에 '인적 요인'이 있어야 한다.
⑤ 포철의 종합제철소 건설은 경제를 기계로 보았던 고전학파 경제학자들의 관점을 뛰어넘은 결과였다.

13 다음 조건이 참이라고 할 때 항상 참인 것을 고르면?

- 민수는 A기업에 다닌다.
- 영어를 잘하면 업무 능력이 뛰어난 것이다.
- 영어를 잘하지 못하면 A기업에 다닐 수 없다.
- A기업은 우리나라 대표 기업이다.

① 민수는 업무 능력이 뛰어나다.
② A기업에 다니는 사람들은 업무 능력이 뛰어나지 못하다.
③ 민수는 영어를 잘하지 못한다.
④ 민수는 수학을 매우 잘한다.
⑤ 업무 능력이 뛰어난 사람은 A기업에 다니는 사람이 아니다.

TIP ① 주어진 조건을 잘 풀어보면 민수는 A기업에 다닌다, 영어를 잘하면 업무 능력이 뛰어나다, 업무 능력이 뛰어나지 못하면 영어를 못한다, 영어를 못하는 사람은 A기업에 다니지 않는다, A기업 사람은 영어를 잘한다. 전체적으로 연결시켜 보면 '민수 → A기업에 다닌다. → 영어를 잘한다. → 업무 능력이 뛰어나다.' 이므로 '민수는 업무 능력이 뛰어나다.'는 결론을 도출할 수 있다.

Answer. 12.③ 13.①

14 **다음은 N사의 신입사원 채용에 관한 안내문의 일부이다. 다음 내용을 근거로 할 때, N사가 안내문의 내용에 부합한 행동이라고 볼 수 없는 것은?**

> • 모든 응시자는 1인 1개 분야만 지원할 수 있습니다.
> • 응시 희망자는 지역제한 등 응시자격을 미리 확인하고 응시원서를 접수하여야 하며, 응시원서의 기재사항 착오 · 누락, 공인 어학능력시험 점수, 자격증, 장애인 · 취업 지원 대상자 가산 점수, 가산비율 기재 착오, 연락불능 등으로 발생되는 불이익은 일체 응시자의 책임으로 합니다.
> • 입사지원서 작성내용은 추후 증빙서류 제출 및 관계기관에 조회할 예정이며 내용을 허위로 입력한 경우에는 합격이 취소됩니다.
> • 응시자는 시험장소 공고문, 답안지 등에서 안내하는 응시자 주의사항에 유의하여야 하며, 이를 준수하지 않을 경우에 본인에게 불이익이 될 수 있습니다.
> • 원서 접수 결과 지원자가 채용 예정 인원 수와 같거나 미달하더라도 적격자가 없는 경우 선발하지 않을 수 있습니다.
> • 시험 일정은 사정에 의하여 변경될 수 있으며 변경내용은 7일 전까지 당사 채용 홈페이지를 통해 공고할 계획입니다.
> • 제출된 서류는 본 채용 목적 이외에는 사용하지 않으며, 채용 절차의 공정화에 관한 법령에 따라 최종합격자 발표일 이후 180일 이내에 반환 청구를 할 수 있습니다.
> • 최종합격자 중에서 신규 임용 후보자 등록을 하지 않거나 관계법령에 의한 신체검사에 불합격한 자 또는 당사 인사 규정 제21조에 의한 응시자격 미달자는 신규 임용 후보자 자격을 상실하고 차순위자를 추가합격자로 선발할 수 있습니다.
> • 임용은 교육성적을 포함한 채용시험 성적순으로 순차적으로 임용하되, 장애인 또는 경력자의 경우 성적순위에도 불구하고 우선 임용될 수 있습니다.
>
> ※ 당사 인사 규정 제22조 제2항에 의거 신규 임용 후보자의 자격은 임용 후보자 등록일로부터 1년으로 하며, 필요에 따라 1년의 범위 안에서 연장될 수 있습니다.

① 동일한 응시자가 두 개의 직렬에 중복지원을 한 사실이 뒤늦게 발견되어 임의로 한 개의 직렬에서 응시 관련 사항 일체를 무효처리하였다.

② 대학 졸업예정자로 채용된 A 씨는 마지막 학기 학점이 부족하여 졸업이 미뤄지는 바람에 채용이 취소되었다.

③ 50명 선발이 계획되어 있었고, 45명이 지원을 하였으나 42명만 선발하였다.

④ 최종합격자 중 신규 임용 후보자 자격을 상실한 자가 있어 불합격자 중 임의의 인원을 추가 선발하였다.

⑤ 채용시험 성적이 합격권이 아니지만 경력자인 B 씨를 우선 채용하였다.

TIP ④ 결원이 생겼을 때에는 그대로 추가 선발 없이 채용을 마감할 수 있으며, 추가합격자를 선발할 경우 반드시 차순위자를 선발하여야 한다.
① 모든 응시자는 1인 1개 분야만 지원할 수 있다.
② 입사지원서 작성 내용과 다르게 된 결과이므로 취소 처분이 가능하다.
③ 지원자가 채용예정인원 수와 같거나 미달하더라도 적격자가 없는 경우 선발하지 않을 수 있다.
⑤ 장애인 또는 경력자의 경우 성적순위에도 불구하고 우선 임용될 수 있다.

15 다음은 주간회의를 끝마친 영업팀이 작성한 회의록이다. 다음 회의록을 통해 유추해 볼 수 있는 내용으로 적절하지 않은 것은?

[영업팀 9월 회의록]

회의일시	2022. 09. 11. 10:00 ~ 11:30	회의장소	5층 대회의실
참석자	팀장 이하 전 팀원		
회의안건	• 3/4분기 실적 분석 및 4/4분기 실적 예상 • 본부장, 팀장 해외 출장 관련 일정 수정 • 10월 바이어 내방 관련 계약 준비상황 점검 및 체류 일정 점검 • 월말 부서 등반대회 관련 행사 담당자 지정 및 준비사항 확인		
안건별 F/up 사항	• 3/4분기 매출 및 이익 부진 원인 분석 보고서 작성(오 과장) • 항공 일정 예약 변경 확인(최 대리) • 법무팀 계약서 검토 상황 재확인(박 대리) • 바이어 일행 체류 일정(최 대리, 윤 사원) 　– 호텔 예약 및 차량 이동 스케줄 수립 　– 업무 후 식사, 관광 등 일정 수립 • 등반대회 진행 담당자 지정(민 과장, 서 사원) 　– 참가 인원 파악 　– 배정 예산 및 회사 지원 물품 수령 등 유관부서 협조 의뢰 　– 이동 계획 수립 및 회식 장소 예약		
협조부서	총무팀, 법무팀, 회계팀		

① 오 과장은 회계팀에 의뢰하여 3/4분기 팀 집행 비용에 대한 자료를 확인해 볼 것이다.

② 최 대리와 윤 사원은 바이어 일행의 체류 기간 동안 업무 후 식사 등 모든 일정을 함께 보내게 될 것이다.

③ 윤 사원은 바이어 이동을 위하여 차량 배차 지원을 총무팀에 의뢰할 것이다.

④ 민 과장과 서 사원은 담당한 업무를 수행하기 위하여 회계팀과 총무팀의 협조를 의뢰하게 될 것이다.

⑤ 총무팀은 본부장과 팀장의 변경된 항공 일정에 따른 예약 상황을 영업팀 최 대리에게 통보해 줄 것이다.

TIP ② 최 대리와 윤 사원은 바이어 일행 체류 일정을 수립하는 업무를 담당하게 되었으며, 이것은 적절한 계획 수립을 통하여 일정이나 상황에 맞는 인원을 배치하는 일이 될 것이므로, 모든 일정에 담당자가 동반하여야 한다고 판단할 수는 없다.

① 3/4분기 매출 부진 원인 분석 보고서 작성은 오 과장이 담당한다. 따라서 오 과장은 매출과 비용 집행 관련 자료를 회계팀으로부터 입수하여 분석할 것으로 판단할 수 있다.

③ 최 대리와 윤 사원은 바이어 일행의 체류 일정에 대한 업무를 담당하여야 하므로 총무팀에 차량 배차를 의뢰하게 된다.

④ 민 과장과 서 사원은 등반대회 진행을 담당하게 되었으므로 배정된 예산을 수령하기 위하여 회계팀, 회사에서 지원하는 물품을 수령하기 위하여 총무팀의 업무 협조를 의뢰하게 될 것으로 판단할 수 있다.

⑤ 본부장과 팀장의 변경된 항공 일정 예약은 최 대리 담당이므로 항공편 예약을 주관하는 총무팀과 업무 협조가 이루어질 것으로 판단할 수 있다. (참고) 일반적으로 출장 관련 항공편 예약 업무는 대부분 기업체의 총무팀, 총무부 등의 조직 소관 업무이다.

Answer. 14.④ 15.②

16 다음 글의 내용과 부합하는 것을 〈보기〉에서 모두 고른 것은?

(가) "회원이 카드를 분실하거나 도난당한 경우에는 즉시 서면으로 신고하여야 하고 분실 또는 도난당한 카드가 타인에 의하여 부정 사용되었을 경우에는 신고접수일 이후의 부정사용액에 대하여는 전액을 보상하나, 신고접수한 날의 전날부터 15일 전까지의 부정사용액에 대하여는 금 2백만 원의 범위 내에서만 보상하고, 16일 이전의 부정사용액에 대하여는 전액 지급할 책임이 회원에게 있다."고 신용카드 발행회사 회원규약에 규정하고 있는 경우, 위와 같은 회원규약을 신의성실의 원칙에 반하는 무효의 규약이라고 볼 수 없다.

(나) 카드의 월간 사용한도액이 회원 본인의 책임한도액이 되는 것은 아니므로 부정사용액 중 월간 사용한도액의 범위 내에서만 회원의 책임이 있는 것은 아니다.

(다) 「신용카드업법」에 의하면 "신용카드 가맹점은 신용카드에 의한 거래를 할 때마다 신용카드 상의 서명과 매출전표 상의 서명이 일치하는지를 확인하는 등 당해 신용카드가 본인에 의하여 정당하게 사용되고 있는지 여부를 확인하여야 한다."라고 규정하고 있다. 따라서 가맹점이 위와 같은 주의의무를 게을리하여 손해를 자초하거나 확대하였다면, 그 과실의 정도에 따라 회원의 책임을 감면해 주는 것이 거래의 안전을 위한 신의성실의 원칙상 정당하다.

〈보기〉

㉠ 신용카드사는 회원에 대하여 카드의 분실 및 도난 시 서면신고 의무를 부과하고, 부정사용액에 대한 보상액을 그 분실 또는 도난당한 카드의 사용 시기에 따라 상이하게 정할 수 있다.

㉡ 카드의 분실 또는 도난 사실을 서면으로 신고접수한 날의 전날까지의 부정사용액에 대해서는 자신의 월간 카드 사용한도액의 범위를 초과하여 회원이 책임을 질 수 있다.

㉢ 월간 사용한도액이 회원의 책임한도액이 되므로 부정사용액 중 월간 사용한도액의 범위 내에는 회원의 책임이 있다.

㉣ 신용카드 가맹점이 신용카드의 부정사용 여부를 확인하지 않은 경우에는 가맹점 과실의 경중을 묻지 않고 회원의 모든 책임이 면제된다.

① ㉠, ㉡
② ㉠, ㉢
③ ㉡, ㉢
④ ㉡, ㉣
⑤ ㉢, ㉣

TIP ㉢ 카드의 월간 사용한도액이 회원 본인의 책임한도액이 되는 것은 아니므로 부정사용액 중 월간 사용한도액의 범위 내에서만 회원의 책임이 있는 것은 아니다.

㉣ 신용카드 가맹점이 신용카드의 부정사용 여부를 확인하지 않은 경우에는 그 과실의 정도에 따라 회원의 책임을 감면해 주는 것이지, 회원의 모든 책임이 면제되는 것은 아니다.

17 A, B, C, D, E, F가 달리기 경주를 하여 보기와 같은 결과를 얻었다. 1등부터 6등까지 순서대로 나열한 것은?

> ㉠ A는 D보다 먼저 결승점에 도착하였다.
> ㉡ E는 B보다 더 늦게 도착하였다.
> ㉢ D는 C보다 먼저 결승점에 도착하였다.
> ㉣ B는 A보다 더 늦게 도착하였다.
> ㉤ E가 F보다 더 앞서 도착하였다.
> ㉥ C보다 먼저 결승점에 들어온 사람은 두 명이다.

① A − D − C − B − E − F
② A − D − C − E − B − F
③ F − E − B − C − D − A
④ B − F − C − E − D − A
⑤ C − D − B − E − F − A

TIP ① ㉠과 ㉢에 의해 A − D − C 순서이다.
㉥에 의해 나머지는 모두 C 뒤에 들어왔다는 것을 알 수 있다.
㉡과 ㉤에 의해 B − E − F 순서이다.
따라서 'A − D − C − B − E − F' 순서가 된다.

Answer. 16.① 17.①

18 **다음 조건을 만족할 때, 영호의 비밀번호에 쓰일 수 없는 숫자는 어느 것인가?**

> • 영호는 회사 컴퓨터에 비밀번호를 설정해 두었으며, 비밀번호는 1 ~ 9까지의 숫자 중 중복되지 않는 네 개의 숫자이다.
> • 네 자리의 비밀번호는 오름차순으로 정리되어 있으며, 네 자릿수의 합은 20이다.
> • 가장 큰 숫자는 8이며, 짝수가 2개, 홀수가 2개이다.
> • 짝수 2개는 연이은 자릿수에 쓰이지 않았다.

① 2
② 3
③ 4
④ 5
⑤ 6

TIP ⑤ 오름차순으로 정리되어 있으므로 마지막 숫자가 8이다. 따라서 앞의 세 개의 숫자는 1 ~ 7까지의 숫자들이며, 이를 더해 12가 나와야 한다. 8을 제외한 세 개의 숫자가 4이하의 숫자만으로 구성되어 있다면 12가 나올 수 없으므로 5, 6, 7 중 하나 이상의 숫자는 반드시 사용되어야 한다. 또한 짝수와 홀수가 각각 2개씩이어야 한다.

㉠ 세 번째 숫자가 7일 경우
앞 두 개의 숫자의 합은 5가 되어야 하므로 1, 4 또는 2, 3이 가능하여 1478, 2378의 비밀번호가 가능하다.

㉡ 세 번째 숫자가 6일 경우
앞 두 개의 숫자는 모두 홀수이면서 합이 6이 되어야 하므로 1, 5가 가능하나, 이 경우 1568의 네 자리는 짝수가 연이은 자릿수에 쓰였으므로 비밀번호 생성이 불가능하다.

㉢ 세 번째 숫자가 5일 경우
앞 두 개의 숫자의 합은 7이어야 하며 홀수와 짝수가 한 개씩 이어야 한다. 따라서 3458이 가능하다.

∴ 결국 가능한 비밀번호는 1478, 2378, 3458의 세 가지가 되어 이 비밀번호에 쓰일 수 없는 숫자는 6이 되는 것을 알 수 있다.

19 **김 대리는 모스크바 현지 영업소로 출장을 갈 계획이다. 4일 오후 2시 모스크바에서 회의가 예정되어 있어 모스크바 공항에 적어도 오전 11시에는 도착하고자 한다. 인천에서 모스크바까지 8시간이 걸리며, 시차는 인천이 모스크바보다 6시간이 더 빠르다. 김 대리는 인천에서 늦어도 몇 시에 출발하는 비행기를 예약하여야 하는가?**

① 3일 09 : 00
② 3일 19 : 00
③ 4일 09 : 00
④ 4일 11 : 00
⑤ 5일 02 : 00

TIP ③ 인천에서 모스크바까지 8시간이 걸리고, 6시간이 인천이 더 빠르므로
09 : 00시 출발 비행기를 타면 9+(8−6)=11시 도착
19 : 00시 출발 비행기를 타면 19+(8−6)=21시 도착
02 : 00시 출발 비행기를 타면 2+(8−6)=4시 도착

20 다음 글의 내용이 참일 때 최종 선정되는 단체는 어디인가?

> 문화예술 관련 부처에서는 우수 문화예술 단체 A, B, C, D, E 중 한 곳을 선정하여 지원하려 한다. 이때 금번 선정 방침은 다음 두 가지이다. 첫째, 어떤 형태로든 지원을 받고 있는 단체는 최종 후보가 될 수 없다. 둘째, 최종 선정 시 올림픽 관련 단체를 엔터테인먼트 사업(드라마, 영화, K－POP) 단체보다 우선한다. A 단체는 자유무역협정을 체결한 필리핀에 드라마 콘텐츠를 수출하고 있지만 올림픽과 관련한 사업은 하지 않는다. B 단체는 올림픽의 개막식 행사를, C 단체는 올림픽의 폐막식 행사를 각각 주관하는 단체이다. E 단체는 오랫동안 한국 음식문화를 세계에 보급해 온 단체이다. A와 C 단체 중 적어도 한 단체가 최종 후보가 되지 못한다면, 대신 B와 E 중 적어도 한 단체는 최종 후보가 된다. 반면 게임 개발로 각광을 받는 단체인 D가 최종 후보가 된다면, 한국과 자유무역협정을 체결한 국가와 교역을 하는 단체는 모두 최종 후보가 될 수 없다. 후보 단체들 중 가장 적은 부가가치를 창출한 단체는 최종 후보가 될 수 없고, 최종 선정은 최종 후보가 된 단체 중에서만 이루어진다. 관련 부처 조사 결과, 올림픽의 개막식 행사를 주관하는 모든 단체는 이미 타 부처로부터 지원을 받고 있다. 그리고 위 문화예술 단체 가운데 한국 음식문화 보급과 관련된 단체의 부가가치 창출이 가장 저조하였다.

① A
② B
③ C
④ D
⑤ E

TIP ③ A와 C 단체 중 적어도 한 단체가 최종 후보가 되지 못한다면, 대신 B와 E 중 적어도 한 단체는 최종 후보가 된다. 이미 지원받은 B단체와 부가가치 창출이 저조한 E단체는 후보가 될 수 없다. 후보는 A와 C가 된다. 올림픽 관련단체가 우선이므로 C단체이다.

① A 단체는 자유무역협정을 체결한 필리핀에 드라마 콘텐츠를 수출하고 있지만 올림픽과 관련된 사업은 하지 않는다. 최종 선정 시 올림픽 관련 단체를 엔터테인먼트 사업 단체보다 우선하므로 B, C와 같이 최종 후보가 된다면 A는 선정될 수 없다.

② 올림픽의 개막식 행사를 주관하는 모든 단체는 이미 보건복지부로부터 지원을 받고 있다. B 단체는 올림픽의 개막식 행사를 주관하는 단체이다. → B 단체는 선정될 수 없다.

④ D가 최종 후보가 된다면, 한국과 자유무역협정을 체결한 국가와 교역을 하는 단체는 모두 최종 후보가 될 수 없다. D가 최종 후보가 되면 A가 될 수 없고 A가 된다면 D는 될 수 없다.

⑤ 후보 단체들 중 가장 적은 부가가치를 창출한 단체는 최종 후보가 될 수 없고, 한국 음식문화 보급과 관련된 단체의 부가가치 창출이 가장 저조하였다. E 단체는 오랫동안 한국 음식문화를 세계에 보급해 온 단체이다. → E 단체는 선정될 수 없다.

Answer. 18.⑤ 19.③ 20.③

21 다음은 면접관 A ~ E가 응시자 갑 ~ 정에게 부여한 면접 점수이다. 〈보기〉 중 옳은 내용만 모두 고른 것은?

〈응시자 면접 점수〉

(단위 : 점)

면접관 \ 응시자	갑	을	병	정	범위
A	7	8	8	6	2
B	4	6	8	10	( )
C	5	9	8	8	( )
D	6	10	9	7	4
E	9	7	6	5	4
중앙값	( )	( )	8	( )	−
교정점수	( )	8	( )	7	−

※ 1) 범위는 해당 면접관이 각 응시자에게 부여한 면접 점수 중 최댓값에서 최솟값을 뺀 값이다.
2) 중앙값은 해당 응시자가 면접관에게서 받은 모든 면접 점수를 크기순으로 나열할 때 한가운데 값이다.
3) 교정점수는 해당 응시자가 면접관에게 받은 모든 면접 점수 중 최댓값과 최솟값을 제외한 면접 점수의 산술 평균값이다.

〈보기〉

㉠ 면접관 중 범위가 가장 큰 면접관은 'B'이다.
㉡ 응시자 중 중앙값이 가장 작은 응시자는 '정'이다.
㉢ 교정점수는 '병'이 '갑'보다 크다.

① ㉠
② ㉡
③ ㉠, ㉢
④ ㉡, ㉢
⑤ ㉠, ㉡, ㉢

TIP ③ 먼저 표를 완성하여 보면,

면접관 \ 응시자	갑	을	병	정	범위
A	7	8	8	6	2
B	4	6	8	10	(6)
C	5	9	8	8	(4)
D	6	10	9	7	4
E	9	7	6	5	4
중앙값	(6)	(8)	8	(7)	−
교정점수	(6)	8	(8)	7	−

㉠ 면접관 중 범위가 가장 큰 면접관은 범위가 6인 'B'가 맞다.
㉡ 응시자 중 중앙값이 가장 작은 응시자는 6인 '갑'이다.
㉢ 교정점수는 '병'이 8, '갑'이 6이므로 '병'이 크다.

22 다음은 1960 ~ 1964년의 전남지역 곡물 재배면적 및 생산량을 정리한 표이다. 이에 대한 설명으로 옳은 것은?

(단위 : 천 정보, 천 석)

곡물 \ 구분 \ 연도		1960년	1961년	1962년	1963년	1964년
두류	재배면적	450	283	301	317	339
	생산량	1,940	1,140	1,143	1,215	1,362
맥류	재배면적	1,146	773	829	963	1,034
	생산량	7,347	4,407	4,407	6,339	7,795
미곡	재배면적	1,148	1,100	998	1,118	1,164
	생산량	15,276	14,145	13,057	15,553	18,585
서류	재배면적	59	88	87	101	138
	생산량	821	1,093	1,228	1,436	2,612
잡곡	재배면적	334	224	264	215	208
	생산량	1,136	600	750	633	772
전체	재배면적	3,137	2,468	2,479	2,714	2,883
	생산량	26,520	21,385	20,585	25,176	31,126

① 1961 ~ 1964년 동안 재배면적의 전년 대비 증감 방향은 미곡과 두류가 동일하다.
② 생산량은 매년 두류가 서류보다 많다.
③ 재배면적은 매년 잡곡이 서류의 2배 이상이다.
④ 1964년 재배면적당 생산량이 가장 큰 곡물은 미곡이다.
⑤ 1963년 미곡과 맥류 재배면적의 합은 1963년 곡물 재배면적 전체의 70% 이상이다.

TIP ⑤ 미곡과 맥류의 재배면적의 합은 2,081이고, 곡물 재배면적 전체는 2,714이므로 $\frac{2,081}{2,714}\times 100 = 76.6\%$이다.

① 두류의 증감 방향 : 증가 → 증가 → 증가
미곡의 증감 방향 : 감소 → 증가 → 증가
② 1962년, 1963년, 1964년은 서류의 생산량이 더 많다.
③ 1964년의 경우 $\frac{208}{138} = 1.5$배이다.
④ 재배면적당 생산량을 계산해보면 두류 4, 맥류 7.5, 미곡 15.9, 서류 18.9, 잡곡 3.7로 가장 큰 곡물은 서류이다.

Answer. 21.③ 22.⑤

23 다음은 지난 10년간의 농가경제의 변화 추이를 나타낸 표이다. 표에 대한 설명으로 옳지 않은 것은?

〈표 1〉 농가 판매가격 및 농가 구입가격 지수 추이

(단위 : %)

구분	2011년	2014년	2018년	2019년	2020년
농가 판매가격 지수	92.5	100.0	117.5	113.2	111.3
농가 구입가격 지수	81.8	100.0	106.1	107.1	108.4

〈표 2〉 2011년 ~ 2020년 농가 판매 및 구입가격 증감률

(단위 : %)

농가 판매가격 지수		농가 구입가격 지수	
농산물 전체	20.3	구입용품 전체	32.5
곡물	14.0	가계용품	25.5
청과물	31.2	농업용품	46.7
축산물	5.9	농촌임료금	51.9

※ 1) 농가교역조건지수 : 농가가 판매하는 농축산물과 구입하는 가계용품 · 농업용품 · 농촌임료금의 가격상승 정도를 비교하여 가격 측면에서 농가의 채산성을 나타내는 지표

2) $\text{농가교역조건지수} = \frac{\text{농가판매가격지수}}{\text{농가구입가격지수}} \times 100$

① 지난 10년간 농가가 농축산물을 판매한 가격보다 가계용품 · 농업용품 · 농촌임료금 등을 구입한 가격이 더 크게 상승하였다.

② 지난 10년간 농가구입 품목 중 농촌임료금은 51.9% 증가하였다.

③ 지난 10년간 농가 판매가격은 곡물 14.0%, 청과물 31.2%, 축산물 5.9% 증가하는 데 그쳤다.

④ 지난 10년간 가격 측면에서 농가의 채산성을 나타내는 '농가교역조건'이 악화되고 있음을 알 수 있다.

⑤ 지난 10년간 농가교역조건지수는 약 14.0%p 하락하였다.

TIP ⑤ 2011년 농가교역조건지수 : $\frac{92.5}{81.8} \times 100 = 113.08068 \cdots \%$

2020년 농가교역조건지수 : $\frac{111.3}{108.4} \times 100 = 102.67527 \cdots \%$

∴ 지난 10년간 농가교역조건지수는 약 10.4%p 하락하였다.

24 다음은 미국의 신용협동조합과 상업은행을 비교한 표이다. 표에 대한 설명으로 옳지 않은 것은?

	신용협동조합		상업은행	
	2021년	2020년	2021년	2020년
기관 수	6,395	6,679	6,508	6,809
기관당 지점 수	3	3	15	14
기관당 자산(백만$)	178	161	2,390	2,162
총 대출(백만$)	723,431	655,006	8,309,427	7,891,471
총 저출(백만$)	963,115	922,033	11,763,780	11,190,522
예대율(%)	75.1	71.0	70.6	70.5
자산 대비 대출 비중(%)	60.9	63.7	51.7	52.6
핵심 예금 비중(%)	45.8	47.6	32.2	33.4
순 자본 비율(%)	10.8	11.0	11.2	11.2

① 2020년 대비 2021년 상업은행의 감소폭은 같은 기간 신용협동조합의 감소폭보다 크다.

② 2021년 상업은행의 기관당 지점 수는 신용협동조합의 5배에 달한다.

③ 2020년 대비 2021년 예대율 증가폭은 신용협동조합이 상업은행보다 크다.

④ 2020년 대비 2021년 순 자본 비율은 신용협동조합이 0.2%p 감소한 반면 상업은행은 변화가 없다.

⑤ 2021년 자산 대비 대출 비중은 상업은행이 신용협동조합보다 8.2%p 높다.

TIP ⑤ 2021년 자산 대비 대출 비중은 신용협동조합이 상업은행보다 9.2%p 높다.

Answer. 23.⑤ 24.⑤

25 **다음 표와 그림은 올해 한국 골프 팀 A ~ E의 선수 인원수 및 총 연봉과 각각의 전년 대비 증가율을 나타낸 것이다. 이에 대한 설명으로 옳지 않은 것은?**

〈표〉 올해 골프 팀 A ~ E의 선수 인원수 및 총 연봉

골프 팀	선수 인원수	총 연봉
A	5명	15억 원
B	10명	25억 원
C	8명	24억 원
D	6명	30억 원
E	6명	24억 원

※ 팀 선수 평균 연봉 $= \frac{\text{총 연봉}}{\text{선수 인원수}}$

〈그림〉 올해 골프 팀 A ~ E의 선수 인원수 및 총 연봉의 전년 대비 증가율

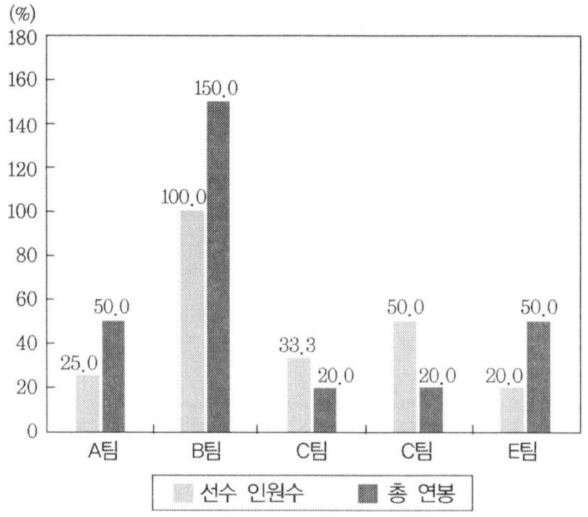

※ 전년 대비 증가율은 소수점 둘째 자리에서 반올림한 값이다.

① 올해 팀 선수 평균 연봉은 D팀이 가장 많다.

② 올해 전년 대비 증가한 선수 인원수는 C팀과 D팀이 동일하다.

③ 올해 A팀이 팀 선수 평균 연봉은 전년 대비 증가하였다.

④ 올해 선수 인원수가 전년 대비 가장 많이 증가한 팀은 총 연봉도 가장 많이 증가하였다.

⑤ 올해 총 연봉은 A팀이 E팀보다 많다.

TIP ① 올해 총 연봉은 A팀이 10억 원, E팀이 16억 원으로 E팀이 더 많다.

팀 선수 평균 연봉 $= \frac{\text{총 연봉}}{\text{선수 인원수}}$

A : $\frac{15}{5} = 3$, B : $\frac{25}{10} = 2.5$, C : $\frac{24}{8} = 3$, D : $\frac{30}{6} = 5$, E : $\frac{24}{6} = 4$

② C팀 작년 선수 인원수 $\frac{8}{1.333}$=6명, 올해 선수 인원수 8명, D팀 작년 선수 인원수 $\frac{6}{1.5}$=4명, 올해 선수 인원수 6명이며 C, D팀은 모두 전년 대비 2명씩 증가하였다.

③ A팀의 올해 총 연봉은 $\frac{15}{1.5}$=10억 원, 작년 선수 인원수는 $\frac{5}{1.25}$=4명

작년 팀 선수 평균 연봉은 $\frac{10}{4}$=2.5억 원, 올해 팀 선수 평균 연봉은 3억 원이다.

④ 작년 선수 인원수를 구해보면 A-4명, B-5명, C-6명, D-4명, E-5명
전년 대비 증가한 선수 인원수는 A-1명, B-5명, C-2명, D-2명, E-1명
올해 총 연봉을 구해보면 A-10억, B-10억, C-20억, D-25억, E-16억
전년 대비 증가한 총 연봉은 A-5억, B-15억, C-4억, D-5억, E-8억이다.

26 **워크시트 [A1:E1] 영역에 '조건부 서식'을 지정하였다. '굵게, 취소선'으로 적용되는 셀 값으로 옳은 것은?**

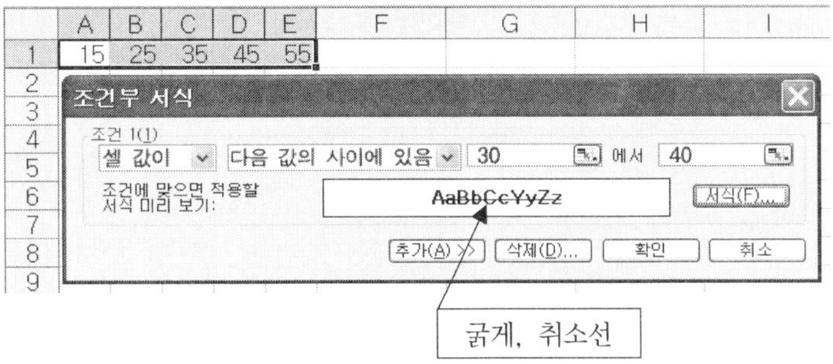

① 15

② 25

③ 35

④ 45

⑤ 55

TIP ③ 조건부서식 창 안에 '다음 값의 사이에 있음', 30, 40이라고 되어있는 것은 30 이상 40 이하의 셀 값에 대해서만 지정된 서식인 '굵게, 취소선'을 지정한다는 의미이다.

Answer. 25.⑤ 26.③

27 〈조건〉을 참고하여 워크시트 문서를 작성하였다. ㉠에 사용된 함수와 ㉡의 결과를 바르게 연결한 것은?

〈조건〉

- 성별은 주민등록번호의 8번째 문자가 ‘1’이면 ‘남자’, ‘2’이면 ‘여자’로 출력한다.
- [G5] 셀의 수식은 아래와 같다.
  =IF(AND(D5>=90,OR(E5>=80,F5>=90)),“합격”,“불합격”)

	A	B	C	D	E	F	G
1	○○회사 신입사원 선발 시험						
2							
3	이름	주민등록번호	성별	면접	회화	전공	평가
4	김유신	900114-1010XXX	남자 (㉠)	90	80	90	합격
5	송시열	890224-1113XXX	남자	90	80	70	㉡
6	최시라	881029-2335XXX	여자	90	70	80	불합격
7	이순신	911201-1000XXX	남자	90	90	90	합격
8	강리나	890707-2067XXX	여자	80	80	80	불합격

	㉠	㉡
①	=IF(MID(B4,8,1)=“1”,“남자”,“여자”)	합격
②	=IF(MID(B4,8,1)=“1”,“여자”,“남자”)	불합격
③	=IF(RIGHT(B4,8)=“1”,“남자”,“여자”)	합격
④	=IF(RIGHT(B4,8)=“1”,“여자”,“남자”)	불합격
⑤	=IF(LEFT(B4,8)=“1”,“남자”,“여자”)	합격

TIP ㉠ ‘=MID(B4, 8, 1)’은 주민등록번호에서 8번째에 있는 1개의 문자를 추출하는 수식이다.
㉡ OR함수는 두 가지 중 한 가지 조건이라도 ‘참’이면 결과 값이 ‘참’이며, AND함수는 모든 조건이 ‘참’이어야 출력 값이 ‘참’이므로 ㉡의 결과 값은 ‘합격’으로 출력된다.

28 다음 인터넷 옵션에 대한 설명 중 옳은 것을 모두 고른 것은?

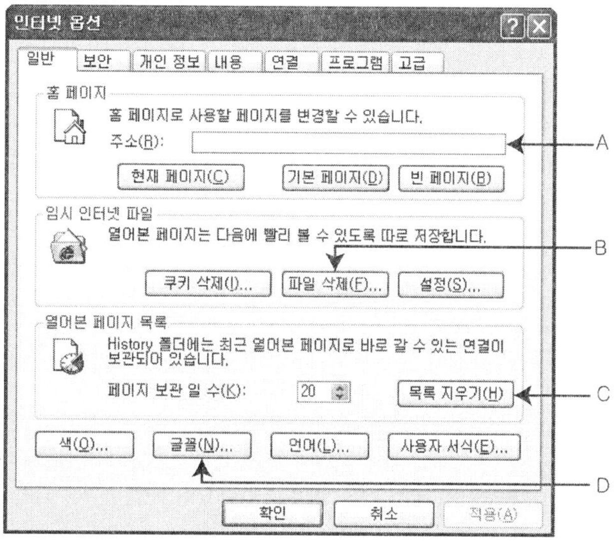

㉠ A는 브라우저를 실행하면 처음으로 연결되는 홈페이지 주소를 설정한다.
㉡ B를 선택하면 임시 인터넷 파일이 삭제된다.
㉢ C는 즐겨찾기 목록을 삭제한다.
㉣ D는 브라우저에서 사용되는 언어를 설정한다.

① ㉠, ㉡
② ㉠, ㉢
③ ㉡, ㉢
④ ㉡, ㉣
⑤ ㉢, ㉣

TIP ① 인터넷 옵션의 일반 설정 중 목록 지우기를 선택하면 최근 열어본 페이지의 목록이 지워지며 글꼴에서는 브라우저에서 사용되는 글꼴에 대한 설정을 할 수 있다.

Answer. 27.① 28.①

29 **다음 제시문에서 필자가 논점을 전개하는 방식에 대한 설명으로 옳은 것은?**

> 당뇨병 환자가 밤잠을 잘 못 이룬다면 합병증의 신호일 수 있어 주의를 해야 한다. 당뇨병 환자가 가장 많이 겪는 합병증인 '당뇨병성 신경병증'이 있는 경우 다리 화끈거림 등의 증상으로 수면장애를 겪는 경우가 많기 때문이다. 당뇨병성 신경병증은 높은 혈당에 의해 말초신경이 손상돼 생기며, 당뇨병 합병증 중에 가장 먼저 생기는 질환이다. 그 다음이 당뇨병성 망막병증, 당뇨병성 콩팥질환 순으로 발병한다. 2013년 자료에 따르면, 전체 당뇨병 환자의 14.4%가 당뇨병성 신경병증을 앓고 있다.
>
> 통증(Pain)잡지에 발표된 논문에 따르면 당뇨병성 신경병증은 일반적으로 아침에 가장 통증이 적고 오후 시간이 되면서 통증이 점차 증가해 밤 시간에 가장 극심해진다. 또한 당뇨병성 신경병증은 통증 등의 증상이 누워있을 때 악화되는 경우도 많아 수면의 질에 큰 영향을 미친다. 실제로 당뇨병성 신경병증 통증을 갖고 있는 환자 1,338명을 대상으로 수면장애 정도를 조사한 결과, 수면의 질을 100점으로 했을 경우 '충분히 많이 잠을 잤다'고 느끼는 경우는 32.69점, '일어났을 때 잘 쉬었다'고 느끼는 경우는 38.27점에 머물렀다. '삶의 질'에 대한 당뇨병성 신경병증 환자의 만족도 역시 67.65점에 머물러 합병증이 없는 당뇨병 환자 74.29보다 낮았다. 이는 일반인의 평균점수인 90점에는 크게 못 미치는 결과이다.
>
> 당뇨병성 신경병증은 당뇨병 진단 초기에 이미 환자의 6%가 앓고 있을 정도로 흔하다. 당뇨병 진단 10년 후에는 20%까지 증가하고, 25년 후에는 50%에 달해 당뇨병 유병기간이 길수록 당뇨병성 신경병증에 걸릴 확률이 크게 높아진다. 따라서 당뇨병을 오래 앓고 있는 사람은 당뇨병성 신경병증의 신호를 잘 살펴야 한다. 당뇨병 진단을 처음 받았거나 혈당 관리를 꾸준히 잘 해온 환자 역시 당뇨병성 신경병증 위험이 있으므로 증상을 잘 살펴야 한다.
>
> 당뇨병성 신경병증의 4대 증상은 찌르는 듯한 통증, 스멀거리고 가려운 이상감각, 화끈거리는 듯한 작열감, 저리거나 무딘 무감각증이다. 환자에 따라 '화끈거린다', '전기자극을 받는 것 같다', '칼로 베거나 찌르는 듯하다', '얼어버린 것 같다'는 등의 증상을 호소하는 경우가 많다. 당뇨병성 신경병증의 가장 큰 문제는 피부 감각이 둔해져 상처를 입어도 잘 모르는데다, 상처를 입으면 치유가 잘 되지 않아 궤양, 감염이 잘 생긴다는 것이다. 특히 발에 궤양 · 감염이 잘 생기는데, 심하면 발을 절단해야 하는 상황에까지 이르게 된다. 실제로 족부 절단 원인의 절반은 당뇨병으로 인한 것이라는 연구 결과도 있다. 따라서 당뇨병 환자는 진단받은 시점부터 정기적으로 감각신경 · 운동신경 검사를 받아야 한다.
>
> 모든 당뇨병 합병증과 마찬가지로 당뇨병성 신경병증 또한 혈당조절을 기본으로 한다. 혈당 조절은 당뇨병성 신경병증의 예방뿐만 당뇨병성 망막병증 같은 눈의 합병증, 당뇨병성 콩팥질환 같은 콩팥 합병증이 생기는 것도 막을 수 있다. 그러나 이미 신경병증으로 인해 통증이 심한 환자의 경우에는 통증에 대한 약물치료가 필요한 경우도 있다. 치료제로는 삼환계항우울제, 항경련제, 선택적 세로토닌/노르아드레날린 재흡수억제제, 아편유사제, 국소도포제 등이 처방되고 있다. 다만 약제 선택 시 통증 이외에도 수면장애 등 동반되는 증상까지 고려하고, 다른 약물과의 상호작용이 적은 약제를 선택해야 한다. 말초 혈액순환을 원활하게 하는 것도 중요하다. 그래야 말초 신경 손상이 악화되는 것을 예방할 수 있다. 말초 혈액순환을 원활히 하기 위해서는 금연이 중요하다. 당뇨병 환자가 금연을 하면 당뇨병성 신경병증이 악화되는 것은 물론, 눈 · 콩팥 등 다른 합병증도 예방할 수 있다.

① 특정 환자들의 사례를 구체적으로 제시하여 논리의 근거를 마련하였다.
② 각 증상별 차이를 비교 분석하여 질환의 정도를 설명하였다.
③ 의학계의 전문가 소견을 참고로 논리를 정당화시켰다.
④ 해당 병증을 앓고 있는 환자들의 통계를 분석하여 일반화된 정보를 추출하였다.
⑤ 각 단락이 모두 유기적인 인과관계를 통하여 기승전결의 구성을 완성하였다.

TIP ④ 해당 병증을 앓고 있는 환자들의 수면 장애와 관련한 통계를 분석하여 그 원인에 대한 일반화된 정보를 추출하였고, 그에 의해 초기 진단 시점부터 감각신경, 운동신경 검사를 받아야 한다는 결론까지 도출하게 되었다.

30 워크시트에서 다음과 같이 블록을 지정한 후 채우기 핸들을 아래로 '셀 복사'를 하여 드래그하였다. [B6], [C6], [D6] 셀에 들어갈 값은?

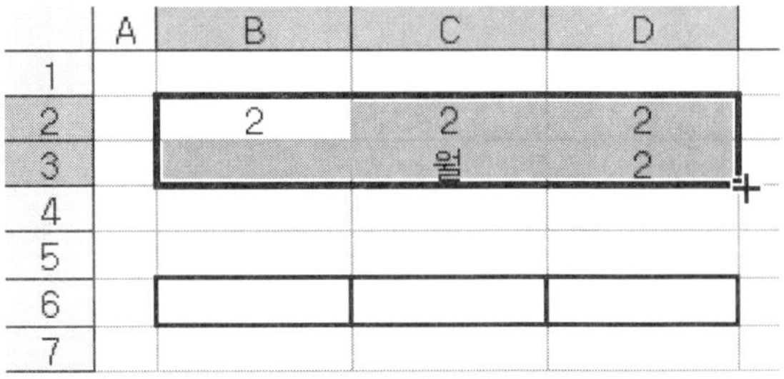

	[B6] 셀	[C6] 셀	[D6] 셀
①	2	월	2
②	2	화	2
③	6	수	4
④	2	2	2
⑤	6	6	6

TIP ④ 스프레드시트에서 셀에 데이터를 입력하고 '셀 복사'를 선택한 후에 채우기 핸들을 드래그하면 동일하게 복사되므로 [B6], [C6], [D6]은 모두 동일하게 '2'가 된다.

Answer. 29.④ 30.④

31 다음 워크시트는 이용하여 진급 대상자 명단을 작성한 것이다. 〈보기〉 중 옳은 설명만을 모두 고른 것은? (단, 순위[E4:E8]은 '자동채우기' 기능을 사용한다.)

	A	B	C	D	E	F	G	H
1	진급 대상자 명단							
2				대상인원 : 5명				
3	성명	코드	부서명	승진점수	순위			
4	정태정	B	기획부	93	1			
5	김태영	C	인사부	80	5			
6	한인수	C	인사부	82	4			
7	박술희	A	총무부	85	3			
8	지명환	A	총무부	92	2			

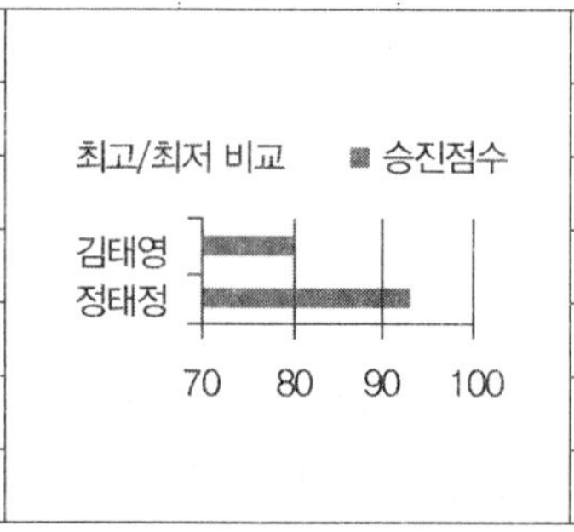

〈보기〉

㉠ 차트는 '가로 막대형'으로 나타냈다.
㉡ 부서명을 기준으로 '오름차순' 정렬을 하였다.
㉢ 순위 [E4] 셀의 함수식은 '=RANK(D4,$D$4:$D$8,0)'이다.

① ㉠
② ㉡
③ ㉠, ㉢
④ ㉡, ㉢
⑤ ㉠, ㉡, ㉢

TIP ⑤ 차트는 '가로 막대형'이며, 부서명은 '오름차순', 순위 [E4]셀 함수식은 '=RANK(D4,$D$4:$D$8,0)'이므로 ㉠㉡㉢ 모두 맞다.

32 다음 글의 내용이 참일 때, 반드시 참인 것은?

> 외교부에서는 남자 6명, 여자 4명으로 이루어진 10명의 신임 외교관을 A, B, C 세 부서에 배치하고자 한다. 이때 따라야 할 기준은 다음과 같다.
> ○ 각 부서에 적어도 한 명의 신임 외교관을 배치한다.
> ○ 각 부서에 배치되는 신임 외교관의 수는 각기 다르다.
> ○ 새로 배치되는 신임 외교관의 수는 A가 가장 적고, C가 가장 많다.
> ○ 여자 신임 외교관만 배치되는 부서는 없다.
> ○ B에는 새로 배치되는 여자 신임 외교관의 수가 새로 배치되는 남자 신임 외교관의 수보다 많다.

① A에는 1명의 신임 외교관이 배치된다.
② B에는 3명의 신임 외교관이 배치된다.
③ C에는 4명의 신임 외교관이 배치된다.
④ B에는 1명의 남자 신임 외교관이 배치된다.
⑤ C에는 2명의 여자 신임 외교관이 배치된다.

TIP ④ A, B, C 부서에 10명(남자 6명, 여자 4명)의 신임외교관을 배치하고자 하는데, 각 부서에 적어도 한 명의 신임 외교관을 배치한다. 또한 각 부서에 배치되는 신임 외교관의 수는 각기 다르다. 또한, 신임 외교관의 수는 A가 가장 적고, C가 가장 많다. 이를 바탕으로 경우의 수는 총 4가지가 나올 수 있다.

A	B	C
1	2	7
1	3	6
1	4	5
2	3	5

이어서, 여자 신임 외교관만 배치되는 부서가 없다는 조건이 있으므로 여자 외교관이 배치되면 남자 외교관이 최소 1명이라도 함께 배치되어야 한다. 따라서 A는 배제된다. 마지막 조건에서는 B에는 새로 배치되는 여자 신임 외교관의 수가 새로 배치되는 남자 신임 외교관의 수보다 많아야 한다. 이 조건을 충족시키는 경우의 수는 2가지가 나온다.

B	남	여	비고
2	1	1	조건위배
3	1	2	조건충족
4	1	3	조건충족
3(동일)	1	2	조건충족

따라서 B에는 1명의 신임 외교관이 배치된다.
① A에는 신임 외교관이 1 ~ 2명 배치된다.
② B에는 신임 외교관이 2 ~ 4명이 배치된다.
③ C에는 신임 외교관이 5 ~ 7명이 배치된다.
⑤ C에는 5 ~ 7명의 신임 외교관이 배치되나 여자 신임 외교관에 대한 조건이 제시되지 않았으므로 2명인지 확인할 수 없다.

Answer. 31.⑤ 32.④

33 다음 〈표〉는 6개 지목으로 구성된 A 지구의 토지수용 보상비 산출을 위한 자료이다. 이에 대한 〈보기〉의 설명 중 옳은 것만을 모두 고르면?

〈표〉 지목별 토지수용 면적, 면적당 지가 및 보상 배율

(단위 : m^2, 만 원/m^2)

지목	면적	면적당 지가	보상 배율	
			감정가 기준	실거래가 기준
전	50	150	1.8	3.2
답	50	100	1.8	3.0
대지	100	200	1.6	4.8
임야	100	50	2.5	6.1
공장	100	150	1.6	4.8
창고	50	100	1.6	4.8

※ 1) 총보상비는 모든 지목별 보상비의 합임

2) 보상비 = 용지 구입비 + 지장물 보상비

3) 용지 구입비 = 면적 × 면적당 지가 × 보상 배율

4) 지장물 보상비는 해당 지목 용지 구입비의 20%임

〈보기〉

㉠ 모든 지목의 보상 배율을 감정가 기준에서 실거래가 기준으로 변경하는 경우, 총보상비는 변경 전의 2배 이상이다.

㉡ 보상 배율을 감정가 기준에서 실거래가 기준으로 변경하는 경우, 보상비가 가장 많이 증가하는 지목은 '대지'이다.

㉢ 보상 배율이 실거래가 기준인 경우, 지목별 보상비에서 용지 구입비가 차지하는 비율은 '임야'가 '창고'보다 크다.

㉣ '공장'의 감정가 기준 보상비와 '전'의 실거래가 기준 보상비는 같다.

① ㉠, ㉢
② ㉠, ㉣
③ ㉡, ㉢
④ ㉡, ㉣
⑤ ㉠, ㉡, ㉣

TIP ㉠ 모든 지목의 보상 배율을 감정가 기준에서 실거래가 기준으로 변경하는 경우 아래와 같이 총보상비는 변경 전의 2배 이상이다.

보상 배율		차이
감정가 기준	실거래가 기준	
1.8	3.2	1.8배
1.8	3.0	1.7배
1.6	4.8	3배
2.5	6.1	2.4배
1.6	4.8	3배
1.6	4.8	3배
총 10.9	총 26.7	총 2.4배

㉡ 보상 배율을 감정가 기준에서 실거래가 기준으로 변경하는 경우, 보상비가 가장 많이 증가하는 지목은 대지이다. 보상비는 용지구입비(면적 × 면적당 지가 × 보상 배율) + 지장물 보상비(20%)이다. 대지는 면적 및 면적당 지가가 가장 클 뿐만 아니라 보상배율에 있어서도 가장 크므로 보상비가 가장 많이 증가한다.

㉣ 공장의 감정가 기준 보상비와 전의 실거래가 기준 보상비는 같다.

지목	면적	면적당 지가	보생배율 (감정가 기준)	용지구입비	지장물 보상비	보상비
공장	100	150	1.6	2,4000(83%)	4,800(17%)	28,800
전	50	150	3.2	24,000(83%)	4,800(17%)	28,800

㉢ 보상 배율이 실거래가 기준인 경우, 지목별 보상비에서 용지 구입비가 차지하는 비율은 임야와 창고가 같다.

지목	면적	면적당 지가	보생배율 (실거래가 기준)	용지구입비	지장물 보상비	보상비
임야	100	50	6.1	30,500(83%)	6,100(17%)	36,600
창고	50	100	4.8	24,000(83%)	4,800(17%)	28,800

Answer. 33.⑤

34 다음 중 글의 내용과 일치하지 않는 것은?

> [1] 시간 예술이라고 지칭되는 음악에서 템포의 완급은 대단히 중요하다. 동일곡이지만 템포의 기준을 어떻게 잡아서 재현하느냐에 따라서 그 음악의 악상은 달라진다. 그런데 중요한 템포의 인지 감각도 문화권에 따라, 혹은 민족에 따라서 상이할 수 있다. 동일한 속도의 음악을 듣고도 누구는 빠르게 느끼는 데 비해서 누구는 느린 것으로 인지하는 것이다. 결국 문화권에 따라서 템포의 인지 감각이 다를 수도 있다는 사실은 바꿔 말해서 서로 문화적 배경이 다르면 사람에 따라 적절하다고 생각하는 모데라토의 템포도 큰 차이가 있을 수 있다는 말과 같다. 한국의 전통 음악은 서양 고전 음악에 비해서 비교적 속도가 느린 것이 분명하다. 대표적 정악곡(正樂曲)인 '수제천(壽齊天)'이나 '상령산(上靈山)' 등의 음악을 들어보면 수긍할 것이다.
>
> [2] 또한 이 같은 구체적인 음악의 예가 아니더라도 국악의 첫인상을 일단 '느리다'고 간주해 버리는 일반의 통념을 보더라도 전래의 한국 음악이 보편적인 서구 음악에 비해서 느린 것은 틀림없다고 하겠다. 그런데 한국의 전통 음악이 서구 음악에 비해서 상대적으로 속도가 느린 이유는 무엇일까? 이에 대한 해답도 여러 가지 문화적 혹은 민족적인 특질과 연결해서 생각할 때 결코 간단한 문제가 아니겠지만, 여기서는 일단 템포의 계량적 단위인 박(beat)의 준거를 어디에 두느냐에 따라서 템포 관념의 차등이 생겼다는 가설 하에 설명을 하기로 한다.
>
> [3] 한국의 전통 문화를 보면 그 저변의 잠재의식 속에는 호흡을 중시하는 징후가 역력함을 알 수 있는데, 이 점은 심장의 고동을 중시하는 서양과는 상당히 다른 특성이다. 우리의 문화 속에는 호흡에 얽힌 생활 용어가 한두 가지가 아니다. 숨을 한 번 내쉬고 들이마시는 동안을 하나의 시간 단위로 설정하여 일식간(一息間) 혹은 이식간(二息間)이니 하는 양식척(量息尺)을 써 왔다. 그리고 감정이 격앙되었을 때는 긴 호흡을 해서 감정을 누그러뜨리거나 건강을 위해 단전 호흡법을 수련한다. 이것은 모두 호흡을 중시하고 호흡에 뿌리를 둔 문화 양식의 예들이다. 더욱이 심장의 정지를 사망으로 단정하는 서양과는 달리 우리의 경우에는 '숨이 끊어졌다'는 말로 유명을 달리했음을 표현한다.
>
> [4] 이와 같이 확실히 호흡의 문제는 모든 생리현상에서부터 문화 현상에 이르기까지 우리의 의식 저변에 두루 퍼져있는 민족의 공통적 문화요소이다. 이와 같은 동서양 간의 상호 이질적인 의식 성향을 염두에 두고 각자의 음악을 관찰해 보면, 서양의 템포 개념은 맥박, 곧 심장의 고동에 기준을 두고 있으며, 우리의 그것은 호흡의 주기, 즉 폐부의 운동에 뿌리를 두고 있음을 알 수 있다.
>
> [5] 서양의 경우 박자의 단위인 박을 비트(beat), 혹은 펄스(pulse)라고 한다. 펄스라는 말이 곧 인체의 맥박을 의미하듯이 서양음악은 원초적으로 심장을 기준으로 출발한 것이다. 이에 비해 한국의 전통 음악은 모음 변화를 일으켜 가면서까지 길게 끌며 호흡의 리듬을 타고 있음을 볼 때, 근원적으로 호흡에 뿌리를 둔 음악임을 알 수 있다. 결국 한국 음악에서 안온한 마음을 느낄 수 있는 모데라토의 기준 속도는, 1분간의 심장의 박동수와 호흡의 주기와의 차이처럼, 서양 음악의 그것에 비하면 무려 3배쯤 느린 것임을 알 수 있다.

① 각 민족의 문화에는 민족의식이 반영되어 있다.

② 서양 음악은 심장 박동수를 박자의 준거로 삼았다.

③ 템포의 완급을 바꾸어도 악상은 변하지 않는다.

④ 우리 음악은 서양 음악에 비해 상대적으로 느리다.

⑤ 우리 음악의 박자는 호흡 주기에 뿌리를 두고 있다.

TIP ③ [1] 문단에 따르면 템포의 완급은 대단히 중요하며, 동일곡이라도 템포의 기준을 어떻게 잡아서 재현하느냐에 따라서 그 음악의 악상은 달라진다고 설명한다. 또한, 문화권에 따라 템포의 개념이 다를 수 있으나 완급을 바꾸어도 악상이 변하지 않음을 말하고 있지는 않다.

① [4]문단에서는 “호흡의 문제는 모든 생리 현상에서부터 문화 현상에 이르기까지 우리의 의식 저변에 두루 퍼져있는 민족의 공통적 문화요소가 아닐 수 없다.”고 함으로써 호흡의 사례를 들어 우리의 의식 저변에 두루 퍼져있는 민족의 문화요소임을 말하고 있다.

② [2]문단과 [4]문단에 따르면 서양의 템포 개념은 맥박, 곧 심장의 고동에 기준을 두고 있다. 즉, 서양 음악은 심장 박동수를 박자의 준거로 삼고 있는 것이다.

④ [5]문단에서는 한국의 전통 음악이 서양 고전 음악에 비해서 비교적 속도가 느린 것이 분명함을 말하고 있다.

⑤ [3]문단에서는 우리 음악의 박자는 숨을 한 번 내쉬고 들이마시는 동안을 하나의 시간 단위로 설정함을 말하고 있다.

Answer. 34.③

35 다음은 ○○기관 디자인팀의 주간회의록이다. 자료에 대한 내용으로 옳은 것은?

<table>
<tr><th colspan="7">주간회의록</th></tr>
<tr><td>회의일시</td><td colspan="2">3월 17일(목)</td><td>부서</td><td>디자인팀</td><td>작성자</td><td>윤 사원</td></tr>
<tr><td>참 석 자</td><td colspan="6">김 과장, 박 주임, 최 사원, 이 사원</td></tr>
<tr><td>회의안건</td><td colspan="6">• 개인 주간 스케줄 및 업무 점검
• 회사 홍보 브로슈어 기획</td></tr>
<tr><td rowspan="2">회의내용</td><td colspan="5">내용</td><td>비고</td></tr>
<tr><td colspan="5">1. 개인 스케줄 및 업무 점검
• 김 과장 : 브로슈어 기획 관련 홍보팀 미팅, 외부 디자이너 미팅
• 박 주임 : 신제품 SNS 홍보이미지 작업, 회사 영문 서브페이지 2차 리뉴얼 작업 진행
• 최 사원 : 홈페이지 개편 작업 진행
• 이 사원 : 2분기 사보 편집 작업

2. 회사 홍보 브로슈어 기획
• 브로슈어 주제 : '신뢰'
– 창립 ○○주년을 맞아 고객의 신뢰로 회사가 성장했음을 강조
– 한결같은 모습으로 고객들의 지지를 받아왔음을 기업 이미지로 표현
• 20페이지 이내로 구성 예정</td><td>• 3월 23일
AM 10:00
디자인팀
전시회 관람

• 3월 21일까지 홍보팀에서 브로슈어 최종원고 전달 예정</td></tr>
<tr><td rowspan="3">결정사항</td><td colspan="2">내용</td><td colspan="2">작업자</td><td colspan="2">진행일정</td></tr>
<tr><td colspan="2">브로슈어 표지 이미지 샘플 조사</td><td colspan="2">최 사원, 이 사원</td><td colspan="2">03/17 ~ 03/18</td></tr>
<tr><td colspan="2">브로슈어 표지 시안 작업 및 제출</td><td colspan="2">박 주임</td><td colspan="2">03/17 ~ 03/30</td></tr>
<tr><td>특이사항</td><td colspan="6">• 다음 회의 일정 : 4월 4일
• 브로슈어 표지 결정, 내지 1차 시안 논의</td></tr>
</table>

① ○○기관은 외부 디자이너에게 브로슈어 표지 이미지 샘플을 요청하였다.
② 디자인팀은 이번 주 금요일에 전시회를 관람할 예정이다.
③ 김 과장은 이번 주에 내부 미팅, 외부 미팅이 모두 예정되어 있다.
④ 이 사원은 이번 주에 2분기 사보 편집 작업만 하면 된다.
⑤ 최 사원은 홈페이지 개편 작업을 완료한 후, 사보 편집 작업과 브로슈어 표지 디자인 자료를 조사할 예정이다.

TIP ③ "김 과장은 이번 주에 내부 미팅, 외부 미팅이 모두 예정되어 있다"는 일정은 회의내용 중 1. 개인 스케줄 및 업무 점검 항목에 김 과장은 내부(기획 관련 홍보팀 미팅)와 외부 디자이너 미팅 예정을 통해 알 수 있다.
① ○○기관은 외부 디자이너에게 브로슈어 표지 이미지 샘플을 요청하지 않고 최 사원과 이 사원이 브로슈어 표지 이미지 샘플을 조사한다.
② 디자인팀은 이번 주 금요일이 아니라 한 주 뒤 월요일인 3월 23일에 전시회 관람을 한다.
④ 이 사원은 2분기 사보 편집 작업과 함께 브로슈어 표지 이미지 샘플 조사를 해야 한다.
⑤ 브로슈어 표지 이미지 샘플 조사는 하단의 결정사항에 진행 일정이 명시되어 있으나 사보 편집 작업은 일정이 기재되어 있지 않다.

36 다음은 OO 공사의 식수 오염을 주제로 한 보고서의 내용이다. A ~ E 사원 중 보고서를 바르게 이해한 사람은?

> [1] 식수 오염의 방지를 위해서 빠른 시간 내 식수의 분변 오염 여부를 밝히고 오염의 정도를 확인하기 위한 목적으로 지표 생물의 개념을 도입하였다. 병원성 세균, 바이러스, 원생동물, 기생체 소낭 등과 같은 병원체를 직접 검출하는 것은 비싸고 시간이 많이 걸릴 뿐만 아니라 숙달된 기술을 요구하지만, 지표 생물을 이용하면 이러한 문제를 많이 해결할 수 있다.
> [2] 식수가 분변으로 오염되어 있다면 분변에 있는 병원체 수와 비례하여 존재하는 비병원성 세균을 지표 생물로 이용한다. 이에 대표적인 것은 대장균이다. 대장균은 그 기원이 전부 동물의 배설물에 의한 것이므로, 시료에서 대장균의 균체 수가 일정 기준보다 많이 검출되면 그 시료에는 인체에 유해할 만큼의 병원체도 존재한다고 추정할 수 있다. 그러나 온혈 동물에게서 배설되는 비슷한 종류의 다른 세균들을 배제하고 대장균만을 측정하기는 어렵다. 그렇기 때문에 대장균이 속해 있는 비슷한 세균군을 모두 검사하여 분변 오염 여부를 판단하고, 이 세균군을 총대장균군이라고 한다.
> [3] 총대장균군에 포함된 세균이 모두 온혈동물의 분변에서 기원한 것은 아니지만, 온혈동물의 배설물을 통해서도 많은 수가 방출되고 그 수는 병원체의 수에 비례한다. 염소 소독과 같은 수질 정화 과정에서도 병원체와 유사한 저항성을 가지므로 식수, 오락 및 휴양 용수의 수질 결정에 좋은 지표이다. 지표 생물로 사용하는 또 다른 것은 분변성 연쇄상구균군이다. 이는 대장균을 포함하지는 않지만 사람과 온혈동물의 장에 흔히 서식하므로 물의 분변 오염 여부를 판정하는 데 이용된다. 이들은 잔류성이 높고 장 밖에서는 증식하지 않기 때문에 시료에서도 그 수가 일정하게 유지되어 좋은 상수 소독 처리지표로 활용된다.

① A 사원 : 온혈동물의 분변에서 기원되는 균은 모두 지표 생물이 될 수 있다.

② B 사원 : 수질 정화 과정에서 총대장균군은 병원체보다 높은 생존율을 보인다.

③ C 사원 : 채취된 시료 속의 총대장균군의 세균 수와 병원체 수는 비례하여 존재한다.

④ D 사원 : 지표 생물을 검출하는 것은 병원체를 직접 검출하는 것보다 숙달된 기술을 필요로 한다.

⑤ E 사원 : 분변성 연쇄상구균은 시료 채취 후 시간이 지남에 따라 시료 안에서 증식하여 정확한 오염지표로 사용하기 어렵다.

TIP ③ [3] 문단에서는 온혈동물의 배설물을 통해서 다수의 세균이 방출되고, 총대장균군에 포함된 세균 수는 병원에의 수에 비례한다고 설명하고 있으므로 바르게 이해하였다.

① [2] 문단에서는 비병원성 세균을 지표생물로 이용하고 그 대표적 예로 대장균을 들고 있다. 그러나 '온혈동물의 분변에서 기원된 모든 균이 지표생물이 될 수 있는지'는 확인할 수 없다.

② [2] 문단에서는 수질 정화과정에서 총대장균군이 병원체와 유사한 저항성을 보인다는 사실이 나타나 있다. 그러나 '총대장균군이 병원체보다 높은 생존율을 보이는지'는 확인할 수 없다.

④ [1] 문단에서는 병원체를 직접 검출하는 것이 비싸고 시간이 많이 걸리며 숙달된 기술을 요구한다고 본다. 이어서 이를 해결하기 위해 지표생물을 검출하는 것임을 설명하고 있다. 따라서 '지표생물을 검출하는 것이 병원체 검출보다 숙달된 기술을 필요로 하는지'는 확인할 수 없다.

⑤ [3] 문단에서는 분변성 연쇄상구균은 장 밖에서는 증식하지 않아 시료에서 그 수를 일정하게 유지한다는 것을 확인할 수 있다.

Answer. 35.③ 36.③

37 다음은 甲공단의 연금보험료 지원사업의 공고문이다. 공고문을 본 A ~ E의 반응으로 적절하지 않은 것은?

<table>
<tr><th>구분</th><th colspan="7">내용</th></tr>
<tr><td rowspan="6">지원대상</td><td colspan="7">□ 연금 가입 기간이 10년 미만인 가입자 중 아래의 조건을 충족시키는 자
– 저소득자 : 기준 중위소득 80% 이하인 자
☞ 확인방법
건강보험료 납부확인서, 소득금액증명(국세청) 등으로 확인되는 신청 직전 연도의 월평균소득 또는 월평균 건강보험료 납부액이 아래 표에 표기된 금액 이하인 자</td></tr>
<tr><td colspan="2">구분</td><td>1인 가구</td><td>2인 가구</td><td>3인 가구</td><td>4인 가구</td><td>5인 이상</td></tr>
<tr><td colspan="2">기준중위소득 80%</td><td>1,366,000원</td><td>2,325,000원</td><td>3,008,000원</td><td>3,691,000원</td><td>4,374,000원</td></tr>
<tr><td rowspan="2">건강 보험료</td><td>직장가입자</td><td>44,120원</td><td>75,600원</td><td>97,680원</td><td>120,060원</td><td>142,720원</td></tr>
<tr><td>지역가입자</td><td>15,550원</td><td>40,670원</td><td>82,340원</td><td>113,530원</td><td>142,330원</td></tr>
<tr><td colspan="7">– 연금수급 연령에 도달한 자 중 대부를 통해 연금수급이 가능한 자</td></tr>
<tr><td>지원금액</td><td colspan="7">□ 1인당 300만 원 이내</td></tr>
<tr><td>상환조건</td><td colspan="7">□ 대부조건 : 무담보, 무보증, 무이자
□ 상환조건 : 연금수급 개시 월부터 5년 이내 원금균등분할상환</td></tr>
<tr><td>지원절차</td><td colspan="7">□ 신청접수 → 대출심사 → 대출실행(약정 및 연금보험료 납부) → 연금 청구 및 상환</td></tr>
<tr><td>접수기간</td><td colspan="7">□ 수시접수 : ~ 자금 소진 시 마감</td></tr>
<tr><td>구비서류</td><td colspan="7">□ 제출서류
– 지원신청서 1부(홈페이지 내 양식, 첨부파일 참조)
– 개인정보 조회동의서 1부(홈페이지 내 양식, 첨부파일 참조)
– 약정서 1부(홈페이지 내 양식, 첨부파일 참조)
– CMS출금이체 동의서 1부(홈페이지 내 양식, 첨부파일 참조)
– 연금산정용 가입내역확인서 1부(국민연금공단 지사 방문하여 발급)
– 주민등록등본 1부
– 소득금액 증빙서류 1부(건강보험 납부확인서, 소득금액증명서 중 택1)</td></tr>
<tr><td>접수방법</td><td colspan="7">□ 우편접수
– 홈페이지 알림마당 내 공지사항 신청 양식을 다운로드 및 작성, 구비서류와 함께 등기우편으로 제출
– 접수처 : 서울 OO구 OO로 지원사업 담당자 앞</td></tr>
<tr><td>문의사항</td><td colspan="7">□ 지원사업 담당자 ☎ OO – OOO – OOOO</td></tr>
</table>

① A : 연금보험료는 무이자, 무담보로 지원되며 연금 수령 후에 연금으로 분할 상환하는 사업이다.

② B : 2인 가구의 경우 중위소득이 2,350,000원이라면 지원대상자에 해당되지 않는다.

③ C : 지원을 받고자 하는 사람은 개인정보 조회동의서를 제출해야 한다.

④ D : 1인당 300만 원 이내로 지원되며 지원사업 공고일로부터 일주일 동안 접수받는다.

⑤ E : 연금수급 개시월부터 3년간 원금균등분할상환이 가능하다.

TIP ④ 1인당 300만 원 이내로 지원되며 접수 기간은 수시접수로 자금 소진 시 마감되므로 D의 평가는 적절하지 않다.

① A는 연금보험료 지원사업의 공고문의 내용을 바르게 이해하였다.

② 지원대상은 저소득자(기준 중위소득 80% 이하인 자)로 2인 가구의 기준 중위소득 80%는 2,325,000원이다.

③ 제출 서류는 지원신청서, 개인정보 조회동의서, 약정서 등으로 안내되어 있다.

⑤ 상환조건은 연금수급 개시 월부터 5년 이내로 3년도 포함된다.

38 다음은 甲지역에서 개최하는 전시회의 연도별, 기업별 부스 방문객 현황을 나타낸 자료이다. 이를 통해 알 수 있는 내용으로 적절하지 않은 것은?

연도 / 전시기업	2016년	2017년	2018년	2019년	2020년	2021년
A 기업	1,742명	2,011명	2,135명	2,243명	2,413명	2,432명
B 기업	2,418명	2,499명	2,513명	2,132명	2,521명	2,145명
C 기업	3,224명	3,424명	3,124명	3,017명	3,114명	3,011명
D 기업	1,245명	1,526명	1,655명	1,899명	2,013명	2,114명
E 기업	2,366명	2,666명	2,974명	3,015명	3,115명	3,458명
F 기업	524명	611명	688명	763명	1,015명	1,142명
G 기업	491명	574명	574명	630명	836명	828명
전체	12,010명	13,311명	13,663명	13,699명	15,027명	15,130명

① 전시회의 연도별 전체 방문객 방문 현황을 알 수 있다.
② 전시회 참여 업체의 평균 방문객 수를 알 수 있다.
③ 각 기업별 전시회 참여를 통한 매출 변동을 알 수 있다.
④ 방문객이 가장 많은 기업의 연도별 방문객 변동 내역을 확인할 수 있다.
⑤ 평균 방문객 수에 미치지 못하는 기업의 수를 알 수 있다.

TIP ③ 기업별 방문객의 수만 제시되어 있는 자료이므로 매출액과 관련된 자료를 알 수 있는 방법은 없다.
① 하단에 전체 합계와 주어진 기업별 방문객 수의 합이 일치하므로 전체 방문객 방문 현황을 알 수 있다.
② 전체 방문객을 기업의 수로 나누어 평균 방문객 수를 알 수 있다.
④ 전체 방문객이 가장 많은 기업을 확인하여 매년 동일한지 또는 어느 해에 어떻게 달라졌는지 등을 확인할 수 있다.
⑤ 평균 방문객 수와 해당 기업별 방문객 수를 통해 알 수 있다.

Answer. 37.④ 38.③

▌39 ~ 40▐ ○○공단의 기획조정실에서 근무하는 H 주임은 '국민이 참여하는 혁신제안 공모전'을 담당하고 있다. 아래의 자료를 읽고 물음에 답하시오.

혁신성장을 위한 공공서비스를 제공하고자 '국민이 참여하는 혁신제안 공모전'을 실시하오니, 여러분의 많은 관심과 참여 부탁드립니다.

1. 응모대상 : 공단 사업에 관심 있는 국민 누구나
2. 공모주제 : 공단 사업 혁신 또는 사업 관련 동반성장 아이디어
   ※ 아이디어 예시 : 신규 사업 발굴, 지역사회 공헌, 중소기업 등 동반성장
3. 접수기간 : 2022. 03. 01.(월) ~ 2022. 03. 07.(일)
4. 접수방법 : E-Mail 제출
5. 제출서류 : 요약서, 아이디어 제안서, 개인정보 활용 동의서 각 1부
6. 심사 및 포상
   - 심사방법 : 제출된 자료에 대해 서면심사 진행
   - 포상 : 최우수(1점, 100만 원) 우수(2점, 50만 원) 장려(5점, 30만 원)
7. 결과발표 : 6월초(수상자 개별 연락)
8. 유의사항
   - 입상 작품에 대한 소유권은 ○○공단에 있음
   - 필요한 경우 개인정보 제공에 동의하여야 함
   - 타 공모전 입상작, 다른 작품과 유사 · 모방성이 인정되는 작품은 심사대상에서 제외되며, 사후 판명 시 입상을 취소할 수 있음
9. 문의 : ○○공단 혁신기획부(000-000-000)

〈아이디어 제출 유형 및 작성방향〉

구분		작성방향
사업 혁신	신규 사업 발굴	공단에서 실시하고 있는 사업 외의 신규 사업 발굴 (예) 기업 자율형 일학습병행
	사업 수행 혁신	공단에서 실시하고 있는 사업수행 관련 혁신 (예) 중소기업에서의 산업현장교수 활용 방안
동반 성장	지역사회	공단의 지역사회 공헌 관련 아이디어 (예) 산업현장교수의 지역사회를 위한 재능기부
	중소기업 · 소상공인 등	중소기업 일자리창출 등 동반성장 (예) 외국인 근로자를 도입한 영세사업자를 위한 노무관리 지원

〈평가기준〉

구분	평가내용
고객 효용성	제안의 효과가 내 · 외부 고객의 효용 향상에 미치는 정도
실시 가능성	제안의 실시 가능성 정도
창의성	독창성, 창의성의 정도
효과성	업무개선과 비용이 감소하는 등 정성 · 정량적 효과가 발생하는 정도

〈작성요령〉

1. 제목 : 아이디어의 핵심내용이 드러나게 구체적으로 작성
   ※ 예시 : 중소기업 관련 일자리 창출 (×), 퇴직한 고숙련 기술인력을 활용한 중소기업 현장 컨설팅 (O)
2. 제안자 : 제안자 이름 명시, 2명 이상 제안일 경우 모두 명시(예시 : 홍길동(1명일 경우) / 홍길동, 김철수 (2명일 경우))
3. 전화번호 : 휴대폰, 사무실 전화번호(제안자 2명 이상일 경우 대표 제안자만 명시)
4. 아이디어 제출 분야 : 공단혁신 관련 또는 동반성장 관련

5. 타 공모전 아이디어 제출 여부 : 동일 사례로 타 공모전에 아이디어 제출한 사실 및 내역 기재

※ 1) 타 대회 수상작 및 국내외 논문 발표작은 제출 불가하며, 추후 모방 또는 차용한 사실 적발 시 입상 취소, 상금회수 등 불이익이 있음

2) 제출된 아이디어의 저작권, 초상권 등과 관련된 분쟁 발생 시 모든 책임은 참가자에 있음

6. 배경 : 아이디어 제안 배경, 문제점, 추진해야 하는 이유 등 설명

7. 세부시행방안 : 제안의 구체적인 내용 기술, 추진전략 및 실행방법, 시민사회의 참여방안, 민관협업 방안 등을 세부적 기술

8. 기대효과 : 아이디어 시행에 따른 경제 · 사회적 효과를 기술하고 아이디어 추진 이전(As－Is)과 이후(To－Be)의 모습이 대비되게 작성

9. 서식 : 기본 글꼴(휴먼명조 15p), 줄간격 140% 준수

10. 분량 : A4 3페이지 이내로 작성하고 관련 참고자료는 별첨

※ 참고자료는 제출서식에 붙여 제출하되, 별도 형식(ppt, pdf 등)의 경우 파일제목에 사례제목과 제안자 명시 (예시 : OOO 지원사례_홍길동)

11. 용량 : 용량이 큰 사진 등은 반드시 파일 용량을 작게 하여 제출

39 자료의 내용과 일치하는 것은?

① 갑 : 유관기관 근무자는 공모전에 참여할 수 없으나 관련 경력을 보유했을 경우 참여 가능하다.

② 을 : 최우수상 100만 원이 포상으로 주어지며 11월 초에 발표된다.

③ 병 : 수상자는 홈페이지 게시판을 통해 공지되며 타 공모전 입상이 판명될 경우 입상이 취소될 수 있다.

④ 정 : 영세사업자와의 동반성장을 주제로 A와 B가 공동으로 제안할 경우 제출 서류에 A, B 이름을 모두 명시한다.

⑤ 무 : 아이디어 시행을 하고 난 이후에 변화하는 기대효과만을 명확하고 상세하게 작성한다.

TIP ④ '국민이 참여하는 혁신 제안 공모전'에는 공단 사업 혁신 또는 사업관련 동반성장 아이디어를 주제로 참여를 받는다. 이 때, 두 명 이상이 제안할 경우 두 명 이름을 모두 명시한다.

① 공단 사업에 관심 있는 국민 누구나 참여할 수 있으므로 관련 경력 보유 여부 및 유관기관 근무 여부를 묻지 않는다.

② 최우수상은 100만 원이 포상이 주어지며 6월 초에 결정되고 발표 평가가 아닌 서면심사로 평가한다.

③ 타 공모전 입상이 판명될 경우 입상이 취소될 수 있으나 수상자는 홈페이지 게시판이 아닌 개별 연락한다.

⑤ 아이디어를 추진한 이전과 이후의 모습을 대비되게 작성한다.

Answer. 39.④

40 담당자에게 공모전 문의가 오고 있다. 답변으로 부적절한 것은?

① 문 의 : 제안서를 작성하려는데 분량 제한은 없는 건가요?
답 변 : A4 3페이지 이내로 작성하면 됩니다. 참고자료가 있을 경우 별도 첨부해주세요.

② 문 의 : 제안서를 쓰다 보니 사진이 많이 들어갑니다. 용량은 몇 메가까지 가능할까요?
답 변 : 용량 제한은 별도로 명시하지 않았으나, 파일 용량을 작게 하여 첨부해주세요.

③ 문 의 : 2명 이상이 제안서를 작성했는데 이름은 두 명 모두 기재하였습니다. 그런데 핸드폰 번호는 한 명만 기재하였습니다.
답 변 : 전화번호는 제안자가 2명 이상일 경우 대표 제안자만 명시하면 됩니다.

④ 문 의 : 아이디어가 있어서 제안서를 쓰려고 하는데요, 도입 후의 효과를 중심으로 쓰면 되는 건지 문의드립니다.
답 변 : 아이디어 추진 이전과 이후의 모습이 대비되게 작성해야 합니다.

⑤ 문 의 : 일학습병행의 효과성 분석으로 박사논문을 받았습니다. 사업 수행 혁신 분야로 제안하면 될까요?
답 변 : 일학습병행의 효과성 분석은 사업 수행 혁신 분야보다는 신규 사업 발굴 분야에 가깝습니다.

TIP ⑤ '국민이 참여하는 혁신 제안 공모전'의 작성요령 '5.' 에는 "국내외 논문 발표작은 제출 불가하다"고 명시되어 있다. 따라서 박사논문을 받은 주제로 제안할 경우에는 제안 분야를 검토하기보다는 제출가능 여부를 검토하여 제출이 불가능함을 답변해야 한다.

① 제안서는 A4 3페이지 이내로 작성하되 참고자료는 별첨으로 명시했으므로 적절히 답변하였다.
② 용량의 크기는 명시하지 않았고 용량을 작게 할 것으로 명시하였으므로 적절히 답변하였다.
③ 2명 이상이 제안서를 작성할 경우 이름은 모두 기재하되, 핸드폰 번호는 대표 제안자 한 명을 명시하면 되므로 적절히 답변하였다.
④ 제안서에는 아이디어 추진 이전과 이후의 모습이 대비되게 작성해야 한다고 명시하였으므로 적절히 답변하였다.

▌41 ~ 42 ▌자료를 읽고 이어지는 물음에 답하시오.

[1] 프레임(frame)은 영화와 사진 등의 시각 매체에서 화면 영역과 화면 밖의 영역을 구분하는 경계로서의 틀을 말한다. 카메라로 대상을 포착하는 행위는 현실의 특정한 부분만을 떼어 내 프레임에 담는 것으로, 찍는 사람의 의도와 메시지를 내포한다. 그런데 문, 창, 기둥, 거울 등 주로 사각형이나 원형의 형태를 갖는 물체를 이용하여 프레임 안에 또 다른 프레임을 만드는 경우가 있다. 이런 기법을 '이중 프레이밍', 그리고 안에 있는 프레임을 '이차 프레임'이라 칭한다.

[2] 이차 프레임의 일반적인 기능은 크게 세 가지로 구분할 수 있다. 먼저, 화면 안의 인물이나 물체에 대한 시선 유도 기능이다. 대상을 틀로 에워싸기 때문에 시각적으로 강조하는 효과가 있으며, 대상이 작거나 구도의 중심에서 벗어나 있을 때도 존재감을 부각하기가 용이하다. 또한, 프레임 내 프레임이 많을수록 화면이 다층적으로 되어, 자칫 밋밋해질 수 있는 화면에 깊이감과 입체감이 부여된다. 광고의 경우, 설득력을 높이기 위해 이차 프레임 안에 상품을 위치시켜 주목을 받게 하는 사례들이 있다.

[3] 다음으로, 이차 프레임은 작품의 주제나 내용을 암시하기도 한다. 이차 프레임은 시각적으로 내부의 대상을 외부와 분리하는데, 이는 곧잘 심리적 단절로 이어져 구속, 소외, 고립 따위를 환기한다. 그리고 이차 프레임 내부의 대상과 외부의 대상 사이에는 정서적 거리감이 조성되기도 한다. 어떤 영화들은 작중 인물을 문이나 창을 통해 반복적으로 보여 주면서, 그가 세상으로부터 격리된 상황을 암시하거나 불안감, 소외감 같은 인물의 내면을 시각화하기도 한다.

[4] 마지막으로, 이차 프레임은 '이야기 속 이야기'인 액자형 서사 구조를 지시하는 기능을 하기도 한다. 일례로, 어떤 영화는 작중 인물의 현실 이야기와 그의 상상에 따른 이야기로 구성되는데, 카메라는 이차 프레임으로 사용된 창을 비추어 한 이야기의 공간에서 다른 이야기의 공간으로 들어가거나 빠져나온다.

[5] 그런데 현대에 이를수록 시각 매체의 작가들은 ㉠ <u>이차 프레임의 범례에서 벗어나는 시도</u>들로 다양한 효과를 끌어내기도 한다. 가령 이차 프레임 내부 이미지의 형체를 식별하기 어렵게 함으로써 관객의 지각 행위를 방해하여, 강조의 기능을 무력한 것으로 만들거나 서사적 긴장을 유발하기도 한다. 또 문이나 창을 봉쇄함으로써 이차 프레임으로서의 기능을 상실시켜 공간이나 인물의 폐쇄성을 드러내기도 한다. 혹은 이차 프레임 내의 대상이 그 경계를 넘거나 파괴하도록 하여 호기심을 자극하고 대상의 운동성을 강조하는 효과를 낳는 사례도 있다.

Answer. 40.⑤

41 〈보기〉의 자료를 추가로 보여줄 때, 이에 대한 평가로 가장 적절한 것은?

〈보기〉

1950년대 어느 도시의 거리를 담은 이 사진은 ㉮ <u>자동차의 열린 뒷문의 창</u>이 우연히 한 인물을 테두리 지어 작품의 묘리를 더하는데, 이는 이중 프레임의 전형적인 사례이다.

① A : ㉮로 인해 화면이 평면적으로 느껴지는군.

② B : ㉮가 없다면 사진 속 공간의 폐쇄성이 강조되겠군.

③ C : ㉮로 인해 창 테두리 외부의 풍경에 시선이 유도되는군.

④ D : ㉮ 안의 인물은 멀리 있어서 ㉮가 없더라도 작품 내 존재감이 비슷하겠군.

⑤ E : ㉮가 행인이 들고 있는 원형의 빈 액자 틀로 바뀌더라도 이차 프레임이 만들어지겠군.

TIP ⑤ 〈보기〉는 이차 프레임을 만드는 물체를 언급하고 있다. 1 문단의 "문, 창, 기둥, 거울 등 주로 사각형이나 원형의 형태를 갖는 물체를 이용"한다는 내용과 관련된다. 이는 원형의 형태를 갖는 물체가 이차 프레임을 형성한다는 의미를 나타낸다. 따라서 채 사원이 말한 "행인이 들고 있는 원형의 빈 액자 틀로 바뀌더라도 이차 프레임이 만들어진다"는 평가가 가장 적절하다.

① 2 문단에서는 이차 프레임이 대상에 깊이감과 입체감을 부여한다고 했으므로 김 사원의 평가는 적절하지 않다.

② 5 문단에서는 이차 프레임을 만드는 문이나 창을 없애는 것이 아니라 막아버림(봉쇄함)으로써 인물이나 공간의 폐쇄성을 드러낸다고 하였다.

③ 2 문단에서는 화면 안의 인물이나 물체에 대한 시선 유도 기능이 있다고 설명하고 있으므로 박 사원의 평가는 적절하지 않다.

④ 4 문단에서는 이차 프레임은 대상이 작더라도 존재감을 부각한다고 설명하고 있으므로 한 사원의 평가는 적절하지 않다.

42 ㉠의 사례로 적절하지 않은 것은?

① A : 한 그림에서 화면 안의 직사각형 틀이 인물을 가두고 있는데, 팔과 다리는 틀을 빠져나와 있어 역동적인 느낌을 준다.

② B : 한 영화에서 주인공이 속한 공간의 문이나 창은 항상 닫혀 있는데, 이는 주인공의 폐쇄적인 내면을 상징적으로 보여준다.

③ C : 한 그림에서 문이라는 이차 프레임을 이용해 관객의 시선을 유도한 뒤, 정작 그 안은 실체가 불분명한 물체의 이미지로 처리하여 관객에게 혼란을 준다.

④ D : 한 영화에서 주인공이 앞집의 반쯤 열린 창틈으로 가족의 화목한 모습을 목격하고 계속 지켜보는데, 이차 프레임으로 사용된 창틈이 한 가정의 행복을 드러내는 기능을 한다.

⑤ E : 한 영화는 자동차 여행 장면들에서 이차 프레임인 차창을 안개로 줄곧 뿌옇게 보이게 하여, 외부 풍경을 보여 주며 환경과 인간의 교감을 묘사하는 로드 무비의 관습을 비튼다.

TIP ④ ㉠의 이차 프레임의 범례에서 벗어나는 시도는 세 가지가 제시되어 있다. 첫째, 내부 이미지의 형체를 식별하게 어렵게 하는 것, 둘째, 이차 프레임인 창이나 문을 봉쇄해 버리는 것, 셋째, 이차 프레임 내의 대상이 이차 프레임의 경계를 넘거나 파괴하는 것이다. 이는 이차 프레임이 가진 기존의 기능에서 벗어난 사례가 아니라 [3] 문단에서 설명한 '이차 프레임이 주제나 내용을 드러내는 기능을 지닌다'는 사례에 해당한다.

① '팔과 다리는 틀을 빠져나와 있다'고 했다. 팔과 다리가 이차 프레임에 해당하는 직사각형 틀 밖으로 나온 것이므로, 이는 이차 프레임의 경계를 넘는 것에 해당한다.

② '문이나 창이 항상 닫혀 있는데, 이는 주인공의 폐쇄적인 내면을 상징한다'고 했다. 여기서 문이나 창이 항상 닫혀 있는 것은 이차 프레임인 문이나 창을 봉쇄해버리는 것에 해당한다.

③ "그 안은 실체가 불분명한 물체의 이미지"라고 했는데, [5] 문단은 이차 프레임 내부 이미지의 형체를 식별하기 어렵게 만들어 관객의 지각 행위를 방해한다고 설명하고 있다. 관객에게 혼란을 준다는 것은 관객의 지각을 방해하는 행위로 볼 수 있다.

⑤ "이차 프레임인 차창을 안개로 줄곧 뿌옇게 보이게 하여 외부 풍경을 보여 준다"고 했다. 이는 이차 프레임 내부 이미지의 형체를 식별하기 어렵게 만드는 것에 해당한다.

Answer. 41.⑤ 42.④

43 **다음 글은 OO농수산 식품연구원의 보고서의 일부이다. 이 글을 읽고 평가한 것으로 옳지 않은 것은?**

> [1] 유엔 식량농업기구(FAO)에 따르면 곤충의 종류는 2,013종인데, 그중 일부가 현재 식재료로 사용되고 있다. 곤충은 병균을 옮기는 더러운 것으로 알려져 있지만 깨끗한 환경에서 사육된 곤충은 식용에 문제가 없다.
> [2] 식용으로 귀뚜라미를 사육할 경우 전통적인 육류 단백질 공급원보다 생산에 필요한 자원을 절감할 수 있다. 귀뚜라미가 다른 전통적인 단백질 공급원보다 뛰어난 점은 다음과 같다. 첫째, 쇠고기 0.45kg을 생산하기 위해 필요한 자원으로 식용 귀뚜라미 11.33kg을 생산할 수 있다. 이것이 가능한 가장 큰 이유는 귀뚜라미가 냉혈동물이라 돼지나 소와 같이 체내 온도 유지를 위한 먹이를 많이 소비하지 않기 때문이다.
> [3] 둘째, 식용 귀뚜라미 0.45kg을 생산하는 데 필요한 물은 감자나 당근을 생산하는 데 필요한 수준인 3.8L이지만, 닭고기 0.45kg을 생산하려면 1,900L의 물이 필요하며, 쇠고기는 닭고기의 경우보다 4배 이상의 물이 필요하다. 셋째, 귀뚜라미를 사육할 때 발생하는 온실가스의 양은 가축을 사육할 때 발생하는 온실가스양의 20%에 불과하다.
> [4] 현재 곤충 사육은 많은 지역에서 이루어지고 있지만, 식용 곤충의 공급이 제한적이고 사람들에게 곤충도 식량이 될 수 있다는 점을 이해시키는 데 어려움이 있다. 따라서 새로운 식용 곤충 생산과 공급방법을 확충하고 곤충 섭취에 대한 사람들의 거부감을 줄이는 방안이 필요하다.
> [5] 현재 식용 귀뚜라미는 주로 분말 형태로 100g당 10달러에 판매된다. 이는 같은 양의 닭고기나 쇠고기의 가격과 큰 차이가 없다. 그러나 인구가 현재보다 20억 명 더 늘어날 것으로 예상되는 2050년에는 귀뚜라미 등 곤충이 저렴하게 저녁식사 재료로 공급될 것이다.

① 김 연구원 : 쇠고기 생산보다 식용 귀뚜라미 생산에 자원이 덜 드는 이유 중 하나는 귀뚜라미가 냉혈동물이라는 점이다.

② 이 연구원 : 현재 곤충 사육은 많은 지역에서 이루어지고 있지만, 식용으로 사용되는 곤충의 종류는 일부에 불과하다.

③ 박 연구원 : 식용 귀뚜라미와 동일한 양의 쇠고기를 생산하려면, 귀뚜라미 생산에 필요한 물보다 500배의 물이 필요하다.

④ 정 연구원 : 식용 귀뚜라미 생산에는 쇠고기 생산보다 자원이 적게 들지만, 현재 이 둘의 100g당 판매가격은 큰 차이가 없다.

⑤ 임 연구원 : 가축을 사육할 때 발생하는 온실가스의 양은 귀뚜라미를 사육할 때의 5배다.

TIP ③ [2] 문단과 [3] 문단을 종합적으로 고려해보면 식용 귀뚜라미 0.45kg을 생산하기 위해 물 3.8L가 필요하다. 그런데 쇠고기의 경우 1,900L의 4배 이상, 즉 7,600L 이상의 물이 필요하다. 즉 쇠고기는 귀뚜라미 생산보다 2,000배 이상의 물이 필요하다.

① [1] 문단에 따르면 냉혈동물인 귀뚜라미는 먹이를 많이 소비하지 않는다고 설명한다. 이는 생산에 자원이 덜 들어간다는 것을 의미하므로 김 연구원은 적절히 평가하였다.

② [1] 문단에 따르면 곤충의 종류 중 일부가 현재 식재료로 사용되고 있다. 또한, [3] 문단에서는 곤충 사육은 많은 지역에서 이루어지고 있음이 나타난다. 즉 사육은 많은 지역에서 이루어지고 있지만 식용으로 사용되는 곤충의 종류에 일부에 불과하다는 것으로 이 연구원은 적절히 평가하였다.

④ [2] 문단에 따르면 동일한 자원으로 식용 귀뚜라미를 더 많이 생산할 수 있으므로 귀뚜라미 생산에 자원이 더 적게 든다는 것을 확인할 수 있다. 또한, [4] 문단에 따르면 식용 귀뚜라미의 판매 가격은 쇠고기의 가격과 큰 차이가 없으므로 정 연구원은 적절히 평가하였다.

⑤ [2] 문단에 따르면 귀뚜라미를 사육할 때 발생하는 온실가스의 양은 가축을 사육할 때의 20%이다. 귀뚜라미를 기준으로 한다면 가축을 사육할 때 발생하는 온실가스의 양은 귀뚜라미를 사육할 때의 5배이므로 임 연구원은 적절히 평가하였다.

| 44 ~ 45 | 귀하는 OO은행의 자료조사업무를 수행하고 있다. 아래의 글을 읽고 물음에 답하시오.

[1] 과거에 일어난 금융위기에 대해 많은 연구가 진행되었어도 그 원인에 대해 의견이 모아지지 않는 경우가 대부분이다. 이것은 금융위기가 여러 차원의 현상이 복잡하게 얽혀 발생하는 문제이기 때문이기도 하지만, 사람들의 행동이나 금융 시스템의 작동 방식을 이해하는 시각이 다양하기 때문이기도 하다. 은행위기를 중심으로 금융위기에 관한 주요 시각을 다음과 같은 네 가지로 분류할 수 있다. 이들이 서로 배타적인 것은 아니지만 주로 어떤 시각에 기초해서 금융위기를 이해하는가에 따라 그 원인과 대책에 대한 의견이 달라진다고 할 수 있다.

[2] 우선, 은행의 지불능력이 취약하다고 많은 예금주들이 예상하게 되면 실제로 은행의 지불능력이 취약해지는 현상, 즉 ㉠'자기 실현적 예상' 이라 불리는 현상을 강조하는 시각이 있다. 예금주들이 예금을 인출하려는 요구에 대응하기 위해 은행이 예금의 일부만을 지급준비금으로 보유하는 부분준비제도는 현대 은행 시스템의 본질적 측면이다. 이 제도에서는 은행의 지불능력이 변화하지 않더라도 예금주들의 예상이 바뀌면 예금 인출이 쇄도하는 사태가 일어날 수 있다. 예금은 만기가 없고 선착순으로 지급하는 독특한 성격의 채무이기 때문에, 지불능력이 취약해져서 은행이 예금을 지급하지 못할 것이라고 예상하게 된 사람이라면 남보다 먼저 예금을 인출하는 것이 합리적이기 때문이다. 이처럼 예금 인출이 쇄도하는 상황에서 예금 인출 요구를 충족시키려면 은행들은 현금 보유량을 늘려야 한다. 이를 위해 은행들이 앞다투어 채권이나 주식, 부동산과 같은 자산을 매각하려고 하면 자산 가격이 하락하게 되므로 은행들의 지불능력이 실제로 낮아진다.

[3] 둘째, ㉡은행의 과도한 위험 추구를 강조하는 시각이 있다. 주식회사에서 주주들은 회사의 모든 부채를 상환하고 남은 자산의 가치에 대한 청구권을 갖는 존재이고 통상적으로 유한책임을 진다. 따라서 회사의 자산 가치가 부채액보다 더 커질수록 주주에게 돌아올 이익도 커지지만, 회사가 파산할 경우에 주주의 손실은 그 회사의 주식에 투자한 금액으로 제한된다. 이러한 ⓐ비대칭적인 이익 구조로 인해 수익에 대해서는 민감하지만 위험에 대해서는 둔감하게 된 주주들은 고위험 고수익 사업을 선호하게 된다. 결과적으로 주주들이 더 높은 수익을 얻기 위해 감수해야 하는 위험을 채권자에게 전가하는 것인데, 자기자본비율이 낮을수록 이러한 동기는 더욱 강해진다. 은행과 같은 금융 중개 기관들은 대부분 부채비율이 매우 높은 주식회사 형태를 띤다.

[4] 셋째, ㉢은행가의 은행 약탈을 강조하는 시각이 있다. 전통적인 경제 이론에서는 은행의 부실을 과도한 위험 추구의 결과로 이해해왔다. 하지만 최근에는 은행가들에 의한 은행 약탈의 결과로 은행이 부실해진다는 인식도 ⓑ강해지고 있다. 과도한 위험 추구는 은행의 수익률을 높이려는 목적으로 은행의 재무 상태를 악화시킬 위험이 큰 행위를 은행가가 선택하는 것이다. 이에 비해 은행 약탈은 은행가가 자신에게 돌아올 이익을 추구하여 은행에 손실을 초래하는 행위를 선택하는 것이다. 예를 들어 은행가들이 자신이 지배하는 은행으로부터 남보다 유리한 조건으로 대출을 받는다거나, 장기적으로 은행에 손실을 초래할 것을 알면서도 자신의 성과급을 높이기 위해 단기적인 성과만을 추구하는 행위 등은, 지배 주주나 고위 경영자의 지위를 가진 은행가가 은행에 대한 지배력을 사적인 이익을 위해 사용한다는 의미에서 약탈이라고 할 수 있다.

[5] 넷째, ㉣이상 과열을 강조하는 시각이 있다. 위의 세 가지 시각과 달리 이 시각은 경제 주체의 행동이 항상 합리적으로 이루어지는 것은 아니라는 관찰에 기초하고 있다. 예컨대 많은 사람이 자산 가격이 일정 기간 상승하면 앞으로도 계속 상승할 것이라 예상하고, 일정 기간 하락하면 앞으로도 계속 하락할 것이라 예상하는 경향을 보인다. 이 경우 자산 가격 상승은 부채의 증가를 낳고 이는 다시 자산 가격의 더 큰 상승을 낳는다. 이러한 상승 작용으로 인해 거품이 커지는 과정은 경제 주체들의 부채가 과도하게 늘어나 금융 시스템을 취약하게 만들게 되므로, 거품이 터져 금융 시스템이 붕괴하고 금융위기가 일어날 현실적 조건을 강화시킨다.

Answer. 43.③

44 **부서장으로부터 〈보기〉의 자료를 받았고, 윗글에 제시된 네 가지 시각으로 〈보기〉에 대한 평가를 받아오라는 지시를 받았다. 가장 적절한 평가는?**

〈보기〉

1980년대 후반에 A국에서 장기 주택담보 대출에 전문화한 은행인 저축대부조합들이 대량 파산하였다. 이 사태와 관련하여 다음과 같은 사실들이 주목받았다.

- 1970년대 이후 석유 가격 상승으로 인해 부동산 가격이 많이 오른 지역에서 저축대부조합들의 파산이 가장 많았다.
- 부동산 가격의 상승을 보고 앞으로도 자산 가격의 상승이 지속될 것을 예상하고 빚을 얻어 자산을 구입하는 경제 주체들이 늘어났다.
- A국의 정부는 투자 상황을 낙관하여 저축대부조합이 고위험채권에 투자할 수 있도록 규제를 완화하였다.
- 예금주들이 주인이 되는 상호회사 형태였던 저축대부조합들 중 다수가 1980년대에 주식회사 형태로 전환하였다.
- 파산 전에 저축대부조합의 대주주와 경영자들에 대한 보상이 대폭 확대되었다.

① 최 팀장 : ㉠은 위험을 감수하고 고위험채권에 투자한 정도와 고위 경영자들에게 성과급 형태로 보상을 지급한 정도가 비례했다는 점을 들어, 은행의 고위 경영자들을 비판할 것이다.

② 박 과장 : ㉡은 부동산 가격 상승에 대한 기대 때문에 예금주들이 책임질 수 없을 정도로 빚을 늘려 은행이 위기에 빠진 점을 들어, 예금주의 과도한 위험 추구 행태를 비판할 것이다.

③ 김 대리 : ㉢은 저축대부조합들이 주식회사로 전환한 점을 들어, 고위험채권 투자를 감행한 결정이 궁극적으로 예금주의 이익을 더욱 증가시켰다고 은행을 옹호할 것이다.

④ 홍 부장 : ㉢은 저축대부조합이 정부의 규제 완화를 틈타 고위험채권에 투자하는 공격적인 경영을 한 점을 들어, 저축대부조합들의 행태를 용인한 예금주들을 비판할 것이다.

⑤ 이 과장 : ㉣은 차입을 늘린 투자자들, 고위험채권에 투자한 저축대부조합들, 규제를 완화한 정부 모두 낙관적인 투자 상황이 지속될 것이라고 예상한 점을 들어, 그 경제 주체 모두를 비판할 것이다.

TIP ⑤ 5 문단의 "이 시각은 경제 주체의 행동이 항상 합리적으로 이루어지는 것은 아니라는 관찰에 기초하고 있다. 예컨대 많은 사람이 자산 가격이 일정 기간 상승하면 앞으로도 계속 상승할 것이라 예상하고"를 통해 볼 때, ㉣은 자산 가격이 상승하면 계속 상승할 것이라고 예상하는 사람들의 행동을 비합리적르로 본다. 따라서 ㉣의 시각에서 본다면 〈보기〉의 각 경제 주체들이 낙관적인 투자 상황이 지속될 것이라고 예상한 것, 즉 가격이 계속 상승할 것이라고 예상하는 비합리적 행동을 했다는 점을 근거로 들어 그 경제 주체 모두를 비판하게 될 것이다. 이 과장이 가장 적절히 평가하였다.

① 최 팀장은 ㉠이 위험을 감수하고 고위험채권에 투자한 정도와 고위 경영자들에게 성과급 형태로 보상을 지급한 정도가 비례했다는 점을 들어 은행의 고위 경영자들을 비판할 것이라고 본다. 이는 ㉢의 내용에 해당하므로 적절하지 않은 평가다.

② 박 과장은 ㉡이 부동산 가격 상승에 대한 기대 때문에 예금주들이 책임질 수 없을 정도로 빚을 늘려 은행이 위기에 빠진 점을 들어 예금주의 과도한 위험 추구 행태를 비판할 것이라고 본다. 이는 ㉣의 시각이므로 적절하지 않은 평가다.

③ 김 대리는 ㉢이 저축대부조합들이 주식회사로 전환한 점을 들어 고위험채권 투자를 감행한 결정이 궁극적으로 예금주의 이익을 더욱 증가시켰다고 은행을 옹호할 것이라고 본다. 이는 ㉡의 시각에 가까우므로 적절하지 않은 평가다.

④ 홍 부장은 ㉢이 저축대부조합이 정부의 규제 완화를 틈타 고위험채권에 투자하는 공격적인 경영을 한 점을 들어 저축대부조합들의 행태를 용인한 예금주들을 비판할 것이고 본다. 이는 ㉡의 시각에 가까우므로 적절하지 않은 평가다.

45 ⓐ에 대한 의견으로 적절하지 않은 것은?

① 김 주임 : 파산한 회사의 자산 가치가 부채액에 못 미칠 경우에 주주들이 져야 할 책임은 한정되어 있다.
② 박 대리 : 회사의 자산 가치에서 부채액을 뺀 값이 0보다 클 경우에, 그 값은 원칙적으로 주주의 몫이 된다.
③ 전 팀장 : 회사가 자산을 다 팔아도 부채를 다 갚지 못할 경우에, 얼마나 많이 못 갚는지는 주주들의 이해와 무관하다.
④ 오 대리 : 주주들이 선호하는 고위험 고수익 사업은 성공한다면 회사가 큰 수익을 얻지만, 실패한다면 회사가 큰 손실을 입을 가능성이 높다.
⑤ 이 과장 : 주주들이 고위험 고수익 사업을 선호하는 것은, 이런 사업이 회사의 자산 가치와 부채액 사이의 차이가 줄어들 가능성을 높이기 때문이다.

TIP ⑤ ⓐ는 주식회사에 주주들의 이익과 책임의 크기에 차이가 있음을 보여준다. 회사의 이익이 커질수록 주주들의 이익은 커질 수 있는데, 반대로 손실을 볼 경우에는 자신의 주식만큼만 유한책임을 지게 된다. 이 과장은 주주들이 고위험 고수익 사업을 선호하는 것은 이런 사업이 회사의 자산 가치와 부채액 사이의 차이가 줄어들 가능성을 높이기 때문이라고 말하고 있다. 이는 ⓐ에 대한 설명과 모순되므로 평가 의견으로 적절하지 않다.

① [3] 문단의 "회사가 파산할 경우에는 주주의 손실은 그 회사의 주식에 투자한 금액으로 제한된다"에서 주주의 손실이 주식에 투자한 금액으로 제한된다는 것은 유한책임을 진다는 것을 의미하므로 김 주임의 의견은 적절하다.

② [3] 문단의 "주주들은 회사의 모든 부채를 상환하고 남은 자산의 가치에 대한 청구권을 갖는 존재"에서 '회사의 모든 부채를 상환하고 남은 자산'은 곧 회사의 자산 가치－부채액이다. 만약 이 값이 0보다 클 경우에는 이 몫이 주주의 몫이므로 박 대리의 의견은 적절하다.

③ [3] 문단에서 "주주의 손실은 그 회사의 주식에 투자한 금액으로 제한"됨이 나타나 있다. 이는 주주들은 투자 금액을 잃을 뿐 회사가 부채를 얼마나 많이 못 갚는지는 주주들의 이해와 무관하다는 것이므로 전 팀장의 의견은 적절하다.

④ [3] 문단에서는 "회사의 자산 가치가 부채액보다 더 커질수록 주주에게 돌아올 이익도 커지지만, 회사가 파산할 경우에는 주주의 손실은 그 회사의 주식에 투자한 금액으로 제한된다"고 설명하고 있다. 이는 주주의 입장에서 설명한 것이지만 회사의 입장에서 생각한다면 오 대리의 의견과 일치한다.

Answer. 44.⑤ 45.⑤

| 46 ~ 47 | 다음 자료를 읽고 물음에 답하시오.

[1] 하드디스크는 고속으로 회전하는 디스크의 표면에 데이터를 저장한다. 데이터는 동심원으로 된 트랙에 저장되는데, 하드디스크는 트랙을 여러 개의 섹터로 미리 구획하고 트랙을 오가는 헤드를 통해 섹터 단위로 읽기와 쓰기를 수행한다. 하드디스크에서 데이터 입출력 요청을 완료하는 데 걸리는 시간을 접근 시간이라고 하며, 이는 하드디스크의 성능을 결정하는 기준 중 하나가 된다. 접근 시간은 원하는 트랙까지 헤드가 이동하는 데 소요되는 탐색 시간과 트랙 위에서 해당 섹터가 헤드의 위치까지 회전해 오는 데 걸리는 대기 시간의 합이다. 하드디스크의 제어기는 '디스크 스케줄링'을 통해 접근 시간이 최소가 되도록 한다.

[2] ㉠ 200개의 트랙이 있고 가장 안쪽의 트랙이 0번인 하드디스크를 생각해보자. 현재 헤드가 54번 트랙에 있고 대기 큐*에는 '99, 35, 123, 15, 66' 트랙에 대한 처리 요청이 들어와 있다고 가정하자. 요청 순서대로 데이터를 처리하는 방법을 'FCFS 스케줄링'이라 하며, 이때 헤드는 '54 → 99 → 35 → 123 → 15 → 66'과 같은 순서로 이동하여 데이터를 처리하므로 헤드의 총 이동 거리는 356이 된다.

[3] 만일 헤드가 현재 위치로부터 이동 거리가 가장 가까운 트랙 순서로 이동하면 '54 → 66 → 35 → 15 → 99 → 123'의 순서가 되므로, 이때 헤드의 총 이동 거리는 171로 줄어든다. 이러한 방식을 'SSTF 스케줄링'이라 한다. 이 방법을 사용하면 FCFS 스케줄링에 비해 헤드의 이동 거리가 짧아 탐색 시간이 줄어든다. 하지만 현재 헤드 위치로부터 가까운 트랙에 대한 데이터 처리 요청이 계속 들어오면 먼 트랙에 대한 요청들의 처리가 미뤄지는 문제가 발생할 수 있다.

[4] 이러한 SSTF 스케줄링의 단점을 개선한 방식이 'SCAN 스케줄링'이다. SCAN 스케줄링은 헤드가 디스크의 양 끝을 오가면서 이동 경로 위에 포함된 모든 대기 큐에 있는 트랙에 대한 요청을 처리하는 방식이다. 위의 예에서 헤드가 현재 위치에서 트랙 0번 방향으로 이동한다면 '54 → 35 → 15 → 0 → 66 → 99 → 123'의 순서로 처리하며, 이때 헤드의 총 이동 거리는 177이 된다. 이 방법을 쓰면 현재 헤드 위치에서 멀리 떨어진 트랙이라도 최소한 다음 이동 경로에는 포함되므로 처리가 지나치게 늦어지는 것을 막을 수 있다. SCAN 스케줄링을 개선한 'LOOK 스케줄링'은 현재 위치로부터 이동 방향에 따라 대기 큐에 있는 트랙의 최솟값과 최댓값 사이에서만 헤드가 이동함으로써 SCAN 스케줄링에서 불필요하게 양 끝까지 헤드가 이동하는 데 걸리는 시간을 없애 탐색 시간을 더욱 줄인다.

※ 대기 큐 : 하드디스크에 대한 데이터 입출력 요청을 임시로 저장하는 곳

46 **〈보기〉는 주어진 조건에 따라 ㉠에서 헤드가 이동하는 경로를 나타낸 것이다. ㈎, ㈏에 해당하는 스케줄링 방식으로 적절한 것은?**

〈보기〉

[조건 1] 대기 큐에 있는 요청 트랙 : 98, 183, 37, 122, 14

[조건 2] 헤드는 50번 트랙의 작업을 마치고 현재 53번 트랙의 작업을 진행하는 중

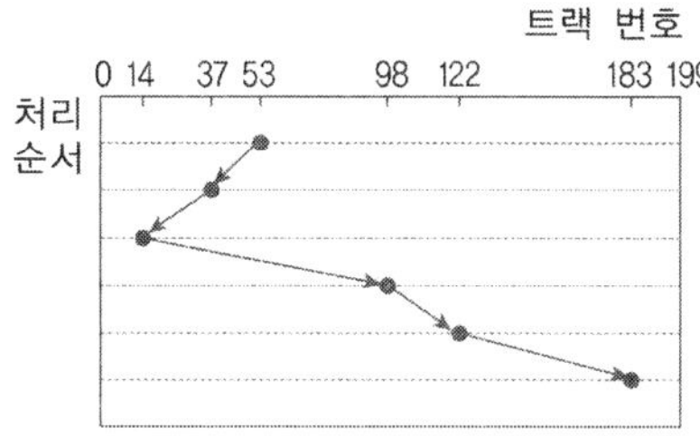

그림㈎

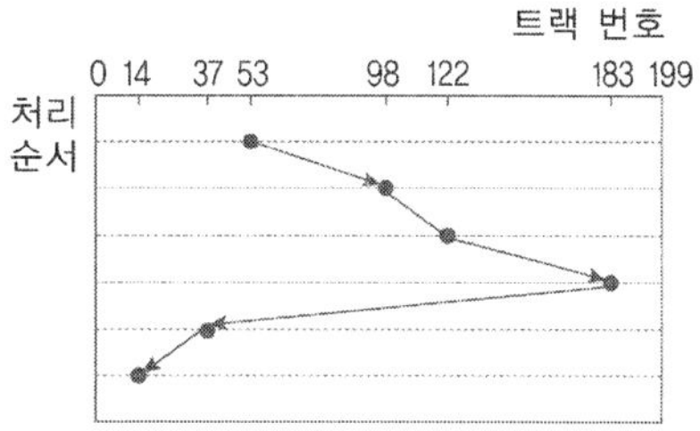

그림㈏

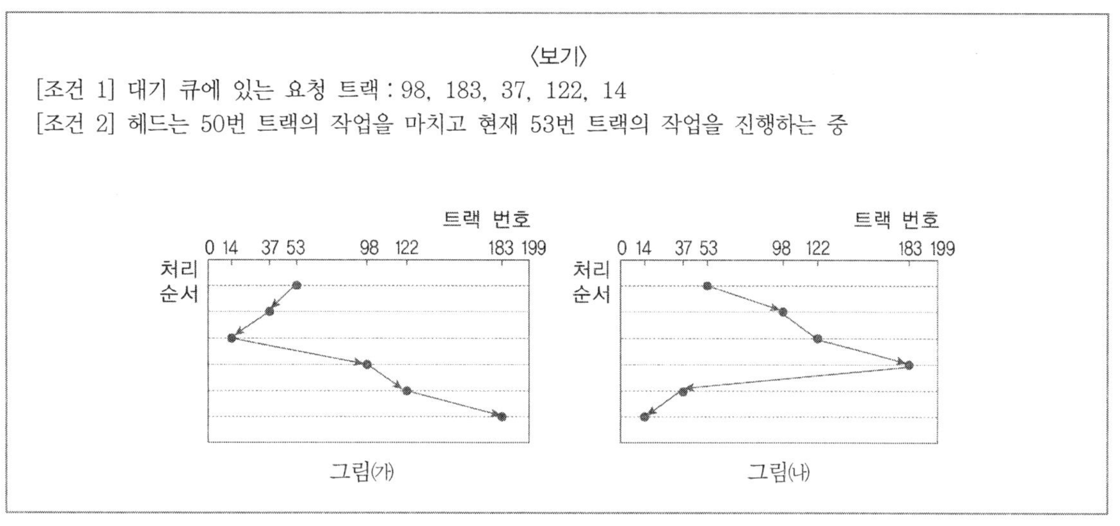

	㈎	㈏
①	FCFS	SSTF
②	SSTF	SCAN
③	SSTF	LOOK
④	SCAN	LOOK
⑤	LOOK	SCAN

TIP ㈎ 처리 순서는 50 → 53 → 37 순으로 가고 있다. 50에서 53으로 이동한 것은 트랙 번호가 높아졌는데, 그 다음에는 더 낮은 번호인 37번으로 이동했다. 이는 ㈎의 헤드가 '일정하게 한쪽 방향'으로만 움직이는 것이 아니라는 것을 나타낸다. 따라서 특정한 방향으로 움직이면서 데이터를 처리하는 방식인 SCAN 스케줄링이나 LOOK 스케줄링은 아니라는 것이다. ㈎의 처리 순서는 결국 계속 가까운 트랙부터 처리하는 SSTF 스케줄링이다.

㈏ 50 → 53 → 98 순으로 이동한다. ㈎와 달리 53번 트랙 다음에 가까운 37이 아니라 먼 쪽인 98로 이동한 것이다. 이후 98 → 122 → 183까지 트랙 번호가 점차 높아진다. 즉 그래프에서 헤드가 오른쪽으로 이동한다. 그러고 나서 183 다음에는 37 → 14로 트랙 번호가 점차 낮아진다. 따라서 ㈏는 특정한 방향으로 움직이면서 데이터를 처리하는 방식인 SCAN 스케줄링이나 LOOK 스케줄링 둘 중 하나라는 것을 알 수 있다. ㈏의 그래프는 199가 아니라 183까지 이동했다가 낮은 트랙 번호 쪽을 방향을 바꾸어 37번 트랙으로 이동했기 때문에 LOOK 스케줄링이다.

Answer. 46.③

47 **헤드의 위치가 트랙 0번이고 현재 대기 큐에 있는 요청만을 처리한다고 할 때, 각 스케줄링의 탐색 시간의 합에 대한 비교로 옳은 것은?**

① 요청된 트랙 번호들이 내림차순이면, SSTF 스케줄링과 LOOK 스케줄링에서 탐색 시간의 합은 같다.

② 요청된 트랙 번호들이 내림차순이면, FCFS 스케줄링이 SSTF 스케줄링보다 탐색 시간의 합이 작다.

③ 요청된 트랙 번호들이 오름차순이면, FCFS 스케줄링과 LOOK 스케줄링에서 탐색 시간의 합은 다르다.

④ 요청된 트랙 번호들이 오름차순이면, FCFS 스케줄링이 SCAN 스케줄링보다 탐색 시간의 합이 크다.

⑤ 요청된 트랙 번호들에 끝 트랙이 포함되면, LOOK 스케줄링이 SCAN 스케줄링보다 탐색 시간의 합이 크다.

TIP ① SSTF 스케줄링은 헤드에서 가까운 트랙부터 데이터를 순서대로 처리하므로, 현재 헤드는 0에 있고 요청 순서가 3, 2, 1이라고 해도 0 → 1 → 2 → 3의 순으로 헤드가 움직인다. 그럼 총 이동 거리는 3이 된다. LOOK 스케줄링은 대기 큐에 요청되는 트랙 번호의 최솟값과 최댓값 사이를 오가면서 모든 데이터를 처리하는 방식이다. 현재 0에서 출발하여 3까지 간 것이다. 즉 0 → 1 → 2 → 3 순으로 헤드가 움직일 것이고, 총 이동 거리는 3이다. 총 이동 거리는 탐색 시간에 비례하므로, 여기서 SSTF 스케줄링과 LOOK 스케줄링의 탐색 시간의 합은 같다.

② FCFS 스케줄링은 요청 순서대로 처리하므로 0 → 3 → 2 → 1의 순서로 헤드가 움직이게 되어 총 이동 거리는 5가 된다. 이에 비해 SSTF 스케줄링은 헤드에서 가까운 것부터 처리하므로 0 → 1 → 2 → 3의 순으로 헤드가 움직이고 총 이동 거리는 3이다. 따라서 FCFS 스케줄링이 SSTF 스케줄링보다 탐색 시간의 합이 크다.

③ 탐색 시간의 합은 이동 거리에 비례하는데 두 방식 모두 총 이동 거리가 3으로 같다. 따라서 둘의 탐색 시간의 합은 같다.

④ FCFS 스케줄링은 현재의 위치 0에서 디스크 반대쪽 끝까지 움직이면서 처리한다. 반면 SCAN 스케줄링은 디스크의 양 끝을 오가면서 이동 경로 위에 포함된 모든 대기 큐에 있는 트랙에 대한 요청을 처리하는 방식이다. 따라서 FCFS 스케줄링이 SCAN 스케줄링보다 탐색 시간의 합이 작다.

⑤ LOOK 스케줄링과 SCAN 스케줄링의 총 이동 거리는 같으므로 둘의 탐색 시간의 합은 같다.

48 **다음 자료를 참고할 때, 올해의 50 ~ 100인 미만의 근로자 파견사업체의 개수는 몇 개인가? (단, 사업체 수는 소수점 이하 절사한다.)**

근로자 파견업체의 규모를 살펴보면 100인 이상의 근로자를 파견한 업체는 9.6%에 불과하나, 100인 미만의 근로자를 파견한 업체는 90.4%나 되는 등 대부분의 파견사업체가 영세성을 면치 못하고 있음을 알 수 있다. 한편 전체 파견사업자 수는 지난 해 2,388개보다 4.5% 증가한 수치를 보였다. 올1해 12월 말 기준으로 파견사업체 비중을 규모별로 살펴보면 다음과 같다.

〈근로자 파견규모별 파견사업체 현황〉

(단위: %)

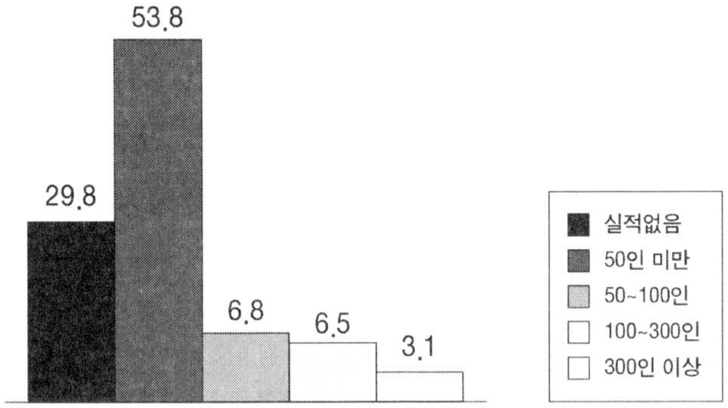

① 151개

② 155개

③ 164개

④ 169개

⑤ 173개

TIP ④ 지난해 파견사업자 수가 2,388개이며 올해 4.5% 증가하였으므로 올해 파견사업자의 수는 2,495개가 된다. 따라서 50 ~ 100인 미만의 근로자 파견사업체의 개수는 2,495 × 0.068 = 169개가 된다.

Answer. 47.① 48.④

49 **다음 〈표〉는 올해 화학제품 매출액 상위 9개 기업의 매출액에 대한 자료이다. 〈표〉와 〈조건〉에 근거하여 ㉠ ~ ㉣에 해당하는 기업을 바르게 나열한 것은?**

〈표〉 올해 화학제품 매출액 상위 9개 기업의 매출액

(단위 : 십억 달러, %)

구분 / 기업	화학제품 매출액	전년 대비 증가율	총매출액	화학제품 매출액 비율
A기업	72.9	17.8	90.0	81.0
㉠	62.4	29.7	( )	100.0
㉡	54.2	28.7	( )	63.2
B기업	37.6	5.3	39.9	94.2
㉢	34.6	26.7	( )	67.0
C기업	32.1	14.2	55.9	57.4
㉣	29.7	10.0	( )	54.9
D기업	28.3	15.0	34.5	82.0
E기업	23.2	24.7	48.2	48.1

※ 화학제품 매출액 비율(%)= $\frac{\text{화학제품 매출액}}{\text{총매출액}} \times 100$

〈조건〉

- ‘F기업’과 ‘G기업’의 전년 화학제품 매출액은 각각 해당 기업의 올해 화학제품 매출액의 80% 미만이다.
- ‘H기업’과 ‘I기업’의 올해 화학제품 매출액은 각각 총매출액에서 화학제품을 제외한 매출액의 2배 미만이다.
- 올해 총매출액은 ‘C기업’가 ‘G기업’보다 작다.
- 전년 화학제품 매출액은 ‘B기업’이 ‘I기업’보다 크다.

	㉠	㉡	㉢	㉣
①	F기업	H기업	G기업	I기업
②	F기업	I기업	G기업	H기업
③	H기업	G기업	I기업	F기업
④	G기업	I기업	F기업	H기업
⑤	G기업	H기업	F기업	I기업

TIP
- 전년 화학제품 매출액이 올해 화학제품 매출액의 80% 미만이라는 것은, 올해 화학제품 매출액의 전년 대비 증가율이 25%를 초과하는 것이라고 할 수 있다. → ㉠, ㉡, ㉢ 해당 … ③
- 올해 화학제품 매출액이 총매출액에서 화학제품을 제외한 매출액의 2배 미만이라는 것은, 화학제품 매출액이 총매출액에서 67% 미만을 차지한다는 의미이다. → ㉡, ㉣ 해당 … ①
- 올해 총매출액은 ‘C기업’가 ‘G기업’보다 작다. → ㉠, ㉡ 해당 … ②

• 'B기업'의 전년 화학제품 매출액은 $\frac{37.6-x}{x}\times 100=5.3$, $\therefore x=$ 약 35.7이다. ㉠, ㉡, ㉢, ㉣ 각각의 전년 화학제품 매출액을 구하면 약 48.1, 약 42.1, 약 27.3, 27이다. → ㉢, ㉣ 해당 … ④

조건분석 ① : ㉡, ㉣은 'H기업' 또는 'I기업' 중 하나이다.
조건분석 ② : ①에서 ㉡은 'H기업' 또는 'I기업' 중 하나라고 하였으므로 'G기업'은 ㉠이 된다.
조건분석 ③ : ①, ②에 따라 ㉠은 'G기업', ㉡은 'H기업' 또는 'I기업' 중 하나이므로, 'F기업'은 ㉢이 된다.
조건분석 ④ : ③에서 ㉢은 'F기업'이므로 'I기업'은 ㉣이 되고, 나머지 ㉡이 'H기업'이다.

주어진 화학제품 매출액 비율 공식과 전년 대비 증가율을 바탕으로 ㉠, ㉡, ㉢, ㉣의 올해 총매출액과 전년도 화학제품 매출액을 구하면 다음과 같다.

구분	올해 총매출액	전년도 화학제품 매출액
㉠	$\frac{62.4}{x}\times 100=100$ $\therefore x=62.4$	$\frac{62.4-x}{x}\times 100=29.7$ $\therefore x=$ 약 48.1
㉡	$\frac{54.2}{x}\times 100=63.2$ $\therefore x=$ 약 85.8	$\frac{54.2-x}{x}\times 100=28.7$ $\therefore x=$ 약 42.1
㉢	$\frac{34.6}{x}\times 100=67.0$ $\therefore x=$ 약 51.6	$\frac{34.6-x}{x}\times 100=26.7$ $\therefore x=$ 약 27.3
㉣	$\frac{29.7}{x}\times 100=54.9$ $\therefore x=$ 약 54.1	$\frac{29.7-x}{x}\times 100=10$ $\therefore x=$ 약 27

Answer. 49.⑤

50 다음 〈조건〉을 근거로 판단할 때, 〈보기〉에서 옳은 것만을 모두 고르면?

〈조건〉

• A사와 B사는 신제품을 공동개발하여 판매한 총 순이익을 아래와 같은 기준에 의해 분배하기로 약정하였다.

ⓐ A사와 B사는 총 순이익에서 각 회사 제조원가의 10%에 해당하는 금액을 우선 각자 분배받는다.

ⓑ 총 순이익에서 위 ⓐ의 금액을 제외한 나머지 금액에 대한 분배기준은 연구개발비, 판매관리비, 광고홍보비 중 어느 하나로 결정하며, 각 회사가 지출한 비용에 비례하여 분배액을 정하기로 한다.

• 신제품 개발과 판매에 따른 비용과 총 순이익은 다음과 같다.

구분	A사	B사
제조원가	200억 원	600억 원
연구개발비	100억 원	300억 원
판매관리비	200억 원	200억 원
광고홍보비	300억 원	150억 원
총 순이익	200억 원	

〈보기〉

㉠ 분배받는 순이익을 극대화하기 위한 분배기준으로, A사는 광고홍보비를, B사는 연구개발비를 선호할 것이다.

㉡ 연구개발비가 분배기준이 된다면, 총 순이익에서 B사가 분배받는 금액은 A사의 3배이다.

㉢ 판매관리비가 분배기준이 된다면, 총 순이익에서 A사와 B사의 분배받은 금액은 동일하다.

㉣ 광고홍보비가 분배기준이 된다면, 총 순이익에서 A사가 분배받은 금액은 B사보다 많다.

① ㉠, ㉡
② ㉠, ㉢
③ ㉠, ㉣
④ ㉡, ㉣
⑤ ㉢, ㉣

TIP ① ⓐ에 따라 A사는 20억 원, B사는 60억 원을 지급받는다. 그리고 ⓑ에 따라 추가로 분배받는다.

㉠ ⓐ에 따른 금액이 결정되어 있으므로, 각자 ⓑ에 의해 분배받는 금액을 최대화하고자 한다. A사가 B사에 비해 지출한 비용의 비중이 가장 큰 것은 광고홍보비이며, B사가 A사에 비해 지출한 비용의 비중이 가장 큰 것은 연구개발비이다.

㉡ ⓐ에 따라 분배받는 비용은 B사가 A사의 3배이다. 또한 연구개발비로 지출한 비용의 비중도 B사가 A사의 3배이다. 따라서 ⓑ에 의해 B사가 A사의 3배를 분배받으며, 분배받는 총액 역시 3배가 된다.

㉢ A사와 B사의 판매관리비 지출액이 동일하므로 ⓑ에 따라서는 동일하게 분배받는다. 그러나 B사는 ⓐ에 따라 더 많이 분배받으므로 총액은 B사가 더 많다.

㉣ 광고홍보비를 기준으로 ⓑ에 따라 지급받는 액수는 A사 : 120 × 2 ÷ 3 = 80(억 원), B사 : 120 × 1 ÷ 3 = 40(억 원)이다. 따라서 ⓐ와 ⓑ를 모두 고려한 총액은 A사, B사 모두 100억 원이다.

51 다음 글 뒤에 이어질 내용으로 적절한 것은?

> 떡은 제조 후 시간이 지나면서 전분의 노화(레트로그레이데이션)가 빠르게 진행되어 딱딱해지고 수분이 표면으로 빠져나오는 특성이 있다. 이 때문에 유통기한이 짧고 품질 유지가 어려워, 특히 냉장 · 냉동 유통이 확대되는 최근에는 노화 억제 기술의 중요성이 더욱 커지고 있다. 기존에는 보존제 사용이나 당 · 유지의 첨가, 또는 전분 개질을 통한 물성 조절이 주된 방식이었으나, 최근에는 물리적 가공 기술과 구조 공학적 접근이 결합되면서 '굳지 않는 떡'을 구현하는 새로운 방법들이 등장하고 있다. 그 중 대표적으로 주목받는 것이 펀칭 기법과 조직화 기법이다.
>
> 먼저 펀칭 기법은 떡 표면과 내부에 매우 미세한 구멍을 규칙적으로 만들어 수분 이동을 조절하는 방식이다. 떡 내부의 수분은 시간이 지나면 특정 부분에 몰리거나 한쪽으로 빠르게 이동하면서 노화를 촉진하는데, 펀칭 기법은 이 흐름을 고르게 분산시켜 전분 구조의 붕괴를 늦춘다. 또한 구멍이 수분 증발을 과도하게 늘리지 않도록 최적의 깊이 · 밀도로 조정되기 때문에, 떡의 촉촉함과 쫄깃한 식감이 장시간 유지되는 장점이 있다. 냉동 떡 제조에서도 펀칭－급속동결 공정이 함께 적용되며, 해동 후에도 원래의 질감을 상당 부분 재현할 수 있다는 점에서 산업적으로 활용 폭이 넓다.
>
> 한편 조직화 기법은 전분 · 단백질 · 수분 · 당류 등의 성분을 물리적 · 화학적으로 재배열해 떡 내부의 망상 구조를 안정화시키는 기술이다. 고전단(high－shear) 믹싱, 전분－단백질 복합화, 전분 입자 미세조절, 그리고 첨가 성분을 이용한 수분 결합력 강화 등이 대표적인 방법이다. 이러한 조직화 기술이 적용된 떡은 내부 구조가 더 촘촘하고 균일하게 형성되어 수분이 쉽게 빠져나가지 않으며, 시간이 지나도 표면이 갈라지거나 딱딱해지는 노화 현상이 크게 줄어든다.
>
> 이러한 기술들과 함께 초고압처리(HPP), 저온 장시간 반죽, 당 · 올리고당 조절을 통한 수분활성 관리, 저노화성 전분의 혼합 등 다른 공정들도 병행되면서 기존보다 2 ~ 3배 이상 더 오랫동안 말랑함을 유지하는 제품들이 출시되고 있다. 결과적으로 '굳지 않는 떡' 기술은 단순히 보존기간을 늘리는 수준을 넘어, 다양한 유통 환경에서도 품질을 유지할 수 있도록 하는 핵심 기술로 자리 잡고 있다.

① 산업적 기대효과
② 소비자 요구 변화
③ 기술 적용의 한계
④ 유통 과정의 문제점
⑤ 전통 제조 방식 비교

TIP ① 지문은 굳지 않는 떡 기술이 개발된 배경과 원리, 그리고 현재 산업에서 '핵심 기술로 자리 잡았다'는 점을 설명한다. 이어지는 자연스러운 논지는 이러한 기술이 앞으로 떡 산업 및 식품 제조 분야에 어떤 영향을 미칠지, 즉 산업적 기대효과를 다루는 것이다. 따라서 ①이 적절하다.

Answer. 50.① 51.①

52 다음 글을 바탕으로 〈개요〉를 작성하였다. 빈 칸에 들어갈 내용으로 옳은 것은?

> 최근 산을 찾는 캠핑족이 크게 늘어나면서 주요 등산로와 전망대에서 여러 문제가 발생하고 있다. 일부 이용객들이 지정된 야영장을 이용하지 않고 통행로에 텐트를 설치해 머무르면서 등산객의 통행을 막거나 주변 경관을 훼손하는 사례가 반복되고 있다. 실제로 일부 지역에서는 야간에 전망대가 캠핑 장소로 변하는 일이 잦아지면서 등산객과 지역 주민의 불편이 커지고 있다. 산림 지역에서의 취사와 흡연은 금지된 행위임에도 불구하고, 휴대용 버너로 음식을 조리하거나 흡연을 하는 사람들까지 있어 산불 위험이 크게 높아지고 있다.
>
> 이와 함께 먹다 남긴 음식물과 포장 쓰레기를 그대로 버리는 사례도 증가하면서 환경오염 문제가 심각해지고 있다. 이러한 행위는 자연공원법 및 산림보호법에 따라 과태료 처분이 가능하며, 경우에 따라서 최대 500만 원의 과태료가 부과될 수 있다. 다만 관광지로 지정된 구역의 경우 관광진흥법이나 산림보험법이 적용되는데, 관광진흥법에는 벌칙조항이 없기 때문에 통행에 지장이 있을 경우 텐트를 철거할 수는 있어도 법적 제재가 어려운 실정이다.
>
> 이에 따라 지자체는 현장 점검을 강화하여 주요 정상부와 전망대 곳곳에 '캠핑 금지', '취사·흡연 금지', '쓰레기 무단투기 금지' 등의 안내문과 안전시설물을 설치하고 단속 인력을 확대하고 있다. 이러한 조치에 "지금이라도 안전시설물이 설치되어 다행이다"는 반응을 보이고 있으나 "안내문 설치보다 시민의식 개선이 더 중요하다"는 의견도 잇따르고 있다.

〈개요〉

Ⅰ 서론 : 산 전망대 무단 캠핑 문제 심화
1. 캠핑족의 증가로 발생하는 통행 방해
2. 안전사고 문제·환경 훼손 문제 대두

Ⅱ 본론 : 무단 캠핑 문제의 원인과 대응 방안
1. 무단 야영 및 금지 행위의 법적 한계
• (　　　　　　　　　　　　　　　　　　)
2. 관리체계 강화 및 시민의식 개선 필요
• 지자체의 단속 강화 및 안전시설물 설치
• 안내문 설치 효과에 대한 상반된 반응

Ⅲ 결론 : 안전한 건강한 관광환경 조성을 위한 공동 노력의 필요성

① 캠핑문화의 확산
② 제재 근거의 미비
③ 등산 인구 증가 추세
④ 관광지 활성화 필요성
⑤ 캠핑 관련 민원의 증가

TIP ② 지문에서는 무단 야영·취사·흡연 등 금지 행위가 반복되고 있음에도 불구하고 실질적인 제재가 어려운 상황을 상세히 설명하고 있다. 특히 관광지로 지정된 구역에서는 관련 법률에 벌칙 조항이 없어, 텐트 철거 외에는 강력한 처벌을 적용하기 어렵다는 점을 강조한다. 이는 무단 캠핑을 단속하고 제지할 수 있는 법적 근거가 충분하지 않다는 의미이며, 이러한 구조적 한계가 문제 해결을 어렵게 만드는 핵심 요인으로 제시된다.

53 다음 글의 내용과 일치하지 않는 것은?

> 최근 공공도서관에서는 업무 효율 향상을 위해 '자동 책 정리 시스템'을 도입하는 사례가 점차 늘고 있다. 이 시스템은 반납된 도서에 부착된 RFID 태그를 자동으로 인식해, 장르 · 청구기호 · 자료 유형에 따라 분류 컨베이어로 이동시키는 방식으로 운영된다. 자동분류기는 도서를 서가별 카트로 모아주기 때문에, 직원들은 분류 작업에 소요되던 시간을 줄이고 이용자 문의 응대나 프로그램 운영 등 다른 업무에 더 집중할 수 있다. 특히 대출 · 반납량이 많은 대형 도서관에서는 정리 속도가 크게 빨라지고, 반납 적체가 줄어드는 효과가 나타나 긍정적인 평가를 받고 있다.
>
> 그러나 이러한 자동화가 모든 도서관에서 환영받는 것은 아니다. 자동 책 정리 시스템은 초기 설치비와 유지관리 비용이 상당해 예산이 부족한 소규모 공공도서관에서는 도입하기 어렵다는 현실적 문제가 있다. 또한 책을 기계 장치로 이동 · 분류하는 과정에서 책이 떨어지거나 모서리가 눌리는 등 훼손 가능성에 대한 우려가 제기되고 있으며, 기계가 사람 업무의 일부를 대체하는 방향이 과연 도서관 서비스의 질을 높이는 방식인지에 대해 회의적인 입장을 보이기도 한다.
>
> 반면 장비 도입이 단순한 '인력 대체'가 아니라 변화한 도서관 환경을 반영한 '업무 재배치'라고 설명한다. 대중의 이용 패턴이 빠르게 바뀌면서, 도서관은 정보 접근 서비스 · 문화 프로그램 · 독서 동아리 지원 등 다양한 역할을 수행해야 하고, 그만큼 직원이 정리 업무에만 시간을 쓰기 어렵기 때문이다. 이러한 이유로 업무량이 많은 대형 도서관에서는 자동 책 정리 시스템이 필수적이라는 의견이 꾸준히 나오고 있다.
>
> 결국 자동화 시스템의 도입 여부는 각 도서관의 규모, 예산, 이용자 특성에 따라 달라지고 있으며, 기술 도입 효과에 대한 논의도 계속 이어지고 있다.

① 자동 책 정리 시스템은 반납된 책을 분류 컨베이어로 이동시키는 기능을 갖추고 있으며, 이를 통해 직원의 정리 업무 부담을 줄이는 데 기여한다.

② 자동화 장비 도입에 부정적인 입장을 가진 사람들은 책 정리 속도 자체가 이전보다 오히려 느려질 수 있다고 주장한다.

③ 자동 책 정리 시스템은 설치비와 유지비 부담으로 인해 규모가 작은 도서관에서 쉽게 도입하기 어렵다는 점이 지적된다.

④ 일부 도서관에서는 기계가 사람 업무를 대체할 경우 도서관 서비스의 질이 실제로 향상될지에 대해 회의적인 시각을 보인다.

⑤ 업무량이 많은 도서관에서는 자동 책 정리 시스템이 단순한 편의적 장비가 아니라 도서관 운영에 필수적이라는 의견이 제기된다.

TIP ② 지문은 오히려 정리 속도가 빨라지고 반납 적체가 줄어든다고 명확히 서술하고 있다. '정리 속도 저하'라는 내용은 제시된 부정적 견해와도 무관하다.

Answer. 52.② 53.②

54 **다음은 A시 제로 음료류 평균 섭취량에 관한 자료이다. 이제 대한 설명으로 옳은 것은?**

〈자료 1〉 1인당 음료류 평균 섭취량

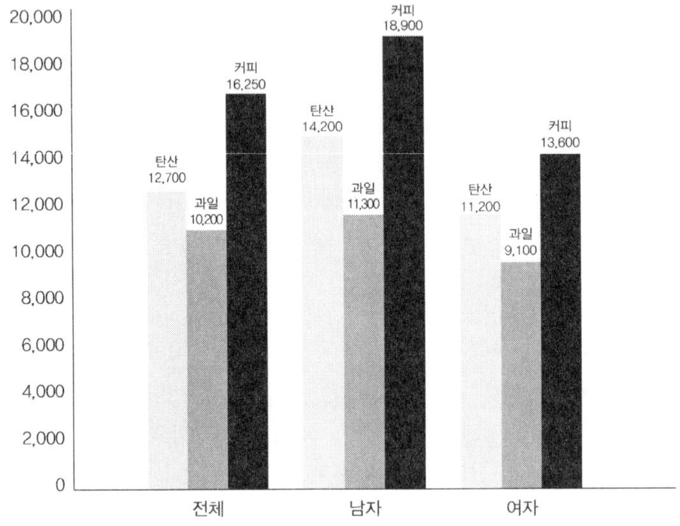

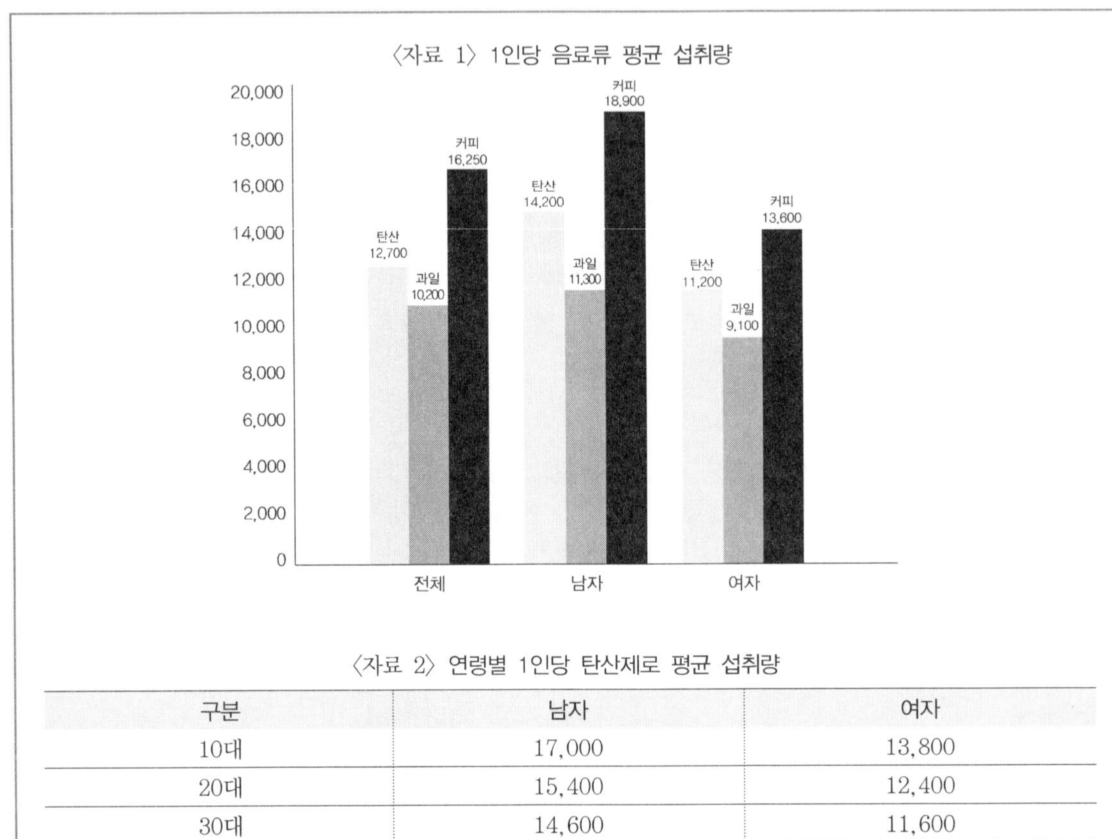

〈자료 2〉 연령별 1인당 탄산제로 평균 섭취량

구분	남자	여자
10대	17,000	13,800
20대	15,400	12,400
30대	14,600	11,600
40대	14,000	11,000
50대	12,400	9,600
60대	11,800	8,800

① 전체 섭취량이 가장 많은 연령대는 20대로, 10대보다 약 1,500mL 많다.
② 남녀 모두 연령대가 높아질수록 섭취량이 증가하는 추세를 보인다.
③ 40대 남녀의 섭취량 차이는 다른 연령대보다 가장 큰 편차를 보인다.
④ 20대 남성의 섭취량은 전체 평균보다 약 2,700mL 많다.
⑤ 50대 여성의 섭취량은 60대 남성보다 500mL 더 많다.

TIP ④ 전체 평균이 12,700mL이며 20대 남성 섭취량은 15,400mL로 약 2,700mL 많다.
① 10대가 20대보다 1,500mL 더 많다.
② 10대 때 섭취량이 가장 높고 60대로 갈수록 섭취량이 줄어들고 있다.
③ 40대 남녀 차이는 3,000mL이며 가장 편차가 큰 연령대는 10대(3,200mL)이다.
⑤ 50대 여성의 섭취량은 9,600mL이며 60대 남성의 섭취량은 11,800mL으로 60대 남성이 2,200mL 더 많다.

55 **국내 화장품 브랜드의 스킨케어 세럼 판매 점유율과 丙브랜드의 월별 판매량에 관한 자료이다. 6월 판매량이 전월 대비 5% 감소했다고 할 때 6월 판매수량은?**

〈자료 1〉 국내 화장품 브랜드 스킨케어 세럼 판매 점유율

구분	1월	2월	3월	4월	5월
甲	30%	32%	34%	33%	31%
乙	40%	36%	32%	30%	28%
丙	10%	14%	18%	23%	30%
丁	20%	18%	16%	14%	11%
합계	100%	100%	100%	100%	100%

〈자료 2〉 丙 브랜드의 월별 스킨케어 세럼 판매량

(단위 : 개)

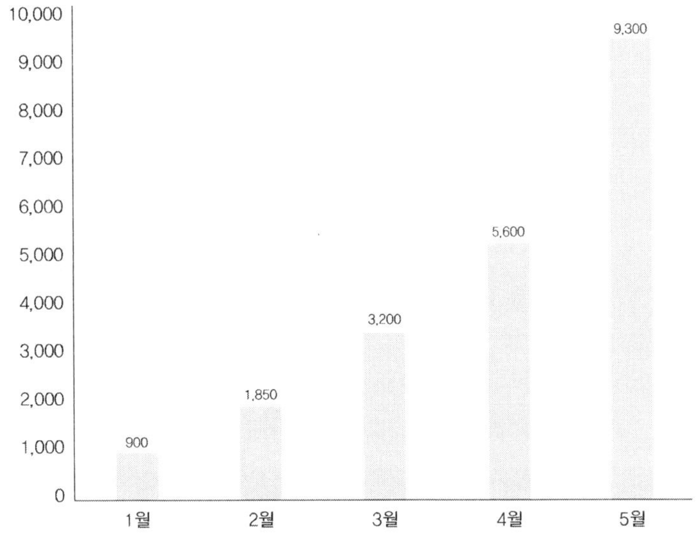

① 8,300개
② 8,600개
③ 8,835개
④ 9,000개
⑤ 9,300개

TIP ③ 5월 丙브랜드 판매량 9,300개에서 5%가 감소했으므로,
$9300 \times (1-0.05) = 9300 \times 0.95 = 8835$
따라서 6월 판매량은 8,835개다.

Answer. 54.④ 55.③

56 기업 홍보 촬영을 위해 스튜디오를 대여하려고 한다. 다음의 조건과 표를 바탕으로 대여 비용이 가장 낮은 스튜디오는 어디인가?

〈조건〉

- 촬영팀은 총 45명이다.
- 36시간 동안 사용
- 토요일 오후부터 월요일 새벽까지 진행
- 이전에 B스튜디오를 대여한 적이 있음
- 최소 40평 이상 공간 필요

구분	가격	비고
A	65만 원(50평)	• 주말 시작 촬영 시 기본요금의 10% 추가 • 연속 사용 24시간 초과분은 시간당 2만 원 추가
B	75만 원(70평)	• 이전 이용 고객은 총액 15% 할인 • 심야시간(22 ~ 06시) 촬영 포함 시 추가 5만 원
C	55만 원(40평)	• 36시간 연속 사용 시 두 번째 24시간은 20% 할인 • 평일 포함 촬영 시 전체 금액의 5% 할인
D	90만 원(80평)	• 장비 포함 패키지 → 장비 비용 추가 없음 • 연속 사용 36시간 시 전체 금액의 12% 할인
E	50만 원(45평)	• 24시간 기준 후 초과 시간은 기본요금의 30%만큼 시단가로 부과 • 평일 포함 촬영 시 총액의 10% 할인

① A ② B

③ C ④ D

⑤ E

TIP ㉠ A 스튜디오
- 기본 24시간 요금 : 65만 원
- 주말 시작 촬영 시 기본 요금 10% 추가되어 71만 5천 원
- 24시간 초과 12시간은 시간당 2만 원으로 24만 원 추가비용

따라서 총 비용은 95만 5천 원이 된다.

㉡ B 스튜디오
- 별도 초과규정이 없으므로 75만 원 × 2일 = 150만 원
- 심야시간 포함 시 5만 원 추가비용
- 이전 이용 고객은 총액의 15% 할인

따라서 총 비용은 131만 7천 5백 원이다.

㉢ C 스튜디오
- 기본 2일치 요금 : 110만 원
- 36시간 연속 사용 시 두 번째 24시간 20% 할인되어 둘째 날 요금 44만 원
- 평일 포함 촬영 시 전체 금액 5% 추가 할인

따라서 총 비용은 94만 5백 원이다.

㉣ K스튜디오

- 기본 2일치 요금 : 180만 원
- 36시간 연속 사용 시 전체 금액의 12% 할인

따라서 총 비용은 158만 4천 원이다.

㉤ G스튜디오

- 기본 24시간 요금 : 50만 원
- 24시간 초과 시 기본 요금의 30%를 24시간으로 나눈 시단가로 계산
- 기본 요금의 30% = 15만 원, 시단가 15만 원 ÷ 24시간
- 초과 12시간 요금 7만 5천 원
- 36시간 할인 전 총액 57만 5천 원, 평일 포함 촬영 총액 10% 할인

따라서 51만 7천 5백 원이다.

57 **N기업의 금년도 2개 부서 계약직 지원자 수는 총 153명이다. 전체 지원자 수는 작년에 비해 11명이 증가했다. 부서별로 봤을 때 甲부서 지원자는 작년 대비 25% 증가, 乙부서 지원자는 10% 감소한 것으로 나타났다. 올해 乙 지원자 수는 얼마인가?**

① 58명

② 61명

③ 63명

④ 65명

⑤ 72명

TIP ㉠ 올해 甲부서를 a, 올해 乙부서를 b라고 둘 때, 甲부서는 작년대비 25% 증가했으므로, 작년 甲 = $\frac{a}{1.25}0.8a$, 乙부서는 작년대비 10% 감소했으므로, 乙 = $\frac{b}{0.9}=\frac{10}{9}b$이다. 작년 전체 인원은 142명으로, $0.8a+\frac{10}{9}b=142$가 된다.

㉡ $a+b=153$, $a=153-b$

$\Rightarrow 0.8(153-b)+\frac{10}{9}b=142$

$\Rightarrow \frac{14}{45}b=19.6$

$\Rightarrow b=19.6\times\frac{45}{14}$

$\therefore\ b=63$

Answer. 56.⑤ 57.③

58 A은행 甲지점 영업지원팀 조 대리는 기업고객 대상 금융교육 설명회를 진행하기 위해 A은행 연수원 회의실과 태블릿 PC를 대여하였다. 교육이 목용일, 토요일 두 차례 진행된다고 할 때 다음 기준에 따른 총 이용요금은?

회의실 이용 및 태블릿 대여 내역

1. 회의실 이용 기준

구분	내용
내부 부서	• 사용 가능 시간 : 평일 09 : 00 ~ 18 : 00 • 이용료 : 2시간 이내 무료 • 2시간 초과 시 1시간당 10,000원 부과
외부 기관	• 기본 2시간 : 25,000원 • 기본 시간 초과 시 1시간당 8,000원 부과 • 주말 이용 시 계산된 요금의 50% 가산

2. 태블릿 대여

구분	내용
내부 부서	• 1대당 1일 4,000원 • 같은 날 10대 이상 대여 시, 해당 일 태블릿 대여료 총액의 20% 할인
외부 기관	1대당 1일 6,000원

3. 대여 내역

- 목요일 14 : 00 ~ 18 : 00까지 진행되었으며, 태블릿 10대를 대여했다.
- 토요일 09 : 00 ~ 12 : 00까지 진행되었으며, 태블릿 10대를 대여했다.
- 태블릿은 사용 당일 반납하였으며 대여료는 1일 단위로 부과되었다.

※ 1) 조 대리의 부서는 지점 단위 조직으로 연수원 입장에서는 은행 내부 부서이다.
2) 내부부서의 주말 이용 시 외부 기관 요율을 적용한다.
3) 1시간 미만의 남는 시간은 1시간으로 올림하여 요금을 부과한다.

① 121,000원
② 129,500원
③ 133,500원
④ 137,000원
⑤ 142,000원

TIP ③ 먼저 회의실 기준 및 대여료를 살펴보면,

㉠ 목요일

- 평일, 내부 부서, 4시간 이용
- 2시간 이내 무료, 2시간 초과 = 20,000원

㉡ 토요일

- 주말, 내부 부서(외부 기관 주말 요율 적용), 3시간 이용
- 평일 기준으로 기본 2시간 25,000원 + 초과 1시간 8,000원 = 33,000원
- 주말 요율 50% 가산 = 33,000원 × 1.5 = 49,500원

따라서 회의실 이용료는 69,500원이 된다.

이어서 태블릿 PC 기준 및 대여료를 살펴보면,

㉢ 기본요금 × 10대 = 40,000원

㉣ 10대 이상이므로 20% 할인되어 32,000원

따라서 이틀 대여료는 64,000원이며 회의실 이용료 및 태블릿 PC 대여료의 합은 133,500원이다.

Answer. 58.③

59 **비품 관리 담당자 A는 신규 부서 배정에 필요한 비품을 분류해야 한다. 다음의 비품 분류 기준과 〈보기〉에 제시된 품목을 기준에 따라 분류했을 때 잘못된 것은?**

〈비품 분류 기준〉

1. 업무용 기기 : 업무 수행을 위해 직접 사용하는 전자기계장비
2. 사무용 가구 : 사무공간 배치 · 업무 환경 조성을 위해 사용하는 가구류
3. 사무용 소모품 : 사용 과정에서 반복 소모되거나 쉽게 닳아 없어지는 물품
4. 비치용품 : 공용 편의를 위해사무실에 비치되는 물품

〈보기〉

㉠ 고정식 화이트보드
㉡ 문서세단기
㉢ 메모지
㉣ 구급함
㉤ 서류 수납장
㉥ USB 허브
㉦ 플라스틱 파일철
㉧ A4용지

① ㉠ – 사무용 가구
② ㉡ – 업무용 기기
③ ㉣ – 비치용품
④ ㉧ – 사무용 소모품
⑤ ㉥ – 사무용 가구

TIP ㉡㉥ – 업무용 기기
㉠㉤ – 사무용 가구
㉢㉦㉧ – 사무용 소모품
㉣ – 비치용품

60 다음 〈보기〉의 빈 칸에 들어갈 숫자로 옳은 것은?

〈보기〉

甲이 탕비실 간식을 구입할 때 예산을 최대한 소진하여 과자 3개당 반드시 음료수 1개를 구매한다. 과자는 1개에 1,400원이며 음료수는 1개에 1,200원이다. 예산으로 29,000원이 남아있을 때 甲은 A마트에서 과자 (㉠)개와 음료수 (㉡)개를 구매하였다. 이달 말 A마트에서 과자 가격을 개당 900원으로 할인할 때 예산 39,000원으로 과자 (㉢)개와 음료수 (㉣)개를 구매하였다.

※ 과자와 음료수를 따로 구매하지 않는다.

	㉠	㉡	㉢	㉣
①	12	4	27	9
②	15	5	30	10
③	15	5	33	11
④	18	6	30	10
⑤	18	6	33	11

TIP ② 과자 3개+음료수 1개 세트 가격 = 3 × 1,400원 + 1 × 1,200원 = 5,400원이다. 예산이 29,000원일 때, 구입할 수 있는 최대 세트 = 29,000원 ÷ 5,400원 = 5세트로 과자 15개, 음료수 5개를 구입할 수 있다. 과자 할인 시 예산 39,000원일 때 할인 후 세트 금액 = 3 × 900원 + 1 × 1,200원 = 2,700원 + 1,200원 = 3,900원이다. 구입할 수 있는 최대 세트 = 39,000 ÷ 3,900 = 10세트로, 과자 30개, 음료 10개를 구입할 수 있다.
따라서 ㉠ 15, ㉡ 5, ㉢ 30, ㉣ 10이다.

Answer. 59.⑤ 60.②

05 2021년 11월 28일 기출복원문제

난이도 ●●●●○

제한시간 60분 | 문항 수 60문항

| 1 ~ 3 | 다음은 「농업협동조합법」에 관한 법률의 일부이다. 이어지는 물음에 답하시오.

제26조(의결권 및 선거권) 조합원은 출자액의 많고 적음에 관계없이 평등한 의결권 및 선거권을 가진다. 이 경우 선거권은 임원 또는 대의원의 임기만료일 전 180일까지 해당 조합의 조합원으로 가입한 자만 행사할 수 있다.

제27조(의결권의 대리)

제1항 조합원은 대리인에게 의결권을 행사하게 할 수 있다. 이 경우 그 조합원은 출석한 것으로 본다.

제2항 대리인은 다른 조합원 또는 본인과 동거하는 가족이어야 하며, 대리인이 대리할 수 있는 조합원의 수는 1인으로 한정한다.

제3항 대리인은 ㉠ 대리권을 증명하는 서면을 지역농협에 제출하여야 한다.

제28조(가입)

제1항 지역농협은 정당한 사유 없이 조합원 자격을 갖추고 있는 자의 가입을 거절하거나 다른 조합원보다 불리한 가입 조건을 달 수 없다. 다만, 제30조 제1항 각 호의 어느 하나에 해당되어 제명된 후 2년이 지나지 아니한 자에 대하여는 가입을 거절할 수 있다.

제2항 조합원은 해당 지역농협에 가입한 지 1년 6개월 이내에는 같은 구역에 설립된 다른 지역농협에 가입할 수 없다.

제3항 새로 조합원이 되려는 자는 정관으로 정하는 바에 따라 출자하여야 한다.

제4항 지역농협은 조합원 수를 제한할 수 없다.

제5항 사망으로 인하여 탈퇴하게 된 조합원의 상속인이 제19조 제1항에 따른 조합원 자격이 있는 경우에는 피상속인의 출자를 ㉡ 승계하여 조합원이 될 수 있다.

제6항 제5항에 따라 출자를 승계한 상속인에 관하여는 제1항을 준용한다.

제29조(탈퇴)

제1항 조합원은 지역농협에 탈퇴 의사를 알리고 탈퇴할 수 있다.

제2항 조합원이 다음의 어느 하나에 해당하면 당연히 탈퇴된다.

1. 조합원의 자격이 없는 경우
2. 사망한 경우
3. 파산한 경우
4. 성년후견개시의 심판을 받은 경우
5. 조합원인 법인이 해산한 경우

제3항 이사회는 조합원의 전부 또는 일부를 대상으로 제2항 각 호의 어느 하나에 해당하는지를 확인하여야 한다.

제30조(제명)

제1항 지역농협은 조합원이 다음 각 호의 어느 하나에 해당하면 총회의 의결을 거쳐 제명할 수 있다.

1. 1년 이상 지역농협의 사업을 이용하지 아니한 경우

1의2. 2년 이상 경제사업을 이용하지 아니한 경우. 다만, 정관에서 정하는 정당한 사유가 있는 경우는 제외한다.

2. 출자 및 경비의 ⓒ 납입, 그 밖의 지역농협에 대한 의무를 이행하지 아니한 경우

3. 정관으로 금지한 행위를 한 경우

제2항 지역농협은 조합원이 제1항 각 호의 어느 하나에 해당하면 총회 개회 10일 전까지 그 조합원에게 제명의 사유를 알리고 총회에서 의견을 진술할 기회를 주어야 한다.

제31조(지분환급청구권과 환급정지)

제1항 탈퇴 조합원(제명된 조합원 포함)은 탈퇴(제명 포함) 당시의 회계연도의 다음 회계연도부터 정관으로 정하는 바에 따라 그 지분의 ⓔ 환급을 청구할 수 있다.

제2항 제1항에 따른 청구권은 2년간 행사하지 아니하면 소멸된다.

제3항 지역농협은 탈퇴 조합원이 지역농협에 대한 채무를 다 갚을 때까지는 제1항에 따른 지분의 환급을 정지할 수 있다.

제32조(탈퇴 조합원의 손실액 부담) 지역농협은 지역농협의 재산으로 그 ⓜ 채무를 다 갚을 수 없는 경우에는 제31조에 따른 환급분을 계산할 때 정관으로 정하는 바에 따라 탈퇴 조합원이 부담하여야 할 손실액의 납입을 청구할 수 있다. 이 경우 제31조 제1항 및 제2항을 준용한다.

제33조(의결 취소의 청구 등)

제1항 조합원은 총회(창립총회 포함)의 소집 절차, 의결 방법, 의결 내용 또는 임원의 선거가 법령, 법령에 따른 행정처분 또는 정관을 위반한 것을 사유로 하여 그 의결이나 선거에 따른 당선의 취소 또는 무효 확인을 농림축산식품부장관에게 청구하거나 이를 청구하는 소를 제기할 수 있다. 다만, 농림축산식품부장관은 조합원의 청구와 같은 내용의 소가 법원에 제기된 사실을 알았을 때에는 제2항 후단에 따른 조치를 하지 아니한다.

제2항 제1항에 따라 농림축산식품부장관에게 청구하는 경우에는 의결일이나 선거일부터 1개월 이내에 조합원 300인 또는 100분의 5 이상의 동의를 받아 청구하여야 한다. 이 경우 농림축산식품부장관은 그 청구서를 받은 날부터 3개월 이내에 이에 대한 조치 결과를 청구인에게 알려야 한다.

제3항 제1항에 따른 소에 관하여는 「상법」 제376조부터 제381조까지의 규정을 준용한다.

제4항 제1항에 따른 의결 취소의 청구 등에 필요한 사항은 농림축산식품부령으로 정한다.

1 ㉠ ~ ⓜ에 해당하는 한자가 아닌 것은?

① ㉠ – 代理權
② ㉡ – 承繼
③ ⓒ – 納入
④ ⓔ – 還給
⑤ ⓜ – 債貿

TIP ⑤ 債(빚 채)務(일 무)이다.

Answer. 1.⑤

2 위의 법률을 보고 판단한 내용으로 적절하지 않은 것은?

① 탈퇴 조합원은 그 지분의 환급금 청구를 2년간 행사하지 않을 경우 소멸된다.

② 1년 이상 지역농협 사업을 이용하지 아니한 경우에는 조합원 가입을 거절할 수 있다.

③ 위반의 사유로 의결의 취소를 청구할 경우 의결일로부터 2개월 이내에 청구할 수 있다.

④ 조합원은 출자액의 많고 적음에 관계없이 의결권과 선거권을 평등하게 가진다.

⑤ 다른 조합원, 본인, 동거 가족에게만 조합원 대신 의결권을 행사할 수 있다.

TIP ③ 제33조(의결 취소의 청구 등)에 대한 설명이다. 위반 사유로 의결의 취소를 청구할 경우 의결일로부터 1개월 이내 조합원 300인 또는 100분의 5 이상의 동의를 받아서 청구해야 한다.

① 제31조(지분환급청구권과 환급정지)

② 제28조(가입)

④ 제26조(의결권 및 선거권)

⑤ 제27조(의결권의 대리)

3 다음 A 씨의 의결권 대리 행사가 가능한 것은?

① 지방에 살고 계신 부모님이 대리권을 행사해도 출석이 인정된다.

② 조합원 B와 C가 함께 의결권을 행사할 수 있다.

③ A가 사전에 등록한 대리인일 경우에는 의결권을 행사할 수 있다.

④ A와 함께 사는 동생이 대리권을 증명하기 위해서는 서면을 제출해야 한다.

⑤ 조합원의 경우에 서면을 제출하지 않아도 된다.

TIP ④ 대리인이 의결권을 행사하기 위해서는 가족일 경우 동거해야 하며 대리권을 증명하는 서면을 지역농협에 제출해야 한다.

② 대리인이 대리할 수 있는 조합원의 수는 1인이다.

③ 대리인은 조합원 또는 동거 중인 가족이어야 한다.

⑤ 대리권을 신청할 경우 서면을 제출해야 한다.

▌4 ~ 5▐ 다음 보험의 상품설명서를 확인하고 물음에 답하시오.

〈농작업 근로자 안전보험〉

1. 상품 특징
   - 농가 경영 안정화를 위한 농작업 근로자 대상 상품
   - 농작업 중 일어날 수 있는 재해 및 질병 중점 보장
   - 보험료의 50% 이상 정부에서 지원(단, 국고 지원 자격 충족 시)

2. 가입내용
   - 보험계약자 : 농업인 및 농업 관련 법인
   - 피보험자 : 보험계약자가 농작업 수행을 위해 고용한 단기 피고용인
   - 주 계약 : 기본형, 상해 · 질병치료급여금 부담보형
   - 가입 나이 : 15 ~ 87세
   - 보험 기간 : 1일 ~ 89일
   - 납입 방법 : 일시납

3. 보장내용

급부명	지급사유	지급 금액
유족급여금	농업작업안전재해 또는 농업작업안전질병으로 사망하였을 경우(다만, 농업작업안전질병 중 '유해생물방제제(농약)의 독성효과' 제외)	1,000만 원
재해장해급여금	농업작업안전재해로 인해 장해분류표에서 정한 장해지급률 중 3% 이상 80% 미만 장해상태가 되었을 경우	1,000만 원 × 장해지급률
휴업(입원) 급여금	농업작업안전재해 또는 농업작업안전질병으로 치료를 직접목적으로 하여 4일 이상 계속 입원하였을 경우(1회 입원당 120일 한도)	3일 초과 입원일수 1일 2만 원
고도장해 급여금	농업작업안전재해 또는 동일한 농업작업안전질병으로 인해 장해분류표 상 여러 신체부의 장해 지급률을 더하여 80% 이상인 장해상태가 되었을 경우(최초 1회 한)	1,000만 원
재활(재해장해) 급여금	농업작업안전재해로 인하여 장해분류표에서 정한 장해지급률 중 3% 이상 80% 미만의 장해상태가 되었을 경우	500만 원 × 장해지급률
특정 질병수술 급여금	특정 질병으로 수술을 받았을 경우	수술 1회당 30만 원
특정 감염병진단 급여금	특정 감염병으로 진단 확정되었을 경우	진단 1회당 30만 원

※ 농업작업업안정질병은 '농업작업 관련 질병 분류표'를 따른다.

Answer. 2.③ 3.④

4. 주요 유의사항

- 청약 시 보험상품명, 기간, 보험료, 납입기간, 피보험자 등을 반드시 확인하고 보험상품에 대한 설명을 받아야 한다.
- 보험계약자 및 피보험자는 청약서상의 자필서명란에 반드시 본인 자필서명(전자서명 포함)을 해야 한다. 만일, 고의나 중대한 과실로 중요한 사항에 대해 사실과 다르게 알린 경우 회사가 별로도 정한 방법에 따라 계약 해지 또는 보장을 제한할 수 있다.
- 청약 시 직업 · 나이 · 운전여부 · 병력 등에 따라 가입이 거절될 수 있다.
- 약관 및 청약서를 받지 못한 경우, 약관의 중요내용을 설명 받지 못한 경우, 자필서명이 없는 경우에는 계약 성립일의 3개월 이내에 계약 취소가 가능하며 납입 보험료 및 보험료 전액과 정해진 이자를 돌려준다.

〈농업작업 관련 질병 분류표〉

대상 질병명	분류번호	대상 질병명	분류번호
피부염 및 습진	L20 – L30	파라티푸스	A01.0 – A01.4
두드러기 및 홍반	L50 – L54	급성 A형간염	B15
부식물질의 독성효과	T52	파상풍	A33 – A35
유해생물방제제의 독성효과	T60	디프테리아	A36
윤활막 및 힘줄장애	M60 – M63	일본뇌염	A37
관절통	M25.5	홍역	B05
기타 연조직장애	M70 – M79	탄저병	A22
과다한 자연열 노출	X30	렙토스피라병	A27
팔의 단일신경병증	G56	비폐렴성 재향군인병	A48.2
콜레라	A00		

4 다음의 내용을 분석한 것으로 적절하지 않은 것은?

① 특정 감염병진단 급여금은 진단 확정이 되면 1회당 30만 원을 지급받는다.
② 보험계약자 및 피보험자는 농협 관련 법인이다.
③ T60으로 사망한 경우에는 유족급여금이 지급되지 않는다.
④ 청약서에는 보험계약자 및 피보험자의 자필서명은 전자서명으로도 가능하다.
⑤ 만 15세 미만은 본 상품의 가입이 제한된다.

TIP ② 2. 가입내용에 따라서 피보험자는 보험계약자가 고용한 단기 피고용인이다.
① 3. 보장내용에 따라 특정감염병으로 진단이 확정된 경우에 1회당 30만 원을 지급받는다.
③ 3. 보장내용에 따라 유족급여금은 유해생물방제제(농약)의 독성효과에는 제외된다.
④ 4. 유의사항에 따라 보험계약자 및 피보험자는 청약서에 자필서명 대신에 전자서명을 해도 가능하다.
⑤ 만 15 ~ 87세만 가입이 가능하다.

5 농작업 중 사고로 장해지급률 85%인 장해상태가 되었을 경우 보험금 지급 금액은?

① 지급 불가
② 425만 원
③ 500만 원
④ 850만 원
⑤ 1,000만 원

TIP ⑤ 장해지급률이 85%인 장해상태일 경우에는 최초 1회에 한해 고도장해 급여금을 지급받는다. 따라서, 지급액은 1,000만 원이다.

【6 ~ 7】 다음을 제시된 글을 읽고 물음에 답하시오.

> 갑의 주장은 토지 문제를 토지 시장에 국한하지 않고 경제 전체의 흐름과 밀접하게 연결해 파악하면 된다는 것이다. 이는 토지 문제를 이용의 효율에만 국한하는 단순한 문제가 아닌 경제의 성장, 물가, 실업 등의 거시경제적 변수를 함께 고려해야 하는 복잡한 문제로 본다. (㉠) 토지 문제는 경기 변동과 직결되며 사회 정의와도 관련이 있다고 주장하고 있다.
>
> 을은 토지 문제도 다른 상품과 마찬가지로 수요와 공급의 법칙에 따라 시장이 자율적으로 조정하도록 맡기면 된다는 주장이다. 토지의 투자는 상품 투자의 일종으로
>
> 부동산의 자본 이득이 충분히 클 경우에는 좋은 투자 대상이 되어 막대한 자금이 금융권으로부터 부동산 시장으로 흘러 들어간다. 반대로 자본의 이득이 떨어지게 될 경우 부동산에 투입되었던 자금이 다시 금융권에 회수되어 다른 시작으로 흘러 들어간다. 따라서 부동산의 자본 이득은 금융권과 부동산 시장 사이를 이어주는 것이다.
>
> 갑은 을과 달리 상품 투자와 토지 투자를 구분한다. 상품 투자는 상품 가격을 상승시키고 상품 공급을 증가시킬 수 있다. 공급이 증가하면 다시 상품의 투자가 억제되므로 상품투자에는 내재적 한계를 포함한다. (㉡) 토지는 공급이 한정되어 있기 때문에 토지 투자는 가격 상승의 제어장치가 마련되어 있지 않다. 이러한 토지 투자는 지가의 상승을 부추기며 거품이 잔뜩 낀 부동산 가격을 만들게 된다.

6 다음 ㉠ ~ ㉡에 들어갈 접속사는?

	㉠	㉡
①	그러나	따라서
②	따라서	그러나
③	그리고	따라서
④	반면에	그리고
⑤	하지만	그리하여

TIP ㉠ 뒷말에 대해 앞말이 토지 문제에 대한 근거를 말하고 있으므로 '따라서'가 들어가야 한다.
㉡ 상품 투자에 대한 설명과 상반되는 내용이므로 '그러나'가 와야 한다.

Answer. 4.② 5.⑤ 6.②

7 **다음 [　　　　] 에 들어갈 문장으로 옳은 것은?**

① 토지는 투자대상으로 볼 수 없다.
② 거시경제적 관점에서 보면 토지와 상품 투자는 상호보완적이다.
③ 상품 생산 수단으로 토지에 대한 투자가 활용된다.
④ 귀금속, 주식, 은행 예금만큼 좋은 투자의 대상으로 본다.
⑤ 부동산 시장과 금융권의 사이를 이어준다.

TIP ④ 앞에서 토지는 상품 투자의 일종이라고 하였으므로 귀금속 · 주식 · 은행 등의 상품을 예로 들 수 있다.

8 **다음 글의 논지 전개 방식과 관련한 서술상의 특징으로 적절하지 않은 것은?**

생명은 탄생과 죽음으로 하나의 단위를 형성한다. 우리의 관심은 '잘 사는 것'과 '잘 죽는 것'으로 표현할 수 있다. 죽음은 인간의 총체를 형성하는 결정적인 요소라고 할 수 있는데, 이러한 요소로 탄생보다는 죽음에 대한 철학적이고 문화적인 이해가 훨씬 더 많이 발달할 수밖에 없었다. 게다가 죽음이란 한 존재의 사멸, 부정의 의미이므로 여러 가지 인격을 갖고 살아가고 있는 현대인의 어떤 정체성을 부정하거나 사멸시키는 하나의 행위로서 은유적으로 사용되기도 한다. 이것은 죽음이 철학적 사변의 대상이 될 뿐만 아니라 어느 시대나 그 시대를 살아가는 문화적 관습의 근거가 되기도 하며 더 나아가 예술의 핵심을 형성하고 있다는 말이 된다. 그러한 물음을 모아보면 다음과 같은 것들을 꼽을 수 있다. 모든 인간 하나하나는 자신이 죽는다는 사실을 확실하게 아는가? 인간은 모든 인간은 죽는다는 사실을 확실하게 아는가? 죽는다는 사실은 나쁜 것인가?

많은 심리학자들은 죽음에 대한 이해는 인간이 타고나면서 저절로 알게 되는 것은 아니라고 한다. 그보다는 죽음이란 이 세상을 살아가면서 배워서 아는 것이라고 한다. 말하자면 어린이들은 죽음에 대한 개념이 없다가 점차 주변의 죽음을 이해하고 죽음에 대한 가르침을 통해서 죽음이란 무엇인가를 배운다는 것이다. 또 지금까지 많은 사람들이 죽었다고 해서 모든 사람들이 다 죽는다고 결론을 내릴 수 없다는 것은 상식이다. 죽음을 이겨낸 사람이 있다는 믿음을 가진 사람들이 있고 죽음이 필연적이라는 데 대해서 확고한 증거를 제시할 수도 없다.

생명의 출발로부터 시작해서 죽음에 이르는 긴 시간의 과정이 바로 삶의 전체이다. 하지만 생명의 출발에 대한 이해도 여러 가지의 국면으로 나누어 이해할 수 있다. 나 자신의 물질적인 근거, 생물학적인 존재로서 나의 출발이다. 수정되어 태아 상태를 거쳐 하나의 성체가 되기까지의 나의 존재의 기원을 물질주의적으로 생물학적으로 묻는다.

또 하나는 철학적, 목적적으로 묻는 일이다. 즉 나는 이 세상에 왜 태어났는가 하는 것이다. 나의 이 세상에서 살아야 하는 목적을 묻게 되면 필연적으로 그것은 철학적, 윤리적, 가치론적 입장이 되지 않을 수가 없다. 인간 종의 기원에 대한 물음도 물질주의적 생물학적인 근거를 추적하는 일과 존재론적인, 목적론적인 원인을 추적하는 일로 나누어 생각해볼 수 있다. 그래서 인간의 기원을 외부로부터 들어온 유기물이 원시 지구의 환경 속에서 성장한 것이라고 생각할 수도 있겠지만, 두루미나 호박벌이 가져온 골칫거리라고 생각할 수도 있다. 어느 것이 더 믿을만하냐 라고 묻더라도 어떤 종류의 믿음을 말하느냐에 따라 달라진다.

이처럼 인간이라는 한 존재의 기원과 소멸까지는 단순히 하나의 분과 학문으로서만 이해할 수 있는 성질의 것은 아니다. 여러 학문, 특히 과학 기술적 접근과 인문주의적 접근이 동시에 이루어짐으로써 그것에 대하여 보다 풍성한 이해를 유도할 수 있다.

① 핵심 단어에 대한 의미를 찾아가며 논점을 전개하고 있다.

② 드러난 상식으로부터 새로운 가치를 도출하려는 시도를 하려고 한다.

③ 특정 현상을 다양한 각도에서 조명해 보고자 한다.

④ 일반적인 통념에 대한 심도 있는 고찰 방법을 제시하고 있다.

⑤ 반대되는 논거를 제시하여 절충된 가치를 통해 글의 주제에 접근하고 있다.

TIP ⑤ 반대되는 논거를 제시하여 절충된 가치를 통해 글의 주제에 접근하는 방식의 서술은 다분히 철학적이고 인문학적인 주제의 글보다는 사회 현상에 대한 분석이나 과학적 사고를 요하는 글에 보다 적합한 서술 방식이라고 할 수 있다.

① 탄생과 죽음의 의미에 대한 여러 측면의 질문을 던지며 그를 통한 답을 구하는 과정에서 점차 논점에 접근하고 있다고 볼 수 있다.

② 삶과 죽음의 의미, 심리학자들의 주장 등에서 누구나 알 수 있는 상식을 제시하면서 삶과 죽음에 대한 새로운 이해를 하려는 시도가 나타나 있다.

③ 인간의 삶은 과학 기술적 접근 뿐 아니라 인문학적인 차원에서의 접근도 이루어져야 한다는 점, 삶의 목적은 철학적, 윤리적, 가치론적 입장에서 생각해 볼 수 있다는 점 등의 의견을 제시함으로써 특정 현상을 다양한 각도에서 조명해 보려는 의도가 보인다.

④ 상식에 속하는 일반적인 통념을 근원적으로 심도 있게 이해하기 위한 고찰 방법 즉, 과학 기술적 접근과 인문주의적 접근을 제안하고 있다.

Answer. 7.④ 8.⑤

9 다음은 정보공개제도에 대하여 설명하고 있는 글이다. 이 글의 내용을 제대로 이해하지 못한 것은?

> ☞ 정보공개란?
> 「정보공개제도」란 공공기관이 직무상 작성 또는 취득하여 관리하고 있는 정보를 수요자인 국민의 청구에 의하여 열람 · 사본 · 복제 등의 형태로 청구인에게 공개하거나 공공기관이 자발적으로 또는 법령 등의 규정에 의하여 의무적으로 보유하고 있는 정보를 배포 또는 공표 등의 형태로 제공하는 제도를 말합니다. 전자를 「청구공개」라 한다면, 후자는 「정보제공」이라 할 수 있습니다.
>
> ☞ 정보공개 청구권자
> 대한민국 모든 국민, 외국인(법인, 단체 포함)
> • 국내에 일정한 주소를 두고 거주하는 자, 국내에 사무소를 두고 있는 법인 또는 단체
> • 학술/연구를 위하여 일시적으로 체류하는 자
>
> ☞ 공개 대상 정보
> 공공기관이 직무상 또는 취득하여 관리하고 있는 문서(전자문서를 포함), 도면, 사진, 필름, 테이프, 슬라이드 및 그 밖에 이에 준하는 매체 등에 기록된 사항
>
> ☞ 공개 대상 정보에 해당되지 않는 예(행정안전부 유권해석)
> • 업무 참고자료로 활용하기 위해 비공식적으로 수집한 통계자료
> • 결재 또는 공람절차 완료 등 공식적 형식요건 결여한 정보
> • 관보, 신문, 잡지 등 불특정 다수인에게 판매 및 홍보를 목적으로 발간된 정보
> • 합법적으로 폐기된 정보
> • 보유 · 관리하는 정보만이 대상이므로 공공기관은 정보를 새로 작성(생성)하거나 취득하여 공개할 의무는 없음
>
> ☞ 비공개 정보(「공공기관의 정보공개에 관한 법률」 제9조)
> • 법령에 의해 비밀 · 비공개로 규정된 정보
> • 국가안보 · 국방 · 통일 · 외교관계 등에 관한 사항으로 공개될 경우 국가의 중대한 이익을 해할 우려가 있다고 인정되는 정보
> • 공개될 경우 국민의 생명 · 신체 및 재산의 보호에 현저한 지장을 초래할 우려가 있다고 인정되는 정보
> • 진행 중인 재판에 관련된 정보와 범죄의 예방, 수사, 공소의 제기 등에 관한 사항으로서 공개될 경우 그 직무수행을 현저히 곤란하게 하거나 피고인의 공정한 재판을 받을 권리를 침해한다고 인정되는 정보
> • 감사 · 감독 · 검사 · 시험 · 규제 · 입찰계약 · 기술개발 · 인사관리 · 의사결정과정 또는 내부검토과정에 있는 사항 등으로서 공개될 경우 업무의 공정한 수행이나 연구 · 개발에 현저한 지장을 초래한다고 인정되는 정보
> • 당해 정보에 포함되어 있는 이름 · 주민등록번호 등 개인에 관한 사항으로서 공개될 경우 개인의 사생활의 비밀 · 자유를 침해할 수 있는 정보
> • 법인 · 단체 또는 개인(이하"법인 등"이라 한다)의 경영 · 영업상 비밀에 관한 사항으로서 공개될 경우 법인 등의 정당한 이익을 현저히 해할 우려가 있다고 인정되는 정보
> • 공개될 경우 부동산 투기 · 매점매석 등으로 특정인에게 이익 또는 불이익을 줄 우려가 있다고 인정되는 정보

① 공공기관은 국민이 원하는 정보를 요청자의 요구에 맞추어 작성, 배포해 주어야 한다.
② 공공기관의 정보는 반드시 국민의 요구가 있어야만 공개하는 것은 아니다.
③ 공공의 이익에 저해가 된다고 판단되는 정보는 공개하지 않을 수 있다.
④ 공식 요건을 갖추지 않은 미완의 정보는 공개하지 않을 수 있다.
⑤ 관광차 한국에 잠시 머물러 있는 외국인은 정보 공개 요청의 권한이 없다.

TIP ① 보유 · 관리하는 정보만이 대상이므로 공공기관은 정보를 새로 작성(생성)하거나 취득하여 공개할 의무는 없다.
② 공공기관이 자발적, 의무적으로 공개하는 것을 '정보제공'이라고 하며 요청에 의한 공개를 '청구공개'라 한다.
③ 법에 의해 보호받는 비공개 정보가 언급되어 있다.
④ 결재 또는 공람절차 완료 등 공식적 형식요건 결여한 정보는 공개 대상 정보가 아니다.
⑤ 학술/연구의 목적도 아니며, 국내에 일정한 거주지가 없는 외국인은 정보 공개 요청 대상이 되지 않는다.

10 다음은 은행의 보수적인 금융행태의 원인에 대하여 설명하는 글이다. 다음 글에서 지적한 가장 핵심적인 은행의 보수적인 모습으로 적절한 것은?

> 외환위기 이후 구조조정 과정에서 은행은 생존을 위해서는 양호한 경영실적을 올리는 것이 중요하다는 것을 절감하였다. 특히 단기수익을 중시하는 성향이 높은 외국인의 지분 확대는 은행의 단기수익성 제고에 대한 부담을 가중시켰다. 이에 따라 은행은 상대적으로 위험부담이 적고 수익창출이 용이한 가계대출을 중심으로 대출을 증가시키게 되었다. 2000년대 초반 가계대출의 예대마진이 중소기업대출보다 높았던 데다 부동산시장이 활황세를 나타냄에 따라 은행은 가계대출을 증가시킴으로써 수익을 향상시킬 수 있었다. 중소기업대출의 예대마진이 가계대출을 상회한 2000년대 중반 이후에도 부동산시장의 호조와 상대적으로 낮은 연체율 등에 힘입어 은행은 가계대출 중심의 대출행태를 지속하였다. 단기수익 중시의 단견주의(Short Termism)는 은행 임직원의 행태에도 큰 영향을 미쳤다. 대체로 3년 정도가 임기인 은행장은 장기 비전을 가지고 은행을 경영하기보다는 단기수익을 극대화할 수 있는 영업 전략을 선택할 수밖에 없게 되었다. 또한 직원에 대한 핵심성과지표(KPI)가 수익성 및 여수신 유치실적 등 단기성과 중심으로 구성되어 있어 위험성이 높지만 성장 가능성이 높은 유망한 중소 · 벤처 기업에 대한 대출보다는 주택담보대출과 같이 상대적으로 안전하고 손쉬운 대출을 취급하려는 유인이 높아졌다.

① 내부 임직원에 대한 구태의연한 평가방식
② 은행장의 무모한 경영 전략 수립
③ 대기업에 집중된 기업대출 패턴
④ 수익성 추구의 단기성과주의
⑤ 지급준비율 인상을 통한 현금 보유 확대

TIP ④ 외환위기 이후 생존을 위해 경영실적을 올려야 했던 것이 결과적으로 은행으로 하여금 마진율이 높고 리스크가 적은 가계대출 위주의 영업을 지향하게 했던 것이므로 이러한 단기성과주의가 가장 핵심적인 은행의 보수적 금융행태라고 할 수 있다.

Answer. 9.① 10.④

11 다음 글의 내용이 참일 경우, 반드시 참인 것을 보기에서 고른 것은?

> 해양자원기술 A연구소는 세계 최초의 해양자원을 통한 전기기술을 개발하였다. 연구소는 해양자원을 통한 전기의 상용화를 위하여 학술대회를 열었는데, 연구원들이 학술대회로 자리를 비운 사이 누군가가 해양자원 상용화를 위한 핵심 기술의 기밀자료를 훔쳐갔다. 경찰은 용의자로 민경, 성아, 지수, 혜민을 지목하였고 학술대회의 상황을 물어 심문하였는데 아래와 같은 답변을 하였다.
>
> 〈답변〉
>
> 민경 : 학술대회에서 발표한 상용화 아이디어 중 적어도 하나는 참석한 모든 사람들의 관심을 받았습니다. 성아는 범인이 아닙니다.
>
> 성아 : 학술대회에 참석한 누구나 학술대회에서 발표한 하나 이상의 아이디어에 관심을 가졌습니다. 범인은 지수이거나 혜민입니다.
>
> 지수 : 학술대회에 참석한 몇몇 사람은 학술대회에서 발표한 상용화 아이디어 중 적어도 하나에 관심이 있었습니다. 혜민은 범인이 아닙니다.
>
> 혜민 : 학술대회에 참석한 모든 사람들이 어떤 상용화 아이디어에도 관심이 없었습니다. 범인은 민경입니다.
>
> 수사 결과 이들은 각각 참만 말하거나 거짓만을 말하는 것으로 나타났다. 또한 네 명 중 한 명만 범인으로 드러났다.

> 〈보기〉
>
> ㉠ 민경과 지수의 말이 모두 참일 수 있다.
>
> ㉡ 성아와 지수의 말이 모두 참일 수는 없다.
>
> ㉢ 거짓말한 사람이 단 한 명이라면, 범인은 지수이다.

① ㉠
② ㉢
③ ㉠, ㉡
④ ㉠, ㉢
⑤ ㉠, ㉡, ㉢

TIP ④ 조건을 표로 정리하면 다음과 같다.

이름	관심 갖는 아이디어	참석자	범인
민경	1개이거나 그 이상	모든	성아 ×
성아	1개 이상	모든	지수 또는 혜민
지수	1개이거나 그 이상	몇몇	혜민 ×
혜민	×	모든	민경

㉠ **민경과 지수가 모두 참말일 경우** : 참석자의 몇몇은 모든에 포함된다. 범인은 성아도 혜민도 아닐 경우, 지수 또는 혜민 중 하나이다.

㉡ **성아와 지수의 말이 모두 참일 경우** : 참석자의 몇몇은 모든에 포함되며 아이디어 또한 1개 이상이다. 지수는 혜민이 범인이 아니라고 하였으며 성아는 지수 또는 혜민이라 하였으므로 모두 참일 경우 지수가 범인이 될 수 있다. 따라서 모두 참이 가능하다.

㉢ **거짓말한 사람이 단 한명일 경우** : 참석자들 혜민을 뺀 나머지가 모두 적어도 1개의 아이디어에 관심을 갖는다고 말했으며 만약 용의자 중 거짓말한 사람이 혜민일 경우, 민경은 범인이 될 수 없다. 또한 성아와 혜민도 범인이 아니므로 지수가 범인이 된다.

12 다음 보고서에 대한 분석으로 적절한 것을 고른 것은?

〈보고서〉

제　목 : 인식론의 '자연화'

이　름 : 철학자 A

내　용 : 자연과학 방법론의 자연과학이 수용하는 존재론에 따라 연구를 수행하는 것을 '자연화'라고 한다. 하지만 심리학을 자연과학의 하나라고 생각하며 인식론의 '자연화'를 주장하기 위하여 다음과 같은 논증을 제시한다.

〈논증〉

㈎ 전통적 인식론은 적어도 다음과 같은 목표를 가진다.

1. 세계에 관한 믿음을 정당화 한다.
2. 세계에 관한 믿음을 나타내는 문장을 감각 경험을 나타내는 문장으로 번역한다.

㈏ 전통적 인식론은 두 가지 목표 모두 달성할 수 없다.

㈐ 만약 두 가지 목표 중 어느 하나도 달성할 수 없을 경우, 전통적 인식론은 폐기해야 한다.

㈑ 전통적 인식론은 폐기해야 한다.

㈒ 만약 전통적 인식론이 폐기되면 인식론자는 전통적 인식론 대신 심리학을 연구해야 한다.

㈓ 인식론자는 전통적 인식론 대신 심리학을 연구한다.

〈보기〉

㉠ ㈐의 논증이 없어도 ㈓의 도출이 가능하다.

㉡ ㈑는 어떤 진술들의 결론이며 전체적인 논증의 또 다른 전제이기도 하다.

㉢ ㈎의 '세계에 관한 믿음을 정당화 한다'는 목표가 이뤄질 경우 ㈓는 도출되지 않는다.

㉣ 철학자 A는 심리학을 자연과학의 한 부분으로 생각하며 연구에 대한 논증을 제시하고 있다.

① ㉠, ㉡

② ㉠, ㉢

③ ㉡, ㉢

④ ㉡, ㉣

⑤ ㉠, ㉡, ㉢

TIP ㉡ ㈑의 전제가 제시되기 위해서는 전통적 인식론 폐기의 이유인 ㈐가 와야 한다.

㉣ 보고서의 내용에서 철학자 A는 심리학을 자연과학의 하나라고 생각한다.

㉠ ㈐는 전통적 인식론이 폐기되기 위한 앞선 전제들의 결론이며, ㈓의 도출을 위한 전제이기도 하다.

㉢ ㈎의 두 가지 목표 모두 이뤄줘야 ㈓가 도출되지 않는다.

Answer. 11.④ 12.④

13 다음 글과 보기를 근거로 판단할 경우, K 씨의 계약 의뢰 날짜와 공고 종료 후 결과통지 날짜를 올바르게 짝지은 것은?

〈OO기업의 통신인프라 도입을 위한 계약 체결 절차〉

순서	단계	소요기간
1	계약 의뢰	1일
2	서류 검토	2일
3	입찰 공고	30일(긴급계약의 경우 10일)
4	공고 종료 후 결과통지	1일
5	입찰서류 평가	7일
6	우선순위 대상자와 협상	5일

※ 1) 소요 기간은 해당 절차의 시작부터 종료까지 걸리는 기간

2) 모든 절차는 하루 단위이며 주말 및 공휴일에도 중단이나 중복 없이 진행

〈보기〉

OO기업의 K 씨는 통신인프라 도입에 대해 6월 23일에 계약 체결을 목표로 하여 계약부서에 긴급으로 계약을 의뢰하려고 한다. 계약은 우선순위 대상자와의 협상이 끝난 날의 다음 날 체결이 이뤄진다고 한다.

	계약 의뢰 날짜	공고 종료 후 결과통지 날짜
①	5월 27일	6월 10일
②	5월 27일	6월 11일
③	5월 28일	6월 10일
④	5월 28일	6월 11일
⑤	5월 28일	6월 12일

TIP ③ 보기에 따르면 날짜는 다음과 같다.

5월							6월						
1	2	3	4	5	6	7	1	2	3	4	5	6	7
8	9	10	11	12	13	14	8	9	10	11	12	13	14
15	16	17	18	19	20	21	15	16	17	18	19	20	21
22	23	24	25	26	27	28	22	23	24	25	26	27	28
29	30	31					29	30					

순서	소요 기간	해당 날짜
계약 의뢰	1일	5월 28일
서류 검토	2일	5월 29일
입찰공고	긴급계약의 경우로 10일	5월 31일
공고 종료 후 결과통지	1일	6월 10일
입찰서류 평가	7일	6월 11일
우선순위 대상자와 협상	5일	6월 18일
계약 체결일	우선순위 대상자 협상 후 다음날	6월 23일

14 **다음 자료를 보고 12월 1일부터 6일까지의 지역 농산물 유통센터에서 판매된 ○○시의 감귤(box)의 총 판매액으로 옳은 것은?**

〈지역 농산물 유통센터 운영사항〉

- 농산물의 판매를 촉진을 위하여 ○○시는 지역 농산물 유통센터를 운영하고 있다. 해당 유통센터는 농산물을 수확 당일 모두 판매하는 것을 목표로 운영한다.
- 유통센터는 당일 판매하지 못한 농산물들을 판매가에서 25% 할인하여 다음 날 판매한다.
- 농부 A는 12월 1일부터 5일까지 매일 수확한 감귤 100박스를 수확 당일 ○○시 지역 농산물 유통센터에 공급하였다.
- 농부 A로부터 공급받은 감귤의 당일 판매가는 박스 당 2만 원이며, 매일 판매된 감귤 박스의 수는 아래와 같다.

날짜	1일	2일	3일	4일	5일	6일
판매된 감귤	70박스	110박스	100박스	100박스	110박스	10박스

※ 단, 수확 당일 판매되지 않은 감귤은 다음 날 모두 판매되었다.

① 930만 원
② 940만 원
③ 945만 원
④ 950만 원
⑤ 960만 원

TIP ④ 먼저 한 박스당 25% 할인 금액은 20,000 × 0.75 = 15,000원이며 날짜별 판매량은 다음과 같다.

단위(box)	1일	2일	3일	4일	5일	6일
당일판매량	70	80	80	80	90	
이월판매량		30	20	20	20	10
총판매량	70	110	100	100	110	10

- 1일 : 70 × 20,000 = 140만 원
- 2일 : 80 × 20,000 + 30 × 15,000= 205만 원
- 3일 : 80 × 20,000 + 20 × 15,000= 190만 원
- 4일 : 80 × 20,000 + 20 × 15,000= 190만 원
- 5일 : 90 × 20,000 + 20 × 15,000= 210만 원
- 6일 : 10 × 15,000= 15만 원

∴ 총 금액은 140 + 205 + 190 + 190 + 210 + 15 = 950만 원 이다.

Answer. 13.③ 14.④

Ⅰ15 ~ 16Ⅰ 다음 자료를 보고 물음에 답하시오.

〈경기도 지역별 자가격리자 및 모니터링 요원 현황(12월 12일 기준)〉

구분 \ 지역명		A	B	C	D
내국인	자가격리자	9,778명	1,287명	1,147명	9,263명
	신규 인원	900명	70명	20명	839명
	해제 인원	560명	195명	7명	704명
외국인	자가격리자	7,796명	508명	141명	7,626명
	신규 인원	646명	52명	15명	741명
	해제 인원	600명	33명	5명	666명
모니터링 요원		10,142명	710명	196명	8,898명

※ 해당일 기준 자가격리자 = 전일 기준 자가격리자 + 신규 인원 − 해제 인원

〈회의록〉

- 회의 일시 : 2020.12.12. 14:00 ~ 16:00
- 회의 장소 : 본청 4층 회의실
- 작성자 : ○○○
- 작성일 : 2020.12.12.
- 안건 : 감염병 확산 확인 및 모니터링 요원 추가 배치의 건
- 회의내용
  1. 지역별 자가격리자 및 모니터링 요원 현황 확인(20xx.12.12. 기준)
     − 甲시 제외 3개(乙, 丙, 丁)의 도시 모두 전일보다 자가격리자가 증가하였다.
  2. 모니터링 요원의 업무 관련 통계 자료 확인(20xx.12.12. 기준)
     − 乙시, 甲시, 丁시 모니터링 요원 대비 자가격리자의 비율은 18% 이상이다.
  3. 지역별 모니터링 요원 추가 배치
     − 乙시가 자가격리자 중 외국인 비중이 가장 높다.
     − 乙시에 외국어 구사가 가능한 모니터링 요원의 우선적 배치를 검토한다.

15 다음 보고서의 내용을 토대로 C와 D에 해당하는 지역구가 바르게 연결된 것은?

	C	D
①	乙	甲
②	丁	乙
③	丁	甲
④	丙	丁
⑤	丙	乙

TIP ④ 내외국인을 합친 인원을 표로 정리하면 다음과 같다.

인원(명)	A	B	C	D
자가격리자	17,574명	1,795명	1,288명	16,889명
신규인원	1,546명	122명	35명	1,543명
해제인원	1,160명	228명	12명	1,370명
모니터링 요원	10,142명	710명	196명	8,898명

㉠ 전일 기준 자가격리자(해당일 기준 자가격리자 + 해제인원 − 신규인원)

- A : 17,574 + 1,160 − 1,546 = 17,188명
- B : 1,795 + 228 − 122 = 1,901명
- C : 1,288 + 12 − 35 = 1,265명
- D : 16,889 + 1,370 − 1,543 = 16,716명

∴ 전일 기준 대비 자가격리자가 줄어든 곳은 과천시 뿐이므로 B가 甲이다.

㉡ 외국인 격리자가 가장 많은 곳은 乙이다. A가 乙이다.

㉢ 모니터링 요원 대비 자가격리자의 비율

- A : 10,142 ÷ 17,574 × 100 = 57.7%
- B : 710 ÷ 1,795 × 100 = 39.5%
- C : 196 ÷ 1,288 × 100 = 15.2%
- D : 8,898 ÷ 16,889 × 100 = 52.6%

∴ 乙, 甲, 丁은 모두 18% 이상이므로 C는 丙이다. D는 丁이다.

Answer. 15.④

16 자료에 대한 설명으로 옳지 않은 것은?

① 해당 회의는 2020년 12월 12일에 진행되었으며 회의록 작성도 같은 날 작성되었다.
② 해제 인원이 재확진이 된 경우에도 다시 신규 인원으로 포함된다.
③ 해당일 기준으로 총 자가격리자 수가 가장 많은 지역은 A이다.
④ B지역의 외국인의 전일 기준 자가격리자 수는 내국인의 해제 인원보다 294명 더 많다.
⑤ 내국인 신규 인원이 가장 적은 지역과 외국인 신규 인원이 가장 적은 지역은 같다.

TIP ② 재확진된 경우에 대한 설명이 제시되어 있지 않다.
① 일시와 작성일 모두 2020년 12월 12일이다.
③ 지역별 자가격리자 수를 정리하면 다음과 같다.

지역명	A	B	C	D
자가격리자 수	17,574명	1,795명	1,288명	16,889명

④ B지역 전일 기준 자가격리자의 수는 508 − 52 + 33 = 489명이다.
∴내국인의 해제인원은 195명이므로 294명 더 많다.
⑤ 내외국인의 신규인원이 가장 적은 곳은 모두 C지역이다.

17 다음 설명을 참고할 때, 대출금 지급이 조기에 만료되는 경우를 〈보기〉에서 모두 고른 것은? (단, 모두 주택연금 대출자로 가정한다.)

주택담보 노후연금대출을 받고 본인에게 다음 각 항목의 사유 중 하나라도 발생한 경우 은행으로부터 독촉, 통지 등이 없어도 본인은 당연히 은행에 대한 당해 채무의 기한의 이익을 상실하여 곧 이를 갚아야 할 의무를 지며, 대출 기한일과 관계없이 대출금 지급이 조기에 종료됩니다.

1. 본인 및 배우자가 모두 사망한 경우
2. 본인이 사망한 후 배우자가 6월 이내에 담보주택의 소유권이전등기 및 채권자에 대한 보증부대출 채무의 인수를 마치지 아니한 경우
3. 본인 및 배우자 담보주택에서 다른 장소로 이사한 경우
4. 본인 및 배우자가 1년 이상 계속하여 담보주택에서 거주하지 아니한 경우. 다만, 입원 등 은행이 정하여 인터넷 홈페이지에 공고하는 불가피한 사유로 거주하지 아니한 경우는 제외한다.
5. 본인이 담보주택의 소유권을 상실한 경우
6. 주택담보노후연금대출 원리금이 근저당권의 설정 최고액을 초과할 것으로 예상되는 경우로서 채권자의 설정 최고액 변경 요구에 응하지 아니하는 경우
7. 그밖에 은행의 주택금융운영위원회가 정하는 일정한 사유가 발생한 경우

〈보기〉

㉠ 7개월 전 대출 명의자인 남편이 사망하였으며, 은행에 보증부대출 채무 인수를 두 달 전 완료하여 소유권이전등기는 하지 않은 배우자 A 씨

㉡ 5/1일부터 이듬해 4/30일까지의 기간 중 본인 및 배우자 모두 병원 입원 기간이 각각 1년을 초과하는 B 씨 부부

㉢ 주택연금대출을 받고 3개월 후 살고 있던 집을 팔고 더 큰 집을 사서 이사한 C 씨

㉣ 연금 대출금과 수시 인출금의 합이 담보주택에 대해 은행에서 행사할 수 있는 근저당권 최고금액을 초과하여 은행의 설정 최고액 변경 요구에 따라 필요한 절차를 수행하고 있는 D 씨

① ㉠, ㉢

② ㉡, ㉣

③ ㉠, ㉡, ㉣

④ ㉠, ㉢, ㉣

⑤ ㉡, ㉢, ㉣

TIP ㉠ 6개월 이내에 보증부대출 채무 인수는 마쳤으나 소유권이전등기를 하지 않았으므로 대출금 조기 만료에 해당된다. (O)

㉡ 병원 입원 기간은 해당 사유에서 제외되므로 대출금이 조기 만료되지 않는다. (X)

㉢ 본인이 담보주택의 소유권을 상실한 경우로 대출금 조기 만료에 해당된다. (O)

㉣ D 씨의 대출금과 근저당권 상황은 대출금 조기 만료에 해당될 수 있으나, 채권자인 은행의 설정 최고액 변경 요구에 응하고 있으므로 조기 만료에 해당되지 않는다. (X)

Answer. 16.② 17.①

▌18 ~ 19 ▌ 다음 전기요금 계산 안내문을 보고 이어지는 물음에 답하시오.

〈주택용 전력(저압)〉

기본요금(원/호)		전력량 요금(원/kWh)	
200kWh 이하 사용	900	처음 200kWh까지	90
201~400kWh 사용	1,800	다음 200kWh까지	180
400kWh 초과 사용	7,200	400kWh 초과	279

1) 주거용 고객, 계약전력 3kWh 이하의 고객
2) 필수사용량 보장공제 : 200kWh 이하 사용 시 월 4,000원 한도 감액(감액 후 최저요금 1,000원)
3) 슈퍼유저요금 : 동 · 하계(7~8월, 12~2월) 1,000kWh 초과 전력량 요금은 720원/kWh 적용

〈주택용 전력(고압)〉

기본요금(원/호)		전력량 요금(원/kWh)	
200kWh 이하 사용	720	처음 200kWh까지	72
201~400kWh 사용	1,260	다음 200kWh까지	153
400kWh 초과 사용	6,300	400kWh 초과	216

1) 주택용 전력(저압)에 해당되지 않는 주택용 전력 고객
2) 필수사용량 보장공제 : 200kWh 이하 사용 시 월 2,500원 한도 감액(감액 후 최저요금 1,000원)
3) 슈퍼유저요금 : 동·하계(7~8월, 12~2월) 1,000kWh 초과 전력량 요금은 576원/kWh 적용

18 다음 두 전기 사용자인 甲과 乙의 전기요금 합산 금액으로 옳은 것?

甲 : 주택용 전력 저압 300kWh 사용　　　　乙 : 주택용 전력 고압 300kWh 사용

① 68,600원
② 68,660원
③ 68,700원
④ 68,760원
⑤ 68,800원

TIP ④ 甲과 乙의 전기요금을 다음과 같이 계산할 수 있다.

㉠ 甲의 전기요금
- 기본요금 : 1,800원
- 전력량 요금 : (200 × 90) + (100 × 180) = 18,000 + 18,000 = 36,000원
  200kWh를 초과하였으므로 필수사용량 보장공제 해당 없음
- 전기요금 : 1,800 + 36,000 = 37,800원

㉡ 乙의 전기요금
- 기본요금 : 1,260원
- 전력량 요금 : (200 × 72) + (100 × 153) = 14,400 + 15,300 = 29,700원
  200kWh를 초과하였으므로 필수사용량 보장공제 해당 없음
- 전기요금 : 1,260 + 29,700 = 30,960원

따라서 甲과 乙의 전기요금 합산 금액은 37,800 + 30,960 = 68,760원이 된다.

19 **위의 전기요금 계산 안내문에 대한 설명으로 옳지 않은 것은?**

① 주택용 전력은 고압 요금이 저압 요금보다 더 저렴하다.

② 동계와 하계에 1,000kWh가 넘는 전력을 사용하면 기본요금과 전력량 요금이 모두 2배 이상 증가한다.

③ 저압 요금 사용자가 전기를 3kWh만 사용할 경우의 전기요금은 1,000원이다.

④ 가전기기의 소비전력을 알 경우, 전기요금 절감을 위해 전기 사용량을 200kWh 단위로 나누어 관리할 수 있다.

⑤ 슈퍼유저는 1년 중 5개월 동안만 해당된다.

TIP ② 동계와 하계에 1,000kWh가 넘는 전력을 사용하면 슈퍼유저에 해당되어 적용되는 1,000kWh 초과 전력량 요금 단가가 2배 이상으로 증가하게 되나, 기본요금에는 해당되지 않는다.

① 기본요금과 전력량 요금 모두 고압 요금이 저압 요금보다 저렴한 기준이 적용된다.

③ 기본요금 900원과 전력량 요금 270원을 합하여 1,170원이 되며, 필수사용량 보장공제 적용 후에도 최저요금인 1,000원이 발생하게 된다.

④ 200kWh 단위로 요금 체계가 바뀌게 되므로 200kWh씩 나누어 관리하는 것이 전기요금을 절감할 수 있는 방법이다.

⑤ 7~8월, 12~2월로 하계와 동계 5개월에 해당된다.

20 **A지역에 거주하는 사람은 모두 2,000만 명이다. 가구는 4명의 가구로 구성되어 있으며, 가구 중 1/3만 정수기를 사용한다. 정수기를 사용하는 가구는 2개월에 한 번 정수기 점검을 받을 때, 정수기 직원은 4시간에 3가구를 점검할 수 있다고 한다. 정수기 직원은 하루 8시간, 일주일 5번 근무하고, 1년은 총 52주로 구성되어 있다고 할 경우 A지역의 정수기 직원은 몇 명이 필요한가? (단, 소수점 첫째 자리에서 반올림 한다.)**

① 5,400명 ② 5,410명

③ 6,400명 ④ 6,410명

⑤ 7,400명

TIP ④ A지역 거주자는 2,000만 명이며 1가구는 4명으로 구성되어 있다.

가구의 $\frac{1}{3}$이 정수기를 사용하며 2개월에 한 번(1년에 6번) 정수기 점검을 받는다.

따라서, 2,000만 $\times \frac{1}{4} \times \frac{1}{3} \times 6 =$ 1,000, 1년에 1,000만 번의 점검이 필요하다.

직원 1명은 4시간에 3가구의 정수기 점검이 가능하다. 따라서 하루에 6가구를 점검할 수 있으며, 일주일에는 5번, 1년은 52주 구성이므로 1명은 1년 동안 1,560가구를 점검한다. 1,000만 번을 점검하기 위해서는 6,410명(소수점 첫째 자리에서 반올림)의 직원이 필요하다.

Answer. 18.④ 19.② 20.④

21 CS부서 직원 한 명이 16분 동안 상담을 진행하였다. 상담 유형은 다음과 같으며 전체 상담 건수가 18건, 일반 상담 건수는 심화 상담 건수의 두 배일 때 간단 문의 상담은 몇 건인가? (단, 상담 사이 대기 시간은 고려하지 않는다.)

> • 간단 문의 : 40초
> • 일반 상담 : 55초
> • 심화 상담 : 70초

① 2건
② 3건
③ 4건
④ 5건
⑤ 6건

TIP ㉠ 간단 문의 = a, 일반 상담 = $2b$, 심화 상담 = b

㉡ 건수 조건

$a+2b+b=18$

$\rightarrow a+3b=18$

$\rightarrow a=18-3b$

㉢ 시간 조건

• $40a+55(2b)+70b=960$

$40a+110b+70b=960$

$40a+180b=960$

• $40a+180b=960$에 ㉡ 대입

$40(18-3b)+180b=960$

$720-120b+180b=960$

$720+60b=960$

$60b=240$

$b=4$

→ 심화 상담 4건, 일반 상담 8건

∴ 간단 문의 6건

22 다음은 A기업의 부서별 복지제도 만족도이다. 이에 대한 설명으로 옳은 것은?

부서	만족 응답자 수
영업팀	38명
기획팀	27명
개발팀	19명
인사팀	31명
마케팅팀	24명

① 영업팀의 만족 응답자 수는 기획팀보다 약 30% 많다.
② 마케팅팀의 만족 응답자 수는 개발팀의 약 20% 많은 수준이다.
③ 기획팀의 만족 응답자 수는 5개 부서 전체 평균보다 약 7% 낮다.
④ 개발팀과 마케팅팀의 만족 응답자 수를 합하면 전체의 약 31%를 차지한다.
⑤ 영업팀의 만족 응답자 비율은 전체의 약 27%이며, 인사팀보다 약 3%p 높다.

TIP ④ 개발팀과 마케팅팀의 만족 응답자 수는 43명으로 $\frac{43}{139} \approx 31\%$이다.
① 영업팀과 기획팀의 만족 응답자 수는 11명으로 약 40.7% 많다.
② 마케팅팀과 개발팀은 5명 차이로 약 26.3% 많은 수준이다.
③ 5개 부서 평균 만족 응답자 수는 27.8명이며 기획팀의 만족 응답자수는 총 27명이다. 따라서 약 2.9% 낮다.
⑤ 전체 만족 응답자 수는 139명으로, 영업팀은 전체의 약 27.3%이고 인사팀은 약 22.3%이다. 따라서 영업팀이 약 5%p 높다.

23 甲은 A섬에서 B섬으로 향하는 배를 탔다. A섬에서 B섬까지의 거리는 100km이며, 여행준비로 고단했던 甲은 30분 동안 자고 일어났는데, 그 사이 A섬으로부터 20km를 이동하였으며, 지금부터는 이동 속도를 2배로 높여 운항한다는 안내방송이 나왔다. 앞으로 몇 시간을 더 가야 B섬에 도착하겠는가? (단, 운항 중 대기 · 정지 시간은 고려하지 않는다.)

① 50분
② 1시간
③ 1시간 15분
④ 1시간 30분
⑤ 1시간 50분

TIP ② 30분 동안 20km를 이동했으므로 시속 40km로 이동했다. 이동속도를 2배 높이면 시속 80km이고, 남은 거리는 80km이므로 $\frac{80}{80}$시간 = 1시간이 더 걸린다.

Answer. 21.⑤ 22.④ 23.①

24 **다음은 금년도 A국 주요 4개 항공사별 일평균 이용현황에 관한 자료이다. 이에 대한 설명으로 옳지 않은 것은?**

구분	출발 승객	도착 승객	환승 승객	총 이용객
A항공	280명	260명	160명	440명
B항공	980명	1,000명	420명	1,400명
C항공	740명	690명	310명	1,050명
D항공	1,340명	1,390명	540명	1,880명

① A항공의 총 이용객은 C항공의 50% 미만이다.
② 전체 환승 승객 중 D항공이 차지하는 비중은 35%를 넘는다.
③ 출발 승객 대비 도착 승객의 비율이 가장 높은 항공사는 D항공이다.
④ D항공의 환승 승객 비중은 C항공의 환승 승객 비중보다 약 6% 높다.
⑤ 총 이용객 수가 가장 많은 항공사는 환승 승객 수도 가장 많다.

TIP ④ D항공의 환승 고객 비중은 약 28.7%, C항공의 환승 승객 비중은 약 29.5%로 C항공이 약 0.8% 높다.
① A항공의 총 이용객은 440명이며 C항공의 총 이용객은 1,050명으로 약 41.9%이다.
② D항공의 환승 고객은 540명이며 전체 환승 고객은 1,430명으로 D항공이 차지하는 비율을 약 37.7%이다.
③ 출발 승객 대비 도착 승객의 항공사별 비율은 D항공(약 103%) > B항공(약 102%) > A항공(약 93%) = C항공(약 93%) 순으로 D항공이 가장 높다.
⑤ 항공사별 총 이용객 순위는 D항공(1,880) > B항공(1,400) > C항공(1,050) > A항공(440) 순이며, D항공(1,880) > B항공(1,400) > C항공(1,050) > A항공(440) 순으로, 총 이용객 수가 많은 항공사는 환승 승객 수도 가장 많다.

25 **다음은 甲보험사의 상반기 반려동물 보험 가입 현황 표이다. 이에 대한 설명으로 옳지 않은 것은?**

구분	0 ~ 2세	3 ~ 6세	7 ~ 9세	10세 이상
20 ~ 29세	60건	52건	49건	35건
30 ~ 39세	30건	26건	36건	19건
40 ~ 49세	10건	12건	7건	3건
50세 이상	2건	3건	1건	1건

① 전체 보험 가입 건수 중 20대 보호자가 가입한 비중은 30% 이상이다.

② 30대 보호자의 7 ~ 9세 반려동물 보험 가입 비중은 0 ~ 2세 보험 가입 비중보다 높다.

③ 20대와 30대 보호자의 10세 이상 보험 가입 건수를 합한 값은, 40대와 50대 보호자의 7 ~ 9세 가입 건수를 합한 값보다 크다.

④ 전체 7 ~ 9세 보험 가입 건수 중 30대 보호자가 차지하는 비중은 20대 보호자가 차지하는 비중보다 높다.

⑤ 30대 보호자의 전체 가입 건수 대비 3 ~ 6세 비중은 20대 보호자의 전체 가입 건수 대비 3 ~ 6세 비중보다 3% 이상 높다.

TIP ④ 7 ~ 9세 보험 가입 건수에서 가장 큰 비중을 차지하는 건 20대 보호자(약 53%), 그 다음이 30대(약 39%)이다.
① 20대 비중은 전체 346건 중 196건으로, 약 56.7%이다.
② 전체 111건에서 7 ~ 9세 비중은 32.4%, 0 ~ 2세 비중은 27%이다.
③ 20 · 30대의 합은 54건, 40 · 50대의 합은 8건으로 20대와 30대 보호자의 10세 이상 보험 가입 건수가 월등히 많다.
⑤ 30대 보호자의 반려동물 3 ~ 6세 비중은 약 26.5%이며 20대 보호자의 반려동물 3 ~ 6세 비중은 23.4%이다.

Answer. 24.④ 25.④

| 26 ~ 27 | **다음은 최저임금제도에 대한 현황을 나타낸 표이다. 이어지는 물음에 답하시오.**

(단위 : 원, %, 천 명)

구분	2016년	2017년	2018년	2019년	2020년	2021년
시간급 최저시급	6,030	6,470	7,530	8,350	8,590	8,720
전년 대비 인상률(%)	8.1	7.3	㉠	10.9	㉣	1.5
영향률(%)	23.9	㉡	24	25.9	24.3	25.9
적용대상 근로자 수	18,510	18,734	19,240	㉢	21,678	21,453
수혜 근로자 수	4,420	4,366	4,625	5,376	5,264	5,546

※ 영향률 $= \frac{\text{수혜근로자수}}{\text{적용대상근로자수}} \times 100$, 최저임금 인상으로 수혜를 받을 것으로 추정되는 근로자 비율

26 제시된 표의 ㉠ ~ ㉣에 들어갈 알맞은 것은?

	㉠	㉡	㉢	㉣
①	16.4	23.3	20,757	2.9
②	16.4	24.3	20,757	2.9
③	17.4	23.3	20,687	1.9
④	17.4	24.3	20,687	1.9
⑤	18.4	23.5	20,557	1.9

TIP

구분	2016년	2017년	2018년	2019년	2020년	2021년
시간급 최저시급	6,030	6,470	7,530	8,350	8,590	8,720
전년 대비 인상률(%)	8.1	7.3	16.4	10.9	2.9	1.5
영향률(%)	23.9	23.3	24	25.9	24.3	25.9
적용 대상 근로자 수	18,510	18,734	19,240	20,757	21,678	21,453
수혜 근로자 수	4,420	4,366	4,625	5,376	5,264	5,546

㉠ 전년대비인상률(%) $= \frac{\text{해당연도시급} - \text{전년도시급}}{\text{전년도시급}} \times 100$이므로, 2018년 전년 대비 인상률은 $\frac{7,530 - 6,470}{6,470} \times 100 = 16.4$이다.

㉡ 영향률(%) $= \frac{\text{수혜근로자수}}{\text{적용대상근로자수}} \times 100$ 이므로, 2017년 영향률은 $\frac{4,366}{13,734} \times 100 = 23.3$이다.

㉢ 적용대상 근로자수 $= \frac{\text{수혜근로자수}}{\text{영향률}} \times 100$ 이므로, 2019년 적용 대상 근로자 수는 $\frac{5,376}{25.9} \times 100 = 20,757$이다.

㉣ 전년대비인상률(%) $= \frac{\text{해당연도시급} - \text{전년도시급}}{\text{전년도시급}} \times 100$이므로, 2020년 전년 대비 인상률은 $\frac{8,590 - 8,350}{8,350} \times 100 = 2.9$이다.

27 다음 중 자료의 내용과 일치하는 것을 모두 고른 것은?

㉠ 수혜 근로자 수는 2017년부터 계속해서 증가하고 있다.
㉡ 2015년 최저시급의 차이가 450원일 경우 전년 대비 인상률이 8% 이상이다.
㉢ 2022년 전년 대비 인상률이 가장 높아지기 위해서는 10,000원 이상이어야 한다.
㉣ 적용 대상 근로자 수가 가장 많이 증가한 시기는 2019년이다.

① ㉠, ㉡
② ㉡, ㉢
③ ㉡, ㉣
④ ㉡, ㉢, ㉣
⑤ ㉠, ㉡, ㉢, ㉣

TIP ㉡ 2015년의 시급은 5,580원으로, 인상률은 $\frac{6,030-5,580}{5,580}\times 100 = 8.064\cdots \fallingdotseq 8.1$으로 옳다.

㉣ 연도별 적용 대상 근로자 수(단위 : 천 명)

- 2017년 : 18,734 − 18,510 = 224
- 2018년 : 19,240 − 18,734 = 506
- 2019년 : 20,757 − 19,240 = 1,517
- 2020년 : 21,678 − 20,757 = 921
- 2021년 : 21,453 − 21,678 = −225

∴ 가장 많이 증가한 연도는 2019년이며 1,517,000명이다.

㉠ 수혜 근로자 수는 2018년 이후 2019년에 증가하다가 2020년에 감소한다.

㉢ 2018년의 인상률이 16.4%가장 높다. 따라서 2022년의 인상률이 가장 높아지기 위해서는

전년 대비 인상률(%) = $\frac{\text{해당연도시급}-\text{전년도시급}}{\text{전년도시급}}\times 100$ 에 대입하였을 때, x는 2022년도 시급이다.

$$16.5 = \frac{x-8,720}{8,720}\times 100$$

$$x = \frac{8,720\times 16.5}{100} + 8,720 = 10,158.8 \fallingdotseq 10,160$$원 '정도이다.

Answer. 26.① 27.③

28 다음은 유통업체 A ~ F의 계약직 간접 고용 현황에 관한 자료이다. 〈보기〉 중 옳은 것을 모두 고르면?

〈유통업체 A ~ F의 계약직 간접 고용 현황〉

(단위 : 명, %)

유통업체	사업장	업종	계약직 간접 고용 수(비율)
A	가	은행	384(70.2)
	나	은행	306(29.5)
B	다	마트	269(36.6)
	라	은행	256(19.8)
C	마	마트	694(34.3)
	바	마트	433(41.1)
D	사	은행	718(48.3)
	아	마트	316(22.6)
E	자	마트	619(73.7)
	차	마트	557(57.2)
F	카	은행	944(90.5)
	타	은행	612(32.6)

※ 계약직 간접 고용 비율(%) = $\frac{\text{계약직 간접 고용 인원}}{\text{계약직 간접 고용 인원} + \text{계약직 직접 고용 인원}} \times 100$

〈보기〉

㉠ 계약직 직접 고용 인원은 '타'가 '사'의 5배 이상이다.
㉡ 유통업체 계약직 간접 고용 비율은 E가 B보다 높다.
㉢ 은행의 계약직 간접 고용 인원은 마트보다 2배 이상 많다.
㉣ 계약직 간접 고용 비율이 가장 높은 사업장과 가장 낮은 사업장의 직접 고용 인원의 합은 1,000명 이상이다.

① ㉠, ㉢
② ㉡, ㉢
③ ㉡, ㉣
④ ㉠, ㉡, ㉢
⑤ ㉡, ㉢, ㉣

TIP ㉡ 유통업체 E가 B보다 16.3% 더 높다.

- 계약직 간접 고용 유통업체 B의 계약직 직접 고용 인원
  - 다 : $269 \times (\frac{100}{36.6} - 1)$ =약 466명
  - 라 : $256 \times (\frac{100}{19.8} - 1)$ = 약 1,037명
- 계약직 간접 고용 유통업체 E의 계약직 직접 고용 인원

- 자 : $619 \times (\frac{100}{73.7} - 1)$ = 약 221명

- 차 : $557 \times (\frac{100}{57.2} - 1)$ = 약 417명

• 유통업체 B와 E의 간접 고용 비율

- B : $\frac{269 + 256}{269 + 466 + 256 + 1,037} \times 100$ = 약 26(%)

- E : $\frac{619 + 557}{619 + 221 + 557 + 417} \times 100$ = 약 64.8(%)

㉣ 계약직 간접 고용 비율이 가장 높은 사업장 '카'와 가장 낮은 사업장 '라'의 직접 고용 인원의 합을 구하면,

• 카 : $944 \times (\frac{100}{90.5} - 1) = 99$명(명)

• 라 : $256 \times (\frac{100}{19.8} - 1) = 1,037$(명)

∴ 99 + 1,037 = 1,136(명)

㉠ '사'의 직접 고용 인원 = $718 \times (\frac{100}{48.3} - 1)$ =약 769(명)

'타'의 직접 고용 인원 = $612 \times (\frac{100}{32.6} - 1)$ =약 1,265(명)

'타'가 '사'의 5배 이상이 되려면 3,845(명)이 되어야 하므로 5배 미만이다.

㉢ 마트의 계약직 간접 고용 총 인원은 2,888명이고 은행의 계약직 간접 고용 총 인원은 3,220명이므로 1.5배 미만이다.

Answer. 28.③

29 외환사업부서는 직원들에게 설 선물세트를 주려고 한다. 다음의 자료를 보고 해당 부서가 지불해야 하는 총 비용을 고르시오.

〈설 선물세트 선호도 조사〉

구분	개당 가격	수요
한과	10만 원	5명
보리굴비	15만 원	11명
한돈	11만 원	8명
한우	15만 원	14명
곶감	13만 원	4명
꿀	12만 원	3명

※ 1) 수요 인원 5명마다 해당 선물세트의 가격 할인율은 4%씩 증가한다. 단, 5명 미만은 해당되지 않는다.
2) 위 조건이 반영되었을 경우 구매 가격이 70만 원 이상인 경우 추가로 3%를 할인해준다.

① 5,525,956원
② 5,589,331원
③ 5,654,800원
④ 5,696,800원
⑤ 5,726,316원

TIP ① 선물세트별 비용은 다음과 같다.

㉠ 한과 : 100,000 × 5 × 0.96 = 480,000(원)

㉡ 보리굴비 : 150,000 × 11 × 0.92 = 1,518,000(원)
700,000원 이상이므로 3% 추가 할인되어 1,518,000 × 0.97 = 1,472,460(원)

㉢ 한돈 : 110,000 × 8 × 0.96 = 844,800(원)
700,000원 이상이므로 3% 추가 할인되어 844,800 × 0.97 = 819,456(원)

㉣ 한우 : 150,000 × 14 × 0.92 = 1,932,000(원)
700,000원 이상이므로 3% 추가 할인되어 1,932,000 × 0.97 = 1,874,040(원)

㉤ 곶감 : 140,000 × 4 = 520,000(원)

㉥ 꿀 : 120,000 × 3 = 360,000(원)

∴ 480,000 + 1,472,460 + 819,456 + 1,874,040 + 520,000 + 360,000 = 5,525,956(원)

▌25 ~ 26▐ 다음은 2월 19 ~ 20일 환전 고시 환율이다. 이어지는 물음에 답하시오.

(단위 : 원)

날짜	통화	매매기준율	현찰		송금	
			사실 때	파실 때	보내실 때	받으실 때
2월 19일	미국USD(달러)	1,186.00	1,206.75	1,165.25	1,197.60	1,174.40
	유럽연합EUR(유로)	1,342.55	1,369.26	1,315.84	1,355.97	1,329.13
	일본JPY(100엔)	1,044.48	1,055.44	1,030.41	1,053.27	1,048.34
	중국CNY(위안)	185.56	194.83	176.29	187.41	183.71
2월 20일	미국USD(달러)	1,185.50	1,207.69	1,194.31	1,198.19	1,184.22
	유럽연합EUR(유로)	1,344.52	1,370.38	1,326.74	1,341.85	1,327.39
	일본JPY(100엔)	1,044.61	1,062.89	1,026.33	1,054.80	1,034.38
	중국CNY(위안)	185.56	193.71	174.28	189.11	184.16

30 **고객이 2월 19일에 원화 통장으로 미국에서 5천 달러를 송금 받고, 같은 통장에서 2월 20일에 일본으로 엔화 90,000엔을 송금하고자 한다. 송금 후 고객의 통장에 남아 있는 금액은? (단, 송금 전 통장은 0원이며 수수료는 고려하지 않는다.)**

① 4,924,057원　　② 4,922,680원

③ 5,013,462원　　④ 5,014,660원

⑤ 5,021,369원

TIP ② 2월 19일 통장으로 달러화를 송금 받을 경우 환율은 1달러에 1,174.40원이다. 따라서 5천 달러를 송금 받는다면 5,000 × 1,174.40 = 5,872,000(원)이 입금된다. 이어 2월 20일에 엔화를 송금할 경우 100엔 기준으로 1,054.80원이다. 따라서 엔화를 송금한다면 900 × 1,054.80 = 949,320(원)을 보내야 한다.
∴ 5,872,000 − 949,320 = 4,922,680(원)

31 **박 대리는 2월 20일 원화 통장으로 유로화 3,000유로를 송금받았다. 이를 원화로 환전하여 출금할 수 있는 금액은? (단, 수수료는 고려하지 않는다.)**

① 3,495,750원　　② 3,552,660원

③ 3,980,220원　　④ 3,982,170원

⑤ 4,012,610원

TIP ③ 수수료는 고려하지 않으므로 3,000유로를 출금할 수 있다. 2월 20일 팔 때의 환율은 1유로에 1,326.74원이므로 3,000 × 1,326.74 = 3,980,220(원)을 출금할 수 있다.

Answer. 29.① 30.② 31.③

32 N사 신입행원 채용 과정에서 지원자 전체의 15%만이 2차 필기시험을 치렀다. 1차 서류전형을 통과한 남녀 비율이 2 : 3이고 2차 필기시험을 통과한 남녀의 비율이 4 : 6이다. 2차 필기시험을 통과한 합격자가 180명이라고 할 때 필기시험에 합격한 여자 지원자의 수는 몇 명인가?

① 72명
② 94명
③ 101명
④ 108명
⑤ 116명

TIP ④ 2차 필기시험 합격자가 총 180명이며 필기시험을 통과한 남녀의 비율이 4 : 6이라고 했으므로,

2차 필기시험 합격 여자 지원자 수 $= 180 \times \frac{6}{4+6} = 108$(명)

∴ 108명

33 연말을 맞이하여 N사에서는 뮤지컬 단체 관람을 준비했다. 직원들의 편의를 위해 회사에서부터 공연장까지 단체 버스를 운행하려고 할 때, 14시 30분에 직원을 픽업할 수 있는 버스는 최소 몇 대가 필요한가? (단, 버스 한 대당 60명씩 태울 수 있다)

〈공연 관람 시간〉

공연 관람 시간	전체 직원 대비 비율(%)
13시	20
15시 30분	35
18시	20
21시 30분	25

※ 1) 전체 직원 수는 560명이다.
2) 관람 시간 1시간 전에 직원들을 픽업할 수 있다.

① 2대
② 3대
③ 4대
④ 5대
⑤ 6대

TIP ③ 관람 시간 한 시간 전에 직원들을 픽업할 수 있다고 했으므로 14시 30분에 픽업하는 버스는 15시 30분 공연을 관람하는 직원들이다. 15시 30분 공연 관람 직원 수를 구하면, $560 \times \frac{35}{100} = 196$(명)이다. 버스 한 대당 50명씩 태울 수 있다고 했으므로 최소 4대가 필요하다.

34 다음은 하루특가로 판매 중인 상품이다. 甲과 乙의 총결제 금액으로 옳은 것은?

〈하루특가 판매 상품〉

상품	가격(무게)	비고
한우 1++ 등급 등심	29,900원(300g)	선착순 300명 10% 할인
사과	15,800원(5kg)	10kg 이상 주문 시 2,000원 할인
수제 떡갈비	22,000원(120g × 5개)	선착순 500명 5% 할인
한라봉	19,000원(1.8kg)	3kg 이상 주문 시 1,500원 할인
감말랭이	23,800원(1.6kg)	2kg 이상 주문 시 2,000원 할인
단감	21,900원(5kg)	−

※ 1) 기본 배송비는 3,000원, 산간지역은 6,000원
2) N카드 결제 시 5% 추가 할인
3) 100,000원 이상 주문 시 무료 배송

〈보기〉

- 甲은 사과 10kg, 한라봉 1.8kg를 주문하였다. 그리고 수제 떡갈비를 구매하였는데 선착순 200등 안에 들었다.
- 乙은 감말랭이 1.6kg와 단감 5kg, 한우 등심 600g을 N카드로 결제하였다.

	甲	乙
①	69,500원	100,220원
②	69,500원	100,550원
③	72,500원	100,250원
④	72,500원	100,550원
⑤	72,500원	100,225원

TIP ㉠ 甲 총결제 금액 : (31,600 − 2,000) + 19,000 + (22,000 × 0.95) + 3,000 = 72,500(원)
㉡ 乙 총결제 금액 : 23,800 + 21,900 + 59,800 = 105,500(원)에서 N카드로 결제 시 5% 추가 할인된다.
105,500 × 0.95 = 100,225(원)

Answer. 32.④ 33.③ 34.⑤

35 A기업에서 고객에게 배부할 기념품을 제작하려고 한다. 제작하는 기념품의 총 제작비용을 구하면?

〈신년 기념품〉

구분	수량(1인 기준)	개당 제작비용	비고
마스코트 인형	1개	5,000원	–
다이어리	1개	3,000원	예상 인원의 10% 여유분 준비
우산	1개	5,000원	
수건	2매	1,000원	
3색 볼펜	1개	500원	예상 인원의 20% 여유분 준비

※ 수령 예상 인원 300명

① 4,567,000원
② 4,669,000원
③ 4,965,000원
④ 4,974,600원
⑤ 4,980,000원

TIP ㉠ 마스코트 인형 : 5,000(원) × 300(개) = 1,500,000(원)
㉡ 다이어리 : 3,000(원) × 330(개) = 990,000(원)
㉢ 우산 : 5,000(원) × 330(개) = 1,650,000(원)
㉣ 수건 : 1,000(원) × 660(개) = 660,000(원)
㉤ 3색 볼펜 : 500(원) × 360(개) = 180,000(원)
∴ 1,500,000 + 990,000 + 660,000 + 1,650,000 + 180,000 = 4,980,000(원)

36 다음 자료를 보고 유추했을 때 김 대리와 한 대리의 점수의 합은?

N사는 매년 인사평가로 팀 평가를 실시한다. IT전략본부의 甲 팀장은 팀원에 대해 25점 만점을 기준으로 평가 점수를 부여하였다.
㉠ 김 대리는 22점이다.
㉡ 정 대리와 한 대리의 점수 합은 김 대리와 동일하다.
㉢ 이 대리는 김 대리보다 5점이 적다
㉣ 김 대리와 이 대리의 점수 차보다 정 대리와 한 대리의 점수 차가 1점 더 크다.
㉤ 정 대리 점수가 한 대리보다 크며, 네 사람의 점수 합은 61점이다.

① 30점
② 32점
③ 35점
④ 36점
⑤ 39점

TIP ① 김 대리 점수를 ⓐ, 이 대리 점수를 ⓑ, 정 대리 점수를 ⓒ, 한 대리 점수를 ⓓ라고 할 때
㉠에 의해 ⓐ = 22
㉡에 의해 ⓒ + ⓓ = 22, ⓒ = 22 − ⓓ
㉢에 의해 22 − 5 = ⓑ, ⓑ = 17
㉣에 의해 ⓒ − ⓓ = 6
(22 − ⓓ) − ⓓ = 6
22 − 2ⓓ = 6
2ⓓ = 16
ⓓ = 8
ⓒ = 14
∴ 22(김 대리 점수) + 8(한 대리 점수) = 30(점)

Answer. 35.⑤ 36.①

37 다음은 지점별 과일 가격할인율과 할인 시간에 관한 자료이다. 〈표〉에 대한 내용으로 옳은 것을 〈보기〉에서 모두 고르면?

〈표 1〉 지점별 과일 가격 할인율

구분	사과	딸기	바나나	샤인머스캣
A지점	50%	40%	50%	60%
B지점	60%	60%	80%	60%
C지점	70%	80%	50%	60%

〈표 2〉 과일 가격 할인 시간

구분	월	화	수	목	금
사과	13 : 00 ~ 16 : 00	15 : 00 ~ 18 : 00	–	15 : 00 ~ 17 : 00	16 : 00 ~ 18 : 00
딸기	13 : 00 ~ 16 : 00	–	13 : 00 ~ 15 : 00	–	18 : 00 ~ 20 : 00
바나나	16 : 00 ~ 17 : 00	14 : 00 ~ 16 : 30	–	15 : 30 ~ 17 : 30	17 : 00 ~ 19 : 00
샤인머스캣	17 : 00 ~ 20 : 00	–	13 : 00 ~ 15 : 00	14 : 00 ~ 16 : 00	13 : 00 ~ 15 : 30

〈보기〉

- 甲 : 18시 퇴근 후 딸기를 싸게 사려면 금요일에 들려야겠다.
- 乙 : 샤인머스캣이랑 바나나를 한 번에 싸게 사려면 수요일과 목요일 13시에 가야겠네.
- 丙 : 학원이 17시에 끝나는데…. 바나나를 싸게 사려면 목요일과 금요일뿐이네.
- 丁 : 모든 과일을 할인된 가격으로 사고 싶으면 최소 이틀은 마트에 들려야 하네.

① 甲, 乙

② 甲, 丙

③ 乙, 丙

④ 乙, 丁

⑤ 丙, 丁

TIP ㉠ 乙 : 샤인머스캣과 바나나를 한 번에 싸게 사려면 목요일 15시 30분에 가야 구입할 수 있다.
㉡ 丁 : 모든 과일을 할인된 가격으로 사고 싶으면 월요일 또는 금요일 하루만 마트에 들려도 된다.

38 **다음은 정보검색연산자에 관한 설명이다. 〈보기〉에서 필요한 자료를 검색하기 위해 김 사원이 사용할 검색 조건으로 옳은 것은?**

> 정보검색연산자는 검색과 관련이 있는 두 개 이상의 단어를 조합하여 키워드로 사용할 때를 말한다. 단, 정보검색연산자를 사용할 때는 대문자와 소문자의 구분이 없으며 앞뒤로 반드시 공백(Space)을 넣어주어야 한다.

기호	연산자	검색 조건
* &	AND	두 단어가 모두 포함된 자료 검색 예) 수도권 and 서울, 수도권 * 서울
|	OR	두 단어가 모두 포함되거나 하나만 포함된 자료 검색 예) 수도권 or 서울, 수도권 | 서울
– !	NOT	'–', '!' 다음에 오는 단어는 포함하지 않는 자료 검색 예) 수도권 not 서울, 수도권 ! 서울
~ near	인접검색	앞뒤 단어가 가깝게 인접해 있는 자료 검색 예) 수도권 near 서울

〈보기〉

강 부장 : 김 사원, 이번 보고서에는 한국형 스마트팜에 대해 다룰 예정인데 혹시 관련된 자료를 가지고 있나?

김 사원 : 아뇨, 부장님. 이전에 관련 주제를 다룬 적이 없어서 새로 찾아봐야 할 것 같습니다.

강 부장 : 리서치에 시간이 좀 걸리겠군. 이번에는 우수 사례를 중점적으로 다룰 건데, 전북 진안에 대해서만 상세히 분석하려고 해. 다른 지역과 혼재되지 않도록 주의하고…. 특히 충북 청주에 대한 내용은 따로 준비하고 있으니 더욱 각별히 주의하자고.

김 사원 : 네, 알겠습니다.

① '한국형 스마트팜 near 충북 청주 * 전북 진안'

② '한국형 스마트팜 or 충북 청주'

③ '한국형 스마트팜 and 전북 진안 * 충북 청주'

④ '한국형 스마트팜 ! 전북 진안'

⑤ '한국형 스마트팜 * 전북 진안', '한국형 스마트 팜 ! 충북 청주'

TIP ⑤ '한국형 스마트팜'과 '전북 진안'을 반드시 포함해야 하며 '충북 청주'는 제외해야 하므로 '한국형 스마트팜'과 '전북 진안'은 검색기호 *(&)를 사용하고 '충북 청주'는 '–(!)'를 사용해야 한다.

Answer. 37.② 38.⑤

▌39 ~ 40 ▌ N사에서는 대학생을 대상으로 팜스테이 광고 공모전을 주최하려고 한다. 이어지는 물음에 답하시오.

〈참가 대학〉

대학교	참가번호
A	101101가03
B	101102라09
D	112903아02
G	102904라08
H	120605가02
K	111806바01
O	121107다06
S	112808나05

〈참가 번호 부여 기준〉

참가신청 일자 – 대학교 번호 – 학과 코드 – 신청 순서

참가 신청	대학교 번호		학과 코드		신청 순서
월일 예) 0921 : 9월 21일 참가 신청	A	01	가	경영학과	• 01부터 시작하여 순서대로 번호 부여 • 참가 신청 일자에 따라 번호 부여
	B	02	나	디자인과	
	D	03	다	관광학과	
	G	04	라	신문방송학과	
	H	05	마	철학과	
	K	06	바	미디어학과	
	O	07	사	광고홍보학과	
	S	08	아	영화예술학과	

예) 092104마03 → 9월 21일에 G대학의 철학과가 3번째로 신청
101308아02 → 10월 13일에 S대학의 영화예술학과가 2번째로 신청

39 공모전에 참가하는 S대학에 대한 설명으로 옳은 것은?

① 2월 8일에 참가 신청을 하였다.
② 8번째로 참가 신청을 하였다.
③ 디자인과 학생들이 5번째로 신청하였다.
④ 신문방송학과 학생들이 신청하였다.
⑤ 신청 순서는 무작위로 부여되었다.

TIP ③ 112808나05 → 11월 28일에 S대학의 디자인과 학생들이 5번째로 신청

40 D대학과 같은 달에 참가 신청을 한 대학 팀은 몇 개인가?

① 1팀
② 2팀
③ 3팀
④ 4팀
⑤ 5팀

TIP ② D대학은 11월 29일에 참가 신청을 했으며 같은 달에 참가 신청을 한 대학 팀은 K대학과 S대학 2팀이다.

41 〈보기〉는 암호 구성의 기본적 작동원리이다. 이를 참고하여 'VERY'를 암호화하면?

〈보기〉

알파벳을 3 × 9표로 나누고, 행번호와 열 번호로 조합한다. 단, 대소문자의 구분은 없다. 예를 들면 a는 1행 1열로 11, s는 1행 7열로 17, w는 2행 8열로 28이 된다.

① 12831423
② 13142139
③ 14223133
④ 18223619
⑤ 17362513

TIP ④ 3 × 9표로 나누었을 때 'V'는 1행 8열, 'E'는 2행 2열, 'R'는 3행 6열 'Y'는 1행 9열이다.

Answer. 39.③ 40.② 41.④

42 A사는 자사에서 생산하는 전자 센서 모듈에 대해 다음과 같은 방식으로 모델번호를 부여하고 있다. 제시된 방식에 따라 터치 기능이 있는 적외선 거리센서의 모델번호로 옳은 것은?

모델번호 부여 방식

모델번호 순서
T 03 M IR F 0023
㉠ ㉡ ㉢ ㉣ ㉤ ㉥

㉠ 센서 종류	S : 거리 센서 T : 온도 센서 P : 압력 센서	㉡ 감지 범위	전면 두 자리 예 : 240cm → 24 90cm → 09
㉢ 기능 옵션	N : 기본 기능 T1 : 터치 기능 M : 멀티 기능	㉣ 감지 방식	IR : 적외선 방식 UV : 자외선 방식 RF : 무선방식
㉤ 외장사양	F : 플라스틱 프레임 M1 : 금속 프레임	㉥ 일련번호	생산 순으로 4자리 부여

① T30NIRM11123
② T30NUVF2012
③ S30T1IRM10532
④ S30MRFM12031
⑤ S30T1RFF1123

TIP ㉠ S → 거리 센서
㉡ 30 → 임의 감지 범위
㉢ T1 → 터치 기능
㉣ IR → 적외선 감지
㉤ M1 → 임의 프레임
㉥ 0532 → 임의 일련번호
따라서 S30T1IRM10532가 적절하다.

43 입사일이 2021년 11월 2일인 직원의 오늘까지의 근속 일수를 구하려고 할 때 적절한 수식으로 옳은 것은?

① =TODAY()-DAY(2021,11,02)
② =TODAY()-TIMES(2021,11,02)
③ =TODAY()-DATE(2021,11,02)
④ =DAY(02,11,2021)-TODAY()
⑤ =DATE(02,11,2021)-TODAY()

TIP ③ TODAT()는 현재 시스템의 날짜를 반환하며 DATE(연,월,일)은 연, 월, 일에 해당하는 날짜 데이터는 반환한다. 따라서 오늘까지의 근속 일수를 구하려면 '=TODAY()-DATE(2021,11,02)' 수식이 적절하다.

44 다음은 2021년도 상반기 부서 발령 명부이다. 인사팀 함 대리가 개인정보보호를 위해 주민등록번호 뒷자리를 *로 바꾸려고 할 때 옳은 수식은?

	A	B	C	D	E
1	2021년도 상반기 부서 발령 명부				
2	구분	성명	주민등록번호	발령 예정일	부서
3	1	강송이	980619-2224312	2021-04-01	마케팅전략부
4	2	정두정	970316-1349651	2021-04-01	기업고객부
5	3	김하나	970218-2018934	2021-04-01	기업고객부
6	4	박국경	960630-2789571	2021-04-01	디지털전략부
7	5	한다영	950715-2024567	2021-04-01	디지털전략부
8	6	지민아	971129-1159314	2021-04-01	IT기획부
9	7	전석희	960508-1647897	2021-04-01	IT금융부
10	8	박태한	950421-1675783	2021-04-01	마케팅전략부
11	9	강세경	970322-2689457	2021-04-01	인사부
12	10	박세민	960111-1033412	2021-04-01	인사부

① =REPLACE(C3, 8, 7, "*******")

② =REPLACE(C3, 9, 6, "******")

③ =TEXT(C3, 8, 7, "*******")

④ =TEXT(C3, 9, 6, "******")

⑤ =FIND(C3, 9, 6, "******")

TIP ① =REPLACE(기존 데이터, 시작점, 개수, 새로운 데이터)는 기존 데이터의 시작부터 지정한 개수만큼 새로운 데이터로 변경하는 함수로 주민등록번호 뒷자리를 변경할 때 가장 적절하다.

∴ REPLACE(C3 ,8, 7, "*******")

Answer. 42.③ 43.③ 44.①

45 **인사 담당자 김 대리는 최종 선발을 앞두고 지원자 A 씨가 작년에 음주운전 교통사고로 인해 집행유예 6개월을 선고받은 사실을 알게 되었다. 채용 규정에 따라 A 씨의 채용 취소 사유를 써낼 때 ㉠ ~ ㉤ 중 해당하는 사유는?**

〈상반기 신입사원 채용 안내문〉

1. 채용 분야 및 인원
   - 일반(지역단위) : 지역별 10명
   - IT(전국단위) : 전산 13명, 기술 5명
2. 지원 자격
   - 학력 및 전공 : 제한 없음
   - 연령 및 성별 : 제한 없음
   - 병역 : 남자의 경우 병역필 또는 면제자
   - 당사 내규상의 신규채용 결격사유가 없는 자
3. 신규 채용 결격 사유
   - 피성년후견인 · 피한정후견인 · 피특정후견인
   - ㉠ 파산자로서 복권되지 아니한 자
   - ㉡ 금고 이상의 형을 선고 받고 그 집행이 종료되거나 집행을 받지 아니하기로 확정된 후 3년이 경과되지 아니한 자
   - ㉢ 금고 이상의 형을 선고 받고 그 집행유예의 기간이 만료된 날부터 1년이 경과되지 아니한 자
   - ㉣ 금고 이상의 형의 선고유예를 받고 그 선고유예기간 중에 있는 자
   - ㉤ 징계 해직의 처분을 받고 2년이 경과되지 아니한 자
   - 법원의 판결 또는 법률에 의하여 자격이 상실 또는 정지된 자
   - 병역의무를 기피 중인 자
   - 부정한 채용 청탁을 통해 합격된 사실이 확인된 자
   - 그 외 채용 전 파렴치 범죄, 폭력 및 경제 관련 범죄, 기타 불량한 범죄를 범하여 직원으로 부적당하다고 인정되는 자
4. 전형 절차

단계	구분	문항 수	시간	비고
2차 필기	인 · 적성평가	객관식 325문항	45분	-
	직무능력평가	객관식 50문항	70분	-
	직무상식평가	객관식 30문항	25분	-
3차 면접	집단 면접	-	-	5 ~ 6명이 1조를 이루어 多대多 면접으로 진행
	토의 면접	-	-	주어진 주제 및 상황에 대하여 지원자 간, 팀 간 토의 형식으로 진행

※ 상기 내용은 일부 변경될 수 있음

① ㉠
② ㉡
③ ㉢
④ ㉣
⑤ ㉤

TIP A 씨의 경우 작년 기준으로 집행유예 6개월을 선고 받았으나 만료된 날짜로부터 1년이 경과하지 않았으므로 ㉢에 해당한다.

| 46 ~ 47 | 다음의 회의록을 읽고 물음에 답하시오.

<table>
<tr><td rowspan="2">서울시</td><td colspan="2">회의록</td><td>회의일자</td><td>2021. 11. 7.</td></tr>
<tr><td>사업명</td><td>공간정보 플랫폼 고도화 구축 사업</td><td>문서번호</td><td>회의록_1107_01</td></tr>
</table>

<table>
<tr><td>회의명</td><td>온라인 시민참여단 오프라인 간담회</td><td>장소</td><td>서울시 소서문별관 1관 3층 회의실</td></tr>
<tr><td>작성자</td><td>김OO</td><td>회의시간</td><td>19 : 00 ~ 21 : 00</td></tr>
<tr><td>참석자</td><td colspan="3">A시 공무원 : 송OO 팀장, 이OO 주무관
온라인 시민참여단 : 유미O, 김미O, 박강O, 김미O, 이O, 김치O, 김누O, 심준O, 류영O, 김의O
수행사 : 김OO(홍보담당자)</td></tr>
</table>

〈회의안건〉

- 공간정보 플랫폼 설명 및 온라인 시민참여단 활동 방안
- 공간정보 플랫폼 운영을 위한 간담회 : 추천 테마 / 홍보 / 개선사항 등

〈회의내용〉

1. A시형 지도태깅 공유마당의 목적 및 방향성

[이 O] 지도태깅 공유마당의 목적이 불분명함

[수행사] 목적은 '지도를 통한 소통'을 하는 것이었음. 현재 '보는 지도 또는 만드는 지도'에 대한 방향성을 지속적으로 고민 중임

[이 O] 보는 지도의 경우 사기업에서 이미 하고 있기 때문에 지도를 만드는 것으로 목적을 잡는 게 좋을 것 같음

[유미O] 만드는 지도, 보는 지도의 구분이 모호함. 만드는 지도라고 해도 '검색' 등 보는 사람 위주의 인터페이스가 필요함

[수행사] 공간정보 플랫폼의 방향성에 대해 분석하고 기획하는 사업계획이 잡혀 있기 때문에, 내년에는 공간정보 플랫폼의 목적 및 방향성이 명확하게 될 것으로 생각됨

2. A시형 지도태깅 공유마당 개선 방향

1) 사용 가이드 강화

[이 O] 가이드가 없어 사용하기 어려움. 기능은 많은 것 같지만 이용하기 어려워 해당 기능을 사용할 수 없음. 특히 테마나 콘텐츠를 등록하기 위해서는 로그인, 시민테마 이동 등을 해야 하는데 그러한 가이드가 없어 자신만의 정보를 등록할 수 있다는 것을 알기 어려움

[김미O] 가이드가 제공되고 있으나 숨어 있는 느낌임. 사용자가 쉽게 찾을 수 있도록 제공하는 것이 중요함

[심준O] 처음 방문객을 위해 쉽게 사용할 수 있도록 '앱의 따라하기'와 같은 가이드가 필요함

[수행사] 도시생활지도 가이드를 시작으로 체계적인 가이드를 제작하여 배포하도록 하겠음

2) 공유마당 개선 사항

[박강O] 작은 시스템적인 오류가 있음(이미지 중복 등록 / 폴리라인 끊김 등). 콘텐츠를 등록할 때 기등록되어 있는 다른 테마의 정보를 가져와 등록할 수 있는 기능이 있으면 편리할 것 같음. 지도 레퍼런싱을 하는 데 어려움이 있음. 이미지 지도를 레퍼런싱할 수 있는 기능이 강화되었으면 좋겠음. 시민 테마는 서브 카테고리를 추가할 수 없는데 이 부분이 개선되었으면 좋겠음

[수행사] 지도 레퍼런싱의 경우 올해 일반 사용자도 이미지 지도를 타일로 만들 수 있는 기능을 제공할 예정이었지만 전문가와 비전문가의 활용도를 구분할 필요가 있는 부분이 어려움. 올해 시민테마도 서브 카테고리를 등록할 수 있는 기능 구현 예정

Answer. 45.③

[이　O] 전공자 중심의 맵핑과 일반 사용자 중심의 맵핑으로 구분되면 좋을 것 같음
[김미O] 배경지도를 다양한 지도앱에서 선택하면 좋을 것 같음
[수행사] 지도앱별로 지도의 좌표 체계가 다르기 때문에 배경지도로 적용하기에는 어려움이 있음
[박강O] 길 정보에서 선의 방향성에 대한 표출이 있었으면 좋겠음
[수행사] 지도의 시각화가 지속적으로 개발할 예정이며, 선의 방향성은 내년 적용 예정임

3) 공유마당 UI / UX

[심준O] 좌측 테마 선택창의 아이콘이 너무 많아 원하는 정보를 찾기 어려움. 검색을 통해 쉽게 테마에 접근할 수 있는 구성이 필요함
[이　O] 정보 배열 등의 기능 정리가 필요함
[류영O] 시민이 가입할 때 관심 분야를 설정할 수 있으면 자신이 원하는 정보를 얻을 수 있어 테마에 대한 접근성이 높아질 것 같음
[수행사] 현재 운영되는 테마가 너무 많다 보니 테마를 보기 어려운 것이 사실이며, 이를 보완하기 위해 서비스하는 것이 '테마 갤러리'임. 내년에는 방향성 설정을 통해 접근성을 향상시키는 방안을 모색할 예정임
[이　O] 등록 버튼만 첫 화면에 나와 있어도 시민이 직접 지도를 만들 수 있다는 점이 보여 좋을 것 같음.
[박강O] 지도 만들기 버튼이 밖으로 나왔으면 좋겠음

3. 홍보

[김치O] 꾸준히 알리는 것이 중요할 것 같음
[김누O] 시민이 참여할 수 있다는 의도가 무척 좋은데 접근성이 약해 홍보가 되지 않는 것 같음. 포탈 검색 등을 이용하여 접근성이 조금 더 좋아졌으면 좋겠음
[박강O] 포털사이트에 연계 검색 홍보가 좋지 않을까?
[수행사] 포털사이트에서 검색시 A시 홈페이지로 검색되어 현실적으로 어려움
[유미O] 시민참여단 전용 SNS를 운영하면 좋을 듯함
[수행사] 블로그는 현실적으로 운영이 어렵고 SNS를 운영할 예정임

〈핵심내용 진행 예정사항〉

1. 사용 가이드의 강화
  1) 도시생활지도 가이드 제작 및 배포 : 2021년 12월
  2) 사이트 내 가이드 강화 : 2021년 12월
2. 기능 개선
  1) 지도 레퍼런싱 : 2021년 12월 이미지 지도 타일화 기능 제공(단, 일반 시민은 신청을 통해 사용 가능)
  2) 시민 테마 서브 카테고리 적용 : 2021년 12월 적용 및 서비스 예정
  3) 테마 표출 형식 변경 : 방향성 설정 후 개선 예정
  4) 등록 버튼 메인 표출 : 등록 프로세스 변경이 이루어져야 하기 때문에 내년에 적용 예정
3. 홍보
  1) 도시생활지도 가이드북을 시작으로 지속적인 가이드 및 홍보 예정
  2) 공간정보 플랫폼은 SNS 홍보 예정

46 회의록의 내용을 잘못 이해한 사람은?

① 갑 : 만드는 지도와 보는 지도의 구분이 모호하고 보는 지도는 참신함이 없다.

② 을 : 가이드가 필요해 보이며 도시생활지도 가이드가 제일 먼저 나올 것이다.

③ 병 : 길 정보에서 선에 대한 방향성이 표출되는 기능은 현재 없다.

④ 정 : 가입자의 관심 분야를 설정할 수 있는 것에 접근성이 탁월하다.

⑤ 무 : 시민참여단 전용 SNS가 운영될 예정이다.

TIP ④ 개선 방향의 공유마당 UI/UX를 보면 “시민이 가입할 때 관심분야를 설정할 수 있으면 자신이 원하는 정보를 얻을 수 있어 테마에 대한 접근성이 높아질 것 같다”고 발언하였고, 수행사는 내년 접근성을 향상할 방안을 모색할 예정이라고 하였으며 정은 회의록을 잘못 이해하였다.

① 회의록 초반인 목적 및 방향성에서 만드는 지도와 보는 지도의 구분이 모호하며 보는 지도는 이미 사기업에서 하고 있다고 언급되어 있다.

② 개선 방향에서 사용 가이드 강화 부분에는 가이드가 제공되고 있으나 사용자가 쉽게 찾을 수 없다는 지적이 있고 수행사는 도시생활지도 가이드를 시작으로 체계적인 가이드를 제작하여 배포하겠다고 밝혔다.

③ 공유 마당 개선 사항에서 길 정보에서 선에 방향성에 대한 표출이 있었으면 좋겠다는 의견이 있었고 내년 적용한다고 하였으므로 병은 바르게 이해하였다.

⑤ 시민참여단 전용 블로그나 SNS를 운영하면 좋겠다는 의견에 대하여 블로그는 현실적으로 운영이 어렵고 SNS는 운영 예정이라고 답변하였으므로 무는 바르게 이해하였다.

47 다음 회의에 준비해야 할 것으로 옳지 않은 것은?

① 도시생활지도 가이드 시안 준비

② 이미지 지도 타일화 기능 시연

③ 다양한 지도앱에서 배경지도를 선택

④ 등록 프로세스 변경 계획(안)

⑤ 시민 테마 서브 카테고리 준비

TIP ③ 공유마당 개선사항에서 배경지도를 다양한 지도앱에서을 선택할 수 있으면 좋겠다는 의견이 있었다. 수행사는 좌표 체계가 다르기 때문에 배경지도로 적용하기에 어렵다고 하였으므로, 지도앱의 선택기능 개발은 회의록과 맞지 않는다.

① 핵심내용 진행 예정 사항으로 도시생활지도 가이드 제작 및 배포가 예정되어 있으므로 다음 회의 때 시안을 준비해야 한다.

② 이미지 지도 타일화 기능 제공이 예정되어 있으므로 다음 회의에는 해당 기능 시연을 해야 한다.

④ 등록 버튼 메인 표출을 하기 위해서는 먼저 등록 프로세스 변경이 이루어져야 하므로 이에 대한 절차를 진행해야 한다.

⑤ 시민 테마 서브 카테고리를 적용해야 하므로 사전에 준비해야 한다.

Answer. 46.④ 47.③

48 **다음은 OO농산물품질관리원에서 연구한 정책보고서의 내용이다. 이 글을 근거로 판단할 때, 일반적으로 종자 저장에 가장 적합한 함수율을 가진 원종자의 무게가 10g이면 건조 종자의 무게는 얼마인가?**

채종하여 파종할 때까지 종자를 보관하는 것을 '종자의 저장'이라고 하는데, 채종하여 1년 이내 저장하는 것을 단기 저장, 2 ~ 5년은 중기 저장, 그 이상은 장기 저장이라고 한다. 종자의 함수율(moisture content)은 종자의 수명을 결정하는 가장 중요한 인자이다. 함수율은 아래와 같이 백분율로 표시한다.

$$\text{함수율}(\%) = \frac{\text{원종자 무게} - \text{건조 종자 무게}}{\text{원종자 무게}} \times 100$$

일반적으로 종자 저장에 가장 적합한 함수율은 5 ~ 10%이다. 다만 참나무류 등과 같이 수분이 많은 종자들은 함수율을 약 30% 이상으로 유지해주어야 한다. 또한, 유전자 보존을 위해서는 보통 장기 저장을 하는데 이에 가장 적합한 함수율은 4 ~ 6%이다. 일반적으로 온도와 수분은 종자의 저장 기간과 역의 상관관계를 갖는다.

종자는 저장 용이성에 따라 '보통저장성' 종자와 '난저장성' 종자로 구분한다. 보통저장성 종자는 종자 수분 5 ~ 10%, 온도 0℃ 부근에서 비교적 장기간 보관이 가능한데 전나무류, 자작나무류, 벚나무류, 소나무류 등 온대 지역의 수종 대부분이 이에 속한다. 하지만 대사작용이 활발하여 산소가 많이 필요한 난저장성 종자는 0℃ 혹은 약간 더 낮은 온도에서 저장하여야 건조되는 것을 방지할 수 있다. 이에 속하는 수종은 참나무류, 칠엽수류 등의 몇몇 온대수종과 모든 열대수종이다.

한편 종자의 저장 방법에는 '건조저장법'과 '보습저장법'이 있다. 건조저장법은 '상온저장법'과 '저온저장법'으로 구분한다. 상온저장법은 일정한 용기 안에 종자를 넣어 창고 또는 실내에서 보관하는 방법으로 보통 가을부터 이듬해 봄까지 저장하며, 1년 이상 보관 시에는 건조제를 용기에 넣어 보관한다. 반면에 저온저장법의 경우 보통저장성 종자는 함수율이 5 ~ 10% 정도 되도록 건조하여 주변에서 수분을 흡수할 수 없도록 밀봉 용기에 저장하여야 한다. 난저장성 종자는 -3℃ 이하에 저장해서는 안 된다.

보습저장법은 '노천매장법', '보호저방법', '냉습적법' 등이 있다. 노천매장법은 양지바르고 배수가 잘되는 곳에 50 ~ 100cm 깊이의 구덩이를 파고 종자를 넣은 뒤 땅 표면은 흙을 덮어 겨울 동안 눈이나 빗물이 그대로 스며들 수 있도록 하는 방식이다. 보호저장법은 건사저장법이라고 하는데 참나무류, 칠엽수류 등 수분이 많은 종자가 부패하지 않도록 저장하는 방법이다. 냉습적법은 용기 안에 보습제인 이끼, 모래와 종자를 섞어서 놓고 3 ~ 5℃의 냉장고에 저장하는 방법이다.

① 6 ~ 6.5g
② 7 ~ 7.5g
③ 8 ~ 8.5g
④ 9 ~ 9.5g
⑤ 1g ~ 10.5g

TIP ④ 함수율은 목재 내에 함유하고 있는 수분을 백분율로 나타낸 것이다.

$$\text{함수율} = \frac{\text{원종자무게} - \text{건조종자무게}}{\text{원종자무게}} \times 100$$

일반적으로 종자저장에 적합한 함수율은 5 ~ 10%로 제시되어 있으므로 이를 활용하여 건조 종자 무게를 확인할 수 있다. 건조 종자 무게를 X로 두는 경우 5(5) < (10 − X) ÷ 10 × 100 < 10(5)의 식을 만들 수 있다. 이를 통해서 건조 종자 무게는 각각 10 − X = 0.5, 10 − X = 1이므로 건조 종자 무게 X의 범위는 9 < X < 9.5임을 알 수 있다.

49 편람의 (나)를 바탕으로 〈보기〉의 상황을 이해한 내용으로 적절한 것은?

(가) 보험은 같은 위험을 보유한 다수인이 위험 공동체를 형성하여 보험료를 납부하고 보험 사고가 발생하면 보험금을 지급받는 제도이다. 보험 상품을 구입한 사람은 장래의 우연한 사고로 인한 경제적 손실에 대비할 수 있다. 보험금 지급은 사고 발생이라는 우연적 조건에 따라 결정되는데, 이처럼 보험은 조건의 실현 여부에 따라 받을 수 있는 재화나 서비스가 달라지는 조건부 상품이다.

(나) 위험 공동체의 구성원이 납부하는 보험료와 지급받는 보험금은 그 위험 공동체의 사고 발생 확률을 근거로 산정된다. 특정 사고가 발생할 확률은 정확히 알 수 없지만 그동안 발생된 사고를 바탕으로 그 확률을 예측한다면 관찰 대상이 많아짐에 따라 실제 사고 발생 확률에 근접하게 된다. 본래 보험 가입의 목적은 금전적 이득을 취하는 데 있는 것이 아니라 장래의 경제적 손실을 보상받는 데 있으므로 위험 공동체의 구성원은 자신이 속한 위험 공동체의 위험에 상응하는 보험료를 납부하는 것이 공정할 것이다. 따라서 공정한 보험에서는 구성원 각자가 납부하는 보험료와 그가 지급받을 보험금에 대한 기댓값이 일치해야 하며 구성원 전체의 보험료 총액과 보험금 총액이 일치해야 한다. 이때 보험금에 대한 기댓값은 사고가 발생할 확률에 사고 발생 시 수령할 보험금을 곱한 값이다. 보험금에 대한 보험료의 비율(보험료/보험금)을 보험료율이라고 하는데, 보험료율이 사고 발생 확률보다 높으면 구성원 전체의 보험료 총액이 보험금 총액보다 더 많고, 그 반대의 경우에는 구성원 전체의 보험료 총액이 보험금 총액보다 더 적게 된다. 따라서 공정한 보험에서는 보험료율과 사고 발생 확률이 같아야 한다.

(다) 물론 현실에서 보험사는 영업 활동에 소요되는 비용 등을 보험료에 반영하기 때문에 공정한 보험이 적용되기 어렵지만 기본적으로 위와 같은 원리를 바탕으로 보험료와 보험금을 산정한다. 그런데 보험 가입자들이 자신이 가진 위험의 정도에 대해 진실한 정보를 알려주지 않는 한, 보험사는 보험 가입자 개개인이 가진 위험의 정도를 정확히 파악하여 거기에 상응하는 보험료를 책정하기 어렵다. 이러한 이유로 사고 발생 확률이 비슷하다고 예상되는 사람들로 구성된 어떤 위험 공동체에 사고 발생 확률이 높은 사람들이 동일한 보험료를 납부하고 진입하게 되면, 그 위험 공동체의 사고 발생 빈도가 높아져 보험사가 지급하는 보험금의 총액이 증가한다. 보험사는 이를 보전하기 위해 구성원이 납부해야 할 보험료를 인상할 수밖에 없다. 결국, 자신의 위험 정도에 상응하는 보험료보다 더 높은 보험료를 납부하는 사람이 생기게 되는 것이다. 이러한 문제는 정보의 비대칭성에서 비롯하는데 보험 가입자의 위험 정도에 대한 정보는 보험 가입자가 보험사보다 더 많이 갖고 있기 때문이다. 이를 해결하기 위해 보험사는 보험 가입자의 감춰진 특성을 파악할 수 있는 수단이 필요하다.

(라) 우리 상법에 규정되어 있는 고지 의무는 이러한 수단이 법적으로 구현된 제도이다. 보험 계약은 보험 가입자의 청약과 보험사의 승낙으로 성립된다. 보험 가입자는 반드시 계약을 체결하기 전에 '중요한 사항'을 알려야 하고, 이를 사실과 다르게 진술해서는 안 된다. 여기서 '중요한 사항'은 보험사가 보험 가입자의 청약에 대한 승낙을 결정하거나 차등적인 보험료를 책정하는 근거가 된다. 따라서 고지 의무는 결과적으로 다수의 사람들이 자신의 위험 정도에 상응하는 보험료보다 더 높은 보험료를 납부해야 하거나, 이를 이유로 아예 보험에 가입할 동기를 상실하게 되는 것을 방지한다.

(마) 보험 계약 체결 전 보험 가입자가 고의나 중대한 과실로 '중요한 사항'을 보험사에 알리지 않거나 사실과 다르게 알리면 고지 의무를 위반하게 된다. 이러한 경우에 우리 상법은 보험사에 계약 해지권을 부여한다. 보험사는 보험 사고가 발생하기 이전이나 이후에 상관없이 고지 의무 위반을 이유로 계약을 해지할 수 있고, 해지권 행사는 보험사의 일방적인 의사 표시로 가능하다.

Answer. 48.④

해지를 하면 보험사는 보험금을 지급할 책임이 없게 되며, 이미 보험금을 지급했다면 그에 대한 반환을 청구할 수 있다. 일반적으로 법에서 의무를 위반하게 되면 위반한 자에게 그 의무를 이행하도록 강제하거나 손해 배상을 청구할 수 있는 것과 달리, 보험 가입자가 고지 의무를 위반했을 때에는 보험사가 해지권만 행사할 수 있다. 그런데 보험사의 계약 해지권이 제한되는 경우도 있다. 계약 당시에 보험사가 고지 의무 위반에 대한 사실을 알았거나 중대한 과실로 알지 못한 경우에는 보험 가입자가 고지 의무를 위반했어도 보험사의 해지권은 배제된다. 이는 보험 가입자의 잘못보다 보험사의 잘못에 더 책임을 둔 것이라 할 수 있다. 또 보험사가 해지권을 행사할 수 있는 기간에도 일정한 제한을 두고 있는데, 이는 양자의 법률관계를 신속히 확정함으로써 보험 가입자가 불안정한 법적 상태에 장기간 놓여 있는 것을 방지하려는 것이다. 그러나 고지해야 할 '중요한 사항' 중 고지 의무 위반에 해당되는 사항이 보험 사고와 인과 관계가 없을 때에는 보험사는 보험금을 지급할 책임이 있다. 그렇지만 이때에도 해지권은 행사할 수 있다.

(바) 보험에서 고지 의무는 보험에 가입하려는 사람의 특성을 검증함으로써 다른 가입자에게 보험료가 부당하게 전가되는 것을 막는 기능을 한다. 이로써 사고의 위험에 따른 경제적 손실에 대비하고자 하는 보험 본연의 목적이 달성될 수 있다.

〈보기〉

사고 발생 확률이 각각 0.1과 0.2로 고정되어 있는 위험 공동체 A와 B가 있다고 가정한다. A와 B에 모두 공정한 보험이 항상 적용된다고 할 때, 각 구성원이 납부할 보험료와 사고 발생 시 지급받을 보험금을 산정하려고 한다.

※ 단, 동일한 위험 공동체의 구성원끼리는 납부하는 보험료가 같고, 지급받는 보험금이 같다. 보험료는 한꺼번에 모두 납부한다.

① 허 주임 : A에서 보험료를 두 배로 높이면 보험금은 두 배가 되지만 보험금에 대한 기댓값은 변하지 않는다.
② 박 사원 : B에서 보험금을 두 배로 높이면 보험료는 변하지 않지만 보험금에 대한 기댓값은 두 배가 된다.
③ 임 대리 : A에 적용되는 보험료율과 B에 적용되는 보험료율을 서로 같다.
④ 손 사원 : A와 B에서 보험금이 서로 같다면 A에서의 보험료는 B에서의 보험료의 두 배이다.
⑤ 하 사원 : A와 B에서의 보험료가 서로 같다면 A와 B에서의 보험금에 대한 기댓값은 서로 같다.

TIP ⑤ 편람 (나)를 바탕으로 〈보기〉에 따라 보험료 A를 $P(A)$, 보험료 B를 $P(B)$라 하고, 보험금을 각각 $Q(A)$, $Q(B)$라고 한다면 보험료율, 사고 발생 확률, 보험금에 대한 기댓값을 정리할 수 있다.

구분	A	B
보험료율	$\frac{P(A)}{Q(A)}$	$\frac{P(B)}{Q(B)}$
사고 발생 확률	0.1	0.2
보험금에 대한 기댓값	$0.1 \times Q(A)$	$0.2 \times Q(B)$

〈보기〉에서는 또한 "모두 공정한 보험이 항상 적용된다"고 명시하고 있으므로 편람 (나)의 '보험료 = 보험금에 대한 기댓값, 보험료율 = 사고 발생 확률'이라는 내용을 적용할 수 있다. 여기서 보험금에 대한 기댓값은 '사고 발생 확률×보험금'이고, 보험료율은 $\frac{\text{보험료}}{\text{보험금}}$가 된다.

구분	A	B
보험료 = 보험금에 대한 기댓값	$P(A)=0.1\times Q(A)$	$P(B)=0.2\times Q(B)$
보험료율 = 사고 발생 확률	$\frac{P(A)}{Q(A)}=0.1$	$\frac{P(B)}{Q(B)}=0.2$

하 사원은 A와 B에서의 보험료가 서로 같다면 A와 B에서의 보험금에 대한 기댓값은 서로 같다고 적절히 이해하였다. 즉 보험금에 대한 기댓값=보험료이므로 표에서 보듯이 $P(A)=0.1\times Q(A)$와 $P(B)=0.2\times Q(B)$의 관계가 성립된다. 하 사원은 $P(A)$와 $P(B)$가 같다는 가정을 하였으므로 $0.1\times Q(A)$와 $0.2\times Q(B)$은 같아진다.

① 보험료율 = 사고 발생 확률이므로 A의 보험료율은 0.1로 정해져 있다. 여기서 $P(A)=0.1\times Q(A)$이므로 A에서 보험료를 두 배로 높이면 보험금은 두 배가 된다. 허 주임은 보험금에 대한 기댓값은 변하지 않는다고 했으므로 잘못 이해하였다.

② 공정한 보험에서는 보험료와 보험금에 대한 기댓값이 같아야 하므로 박 사원은 잘못 이해하였다.

③ 〈보기〉에는 A의 보험료율은 0.1, B의 보험료율은 0.2로 명시되어 있으므로 임 대리는 잘못 이해하였다.

④ 조건에 따라 A와 B의 보험금이 서로 같다면 B에서의 보험료는 A에서의 보험료의 두 배가 되므로 손 사원은 잘못 이해하였다.

Answer. 49.⑤

50 **다음 글을 근거로 판단할 때 '현재 정상적으로 사용 중인 개량하지 않은 일반 비행기'의 식별코드 형식을 옳게 제시한 사람은?**

> OO국의 항공기 식별코드는 '(현재상태부호)(특수임무부호)(기본임무부호)(항공기종류부호) – (설계번호)(개량형부호)'와 같이 최대 6개 부분(앞부분 4개, 뒷부분 2개)으로 구성된다.
>
> 항공기종류부호는 특수 항공기에만 붙이는 부호로, G는 글라이더, H는 헬리콥터, Q는 무인항공기, S는 우주선, V는 수직단거리이착륙기에 붙인다. 항공기종류부호가 생략된 항공기는 일반 비행기이다.
>
> 모든 항공기 식별코드는 기본임무부호나 특수임무부호 중 적어도 하나를 꼭 포함하고 있다. 기본임무부호는 항공기가 기본적으로 수행하는 임무를 나타내는 부호이다. A는 지상공격기, B는 폭격기, C는 수송기, E는 전자전기, F는 전투기, K는 공중급유기, L은 레이저탑재항공기, O는 관측기, P는 해상초계기, R은 정찰기, T는 훈련기, U는 다목적기에 붙인다.
>
> 특수임무부호는 항공기가 개량을 거쳐 기본임무와 다른 임무를 수행할 때 붙이는 부호이다. 부호에 사용되는 알파벳과 그 의미는 기본임무부호와 동일하다. 항공기가 기본임무와 특수임무를 모두 수행할 수 있을 때에는 두 부호를 모두 표시하며, 개량으로 인하여 더 이상 기본임무를 수행하지 못하게 된 경우에는 특수임무부호만을 표시한다.
>
> 현재상태부호는 현재 정상적으로 사용되고 있지 않은 항공기에만 붙이는 부호이다. G는 영구보존처리된 항공기, J와 N은 테스트를 위해 사용되고 있는 항공기에 붙이는 부호이다. J는 테스트 종료 후 정상적으로 사용될 항공기에 붙이는 부호이며, N은 개량을 많이 거쳤기 때문에 이후에도 정상적으로 사용될 계획이 없는 항공기에 붙이는 부호이다.
>
> 설계번호는 항공기가 특정 그룹 내에서 몇 번째로 설계되었는지를 나타낸다. 1 ~ 100번은 일반 비행기, 101 ~ 200번은 글라이더 및 헬리콥터, 201 ~ 250번은 무인항공기, 251 ~ 300번은 우주선 및 수직단거리이착륙기에 붙인다. 예를 들어 107번은 글라이더와 헬리콥터 중 7번째로 설계된 항공기라는 뜻이다.
>
> 개량형부호는 한 모델의 항공기가 몇 차례 개량되었는지를 보여주는 부호이다. 개량하지 않은 최초의 모델은 항상 A를 부여받으며, 이후에는 개량될 때마다 알파벳 순서대로 부호가 붙게 된다.

① 김 연구원 : (기본임무부호) – (설계번호)

② 한 연구원 : (기본임무부호) – (개량형부호)

③ 박 연구원 : (기본임무부호) – (설계번호)(개량형부호)

④ 최 연구원 : (현재상태부호)(특수임무부호) – (설계번호)(개량형부호)

⑤ 우 연구원 : (현재상태부호)(특수임무부호)(항공기종류부호) – (설계번호)(개량형부호)

TIP ③ 제시된 조건을 다음과 같이 정리할 수 있다.

㉠ 식별코드는 최대 6개 부분으로 구성
㉡ 모든 항공기 식별코드는 기본임무부호나 특수임무부호 중 적어도 하나를 포함
㉢ 기본임무부호는 기본적 수행 임무를 나타냄(12가지)
㉣ 특수임무부호는 개량을 거쳐 기본임무와 다른 임무를 수행
㉤ 현재상태부호는 현재 정상적으로 사용되고 있지 않은 항공기에만 붙임
㉥ 설계번호는 항공기가 특정 그룹 내에서 몇 번째로 설계되었는지를 나타냄
㉦ 개량형부호는 한 모델의 항공기가 몇 차례 개량되었는지를 보여줌

'현재 정상적으로 사용 중인 개량하지 않은 일반 비행기의 경우' 정상적으로 사용 중이므로 ㉤에 따라 현재상태부호는 생략한다. 이를 통해 '④ 최 연구원'과 '⑤ 우 연구원'은 제외된다. 개량을 하지 않았으므로 특수임무도 없을 것임을 알 수 있다. 따라서 ㉣에 의해 특수임무부호도 생략한다. ㉡에 따라 기본임무부호 또는 특수임무부호는 반드시 있어야 하므로 기본임무부호는 포함한다.

제시된 조건의 항공기는 일반 항공기이므로 ㉠에 따라 항공기종류부호도 생략한다. 설계번호는 일반항공기이므로 ㉥에 따라 1 ~ 100번 중 하나임을 알 수 있다. 이를 통해서 설계번호가 없는 '② 한 연구원'도 제외된다. 개량하지 않은 모델의 경우 항상 A를 부여받으므로 개량형부호도 반드시 포함되어야 한다. 이를 통해서 개량형부호가 없는 '① 김 연구원'도 제외된다. 따라서 이를 충족하는 박 연구원이 옳게 제시하였다.

51 다음은 지자체와 기업이 제공하는 농민 복지 프로그램이다. 甲이 신청할 수 있는 복지 프로그램은 모두 몇 개인가? (단 제시된 내용만 참고하며, 각각의 프로그램은 다른 사람이 대신 신청할 수 있다)

복지 프로그램	지원 대상
여성 농업인 바우처	• 당해 연도 1월 1일 기준 주민등록상 나이가 만 19세 이상 ~ 만 75세 미만인 자 • 경영주 또는 경영주 외 농업인으로 농업 경영체를 등록한 사람
농업인 무료 법률 구조사업	기준 중위소득 150% 이하인 농업인 및 별도의 소득이 없는 농업인의 배우자, 미성년 직계비속, 주민등록상 동일 세대를 구성하는 직계존속 및 성년의 직계비속
농촌 여성 결혼 이민자 모국 방문 지원 사업	• 농촌 지역 거주 실제 영농종사 여성농업인 • 농촌 지역에 거주하며, 농업을 주업으로 하고 국내거주 3년 이상자로서 경제적인 사정 등으로 모국 방문을 하지 못한 부부 및 그 자녀 ※ 단, 농촌 외의 지역에 거주하는 여성농업인의 경우 「농업소득의 보전에 관한 법률」 시행령 제5조를 충족하는 경우 지원 가능
청년 농업인 영농 정착 지원 사업	• 사업 시행 연도 기준 만 19세 이상 ~ 만 45세 미만 • 영농 경력 : 독립경영 3년 이하(독립경영 예정자 포함)
농업인 고교생 자녀 학자금 지원 사업	농어촌지역 및 개발제한구역에 거주하는 농어업인으로 농어업외 소득이 연간 4,800만 원 이하이며, 교육부장관이나 도교육감이 인정하는 고등학교에 재학하는 자녀나 직접 부양하는 손·자녀, 동생이 있는 농어업인
농업인 행복 콜센터	70세 이상 고령·취약·홑몸 농업인(조합원)
함께 나누는 프로젝트	저소득층 및 긴급 재난 재해로 현물 지원이 필요한 대상

〈보기〉

甲은 25세 여성이며 다문화 가정 자녀이다. 1년 전 본인 명의의 영농기반을 마련하여 농업에 뛰어들었다. 호기롭게 도전하였으나 바로 얼마 전 태풍이 불어닥치는 바람에 농사를 짓던 작물이 피해를 입었다. 엎친 데 덮친 격으로 어머니가 크게 다치셨다. 어머니는 다치신 이후부터 한국으로 이민을 오고 찾아가지 않았던 고향을 그리워하신다.

① 1개
② 2개
③ 3개
④ 4개
⑤ 5개

TIP ④ 甲이 신청할 수 있는 프로그램은 여성 농업인 바우처, 농촌 여성 결혼 이민자 모국 방문 지원 사업, 청년 농업인 영농 정착 지원 사업, 함께 나누는 프로젝트 총 4개이다.

Answer. 50.③ 51.④

52 다음은 농촌 지역 성평등 전문 강사 교육 과정에 대한 공지다. 공지를 참고하여 일정표를 만들 때 옳지 않은 것은?

〈농촌 지역 성평등 전문 강사 교육 과정 공지〉

1. '성평등 교육 이해'는 정해진 요일에만 1회 교육이 있으며 월, 수, 목 중에 할 수 있다.
2. '인간의 성별과 성차에 대한 이해'는 화요일과 금요일을 제외한 다른 요일에 시행할 수 있으며 수업은 해당 요일에 2회 이상 실시하지 않는다.
3. '혐오 프레임 분석 교육'은 10월 11일 이전에만 진행하며, 이를 연속 수강할 수 있다.
4. 농촌지역 성평등 전문 강사 교육은 하루에 한 과목만 들을 수 있고, 주말에는 교육이 없다.
5. 전문 강사는 계획한 모든 교육을 반드시 10월 25일 이전에 수료해야 한다.

※ 10월 4일(월)부터 3주 동안 성평등 교육 이해 주 3회, 인간의 성별과 성차에 대한 이해 주 3회, 혐오 프레임 분석 교육은 주 2회 실시한다.

① 모든 교육은 주말에 시행되지 않는다.
② 10월 21일에는 '성평등 교육 이해' 과목을 수강할 수 있다.
③ '혐오 프레임 분석 교육'은 첫째 주에만 수강할 수 있다.
④ 매주 목요일 '성평등 교육 이해'를 들은 사람은 '인간의 성별과 성차에 대한 이해 과목'을 금요일에만 수강할 수 있다.
⑤ 첫째 주에 '성평등 교육 이해'를 3회 들은 사람은 '혐오 프레임 분석'을 5일과 8일에 들어야 한다.

TIP ④ 공지에 따라 10월 스케쥴 표를 만들면 다음과 같다.

월	화	수	목	금
4 • 성평등 교육 이해 • 인간의 성별과 성차에 대한 이해 • 혐오 프레임 분석 교육	5 혐오 프레임 분석 교육	6 • 성평등 교육 이해 • 인간의 성별과 성차에 대한 이해 • 혐오 프레임 분석 교육	7 • 성평등 교육 이해 • 인간의 성별과 성차에 대한 이해 • 혐오 프레임 분석 교육	8 혐오 프레임 분석 교육
11 • 성평등 교육 이해 • 인간의 성별과 성차에 대한 이해	12	13 • 성평등 교육 이해 • 인간의 성별과 성차에 대한 이해	14 • 성평등 교육 이해 • 인간의 성별과 성차에 대한 이해	15
18 • 성평등 교육 이해 • 인간의 성별과 성차에 대한 이해	19	20 • 성평등 교육 이해 • 인간의 성별과 성차에 대한 이해	21 • 성평등 교육 이해 • 인간의 성별과 성차에 대한 이해	22

'인간의 성별과 성차에 대한 이해' 교육은 월, 수, 목요일에 수강할 수 있다.

53 다음의 자료를 근거로 가장 옳은 판단을 내린 사람은?

> ㉠ 독일의 통계학자 A는 가계지출을 음식비, 피복비, 주거비, 광열비, 문화비(교육비, 공과금, 보건비, 기타 잡비)의 5개 항목으로 구분해 분석했다. 그 결과 소득의 증가에 따라 총 가계지출 중 음식비 지출 비중은 점차 감소하는 경향이 있지만, 피복비 지출은 소득의 증감에 비교적 영향을 받지 않는다는 사실을 발견했다. 또 주거비와 광열비에 대한 지출 비중은 소득 수준에 관계없이 거의 일정하고, 문화비 지출비중은 소득의 증가에 따라 급속하게 증가한다는 것도 알아냈다. 이러한 사실을 모두 아울러 'A의 법칙'이라고 한다. 특히 이 가운데서 가계지출 중 음식비 지출 비중만을 따로 떼어 내어 'A계수'라고 한다. A계수는 총 가계지출에서 차지하는 음식비의 비중을 백분율로 표시한 것으로, 소득 수준이 높을수록 낮아지고 소득 수준이 낮을수록 높아지는 경향을 보인다.
>
> ㉡ 가계지출 중 자녀 교육비의 비중을 나타낸 수치를 'B계수'라고 한다. 지난 1분기 가계소득 하위 20% 가구의 월평균 교육비 지출액은 12만 원으로 가계지출의 10%였다. 반면 가계소득 상위 20% 가구의 월평균 교육비 지출은 72만 원으로 가계소득 하위 20% 가구의 6배에 달했고 가계지출에서 차지하는 비중도 20%였다.

① 김 : 가계소득이 증가할 때 A계수와 B계수는 모두 높아질 것이다.

② 이 : 소득이 높은 가계라도 가계구성원 모두가 값비싼 음식을 선호한다면 소득이 낮은 가계보다 A계수가 높을 수 있다.

③ 허 : A의 법칙에 의하면 소득이 증가할수록 음식비 지출액이 줄어든다고 할 수 있다.

④ 문 : 지난 1분기 가계소득 상위 20% 가구의 월평균 소득은 가계 소득 하위 20% 가구의 월평균 소득의 3배이다.

⑤ 최 : 지난 1분기 가계소득 분위별 교육비 지출액 현황을 볼 때 가계소득이 낮을수록 교육열이 높다고 볼 수 있다.

TIP ② A계수는 총 가계 지출에서 차지하는 음식비의 비율로 보통은 음식이라면 소득 수준이 높을수록 A계수는 낮아지고 소득 수준이 낮을수록 A계수는 높아진다. 그러나 개별 음식 비용이 비싸다면 소득이 높더라도 A계수가 높을 수 있으므로 옳은 판단을 하였다.

① ㉠문단에 따르면 가계소득이 증가할 때 A계수는 일반적으로 낮아지는 경향이 있으나, ㉡문단에 따르면 B계수 역시 가계소득 하위 20%와 비교했을 때 가계소득 상위 20% 가구의 지출액이 증가하였다.

③ A의 법칙은 소득의 증가에 따라 총 가계지출 중 음식비 지출 비중을 나타내는 것이다. 이에 지출 비중(퍼센트)과 지출액(소비한 금액)은 다른 지표이므로 허 사원의 판단은 추가적으로 숫자가 제시되지 않는다면 알 수 없다.

④ B계수는 가계지출 대비 교육비 지출 비중을 통해 알 수 있다. 제시문에는 가계소득이 주어지지 않았으므로 문 사원의 평가는 주어진 정보만으로 알 수 없다.

⑤ ㉡문단에 따르면 가계소득 상위 20% 가구의 월평균 교육비 지출액과 비중이 가계소득 하위 20% 가구의 6배에 달할 정도로 더 크므로, 소득이 높을수록 교육열이 높을 것임을 예상할 수 있다.

Answer. 52.④ 53.②

54 장비 대여 업체에서 현장 작업에 필요한 장비를 예약했으나 주문한 장비 중 일부 모델에서 불량이 발견되어 배송이 지연될 수 있다는 연락을 받았다. 다른 업체의 동일 기능의 대체 장비인 A모델을 대여하려고 할 때 일정상 17일까지는 반드시 장비를 수령해야 한다. 배송 일정표를 참고할 때 일정에 지장 없이 안전하게 C모델을 수령할 수 있는 가장 늦은 주문일은 언제인가?

[배송 안내]

저희 甲몰을 이용해주셔서 감사합니다.
10 ~ 12일 연휴 기간 동안 배송이 아래와 같이 진행됩니다.
연휴 기간 동안 고객센터 업무가 중단되며, 15일부터 순차적으로 문의 및 발송 처리가 시작됩니다.
감사합니다.

[배송일정]

월	화	수	목	금	토	일
1(오늘)	2	3	4	5	6	7
8	9	10	11	12	13	14
15	16	17	18	19	20	21
22	23	24	25	26	27	28
29	30					

- 8 ~ 9일, 15~ 16일 주문건 : 정상출고 되나, 물류 증가로 기존 배송일보다 최대 1 ~ 2일 더 소요될 수 있습니다.
- 10 ~ 12일 주문건 : 모든 배송 시스템이 중단됩니다.
- 토 · 일 · 공휴일은 출고 및 배송이 중단됩니다.

※ 1) 13시 이전 주문건 : 당일 출고
2) 13시 이후 주문건 : 익일 출고
3) 출고일로부터 2 ~ 3일 후 도착

① 8일 오전 11시
② 9일 오후 12시
③ 10일 오전 11시
④ 15일 오전 12시
⑤ 16일 오전 11시

TIP ③ 장비를 반드시 수령해야 하는 날은 17일이다. 배송은 출고 후 2 ~ 3일 소요, 물류 증가로 최대 2일 더 소요되는 것을 감안했을 때 최대 5일이 소요된다. 따라서 9일에 출고가 되어야 17일에 장비 수령이 가능하다. 당일 출고가 되려면 13시 이전에 주문해야 한다. 이때 9일에 출고된 물량은 15~16일 재송 지연 규정과는 무관하여 기본 배송일 + 8 ~ 9일 배송 지연일을 더한 최대 5일만 고려하면 된다.

55 다음 〈통역경비 산정 기준〉과 아래의 〈상황〉을 근거로 판단할 때, A시에서 개최한 설명회에 쓴 총 통역경비는?

〈통역경비 산정 기준〉

통역경비는 통역료와 출장비(교통비, 이동보상비)의 합으로 산정한다.

■ 통역료(통역사 1인당)

구분	기본요금(3시간까지)	추가요금(3시간 초과 시)
영어, 아랍어, 독일어	500,000원	100,000원/시간
베트남어, 인도네시아어	600,000원	150,000원/시간

■ 출장비(통역사 1인당)

− 교통비는 왕복으로 실비 지급

− 이동보상비는 이동 시간당 10,000원 지급

〈상황〉

A시에서 설명회를 개최하였다. 통역은 영어와 인도네시아어로 진행되었고, 영어 통역사 2명과 인도네시아어 통역사 2명이 통역하였다. 설명회에서 통역사 1인당 영어 통역은 4시간, 인도네시아어 통역은 2시간 진행되었다. A시까지는 편도로 2시간이 소요되며, 개인당 교통비는 왕복으로 100,000원이 들었다.

① 244만 원

② 276만 원

③ 288만 원

④ 296만 원

⑤ 326만 원

TIP ④ 통역료는 통역사 1인 기준으로 영어 통역은 총 4시간 진행하였으므로 기본요금 500,000원에 추가요금 100,000원을 합쳐 600,000원을 지급해야 한다. 인도네시아어 통역사에게는 2시간 진행하였으므로 기본요금 600,000원만 지급한다.

- 영어, 인도네시아 언어별로 2명에게 통역을 맡겼으므로 (600,000 + 600,000) × 2 = 2,400,000원
- 출장비의 경우 통역사 1인 기준 교통비는 왕복 실비인 100,000원으로 4회 책정되므로 400,000원
- 이동보상비는 이동 시간당 10,000원 지급하므로 왕복 4시간을 이동하였으므로 10,000 × 4 × 4 = 160,000원

총 출장비는 교통비와 이동보상비를 합한 560,000원이며 총 통역경비는 2,400,000 + 560,000 = 2,960,000원이다.

Answer. 54.③ 55.④

56 **귀하는 A연구소에서 사내 교육워크숍을 준비하고 있다. 교육 장소로 〈보기〉의 5개 후보지 중 총점이 가장 높은 장소를 선택하려고 할 때, 가장 적절한 곳은?**

〈보기〉

〈장소 정보〉

구분	이동거리	최대 수용 인원	대관료	시설 등급	음향장비 사용 가능 여부
甲	2km	200명	80만 원	★★	O
乙	1km	120명	60만 원	★★★★	X
丙	3km	300명	100만 원	★★★	O
丁	0.8km	150명	95만 원	★★★★★	O
戊	2.5km	250명	70만 원	★★★	X

〈평가기준〉

1. 이동거리, 최대 수용인원, 대관료는 각 항목별로 1 ~ 5점을 준다.
   1) 이동거리는 짧을수록 높은 점수를 준다.
   2) 대관료는 저렴할수록 높은 점수를 준다.
   3) 최대수용인원은 많을수록 높은 점수를 준다.
2. 시설등급은 별 개수만큼 점수를 부여한다.
3. 음향장비 사용 가능 시 가점 +1점을 부여한다.

① 甲

② 乙

③ 丙

④ 丁

⑤ 戊

TIP ③ 후보지를 정리하면 다음과 같다.

구분	이동거리	최대 수용 인원	대관료	시설 등급	음향장비 사용 가능 여부	총점
甲	3점	3점	3점	2점	+1점	12점
乙	4점	1점	5점	4점	+0점	14점
丙	1점	5점	1점	3점	+1점	11점
丁	5점	2점	2점	5점	+1점	15점
戊	2점	4점	4점	3점	+0점	13점

따라서 가장 높은 점수를 얻은 丙이 가장 적절하다.

57 아래의 기사 내용과 주어진 〈조건〉을 반영해 IT서비스기업 D사의 운영기획팀 담당 S 대리의 운영 전략으로 옳은 것은?

원격근무 확산으로 중소기업 SaaS 도입 가속

IT서비스기업 D사는 최근 6개월간 자사 클라우드 협업툴을 이용 중인 중소기업 고객 8,200곳의 사용 데이터를 분석했다. 분석 결과, 직원 수 10 ~ 49인 기업의 평균 월 접속 빈도는 1,240회, 50 ~ 99인 기업은 평균 1,870회로 나타났다. 특히 오전 9 ~ 11시, 오후 3 ~ 5시 시간대의 이용 비중이 전체의 약 62%를 차지했으며, 기능별로는 파일 공유(38%), 메신저(34%), 일정 관리(19%) 순으로 사용률이 높았다. D사 관계자는 "중소기업 고객은 기능 다양성보다 업무 시간대에 안정적으로 접속 가능한 서비스와 합리적인 비용 구조를 중시하는 경향이 뚜렷하다"고 밝혔다. 특히, 동시 접속이 집중되는 시간대에는 단순한 서버 수 증설보다 접속 요청을 분산·완화할 수 있는 구조가 체감 안정성을 높이는 데 효과적인 것으로 분석됐다. 업무 집중 시간대의 접속 지연은 서버 처리 용량 부족보다는 동일 자료에 대한 반복 요청이 몰리며 발생하는 병목 현상에서 비롯된 경우가 많았으며, 이에 따라 요청을 분산·완화할 수 있는 구조적 개선이 단순 증설보다 효율적인 것으로 나타났다.

〈조건〉

- 신규 서버 증설 예산 : 8억 원 내외
- 주간(평일) 업무 집중 시간대 안정성 강화 필수
- 전체 시스템 평균 응답속도 20% 이상 개선 목표

	서버 증설안	투자 금액	응답속도 개선율
①	기본 서버 증설	7.6억 원	18%
②	기본+캐시서버	7.9억 원	21%
③	고성능 단일 서버	8.3억 원	24%
④	분산 서버 구축	7.8억 원	20%
⑤	기본+보조 서버	8.0억 원	19%

TIP ② 기사에 따르면 중소기업 고객은 '업무 시간대에 안정적으로 접속 가능한 서비스'를 중시한다고 말하고 있다. 따라서 조건 중 평일 업무 집중 시간대 안정성 강화와 응답속도 20% 이상 개선을 동시에 만족하는 증설안을 선택해야 한다. 일반적으로 업무 집중 시간대의 접속 안정성을 높이기 위해서는 단순 증설보다 캐시 서버 등으로 트래픽을 분산·완화하는 구조가 유리하다. 그러므로 기본 증설에 캐시 서버를 추가한 안이 조건의 방향과 부합한다.

Answer. 56.③ 57.②

58 다음은 우리나라 시도별 2020 ~ 2021년 경지 면적, 논 면적, 밭 면적에 대한 자료이다. 이에 대한 설명으로 〈보기〉에서 옳은 것을 모두 고르면?

〈자료 1〉 2020년

(단위 ha, %)

구분	경지 면적(논 면적 + 밭면적)	논 면적	밭 면적
서울특별시	347	150	197
부산광역시	5,408	2,951	2,457
대구광역시	7,472	3,513	3,958
인천광역시	18,244	11,327	6,918
광주광역시	9,252	5,758	3,494
대전광역시	3,742	1,358	2,384
울산광역시	9,977	5,281	4,696
세종특별자치시	7,588	4,250	3,338
경기도	160,181	84,125	76,056
강원도	100,756	33,685	67,071
충청북도	101,900	38,290	63,610
충청남도	210,428	145,785	64,644
전라북도	195,191	124,408	70,784
전라남도	288,249	169,090	119,159
경상북도	260,237	118,503	141,734
경상남도	142,946	81,288	61,658
제주특별자치도	59,039	17	59,022
전 국	1,580,957	829,778	751,179

〈자료 2〉 2021년

구분	경지 면적(논 면적 + 밭면적)	논 면적	밭 면적
서울특별시	343	145	199
부산광역시	5,306	2,812	2,493
대구광역시	7,458	3,512	3,947
인천광역시	18,083	11,226	6,857
광주광역시	9,083	5,724	3,359
대전광역시	3,577	1,286	2,292
울산광역시	9,870	5,238	4,632
세종특별자치시	7,555	4,241	3,314
경기도	156,699	82,790	73,909
강원도	99,258	32,917	66,341
충청북도	100,880	37,970	62,910
충청남도	208,632	145,103	63,528
전라북도	193,791	123,638	70,153
전라남도	286,396	168,387	118,009
경상북도	257,323	117,936	139,387
경상남도	141,889	80,952	60,937
제주특별자치도	58,654	17	58,637
전 국	1,564,797	823,895	740,902

〈보기〉

㉠ 2021년 경지 면적 중 상위 5개 시 · 도는 전남, 경북, 충남, 전북, 경기이다.
㉡ 울산의 2021년 논 면적은 울산의 2020년 밭 면적의 두 배이다.
㉢ 2020년 대비 2021년 전국 밭 면적의 증감률은 −1.4이다.
㉣ 2020년 논 면적 중 상위 5개 시 · 도는 전남, 충남, 경북, 전북, 제주이다.

① ㉠, ㉡　　② ㉠, ㉢
③ ㉡, ㉢　　④ ㉢, ㉣
⑤ ㉠, ㉡, ㉣

TIP ㉠ 2021년 경지 면적 중 상위 5개 시 · 도는 '전남 > 경북 > 충남 > 전북 > 경기'이다.
㉢ 2020년 전국 밭 면적은 751,179ha 이고, 2021년 전국 밭 면적은 740,902ha 이다. 따라서 (740,902ha − 751,179ha) ÷ (740,902ha × 100) = −1.387⋯
∴ −1.4가 된다.
㉡ 울산의 2021년 논 면적은 5,238ha 이고, 2020년 밭 면적은 4,696ha로 두 배가 되지 않는다.
㉣ 2020년 논 면적 중 상위 5개 시 · 도는 전남 > 충남 > 전북 > 경북 > 경기이다.

Answer. 58.②

59 다음은 성별 · 연령대별 전자금융서비스 인증수단 선호도에 관한 자료이다. 이 자료를 검토한 반응으로 옳지 않은 것은?

〈성별, 연령대별 전자금융서비스 인증수단 선호도 조사결과〉

(단위 : %)

구분 \ 인증수단		휴대폰 문자 인증	공인 인증서	아이핀	이메일	전화 인증	신용카드	바이오 인증
성별	남자	72.2	69.3	34.5	23.1	22.3	21.1	9.9
	여자	76.6	71.6	27.0	25.3	23.9	20.4	8.3
연령대	10대	82.2	40.1	38.1	54.6	19.1	12.0	11.9
	20대	73.7	67.4	36.0	24.1	25.6	16.9	9.4
	30대	71.6	76.2	29.8	15.7	28.0	22.3	7.8
	40대	75.0	77.7	26.7	17.8	20.6	23.3	8.6
	50대	71.9	79.4	25.7	21.1	21.2	26.0	9.4
전체		74.3	70.4	30.9	24.2	23.1	20.8	9.2

※ 1) 응답자 1인당 최소 1개에서 최대 3개까지 선호하는 인증수단을 선택함

2) 인증수단 선호도는 전체 응답자 중 해당 인증수단을 선호한다고 선택한 응답자의 비율임

3) 전자금융서비스 인증수단은 제시된 7개로만 한정됨

① 박 주임 : 연령대별 인증수단 선호도를 살펴보면, 30대와 40대 모두 아이핀이 3번째로 높다.

② 이 팀장 : 전체 응답자 중 선호하는 인증수단을 3개 선택한 응답자 수는 40% 이상이다.

③ 홍 사원 : 선호하는 인증수단으로 신용카드를 선택한 남성 수는 바이오 인증을 선택한 남성 수의 3배 이하이다.

④ 김 주임 : 20대와 50대 간의 인증수단별 선호도 차이는 공인인증서가 가장 크다.

⑤ 오 팀장 : 선호하는 인증수단으로 이메일을 선택한 20대 모두가 아이핀과 공인인증서를 동시에 선택했다면, 신용카드를 선택한 20대 모두가 아이핀을 동시에 선택한 것이 가능하다.

TIP ⑤ 만약 이메일을 선택한 20대 모두가 아이핀과 공인인증서를 동시에 선택했다면 아이핀을 선택한 20대 중에서 11.9%(36.0 − 24.1)는 조건에 따라 타 인증수단을 중복 선호할 수 있다. 신용카드를 선호하는 20대는 16.9%로 11.9%보다 더 크다. 따라서, 신용카드를 선택한 20대 모두가 아이핀을 동시에 선택한다고 평가하는 것은 옳지 않다.

① 30대의 인증수단은 공인인증서 → 휴대폰문자 인증 → 아이핀 순으로 선호도가 높다. 40대의 인증수단은 공인인증서 → 휴대폰문자 인증 → 아이핀 순으로 선호도가 높다. 따라서 30대와 40대 모두 아이핀이 3번째로 높으므로 박 주임은 옳게 검토하였다.

② 인증수단별 하단에 제시된 전체 선호도를 합산하면 252.9가 된다. 7개 인증수단 중 최대 3개까지 중복 응답이 가능하므로 선호 인증수단을 3개 선택한 응답자 수는 최소 40% 이상이 된다. 이 팀장은 옳게 검토하였다.

③ 남성의 인증수단 선호도를 살펴보면, 신용카드를 선택한 남성의 비율은 21.1%로, 바이오인증을 선호하는 9.9%의 3배인 29.7% 이하이다. 따라서 홍 사원은 옳게 검토하였다.

④ 20대와 50대의 인증수단별 선호도 차이는 공인인증서가 79.4 − 67.4 = 12.0으로 가장 큰 수치이므로 김 주임은 옳게 검토하였다.

60 다음 〈화재위험 점수 산정 방법〉 자료를 보고 〈보기〉와 같은 점수 평가표가 도출되었을 때, 해당 업소의 화재위험 점수는?

〈화재위험 점수 산정 방법〉

- 산정 방법 : 화재위험 점수 = 기본 점수(화재 강도 점수 + 화재확률 점수) × 업소형태별 가중치
- 평가 점수에 대한 위험수준 환산표

화재강도		화재확률	
위험도	점수	위험도	점수
80 이상	20점	80 이상	20점
60 ~ 79	40점	60 ~ 79	40점
40 ~ 59	60점	40 ~ 59	60점
20 ~ 39	80점	20 ~ 39	80점
20 미만	점수 부여 없이 업소 일시 폐쇄	20 미만	점수 부여 없이 업소 일시 폐쇄

- 업소 형태별 가중치

구분	가중치	구분	가중치
일반음식점	1.00	산후조리원	1.00
휴게음식점	1.00	PC방	1.00
게임제공업	1.00	찜질방	0.90
고시원	0.95	찜질방(100인 이상)	0.95

〈보기〉

- 업소명 : 休 Dream
- 업종 : 고시원
- 담당자 : 김○○
- 결과
  - 화재강도 위험도 : 31
  - 화재확률 위험도 : 48

① 120점
② 127점
③ 133점
④ 140점
⑤ 145점

TIP ③ 화재강도 위험도를 환산하면 80점, 화재확률 위험도를 환산하면 60점이며 해당 업소의 업종은 고시원이므로 가중치 0.95를 적용하면, 화재위험 점수 = (80 + 60) × 0.95 = 133점이 된다.

Answer. 59.⑤ 60.③

[출제비중]

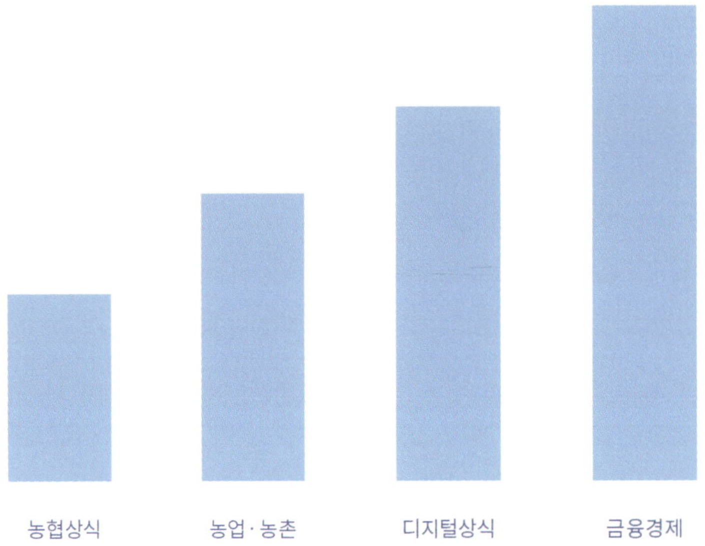

PART

02

직무상식 기출복원문제

01 2025년 직무상식 기출복원문제

난이도 ●●●○○

제한시간 30분 | 문항 수 35문항

1 우리나라 농업협동조합이 ICA에 준회원 자격으로 가입한 연도는?

① 1950년
② 1951년
③ 1960년
④ 1963년
⑤ 1967년

TIP ④ 우리나라 농업협동조합은 1963년에 준회원 자격으로 ICA에 가입했다.

2 ICA의 협동조합 7대 원칙으로 옳지 않은 것은?

① 조합원에 의한 민주적 관리
② 자격 성립 시 자동 가입
③ 교육, 훈련 및 정보 제공
④ 조합원의 경제적 참여
⑤ 지역사회에 대한 기여

TIP ICA의 협동조합 7대 원칙

㉠ 자발적이고 개방적인 조합원 제도
㉡ 조합원에 의한 민주적 관리
㉢ 조합원의 경제적 참여
㉣ 이윤의 사회적 목적 사용
㉤ 교육, 훈련 및 정보 제공
㉥ 협동조합 간 협동
㉦ 지역사회에 대한 기여

3 신세대 협동조합의 특징이 아닌 것은?

① 조합원에 의한 감시가 어려움
② 사업 이용 규모에 비례한 의결권 부여
③ 출하권 양도 시 손실 없이 협동조합에서 탈퇴 가능
④ 농산물 가공을 통해 부가가치 창출
⑤ 조합원 무임승차를 최대한 배제하자는 취지

TIP ① 출자지분 거래를 양성화함으로써 경영진에 대한 통제 장치를 마련하였다.

4 농업협동조합법에 대한 설명으로 옳지 않은 것은?

① 조합은 공직선거에서 특정 정당을 지지하거나 특정인을 당선되도록 하는 행위를 하여서는 아니 된다.
② 조합원은 지역농협의 구역에 주소, 거소(居所)나 사업장이 있는 농업인이어야 한다.
③ 조합원의 출자액은 질권(質權)의 목적이 될 수 있다.
④ 조합원은 지역농협의 승인 없이 지분을 양도(讓渡)할 수 없다.
⑤ 지역농협은 탈퇴 조합원이 지역농협에 대한 채무를 다 갚을 때까지는 지분의 환급을 정지할 수 있다.

TIP ③ 「농업협동조합법」 제21조(출자) 제4항에 따라 조합원의 출자액은 질권(質權)의 목적이 될 수 없다.

5 협동조합 기본법에 따라 조합원의 출자 및 책임에 대한 것으로 옳은 것은?

① 조합원은 정관으로 정하는 바에 따라 5좌 이상을 출자하여야 한다.
② 조합원 1인의 출자좌수는 총 출자좌수의 100분의 20을 넘어서는 아니 된다.
③ 조합원이 납입한 출자금은 질권의 목적이다.
④ 협동조합에 납입할 출자금은 협동조합에 대한 채권과 상계하지 못한다.
⑤ 조합원의 책임은 납입한 출자액을 이하로 한다.

TIP ④ 「협동조합 기본법」 제22조(출자 및 책임) 제4항
① 조합원은 정관으로 정하는 바에 따라 1좌 이상을 출자하여야 한다〈협동조합 기본법 제22조(출자 및 책임) 제1항〉.
② 조합원 1인의 출자좌수는 총 출자좌수의 100분의 30을 넘어서는 아니 된다〈협동조합 기본법 제22조(출자 및 책임) 제2항〉.
③ 조합원이 납입한 출자금은 질권의 목적이 될 수 없다〈협동조합 기본법 제22조(출자 및 책임) 제3항〉.
⑤ 조합원의 책임은 납입한 출자액을 한도로 한다〈협동조합 기본법 제22조(출자 및 책임) 제5항〉.

Answer. 1.④ 2.② 3.① 4.③ 5.④

6 협동조합 기본법의 기본원칙에 해당하는 것이 아닌 것은?

① 협동조합은 그 업무 수행 시 조합원을 위하여 최대한 봉사하여야 한다.
② 협동조합연합회는 그 업무 수행 시 회원을 위하여 최대한 봉사하여야 한다.
③ 협동조합은 자발적으로 결성하여 공동으로 소유하고 민주적으로 운영되어야 한다.
④ 협동조합은 투기를 목적으로 하는 행위를 하여서는 아니 된다.
⑤ 협동조합은 일부 조합원 등의 이익만을 목적으로 하는 업무와 사업을 할 수 있다.

TIP 기본원칙〈협동조합 기본법 제6조〉
① 협동조합 등 및 협동조합연합회 등은 그 업무 수행 시 조합원 등을 위하여 최대한 봉사하여야 한다.
② 협동조합 등 및 협동조합연합회 등은 자발적으로 결성하여 공동으로 소유하고 민주적으로 운영되어야 한다.
③ 협동조합 등 및 협동조합연합회 등은 투기를 목적으로 하는 행위와 일부 조합원 등의 이익만을 목적으로 하는 업무와 사업을 하여서는 아니 된다.

7 농협이 국제협동조합연맹기구(ICA) 정회원으로 승격된 연도는?

① 1963년
② 1972년
③ 1980년
④ 1988년
⑤ 1993년

TIP ② 1963년에 농협중앙회가 ICA에 가입했고, 1972년 정회원으로 승격되었다.

8 농협은행의 핵심가치로 옳지 않은 것은?

① 고객본위
② 혁신추구
③ 성과중심
④ 상호신뢰
⑤ 사회공헌

TIP 농협은행의 핵심 가치
㉠ 고객본위 : 정직과 신뢰를 바탕으로 항상 고객 중심으로 생각하고 행동하며 사회 구성원에 대한 책임 실현
㉡ 혁신추구 : 주어진 현실에 안주하지 않는 창의적인 접근으로 미래시장을 선도해 나가는 경쟁력 확보
㉢ 성과중심 : 최고가 되기 위한 도전적인 목표를 설정하고 전문성과 끝없는 열정으로 강력하게 실행
㉣ 상호신뢰 : 신뢰와 정직의 직업윤리를 바탕으로 정정당당히 경쟁하고 고객을 배려하여 사회로부터 존경받는 기업이 된다.

9 다음 중 농협의 인재상이 아닌 것은?

① 시너지 창출가
② 최고의 디지털 전문가
③ 행복의 파트너
④ 진취적 도전가
⑤ 정직과 도덕성을 갖춘 인재

TIP 농협의 인재상

㉠ 시너지 창출가 : 항상 열린 마음으로 계통 간, 구성원 간에 존경과 협력을 다하여 조직 전체의 성과가 극대화될 수 있도록 시너지 제고를 위해 노력하는 인재

㉡ 행복의 파트너 : 프로다운 서비스 정신을 바탕으로 농업인과 고객을 가족처럼 여기고 최상의 행복 가치를 위해 최선을 다하는 인재

㉢ 최고의 전문가 : 꾸준히 자기계발을 통해 자아를 성장시키고, 유통 · 금융 등 맡은 분야에서 최고의 전문가가 되기 위해 지속적으로 노력하는 인재

㉣ 정직과 도덕성을 갖춘 인재 : 매사에 혁신적인 자세로 모든 업무를 투명하고 정직하게 처리하여 농업인과 고객, 임직원 등 모든 이해관계자로부터 믿음과 신뢰를 받는 인재

㉤ 진취적 도전가 : 미래지향적 도전의식과 창의성을 바탕으로 새로운 사업과 성장동력을 찾기 위해 끊임없이 변화와 혁신을 추구하는 역동적이고 열정적인 인재

10 다음 농협에 대한 설명으로 옳지 않은 것은?

① 2023년 2월 6일 「범농협 3행 3무 실천운동」을 결의하였다.
② 2019년 2월 1일 산지유통혁신 112운동을 전개하였다.
③ 1999년 9월 1일 사이버 쌀도매시장을 국내최초로 개장하였다.
④ 1989년 8월 11일 신토불이 운동을 전개하였다.
⑤ 1963년 1월 20일 ICA집행위원회, 한국농협 준회원으로 가입을 결정하였다.

TIP ② 2009년 2월 1일 산지유통혁신 112운동을 전개하였다.

Answer. 6.⑤ 7.② 8.⑤ 9.⑤ 10.②

11 **농협의 농업 · 농촌 가치확산 운동으로 옳지 않은 것은?**

① 새농민운동
② 신토불이운동
③ 고향사랑기부제
④ 식사랑 농사랑
⑤ 또 하나의 마을 만들기

TIP ③ 고향사랑기부제는 개인이 고향에 기부하고 지자체는 이를 모아서 주민복리에 사용하는 제도로 기부자에게는 세액공제와 기부한 고향의 답례품 혜택을 제공한다.

12 **다음 중 「농업협동조합법」상 총회의 의결을 거쳐야 하는 사항이 아닌 것은?**

① 조합원의 자격 심사
② 조합원의 제명
③ 임원의 선출 및 해임
④ 규약의 제정 · 개정
⑤ 정관의 변경

TIP 총회의결사항 등〈농업협동조합법 제35조 제1항〉

1. 정관의 변경
2. 해산 · 분할 또는 품목조합으로의 조직변경
3. 조합원의 제명
4. 합병
5. 임원의 선출 및 해임
6. 규약의 제정 · 개정 및 폐지
7. 사업 계획의 수립, 수지 예산의 편성과 사업 계획 및 수지 예산 중 정관으로 정하는 중요한 사항의 변경
8. 사업보고서, 재무상태표, 손익계산서, 잉여금 처분안과 손실금 처리안
9. 중앙회의 설립 발기인이 되거나 이에 가입 또는 탈퇴하는 것
10. 임원의 보수 및 실비변상
11. 그 밖에 조합장이나 이사회가 필요하다고 인정하는 사항

13 **다음 중 은행의 비보호금융상품은?**

① 환매조건부채권(RP)
② 외화예금
③ 개인형 퇴직연금제도의 적립금
④ 기업자유예금
⑤ 주택청약예금

TIP ① 은행의 비보호금융상품은 양도성예금증서(CD), 환매조건부채권(RP), 금융투자상품, 은행발행채권, 주택청약저축, 주택청약종합저축, 확정급여형 퇴직연금제도의 적립금, 실적배당형 신탁, 개발신탁이다.

14 화폐의 지급결제수단으로서의 기능이 강조된 지표로, 시중에 유통되는 현금에 예금취급기관의 결제성 예금을 더한 지표는?

① 광의통화(M2)
② 협의통화(M1)
③ 금융기관유동성(Lf)
④ 광의유동성(L)
⑤ 본원통화(MB)

TIP ① 광의통화(M2) : 협의통화보다 넓은 의미의 통화지표로, 유동성이 낮은 만기 2년 이상의 장기 금융상품은 제외된다.
③ 금융기관유동성(Lf) : 광의통화에 유동성이 상대적으로 낮은 금융상품까지 포함하는 지표다.
④ 광의유동성(L) : 금융기관유동성에 유가증권이 포함되는 지표다.
⑤ 본원통화(MB) : 최초에 중앙은행이 발행한 화폐를 일컫는다.

15 시스템을 잠그거나 데이터를 암호화해 사용할 수 없도록 한 뒤 금전을 요구하는 악성 프로그램은?

① 랜섬웨어
② 트로이 목마
③ 드로퍼
④ 파밍
⑤ 웜

TIP ② 트로이 목마 : 겉보기에는 해가 없을 것처럼 보이지만 실제로는 악성코드가 들어있어 프로그램을 실행시키면 악성코드가 실행되는 방식이다.
③ 드로퍼 : 사용자가 인지하지 못하는 순간에 바이러스 또는 트로이 목마 프로그램을 컴퓨터에 설치하는 프로그램이다.
④ 파밍 : 사용자들로 하여금 진짜 사이트로 오인하여 접속하도록 유도한 뒤 개인정보를 훔치는 컴퓨터 범죄다.
⑤ 웜: 다른 프로그램에 영향을 주지 않지만 특정 컴퓨터 속에 숨어있다가 네트워크를 통해 연결된 다른 컴퓨터에 침투하여 컴퓨터 시스템을 파괴한다.

16 다음 중 성격이 다른 것은?

① 라이브러리
② 컴파일러
③ 어셈블러
④ 텍스트 에디터
⑤ 마이크로프로세서

TIP ⑤ 하드웨어
①②③④ 소프트웨어

Answer. 11.③ 12.① 13.① 14.② 15.① 16.⑤

17 **코드화 대상 항목의 명칭이나 약호와 관련 있는 숫자, 문자, 기호 등을 이용하여 코드를 부여하는 것은?**

① 10진 코드
② 연상 코드
③ 순차 코드
④ 블록 코드
⑤ 합성 코드

TIP ① 10진 코드 : 코드화 대상 항목은 0 ~9까지 분할하고 다시 10진 분할하는 방법을 반복한다. 도서분류식 코드라고도 한다.
③ 순차 코드 : 자료의 발생 순서, 크기 순서 등 일정 기준에 따라 차례로 일련번호를 부여하는 방법이다.
④ 블록 코드 : 코드화 대상 항목 중 공통된 것끼리 블록으로 구분하고 일련번호를 부여하는 방법이다.
⑤ 합성 코드 : 필요한 기능을 하나의 코드로 수행하기 어려운 경우 두 개 이상의 코드를 조합하는 방법이다.

18 **도덕적 해이를 예방하는 방법으로 적절하지 않은 것은?**

① 책임과 권한을 명확히 구분한다.
② 성과에 따른 보상 제도를 마련한다.
③ 감독과 감시 체계를 강화한다.
④ 보상 체계를 단순화하여 모든 직원에게 동일한 보상을 제공한다.
⑤ 직원들에게 윤리 교육을 시행한다.

TIP ④ 도덕적 해이를 예방하기 위해서는 책임감과 윤리 의식을 강화하고, 성과에 따라 차등 보상을 제공하는 것이 효과적이다. 모든 직원에게 동일한 보상을 제공하면 개별 성과와 책임감이 줄어들어 도덕적 해이가 발생할 가능성이 높다.

19 **경제활동인구에 해당하지 않는 사람은?**

① 정년퇴직 후 연금을 받으며 생활하는 사람
② 직장을 구하고 있는 실업자
③ 회사에서 일하는 직장인
④ 자영업을 하는 소상공인
⑤ 아르바이트를 하는 대학생

TIP ① 경제활동인구는 취업자와 구직 활동을 하고 있는 실업자를 포함한다. 정년퇴직 후 연금을 받으며 생활하는 사람은 경제활동에 참여하지 않는 것으로 경제활동인구에 해당하지 않는다.

20 다음 옵션과 선물에 대한 설명으로 옳은 것은?

① 선물은 특정 시점에 기초 자산을 매수와 매도를 할 권리를 부여한다.
② 선물은 매도할 때 매도자에게 지급하는 금액은 프리미엄이다.
③ 옵션은 기초 자산 가격이 하락해도 매수자는 프리미엄 이상 손실을 보지 않는다.
④ 옵션은 기초 자산을 약정한 가격에 매매할 의무를 부여한다.
⑤ 옵션은 증거금을 예치하고 가격 변동에 따라서 마진 조정을 한다.

TIP ① 선물은 권리가 아니라 의무를 부여한다. 선물 계약을 체결한 양측은 기초 자산을 약정한 가격에 거래할 의무가 있다. 권리는 옵션에서 주어진다.
② 선물 거래에서는 프리미엄이 발생하지 않는다. 프리미엄은 옵션에서 매수자가 매도자에게 지불하는 금액이다.
④ 옵션은 매수자에게 권리를 부여하며 의무는 없다.
⑤ 증거금과 마진 조정은 선물 거래에 해당한다.

21 다음 상품 중에서 성격이 다른 하나는?

① 적금
② 주택청약적금
③ 예금
④ CMS
⑤ ISA

TIP ④ CMS는 자금 관리 서비스에 해당한다. 자금의 수납과 지급, 이체 등을 관리하는 데 사용된다. 개인의 저축 상품과는 성격이 다르며, 자금 운용의 효율성을 위한 서비스이며, 저축 상품이 아니라 자금을 관리하는 운용 서비스이다.
①②③⑤ 적금, 주택청약적금, 예금, ISA는 모두 저축성 금융 상품에 해당한다. 적금과 예금은 은행에 일정 금액을 예치하여 이자를 받고 주택청약적금은 주택청약 자격을 위한 상품이다. ISA는 예금과 적금, 펀드 등을 혼합해 절세 효과가 있는 종합 자산관리 상품이다.

Answer. 17.② 18.④ 19.① 20.③ 21.④

22 코즈의 조건이 성립되지 않은 조건은?

① 거래 비용이 높은 경우
② 재산권이 명확히 정의된 경우
③ 거래 비용이 없거나 매우 낮은 경우
④ 교섭이 자유롭게 이루어지는 경우
⑤ 외부 효과가 없는 경우

TIP ① 교섭, 계약 체결, 법적 절차 등의 비용이 과도하게 큰 경우에는 교섭 자체가 성립하지 않거나 자원이 비효율적으로 할당된다.
②③④⑤ 재산권이 명확히 정의되어 있는 경우, 거래 비용이 없거나 매우 낮은 경우, 교섭이 자유롭게 이루어진 경우에 코즈의 정리가 성립된다.

23 체계적 위험과 비체계적 위험에 대한 설명으로 적절하지 않은 것은?

① 체계적 위험은 시장 전반에 영향을 미치기 때문에 분산투자를 통해 줄일 수 없다.
② 비체계적 위험은 특정 기업이나 산업에만 영향을 미치기 때문에 분산투자를 통해 줄일 수 있다.
③ 체계적 위험은 금리 변화, 환율 변동과 같은 요인에서 발생한다.
④ 비체계적 위험은 정치적 불안정이나 경제 전반의 변화와 같은 요인에서 발생한다.
⑤ 비체계적 위험은 주식 포트폴리오를 다양화함으로써 감소시킬 수 있다.

TIP ④ 정치적 불안정이나 경제 전반의 변화는 체계적 위험의 예이다. 비체계적 위험은 특정 기업이나 산업에만 영향을 미친다.

24 채권에 대한 설명으로 옳지 않은 것은?

① 국채는 정부가 발행하는 채권이다.
② 단기채는 만기가 1년 이하인 채권이다.
③ 사모채는 특정 투자자들을 대상으로 발행되는 채권이다.
④ 이표채는 이자를 한 번만 지급하고, 만기 시 원금과 함께 상환한다.
⑤ 액면발행채는 발행 시 액면가로 발행되는 채권이다.

TIP ④ 이표채는 정해진 기간마다 이자를 지급하는 채권이다. 만기까지 여러 번 이자를 지급한다. 이자를 한 번만 지급하고 만기 시 원금과 함께 상환하는 채권은 할인채에 해당한다.

25 맨델 플레밍 모델(Mundell-Fleming Model)의 특징으로 옳은 것은?

① 개방 경제에서 자본 이동이 불가능한 상황을 가정한다.
② 고정 환율 제도에서는 통화정책이 매우 효과적이다.
③ 유동 환율 제도에서는 재정정책이 매우 효과적이다.
④ 고정 환율 제도에서는 재정정책이 유효하게 작용한다.
⑤ 유동 환율 제도에서는 자본 이동에 제한이 있다.

TIP ④ 맨델-플레밍 모델은 개방 경제에서의 거시 경제 정책을 분석하는 모델로 자본 이동이 자유로운 상황을 가정한다. 고정 환율제도하에서는 통화정책이 비효과적이지만, 재정정책은 자본 이동을 유도해 실질 경제에 영향을 준다. 유동환율제도에서는 통화정책이 효과적이며, 재정정책은 자본 이동에 의해 상쇄되는 경향이 있다.

26 공리주의의 역풍으로 적절하지 않은 것은?

① 소수의 권익 침해
② 도덕적 직관과 충돌
③ 단기적 행복 극대화
④ 사생활 침해
⑤ 인간의 존엄성 존중

TIP ⑤ 공리주의는 결과를 계산하는 데 초점을 둔다. 사람을 숫자로 취급하면서 감정과 존엄성을 무시할 수 있다.
① 다수의 행복을 최우선으로 고려하면서 소수의 고통과 권리 침해가 정당화한다.
② 결과에 치중하면서 과정이나 행동 자체의 도덕성을 무시하면서 비인간적으로 나타날 수 있다.
③ 단기적인 행복을 극대화하기 위한 선택을 하면서 부정적인 결과를 초래한다.
④ 다수의 행복을 극대화하기 위해서 개인의 사생활과 자율성이 침해되기도 한다.

Answer. 22.① 23.④ 24.④ 25.④ 26.⑤

27 **연금저축계좌에 대한 설명으로 옳지 않은 것은?**

① 계좌의 가입기간은 계좌에 연금납입액이 최초 입금된 날로부터 기산한다.

② 가입자가 새로운 계좌 설정 시 다른 연금계좌의 전액을 이체 받은 경우에는 다른 연금계좌의 가입기간을 적용할 수 없다.

③ 회사는 예탁금이용료의 지급기준이 변경되는 경우 매매거래를 통지할 때 변경내용을 함께 가입자에게 알려준다.

④ 가입자는 계좌에서 일부 금액 또는 전액을 인출할 수 있다.

⑤ 가입자는 위법계약의 해지가 가능한 경우에 한하여 계약체결일로부터 5년을 초과하지 않는 범위에서 계약체결에 대한 위반사항을 안 날부터 1년 이내에 계약의 해지를 요구할 수 있다.

TIP ② 「연금저축계좌설정약관」 제3조 제4항에 따라 가입자가 새로운 계좌 설정 시 다른 연금계좌의 전액을 이체 받은 경우에는 다른 연금계좌의 가입기간을 적용할 수 있다.

28 **금융감독원의 역할로 옳은 것은?**

① 한국은행의 통화신용정책에 관한 주요 사항을 심의 · 의결

② 화폐 발행

③ 금융수요자에 투자상품 판매

④ 금융기관에 대한 검사 · 감독 업무 수행

⑤ 외환보유액 관리

TIP ① 금융통화위원회의 역할이다.
②⑤ 한국은행의 역할이다.
③ 금융기관의 역할이다.

29 **소득이 증가해도 수요가 크게 증가하지 않는 재화로, 생존이나 생활 유지를 위해 필수적인 재화는?**

① 보완재 ② 대체재

③ 필수재 ④ 사치재

⑤ 열등재

TIP ③ 필수재는 소득이 증가해도 수요가 크게 증가하지 않는 재화로 생존이나 생활 유지를 위해 필수적인 재화에 해당한다. 쌀, 물, 전기, 의류 등이 이에 해당한다.

30 다음 중 직접파생상품에 해당하는 것은?

① 외환 선도　② CDS
③ 레버리지 ETF　④ 이중 옵션
⑤ ELS

TIP ① 직접파생상품은 기초자산(주식, 채권, 환율, 원자재 등)의 가치 변동에 따라 직접적으로 가격과 가치가 결정되는 금융 상품이다.
②③④⑤ 기본 자산(기초자산)의 가치 변동에 따라 간접적으로 가격이 결정되는 금융 상품으로 간접파생상품에 해당한다.

31 다음 중 역선택에 해당하는 경우는?

① 공공의 비용으로 불필요하게 병원을 방문하거나 약을 받는 행동
② 자동차 운전자가 사고 비용을 보험사가 부담하기 때문에 부주의하게 운전하는 경우
③ 은행이 정부의 구제금융에 대한 믿음으로 위험한 투자를 반복하는 경우
④ 건강한 사람보다 건강이 나쁜 사람이 건강보험에 많이 가입하는 경우
⑤ 성과에 관계없이 고정급을 받는 직원이 노력을 덜 기울이는 경우

TIP ④ 계약 전에 정보 비대칭으로 인해 품질이 낮은 쪽(문제가 많은 쪽)만 거래에 참여하려는 현상이 역선택에 해당한다.
①②③⑤ 계약 체결 이후 한쪽 당사자가 자신에게 유리하도록 행동을 변경하거나 책임감 없이 행동하는 현상이 도덕적 해이에 해당한다. 보호받는 상황에서 위험한 행동을 하는 것이다.

32 다음 중 예금자보호법에 따른 예금자보호 대상 금융기관이 아닌 것은?

① 상호저축은행　② 우체국 예금
③ 인터넷은행　④ 종합금융회사
⑤ 보험회사

TIP ② 우체국 예금은 금융기관이 아니므로 예금자보호법에 따른 예금자보호 대상이 아니다. 다만, 우체국 예금·보험에 관한 법률에 따라 예금을 보호한다.

Answer. 27.② 28.④ 29.③ 30.① 31.④ 32.②

33 **예금자보호법에 대한 설명으로 옳지 않은 것은?**

① 지방자치단체로부터 조달한 금전은 예금범위에 해당하지 않는다.
② 농협은행에서 환매조건부채권의 매도로 조달한 금전은 예금범위에 포함되지 않는다.
③ 새마을금고중앙회는 예금보험의 적용을 받는다.
④ 1인당 보호한도는 각 농·축협이 별도로 적용된다.
⑤ 상호저축은행의 예금은 예금보험 적용을 받지 않는다.

TIP ⑤ 한국산업은행, 중소기업은행, 농협은행, 수협은행, 상호저축은행 등은 예금보험의 적용을 받는다.

34 **다음 중에서 핀테크에 해당하지 않는 것은?**

① 모바일 결제 서비스　　② 인터넷 전문은행
③ 크라우드펀딩 플랫폼　　④ 일반 클라우드 서비스
⑤ 가상자산 거래소

TIP ④ 기술을 활용한 금융 서비스와 관련이 없는 서비스이다.

35 **다음 그래프 A, B에 들어가는 것으로 적절한 것은?**

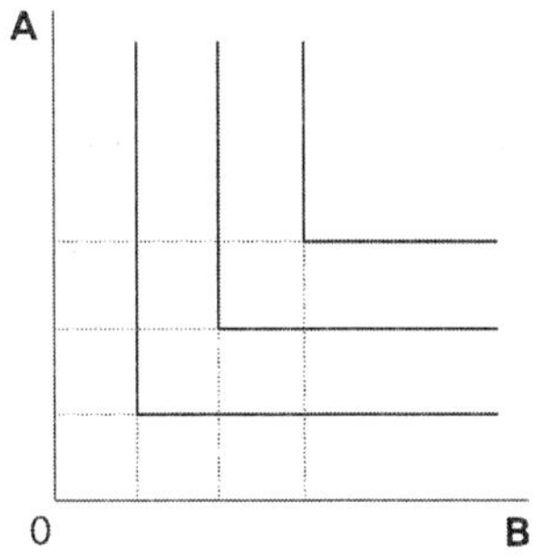

	A	B
①	왼쪽 신발	오른쪽 신발
②	맥주	소주
③	콜라	사이다
④	휘발유	전기
⑤	USB	외장 하드디스크

TIP ① 그래프는 완전보완재에 해당하는 그래프이다. 완전보완재에 해당하는 상품은 항상 일정한 비율로 함께 사용해야 효용이 발생하는 것이다. 왼쪽 신발, 오른쪽 신발과 같이 하나가 없으면 다른 하나만으로는 의미가 없거나 효용이 매우 제한적인 상품들이다.

02 2024년 직무상식 기출복원문제

난이도 ●●●○○

제한시간 30분 | 문항 수 35문항

1 양도성예금증서(CD)와 MMDA의 공통점으로 옳은 것은?

① 만기 이전에는 인출이 불가능하다.
② 명확한 만기일(1개월, 3개월, 6개월, 1년 등)을 지정한다.
③ 예금자보호제도로 보호되지 않는다.
④ 은행에서 제공하는 예금상품이다.
⑤ 고정금리를 제공한다.

TIP ① CD는 만기 이전에는 인출이 불가능하지만 MMDA는 자유롭게 입출금이 가능하다.
② CD는 명확한 만기일(1개월, 3개월, 6개월, 1년 등)이 있지만, MMDA는 만기가 명확하게 없다.
③ 대부분의 경우 일정한도까지 예금자보호제도에 의해서 보호된다.
⑤ CD는 고정금리가 일반적이지만, MMDA는 변동금리이다.

2 라벨이 되어 있지 않은 학습 데이터를 이용하여 데이터 내 포함되어 있는 규칙을 알아내도록 하는 비지도 학습 유형으로 옳지 않은 것은?

① 의사결정 트릭
② 계층적 클러스터링
③ 주성분분석
④ 자기조직화지도
⑤ K-평균 클러스터링

TIP ① 의사결정 트릭 : 데이터 속성을 기반으로 한 결정 규칙을 학습하여 데이터를 분류하거나 예측한다. 데이터를 가장 잘 구분할 수 있는 질문을 반복적으로 선택하여 트리를 구성하며, 지도학습 유형 중 하나이다.
② 계층적 클러스터링 : 데이터 포인트들을 계층적 구조로 나누는 클러스터링 방법으로, 클러스터의 수가 미리 정해져 있지 않을 때 유용하게 사용된다.
③ 주성분분석 : 데이터의 차원을 줄이기 위해 사용되는 통계적 기법이다.
④ 자기조직화지도 : 입력 데이터를 저차원 격자에 매핑하여 유사한 데이터 포인트를 클러스터링한다.
⑤ K-평균 클러스터링 : 주어진 데이터를 K개의 클러스터로 그룹화하는 알고리즘으로, 각 클러스터는 중심으로 표현된다.
※ 클러스터링 … 데이터 유사성에 기초하여 데이터를 몇 개의 그룹으로 분류하는 기법이다.

Answer. 33.⑤ 34.④ 35.① / 1.④ 2.①

3 **노동에 대한 부존량 증가는 그 요소를 집약적으로 사용하는 노동집약산업의 생산량을 증가시키고 다른 비노동집약산업의 생산량을 감소시킨다는 이론으로 옳은 것은?**

① 립진스키 정리
② 헥셔－올린 이론
③ 레온티예프 역설
④ 스톨퍼－사무엘슨 정리
⑤ 요소가격균등화 정리

TIP ② 헥셔－올린 정리 : 무역 패턴을 설명하는 정리로, 일국은 타국에 비해 상대적으로 풍부한 생산요소를 집약적으로 투입하여 생산하는 재화에 비교우위를 가지고 이를 수출하고, 그렇지 않은 재화를 수입한다는 것이다.
③ 레온티예프 역설 : 헥셔－올린의 주장과는 다르게 자본이 풍부한 미국이 노동집약적 상품을 수출하고, 자본집약적 상품을 수입하는 결론이 나왔다. 즉 헥셔－올린의 반대 사례를 일컫는다.
④ 스톨퍼－사무엘슨 정리 : 무역으로 인한 계층 간 실질소득의 분배와 관련된 이론으로, 한 재화의 상대가격 상승은 그 재화 생산에 집약적으로 사용되는 요소의 실질소득은 절대적 · 상대적으로 증가하고 그렇지 않은 요소의 실질소득은 절대적 상대적으로 감소한다는 것이다.
⑤ 요소가격균등화 정리 : 무역 후 양국의 재화 가격뿐만 아니라 양국의 생산요소 가격 또한 절대적 · 상대적으로 같아진다는 것이다.

4 **다음 사례에 대한 설명으로 옳지 않은 것은?**

- 甲 이커머스는 회원일 경우 10% 할인된 금액으로 상품을 구매할 수 있다.
- 乙 레스토랑은 일주일 전에 예약할 경우 당일 예약보다 더 저렴한 가격으로 식사할 수 있다.
- 丙 테마파크는 야간 개장 입장 시 입장료를 할인해 주고 있다.

① 수요의 가격탄력성이 달라야 한다.
② 이윤을 극대화하기 위해 실시한다.
③ 어느 정도 시장지배력이 있어야 가능하다.
④ 사회후생 손실을 야기할 수 있다.
⑤ 분리된 소비자 간 재거래는 불가능해야 하다.

TIP ④ 위 사례는 가격차별 사례이다. 모든 소비자잉여가 생산자잉여로 귀속되고 사회후생 손실은 존재하지 않는다. 즉, 수요자들은 최대 지불용의만큼 가격을 지불하므로 소비자잉여는 0이 되며, 일반적으로 기존에 소비를 하지 못했던 수요자도 소비할 수 있어서 사회후생이 증가할 수 있다.
① 가격탄력성이 동일하면 시장 또는 소비자를 분리하는 것이 무의미하다.
② 가격 하락으로 인한 총수입의 감소를 최소화하고 이윤을 극대화하기 위해 실시한다.
③ 동일 재화에 다른 가격을 설정하기 위해서는 어느 정도 시장지배력이 있어야 한다.
⑤ 분리된 소비자 간 재거래가 가능할 경우 시간 간 가격 차이가 사라지므로 재거래는 불가능해야 한다.

5 다음의 그래프와 같은 현상이 발생하는 요인으로 옳은 것을 모두 고르시오.

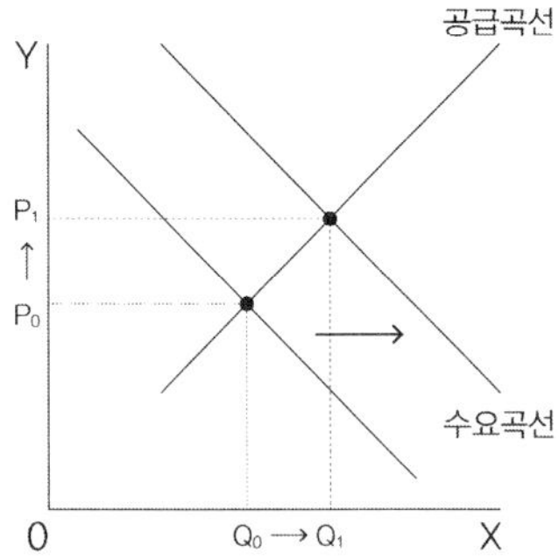

㉠ 통화량의 급격한 증가
㉡ 만연한 과소비 풍조
㉢ 태업 및 파업
㉣ 원자재 가격 상승

① ㉠, ㉡
② ㉠, ㉢
③ ㉡, ㉢
④ ㉢, ㉣
⑤ ㉠, ㉢, ㉣

TIP ① 제시된 그래프는 총수요곡선이 오른쪽으로 이동하여 발생하는 수요견인 인플레이션 그래프로, 즉 총수요가 증가하여 물가가 상승하는 현상이다. 총수요에는 소비, 투자, 정부지출, 순수출 등의 요인으로 구성되어 있다. 따라서 정부의 확장적 재정 정책 시행 및 통화량의 급증으로 인한 투자 증가, 만연한 과소비 풍조 등은 총수요를 증가시킨다.

Answer. 3.① 4.④ 5.①

6 다음 중 적대적 M&A 방어 수단을 모두 고르면?

㉠ 그린메일
㉡ 황금낙하산
㉢ 자사주매입
㉣ 차등의결권
㉤ 공개매수제도

① ㉠, ㉡, ㉢
② ㉠, ㉢, ㉣
③ ㉡, ㉢, ㉤
④ ㉠, ㉡, ㉢, ㉣
⑤ ㉡, ㉢, ㉣, ㉤

TIP ④ 공개매수제도는 특정 기업의 주식을 주식시장 외에서 공개적으로 매수하는 적대적 M&A 방식이다.

7 구축효과에 대한 설명으로 옳은 것은?

① 한계소비성향(MPC)이 직접적인 영향을 준다.
② 이자율 상승으로 총수요 증가 일부가 상쇄되는 현상이다.
③ 최종수요의 변화가 생산에 미치는 영향이다.
④ 실제 가격변동률보다 몇 배 많은 투자수익률이 발생하는 현상이다.
⑤ 총수요 진작을 위해 저소득층과 중산층에 초점을 맞춰 정부 지출을 늘려야 한다는 케인즈의 주장이다.

TIP ② 구축효과는 정부의 확장적 재정 정책은 총수요를 증가시키는 요인이지만, 이러한 확장적 재정 정책은 정부 지출 증가를 위해 국채를 발행하면서, 국채시장 내 국채공급이 증가한다. 국채시장의 초과공급을 야기하면서 국채가격의 하락으로 이어지는데, 국채가격과 이자율은 음(−)의 관계로, 이자율이 상승한다. 이자율의 상승은 기업 및 민간의 투자를 축소시켜 총수요 증가 일부가 상쇄되는 현상이 발생하는데 이를 구축효과라고 한다. 구축효과가 발생하면 정부의 확장적 재정 정책은 무력해진다.

8 다음 중 SWOT 분석에서 'W' 예시로 옳은 것은?

① 甲 철강 기업은 환율 변동으로 수입 원자재 비용이 급증하여 어려움을 겪고 있다.
② 乙 스티커업체는 기존 경쟁업체에 비해 낮은 브랜드 인지도를 가지고 있다.
③ 丙 호텔은 관광지 접근이 용이한 곳에 위치하고 있다.
④ 丁 음료회사의 유기농 제품에 대한 소비자 관심이 급증하고 있다.
⑤ 戊 재생 에너지 회사는 정부의 보조금 혜택을 받게 되었다.

TIP ① SWOT 중 'T'(Threats, 위협)에 해당한다.
③ SWOT 중 'S'(Strength, 강점)에 해당한다.
④⑤ SWOT 중 'O'(Opportunities, 기회)에 해당한다.

9 디지털 환경에서 생성되는 데이터로 부피가 크고, 변화의 속도가 빠르며 속성이 매우 다양하다는 세 가지 특징을 가지고 있는 '이것'은?

① 빅블러
② 블록체인
③ 디지털트윈
④ 유비쿼터스
⑤ 빅데이터

TIP ① 빅블러 : 사회적 변화로 기존의 영역과 법칙이 무너지고 산업 간 경계가 모호해지는 현상을 일컫는다.
② 블록체인 : 데이터 분산 처리 기술, 즉 네트워크의 모든 거래 내역 등을 분산, 저장하는 기술이다.
③ 디지털트윈 : 가상세계에 현실의 기계나 장비, 사물 등을 구현한 것을 말한다.
④ 유비쿼터스 : 언제 어디서나 편리하게 컴퓨터를 활용할 수 있도록 현실과 가상세계를 결합시킨 것을 의미한다.

10 소득분배의 불평등도를 측정하는 수단에 대한 설명으로 옳지 않은 것은?

① 로렌츠곡선에서 불평등면적이 0일 경우 지니계수도 0이 된다.
② 십분위 분배율은 값이 높을수록 평등한 분배를 나타낸다.
③ 십분위 분배율은 사회구성원 전체의 소득분배상태를 보여준다.
④ 앳킨슨지수는 0과 1 사이의 값을 갖는다.
⑤ 사회구성원들이 공정성을 중시할수록 앳킨슨지수는 높아진다.

TIP ③ 십분위 분배율은 측정이 간단하여 실제 소득분배를 연구할 때 많이 이용되지만 사회구성원 전체의 소득분배 상태는 보여주지는 못한다.
① 소득분배가 균등할수록 로렌츠 곡선은 대각선에 가까워진다.
② 불평등 면적이 0에 가까울수록 평등을 나타내는데, 이때 지니계수는 0이 된다.
④ 앳킨슨지수는 0과 1 사이의 값을 가지는데, 1에 가까울수록 불평등하고 0에 가까울수록 평등한 상태를 나타낸다.
⑤ 앳킨슨지수는 소득분배불균등에 대한 주관적 가치를 반영하는데, 사회 구성원들이 공정성을 중시할수록 균등분배 대등 소득이 낮아져 앳킨슨지수는 높아진다.

Answer. 6.④ 7.② 8.② 9.⑤ 10.③

11 **다음 그래프를 참고하여 화폐 공급 이론에 대한 설명으로 옳지 않은 것을 고르시오.**

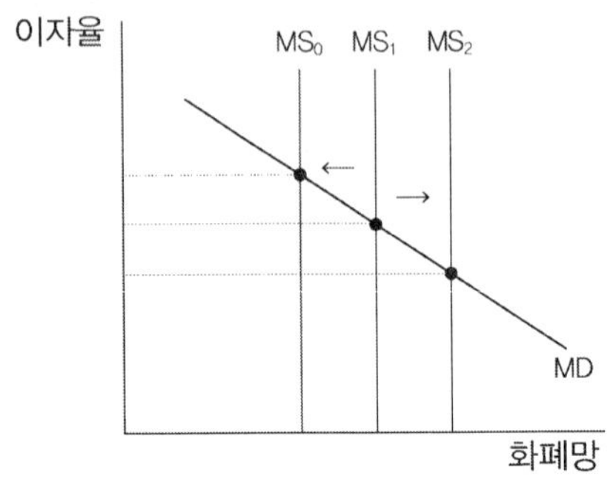

① 공개시장조작은 중앙은행이 시중은행을 상대로 채권 매도 · 매입함으로써 화폐공급량을 조절하는 방법이다.

② 시중 화폐 공급의 감소는 화폐공급곡선을 좌측(MS_1 → MS_0)으로 이동시킨다.

③ 지급준비율의 인하는 화폐공급곡선을 우측(MS_1 → MS_2)으로 이동시킨다.

④ 재할인율은 시중은행이 중앙은행에서 자금을 차입할 때 적용받는 이자율이다.

⑤ 재할인율의 인상은 우측(MS_1 → MS_2)으로 이동시킨다.

TIP ⑤ 재할인율이 높을 경우 자금 차입 비용을 높여 자금 차입 규모를 감소시킨다. 따라서 재할인율의 인상은 화폐공급곡선을 좌측(MS_1 → MS_0)으로 이동시키며 재할인율의 인하는 우측(MS_1 → MS_2)으로 이동시킨다.

※ 지급준비율 정책 … 시중은행이 예금액 중 일정 비율을 의무적으로 보유해야 하는 것으로, 지급준비율은 중앙은행에 의해 결정되므로 이를 조정하여 시중의 화폐공급을 조절할 수 있다. 지급준비율을 높일 경우 신용창조에 활용하지 못하는 금액이 높아지는 것이므로 시중의 통화량이 감소한다. 따라서 지급준비율의 인상은 화폐공급곡선을 좌측(MS_1 → MS_0)으로, 지급준비율의 인하는 우측(MS1 → MS2)으로 이동시킨다.

12 **다음 중 세계 무역 질서의 구축과 보호 무역주의 철폐를 목적으로 1986년에 개최된 제8차 다자간 무역 협상은?**

① 제네바 협약
② 우루과이 라운드
③ 파이브 아이즈
④ 리우 선언
⑤ 파리 협정

TIP ① 제네바 협약 : 전쟁으로 인한 희생자를 보호하기 위해 1949년에 제네바에서 채택된 민간인 보호 조약이다.
③ 파이브 아이즈 : 미국, 영국, 캐나다, 호주, 뉴질랜드가 참여하고 있는 기밀정보 동맹체로 1956년에 결성되었다.
④ 리우 선언 : 유엔 환경 및 개발에 관한 제2차 국제연합환경개발회의에서 채택된 선언으로 환경과 개발에 관한 기본 원칙을 담고 있다.
⑤ 파리 협정 : 교토의정서를 대체하는 유엔 기후변화협약으로, 교토의정서는 주로 온실가스 배출량 감축에 집중한 반면, 파리협정은 감축뿐만 아니라 적응, 재원, 기술이전, 투명성 등 다양한 분야를 포괄하고 있다.

13 생산자 물가지수에 대한 설명으로 옳은 것은?

① 소비자가 구매하는 재화와 서비스의 가격 변동을 나타낸다.
② 매월 통계청에서 면접조사를 통해 조사한다.
③ 가격의 절대 수준을 나타내지 않는다.
④ 기본 생필품을 대상으로 작성한 물가지수다.
⑤ 명목 GDP와 실질 GDP를 비교하여 가격 변화를 파악한다.

TIP ①② 소비자 물가지수에 대한 설명이다.
④ 생활물가지수에 대한 설명이다.
⑤ GDP 디플레이터에 대한 설명이다.

14 물가 상승이 정부나 중앙은행의 통제를 벗어난 상태로, 수백 % 이상의 인플레이션율을 기록하는 상황은?

① 디플레이션
② 슬럼프플레이션
③ 크리핑 인플레이션
④ 스태그플레이션
⑤ 하이퍼 인플레이션

TIP ① 디플레이션 : 경제 전반적으로 물가 수준이 장기간 하락하는 현상이다.
② 슬럼프플레이션 : 경기침체가 스태그플레이션보다 심한 상태를 일컫는다.
③ 크리핑 인플레이션 : 경미한 수준으로 물가가 상승하는 현상이다.
④ 스태그플레이션 : 물가 상승과 경기불황이 동시에 일어나는 현상이다.

Answer. 11.⑤ 12.② 13.③ 14.⑤

15 다음 중 직접세를 모두 고른 것은?

㉠ 취득세
㉡ 부가가치세
㉢ 소득세
㉣ 상속세
㉤ 증여세

① ㉠, ㉡, ㉢
② ㉠, ㉣, ㉤
③ ㉡, ㉢, ㉣
④ ㉡, ㉢, ㉤
⑤ ㉢, ㉣, ㉤

TIP 우리나라 세금 종류

<table>
<tr><th>구분</th><th colspan="4">내용</th></tr>
<tr><td rowspan="4">국세</td><td colspan="4">관세</td></tr>
<tr><td rowspan="3">내국세</td><td rowspan="2">보통세</td><td>직접세</td><td>소득세, 법인세, 종합부동산세, 상속세, 증여세</td></tr>
<tr><td>간접세</td><td>부가가치세, 개별소비세, 주세, 인지세, 증권거래세</td></tr>
<tr><td>목적세</td><td colspan="2">교육세, 교통 · 에너지 · 환경세, 농어촌특별세</td></tr>
<tr><td rowspan="3">지방세</td><td rowspan="2">도세</td><td>보통세</td><td colspan="2">취득세, 등록면허세, 레저세, 지방소비세</td></tr>
<tr><td>목적세</td><td colspan="2">지방교육세, 지역자원시설세</td></tr>
<tr><td>시 · 군세</td><td colspan="3">담배소비세, 주민세, 지방소득세, 재산세, 자동차세</td></tr>
</table>

16 다음 ㉠ ~ ㉤에 들어갈 말로 옳지 않은 것은?

구분		특징		정부 개입
생산의 외부효과	외부경제	㉠ 과소생산	㉢ PMC > SMC	보조금
	외부불경제	과다생산	PMC < SMC	조세
소비의 외부효과	외부경제	㉡ 과소소비	㉣ PMB > SMB	㉤ 보조금
	외부불경제	과다소비	PMB > SMB	조세

※ 1) PMC : 사적 한계비용

2) SMC : 사회적 한계비용

3) PMB : 사적 한계편익

4) SMB : 사회적 한계편익

① ㉠

② ㉡

③ ㉢

④ ㉣

⑤ ㉤

TIP ④ 소비의 외부경제가 발생할 시 사회적 최적 수준보다 적게 소비된다(PMB < SMB). 이때 보조금을 지급하여 사적 한계편익을 증가시키고, 사회적 최적 수준까지 소비량을 높여야 한다.

17 다음의 표는 X재와 Y재의 소비량에 따른 한계효용이다. X재의 가격이 15, Y재의 가격이 30일 때 효용극대화가 되는 소비량은?

소비량	1	2	3	4	5
X재	10	8	7	4	3
Y재	10	8	7	3	2

① X = 4, Y = 2

② X = 2, Y = 4

③ X = 3, Y = 1

④ X = 5, Y = 3

⑤ X = 1, Y = 5

TIP ① 한계효용균등의 법칙은 1원당 한계효용이 동일할 때까지 소비할 때 한계효용이 극대화된다는 법칙으로, Y재의 가격이 X재의 두 배이므로 Y재가 X재보다 2배 더 큰 지점이 한계효용이 일치하는 지점이다.

Answer. 15.⑤ 16.④ 17.①

18 가격 경직성 원인으로 옳은 것은?

① 메뉴 비용
② 경매 시장
③ 완전 경쟁 시장
④ 장기 계약의 부재
⑤ 정보의 안전성

TIP ① 기업이 제품의 가격을 변경시킬 때 새로 메뉴를 인쇄하는 메뉴비용이 발생하는데, 메뉴비용 존재 시 가격 경직성이 나타난다.

19 가격의 기능에 관한 설명으로 옳지 않은 것은?

① 가격은 희소한 상품을 과도하게 소비하려는 욕구를 통제하는 기능을 한다.
② 초과수요로 인하여 가격이 상승할 경우 해당 상품이 더 많이 생산되어야 한다는 신호로 받아들일 수 있다.
③ 가격은 생산자원이 적절히 배분될 수 있도록 신호를 전달하는 역할을 한다.
④ 가격이 내려가면 생산자원이 다른 산업으로 이탈하여 배분기능에 좋지 않은 영향을 미친다.
⑤ 가격은 시장이 제대로 기능할 수 있도록 하는 과정에서 매우 중요한 역할을 한다.

TIP ④ 가격이 내려가면 생산자원이 다른 산업으로 이탈하여 배분기능에 좋은 영향을 미친다고 할 수 있다.

20 BCG 매트릭스의 최적 현금흐름으로 적절한 것은?

① Cash Cow → Star
② Cash Cow → Dog
③ Cash Cow → Question Mark
④ Star → Question Mark
⑤ Star → Dog

TIP ③ Cash Cow는 현금흐름이 높고 안정적이다. 다른 사업단위를 지원하거나 부채 상환에 이용된다. Question Mark는 사업을 확대하여 Star로 이동 또는 철수를 결정한다. 즉, 현금 유출이 많은 경우로 현금의 흐름은 Cash Cow에서 많은 현금을 필요로 하는 Question Mark로 이동한다.

21 아래 표는 완전경쟁시장에서 거래되는 바나나의 수요량과 공급량에 관한 자료이다. 옳은 추론을 고르면?

가격	공급량	수요량
1,400	13개	9개
1,200	11개	14개
1,000	10개	10개
800	8개	11개
600	7개	8개
400	5개	7개

① 균형에서 기업의 바나나 한계 수입은 800원이 된다.
② 600원을 기준으로 가격상한제를 실시할 경우 바나나의 거래량은 8개가 된다.
③ 생산자잉여를 가장 크게 하기 위해서는 바나나의 가격은 400원이 되어야 한다.
④ 소비자잉여를 가장 크게 하기 위해서는 바나나의 가격은 1,400원이 되어야 한다.
⑤ 바나나의 균형 가격은 1,000원이다.

TIP ⑤ 공급량과 수요량이 동일할 때 균형이 이루어지므로 바나나의 균형 가격은 1,000원이다.
① 완전경쟁시장에서 한계수입은 수요곡선과 일치하며 즉 시장 가격=평균 수입=한계 수입은 동일하다. 따라서 균형 가격이 1,000원이고 균형거래량이 10개이므로 한계 수입은 1,000원이 된다.
② 600원을 기준으로 가격상한제를 실시할 경우 구입할 수 있는 수량이 7개이므로 거래량은 7개가 된다.
③④ 생산자잉여는 가격이 높을수록 커지고, 소비자잉여는 가격이 낮을수록 커진다.

22 다음은 甲, 乙국의 지니계수 추이를 나타낸 표다. 이에 대한 설명으로 옳은 것은?

구분	2020년	2021년	2022년	2023년
甲국	0.30	0.28	0.26	0.25
乙국	0.32	0.35	0.40	0.42

① 甲, 乙국의 지니계수는 0과 0.5 사이의 값을 가진다.
② 甲국의 추이를 그린 로렌츠곡선은 직선에 가까운 곡선으로 그릴 수 있다.
③ 甲국은 부의 소득세제를 도입할 필요가 있다.
④ 乙국의 지니계수 추이를 보아, 소득분배가 개선되고 있다.
⑤ 乙국의 지니계수 추이를 보아, 소득불평등도가 줄어들고 있다.

TIP ② 甲국은 매년 0에 가까워지고 있다. 즉, 소득분배가 균등하게 이루어지고 있다. 지니계수가 점차 개선되고 있으므로 완전균등선인 직선에 가까운 곡선으로 그릴 수 있다.
① 지니계수는 0과 1 사이의 값을 가지며, 0에 가까울수록 소득분배가 균등하다는 의미다.
③ 甲국은 지니계수가 점차 개선되고 있으므로, 최저생계비 또는 소득공제액에 미치지 못할 때 최저생계비와 실제 소득 간의 차액을 정부가 보조하는 부의 소득세제를 도입할 필요가 없다.
④⑤ 乙국의 지니계수가 1에 가까워지고 있으므로, 소득분배는 악화되고 소득불평등도는 증가하고 있다.

Answer. 18.① 19.④ 20.③ 21.⑤ 22.②

23 A사는 단추 200개를 생산하여 300만 원에 판매하였고, B사는 지퍼 150개를 생산하여 350만 원에 판매하였다. C사는 A사의 단추 60개와 B사의 지퍼 40개를 구매하여 바지 30벌을 생산하여 그중 15벌을 500만 원에 판매하고 나머지 15벌은 500만 원어치 재고로 소유하고 있을 때, GDP에 포함되는 금액을 구하면?

① 500만 원
② 750만 원
③ 1,000만 원
④ 1,250만 원
⑤ 1,750만 원

TIP ③ GDP는 최종 생산물을 대상으로 하므로, C사가 생산한 바지 30벌에 대한 금액 1,000만 원이 GDP에 포함된다.

24 그림과 같은 환율 추이가 지속된다고 할 때 잘못 추론한 것은?

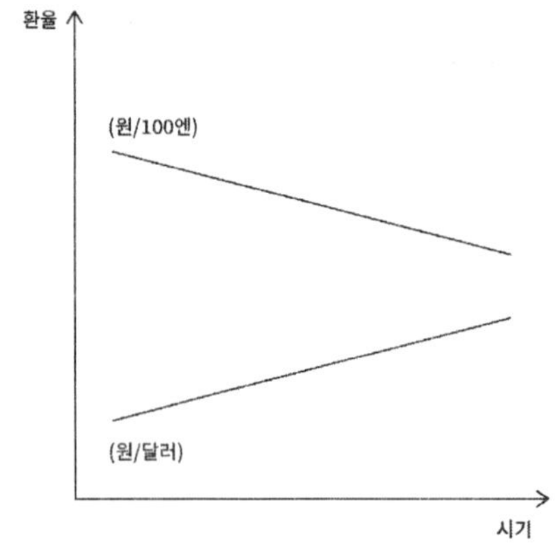

① 엔화 표시 외채 상환을 늦추는 것이 좋다.
② 갈수록 한국인의 미국 여행이 감소할 것이다.
③ 미국에 수출하는 우리나라 제품의 가격경쟁력이 높아질 것이다.
④ 한국으로 유학 오려는 미국 유학생이 증가할 것이다.
⑤ 일본산 부품을 미국산 부품으로 바꿔야 이득이 클 것이다.

TIP ⑤ 엔화가 하락하고 있으므로, 일본산 부품 비중을 늘리는 것이 좋다.
① 엔화가 하락하고 있으므로, 외채 상환은 늦출수록 좋다.
② 달러화가 상승하고 있으므로, 미국 여행에 필요한 비용이 증가하여 미국 여행이 감소할 것이다.
③ 달러화가 상승하고 있으므로, 우리나라 제품은 미국 시장에서 가격이 낮아져, 가격경쟁력이 높아진다.
④ 달러화가 상승하고 있으므로, 학비 부담이 감소하여 한국으로 유학 오려는 미국 유학생이 증가할 것이다.

25 멕시코인 케빈은 멕시코에서 생산한 한국 기업의 머그잔을 구입했다. 이로 인한 GDP와 GNP 변화로 옳은 것은?

① 한국의 GDP와 멕시코의 GDP는 불변이다.
② 한국의 GDP와 프랑스의 GDP가 증가한다.
③ 한국의 GDP와 프랑스의 GNP가 증가한다.
④ 한국의 GNP와 프랑스의 GDP가 증가한다.
⑤ 한국의 GNP와 프랑스의 GNP가 증가한다.

TIP ④ 케빈이 구입한 머그잔은 멕시코에서 생산된 것으로, 한국의 GDP는 변화가 없으며 한국 기업이 프랑스에서 생산한 것이므로 GNP에 포함된다. 따라서 한국의 GNP와 프랑스의 GDP가 증가한다.
※ GNP(Gross National Product) … 일정 기간 동안 한 나라의 국민이 새롭게 생산한 최종대화와 서비스 시장가치의 합으로, 자국 또는 외국에서 생산한 최종 재화 및 서비스의 가치를 반영한다.

26 실업 유형에 대한 설명으로 옳지 않은 것은?

① 자발적 실업은 일할 능력이 있으나 임금 수준이 낮아 일할 의사가 없이 실업상태에 있는 것으로 완전고용상태에서도 존재한다.
② 비자발적 실업은 경기침체로 인한 실업과 산업의 사양화로 인해 발생하는 구조적 실업을 의미한다.
③ 위장실업은 현재 취업상태에 있으나 한계생산력이 0에 가까운 것을 의미한다.
④ 실망실업자는 일자리를 구하지 못해 구직활동을 포기하였지만 경제활동인구에 속하므로 실업률 통계에 포함된다.
⑤ 취업자는 1주일 동안 수입을 목적으로 1시간 이상 일한 사람을 의미한다.

TIP ④ 실망실업자는 구직활동을 포기하여 비경제활동인구에 포함되기 때문에 공식적인 실업률에 포함되지 않는다. 따라서 실제 실업률이 과소평가 되는 단점이 초래된다.

27 甲국의 총 인구가 5,000만 명이고 15세 미만 인구가 2,000만 명, 비경제활동인구가 1,000만 명, 실업자가 120만 명이라고 했을 때 甲국의 실업률은?

① 2%　　② 3%
③ 4%　　④ 5%
⑤ 6%

TIP ⑤ 실업률은 (실업자 수 ÷ 경제활동인구수) × 100으로 계산한다. 총 인구 5,000만 명에서 15세 미만 인구와 비경제활동인구를 제외한 경제활동 인구는 2,000만 명이다. 실업자가 120만 명이므로, (120만 명 ÷ 2,000만 명) × 100 = 6%가 된다.

Answer. 23.③ 24.⑤ 25.④ 26.④ 27.⑤

28 **甲국은 고정환율제도를 시행하고 있으며 통화가치의 상승 압력이 있는 상황이지만 환율을 일정하게 유지하려 한다. 다음 중 발생할 가능성이 가장 높은 것은?**

① 중앙은행이 국내통화 구매 → 외화보유액 감소
② 중앙은행이 국내통화 판매 → 외화보유액 감소
③ 중앙은행이 국내통화 구매 → 외화보유액 증가
④ 중앙은행은 외국통화 구매 → 외환보유액 감소
⑤ 중앙은행은 국내통화 판매 → 외환보유액 증가

TIP ⑤ 국내 통화가치의 상승 압력은 곧 국내 통화의 수요 증가, 외국 통화의 공급 증가 등을 의미한다. 따라서 환율을 일정하게 유지하기 위해서는 국내 통화를 팔고 외국 통화는 사들여야 하고 이를 통해 외환보유액은 증가한다.

29 **다음과 같이 X재와 Y재 두 가지 재화만 생산하는 국민경제에서 비교연도의 GDP디플레이터는 기준연도에 비하여 어떻게 변하였는가?**

재화	기준연도		비교연도	
	수량	시장가격	수량	시장가격
X	3	20	5	20
Y	4	25	3	20

① 10% 상승
② 10% 하락
③ 20% 하락
④ 20% 상승
⑤ 변동 없음

TIP ⑤ $GDP\text{디플레이터} = \frac{\text{비교연도의 } GDP}{\text{기준연도의 } GDP} \times 100 = \frac{5 \times 20 + 3 \times 20}{3 \times 20 + 4 \times 25} \times 100 = 100$

따라서, 변동이 없다.

30 다음 생산가능곡선에 대한 설명으로 옳지 않은 것은?

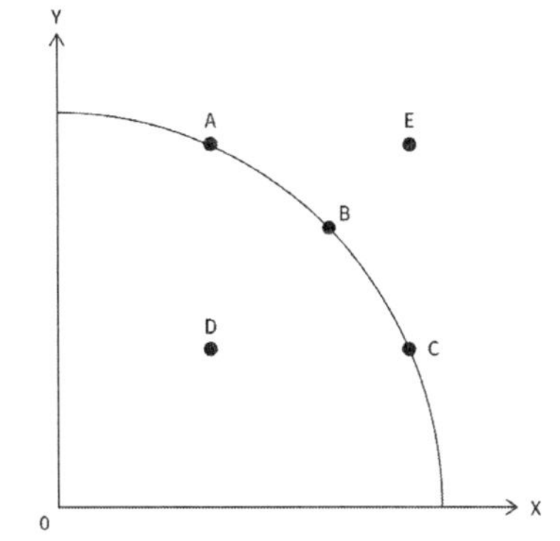

① 활용가능한 자원의 질과 양은 고정되어 있다.

② A점에서 C점으로의 이동은 X재 추가 생산에 따라 포기하게 되는 Y재의 생산량이다.

③ 곡선 내부에 위치한 D점은 비효율적인 생산이 이루어지고 있다.

④ 기술 진보가 나타나면 X재와 Y재 모두 A지점에서보다 많이 생산할 수 있다.

⑤ 곡선 외부에 위치한 E점은 사용 가능한 자원을 최소로 생산했을 때 달성할 수 있다.

TIP ⑤ 생산가능곡선 밖에 위치한 E점은 해당 경제가 달성할 수 없는 지점이다. 사용가능한 자원을 모두 활용하여 최대로 생산할 수 있는 조합은 생산가능곡선까지다. 생산가능곡선상의 A, B, C점은 생산이 효율적으로 이루어지는 지점이며 D점은 자원을 모두 사용하지 않아 생산가능곡선에 미치지 못한 지점이다. 즉 비효율적인 생산이 이루어지는 지점이다. E점은 달성할 수 없는 지점이다. 예를 들어, A점에서 X재 · Y재의 생산량이 각각 3개, 9개이고 B점에서는 각각 9개, 6개일 때 A지점으로부터 B지점으로 이동할 경우, X재를 6개 더 생산할 수 있지만 Y재는 3개의 생산을 포기해야한다. 즉 X재의 6개 생산 기회비용은 Y재 3개이며 이는 X재 1개가 Y재의 0.5 기회비용을 갖는다.

31 X재에 대한 수요의 소득 탄력성이 −3이고 X재 수요의 Y재에 대한 교차탄력성이 2라고 할 때 옳은 것은?

① X는 열등재이고 X재와 Y재는 대체재 관계이다.

② X는 열등재이고 X재와 Y재는 보완재 관계이다.

③ X는 정상재이고 X재와 Y재는 대체재 관계이다.

④ X는 정상재이고 X재와 Y재는 사치재 관계이다.

⑤ X는 정상재이고 X재와 Y재는 기펜재 관계이다.

TIP ① 수요의 소득탄력성이 음(−)의 값이면 열등재이며 양(+)인 경우 정상재이다. 수요의 교차탄력성이 음(−)일 경우 보완재, 양(+)일 경우 대체재이다.

Answer. 28.⑤ 29.⑤ 30.⑤ 31.①

32 국민 경제에서 소비지출의 증가 요인이 아닌 것은?

① 금리 하락
② 부의 증가
③ 현재소득 증가
④ 물가 상승
⑤ 미래소득 증가 예상

TIP ④ 물가상승은 구매를 하락시킨다.
① 기업의 투자지출 요인으로 작용한다.
②③ 소비지출에 영향을 미친다.
⑤ 미래 소득 증가가 예상될 경우 소비가 증가한다.

33 X재 가격이 상승하면서 X재의 거래량이 증가할 때 변동 요인으로 옳은 것은? (단, 수요와 변동 중 하나만 변동)

① 소비자의 수가 감소하였다.
② 보완재 가격이 상승하였다.
③ 대체재 가격이 상승하였다.
④ 생산요소의 가격이 상승하였다.
⑤ 생산요소의 가격이 하락하였다.

TIP ③ 대체재 가격이 상승할 경우 X재의 수요가 증가하여 수요곡선이 오른쪽으로 이동한다. 그러므로 X재의 가격이 상승하고 거래량이 증가한다.

34 개인의 저축 증가가 국가적 저축 증가로 연결되지 않는 현상은?

① 승자의 저주
② 구축 효과
③ 절대 우위론
④ 저축의 역설
⑤ 유동성의 함정

TIP ④ 개인이 소비를 줄이고 저축을 늘리면 그 개인은 부유해질 수 있지만 모든 사람이 저축을 하게 되면 총수요가 감소해 사회 전체의 부는 감소하는 것을 말한다. 사회 전체의 수요 · 기업의 생산 활동을 위축시키며 국민소득은 줄어들게 된다. 이때 저축은 악덕이고 소비는 미덕이라는 역설이 성립된다.

35 자원의 배분과 관련된 설명 중 옳지 않은 것은?

① 파레토최적의 자원배분은 일반적으로 무수히 많이 존재한다.
② 일정한 전제조건이 충족될 대 완전경쟁시장에서의 일반균형은 파레토최적이 된다.
③ 파레토 효율적 자원배분에서는 재화생산에 있어서의 기회비용을 최소로 하고 있다.
④ 파레토 효율적 자원배분에서는 재화소비의 한계대체율이 모든 사람에게 동일하여야 한다.
⑤ 파레토최적에서 자원배분은 항상 사회후생이 극대화된다.

TIP ⑤ 제시된 그림에서 E_1에서보다 모든 사람이 최소한 같은 만족을 얻고 한 사람 이상이 더 높은 만족을 얻는 실현가능한 배분을 찾을 수 없을 때 E_1은 파레토 최적 또는 파레토 효율적인 배분이다. 제시된 그림에서 E_1에서와 같이 주어진 배분에서 두 사람의 무차별곡선이 교차하게 되면 E_1의 무차별곡선보다 오른쪽 위에 위치하면서 E_1의 무차별곡선보다는 왼쪽 아래에 위치하는 배분을 항상 찾을 수 있고 이 배분에서 두 사람은 더 만족한다. 따라서 두 사람의 무차별 곡선이 교차하는 지점의 배분은 파레토최적이 되지 못한다. 오직 E_1의 배분과 같이 두 사람의 무차별곡선이 접하는 경우에만 파레토최적이 달성된다는 것을 알 수 있다. 그리고 자원배분이 파레토 효율적이라고 해서 항상 사회 후생이 극대화되는 것은 아니다.

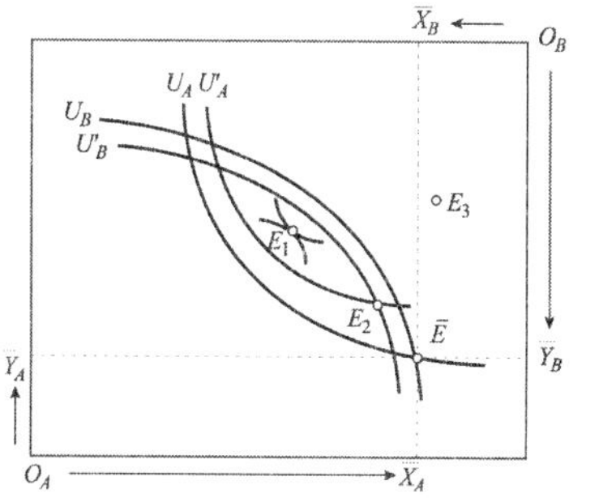

Answer. 32.④ 33.③ 34.④ 35.⑤

가볍게! 빠르게! 확인하는 용어사전 시리즈

시사용어사전 | 경제용어사전 | 부동산용어사전

시사용어사전 1228

매일 접하는 각종 기사와 정보! 공기업/언론사/기업체/공무원 채용을 준비하는 수험생과
현대인이 꼭 알아야 할 최신 시사상식을 쏙쏙 뽑아 이해하기 쉽도록 영역별로 정리

경제용어사전 1050

주요 경제용어는 거의 다 실었다! 금융권/공기업/언론사/기업체/공무원 채용을 준비하기 전에,
경제 공부를 시작하기 전에 읽어보면 경제가 쉬워지도록 사전식으로 구성

부동산용어사전 1310

부동산에 대한 이해를 높이고 부동산의 개발과 활용, 투자 및 부동산 용어 학습에도
적극적으로 이용할 수 있는 교재, 공인중개사 출제용어도 수록